Handlungsleitende Orientierungen und
professionelle Entwicklung in der Lehrerbildung

AF210463

Waxmann Verlag GmbH
Steinfurter Straße 555, 48159 Münster
info@waxmann.com

Empirische Studien zur Didaktik der Mathematik

herausgegeben von

Götz Krummheuer
und Aiso Heinze

Band 20

Editorial

Der Mathematikunterricht steht vor großen Herausforderungen: Neuere empirische Untersuchungen legen (erneut) Defizite und Unzulänglichkeiten offen, deren Analyse und Behebung einer umfassenden empirischen Erforschung bedürfen. Der Erfolg derartiger Bemühungen hängt in umfassender Weise davon ab, inwieweit hierbei auch mathematikdidaktische Theoriebildung stattfindet. In der Reihe „Empirische Studien zur Didaktik der Mathematik" werden dazu empirische Forschungsarbeiten veröffentlicht, die sich durch hohe Standards und internationale Anschlussfähigkeit auszeichnen. Das Spektrum umfasst sowohl grundlagentheoretische Arbeiten, in denen empirisch begründete, theoretische Ansätze zum besseren Verstehen mathematischer Unterrichtsprozesse vorgestellt werden, als auch eher implementative Studien, in denen innovative Ideen zur Gestaltung mathematischer Lehr-Lern-Prozesse erforscht und deren theoretische Grundlagen dargelegt werden. Alle Manuskripte müssen vor Aufnahme in die Reihe ein Begutachtungsverfahren positiv durchlaufen. Diese konsequente Begutachtung sichert den hohen Qualitätsstandard der Reihe.

Anne Fellmann

Handlungsleitende Orientierungen und professionelle Entwicklung in der Lehrerbildung

Eine Studie zur Umsetzung eines
innovativen Lehr-Lernformats
im Mathematikunterricht der Klassen 1 bis 6

Waxmann 2014
Münster • New York

Das dieser Publikation zu Grunde liegende Projekt wurde im Zeitraum von 2011 bis 2013 vom IDeA-Zentrum (**I**ndividual **De**velopment and **A**daptive Education of Children at Risk), ein interdisziplinäres Forschungszentrum der LOEWE-Initiative (Landes-Offensive zur Entwicklung Wissenschaftlich-ökonomischer Exzellenz) des Landes Hessen, gefördert. Antragsteller des Projekts war Prof. Dr. Götz Krummheuer.

Dissertation im Fachbereich der Mathematikdidaktik und im Fachbereich der Erziehungswissenschaften der Goethe Universität Frankfurt am Main 2013.

Gutachter/-in
Prof. Dr. Götz Krummheuer
Prof.in Dr. Helga Kelle

D.30

Bibliografische Informationen der Deutschen Nationalbibliothek
Die Deutsche Nationalbibliothek verzeichnet diese Publikation in der Deutschen Nationalbibliografie; detaillierte bibliografische Daten sind im Internet über http://dnb.d-nb.de abrufbar.

Empirische Studien zur Didaktik der Mathematik, Bd. 20

ISSN 1868-1441
Print-ISBN   978-3-8309-3087-7
E-Book-ISBN 978-3-8309-8087-2

© Waxmann Verlag GmbH, 2014

www.waxmann.com
info@waxmann.com

Umschlaggestaltung: Christian Averbeck, Münster
Titelbild: ©iStock.com/GlobalStock

Gedruckt auf alterungsbeständigem Papier,
säurefrei gemäß ISO 9706

Inhalt

Danksagung

Die Dissertation wurde an der Goethe Universität Frankfurt als interdisziplinäre Arbeit der Fachbereiche der Mathematikdidaktik und der Erziehungswissenschaften angefertigt. Von Seiten der Mathematikdidaktik wurde ich von Herrn Prof. Dr. Götz Krummheuer, von Seiten der Erziehungswissenschaft von Frau Prof.in Dr. Helga Kelle betreut. Gespräche, Anregungen, Tipps und insbesondere das Ermöglichen von Freiräumen für das selbständige Arbeiten haben zum Erstellen dieser Dissertation beigetragen. Für diese Form der Unterstützung bedanke ich mich bei ihnen. Insbesondere gebührt mein Dank den Studierenden, den Lehrkräften im Vorbereitungsdienst und den aktiven Lehrkräften, die sich bereit erklärt haben, trotz Zeitaufwand mit mir ein Interview zu führen bzw. an einer Gruppendiskussion teilzunehmen.

Der Austausch und die Anregungen in einer der Arbeitsgruppen auf dem „Bundesweiten Methodenworkshop zur qualitativen Bildungs- und Sozialforschung", geleitet von Frau Prof.in Dr. Iris Nentwig-Gesemann und Prof.in Dr. Monika Wagner-Willi in Magdeburg, waren weichenstellend für die Ausrichtung und den Prozess der Arbeit. Vielen Dank an die Leitung und an alle Beteiligten der Arbeitsgruppe. Als besonders förderlich habe ich zudem den Austausch in der Forschungswerkstatt von Frau Prof.in Dr. Iris Nentwig-Gesemann von der Alice-Salomon-Hochschule in Berlin und die Anregungen aus der Forschungswerkstatt von Frau Prof.in Dr. Barbara Asbrand der Goethe Universität in Frankfurt empfunden. Ohne die Forschungswerkstätten wäre ich an manchen Stellen meiner Arbeit „in die Irre" gelaufen. Der Austausch hat in besonderem Maße dazu beigetragen, den Blick auf mein Forschungsvorhaben stets kritisch zu hinterfragen und immer wieder aufs Neue zu schärfen. Der Leitung und den Teilnehmenden möchte ich für ihre Diskussionsbeiträge danken.

Ein ganz besonderes Dankeschön gilt meiner Studienseminarleitung Frau Zunic-Stumpe, die meine Abordnung an die Goethe Universität Frankfurt trotz turbulenter Zeiten im Studienseminar Grund-, Haupt-, Real- und Förderschule in Offenbach am Main befürwortete. Ihre Unterstützung hat stets zur Transparenz meiner beruflichen Situation beigetragen, so dass ich mich trotz Abordnung im Rahmen einer halben Stelle an die Goethe Universität Frankfurt nach wie vor im Studienseminar „zu Hause" fühlte.

Sehr wertgeschätzt habe ich die Unterstützung der studentischen Hilfskraft Frau Laura Spies, die mir bei der Transkription zur Seite stand, und Herrn Dr. Jürgen Riehl, der mich unterstützt hat, um dieser Arbeit einen angemessenen formalen Rahmen zu geben. Auch für ihre Unterstützung möchte ich mich bedanken.

Des Weiteren danke ich meinen Töchtern, die trotz ihres jungen Alters immer wieder Verständnis aufbrachten, dass ich viele Stunden am Schreibtisch verbrachte, ebenso meinen Eltern, die mir jederzeit zeitliche Freiräume ermöglichten.

Anne Fellmann

Einleitung

Anlass und Problemstellung

Beweggründe für die hier vorliegende Arbeit werden im folgenden Zitat deutlich:

> „Insbesondere die Forschungen zur Bedeutung, zur Strukturierung und ‚Wirkung‘ der Lehrerbildung auf die Lehrerprofessionalität, das Verhältnis von erster, zweiter und dritter Phase zueinander sowie die ‚Verzahnung‘ der Phasen untereinander und ihre jeweilige Relevanz für die gesamte berufliche Sozialisation und Lehrerbiographie bilden ein schwerwiegendes Forschungsdesiderat." (Bastian & Helsper 2000, 179)

Die hier vorliegende Arbeit versucht, einen Beitrag für eine stärker integrativ konzipierte Lehrerbildung zu leisten. Beabsichtigt ist, auf Grundlage meiner gewonnenen empirischen Befunde Konsequenzen für die Gestaltung von Lehreraus- und -fortbildung zur professionellen (Weiter-)Entwicklung von Lehrenden bei der Umsetzung lernerorientierter und schüleraktivierender Unterrichtsmethoden im (Mathematik-)Unterricht abzuleiten.

Motiviert zu dieser Arbeit wurde ich durch meine Ausbilderinnentätigkeit am Studienseminar Grund-, Haupt-, Real- und Förderschule (GHRF) in Offenbach am Main. Unzufrieden mit meiner eigenen Modularbeit nahm ich am *Kontaktstudium Erwachsenenbildung*[1] der Pädagogischen Hochschule Weingarten teil. Im Rahmen des Studiums lernte ich die Kursarchitektur des *Sandwich-Prinzips*, in welche Formen des *Wechselseitigen Lehrens und Lernens*[2] (s. Kapitel 5.3 *Wechselseitiges Lehren und Lernen*) eingebettet werden, in Theorie und Praxis kennen. Nach Erstellung selbst ausgearbeiteter kooperativer Lernarrangements mittels WeLL setzte ich diese im Mathematikunterricht als auch im Rahmen meiner Fachmodularbeit in der Mathematik am Studienseminar um. Nach Erprobung und den durchweg positiven Rückmeldungen der Schülerinnen und Schüler[3] als auch der Seminarteilnehmenden, Inhalte auch noch nach einer gewissen Zeit erinnern und anwenden zu können, kristallisierte sich bei mir das Vorhaben heraus, diese strukturierten kooperativen Lehr-Lernformen sowohl den Lehramtsstudierenden als auch den Lehrkräften im Vorbereitungsdienst[4] und den sie betreuenden Lehrkräften vorzustellen, ihnen den Erwerb theoretischer Grundlagen des WeLL anzubieten und sie dabei zu begleiten, kooperative Lernarrangements in kollegialer Kooperation auszuarbeiten und in ihren Lerngruppen in der Schule umzusetzen. In meiner bis dahin ca. zehn Jahre umfassenden Berufstätigkeit als Grundschullehrerin und in meiner dreieinhalbjährigen Tätigkeit als Ausbilderin am Studienseminar habe ich die Erfahrung gemacht, dass Kooperation und Erfahrungsaustausch mit Kolleginnen und Kollegen in Praxistandems und Kleingruppen sowohl in der Erwachsenenbildung als auch in der Schule wichtige Elemente zur Weiterentwicklung der eigenen professionellen Entwicklung als Lehrkraft darstellen. Des Weiteren musste ich feststellen, dass etliche Fortbildungen kaum positive Effekte auf mein pädagogisches Handeln in der Schule und in der Seminararbeit

---

1   Das Kontaktaktstudium wurde von Dr. Diethelm Wahl, Professor für Psychologie an der Pädagogischen Hochschule in Weingarten, Dr. Anton Haas und Dr. Eva-Maria Schmitt geleitet.
2   Im Folgenden abgekürzt mit WeLL.
3   Im Folgenden abgekürzt mit SuS.
4   Im Folgenden abgekürzt mit LiV.

hatten, kurzum, dass Wissen „träge" geblieben war und nicht zum „kompetenten Handeln" (Wahl 2006a) geführt hat.

Den ersten Versuch einer Kooperation der drei Phasen der Lehrerbildung stellte die Umsetzung eines seminarinternen Moduls[5] für die LiV dar, welches für die beiden anderen Phasen der Lehrerbildung zur Teilnahme „geöffnet" wurde. Allerdings gelang es mir nicht, neben den LiV aktive Lehrkräfte und Studierende als Teilnehmende zu gewinnen. Die Studierenden betreffend lag es m.E. daran, dass ihr Einsatz in der Schulpraxis in keiner direkten Verbindung mit den Seminaren der Universität stand und sie im angebotenen **studienseminarinternen Modul** keinen Leistungsnachweis für die erste Ausbildungsphase erwerben konnten, sodass das Modul neben den Mindestanforderungen eine zusätzliche Veranstaltung für sie darstellte. Die Lehrkräfte führten als primären Grund die hohe berufliche Arbeitsbelastung an.

Dadurch angeregt entwickelte sich die Idee, eine phasenübergreifend angelegte **universitäre Veranstaltung** zu konzipieren mit der Möglichkeit der Kooperation von Studierenden, LiV, Mentorinnen und Mentoren und weiteren aktiven Lehrkräften und somit der Verbindung von Theorie und Praxis. Es bot sich an, auf Grundlage der jeweiligen Stärken und Schwächen der verschiedenen Profile der Lehrenden als auch ihrer Gemeinsamkeiten phasenübergreifend Unterricht zu planen, diesen individuell umzusetzen und gemeinsam Unterrichtssequenzen zu analysieren. Somit konnte im Wintersemester 2010/2011 und im Sommersemester 2011 ein integratives Seminar an der Goethe Universität Frankfurt am Main am *Institut für Didaktik der Mathematik und Informatik* im Arbeitsbereich Primarstufe[6] für Lehrende aller drei Phasen angeboten werden (s. Projekt „IPhaMat" im nächsten Unterkapitel). Für Studierende stellte das Seminar eine Wahlpflichtveranstaltung[7] dar, für LiV ein zusätzliches Angebot[8] und für aktive Lehrkräfte eine vom Institut für Qualitätssicherung (IQ) akkreditierte Fortbildungsveranstaltung.

---

5   Ein seminarinternes Modul ist ein Wahlpflicht-Modul, welches laut Ausbildungsverordnung inhaltlich noch nicht festgelegt ist. Das ermöglichte den Studienseminaren bis 2011 nach dem Hessischen Lehrerbildungsgesetz-Umsetzungsverordnung (HLbG-UVO 2005) die Etablierung besonderer Angebote. Diese Module konnten auf Antrag nach Genehmigung von der Abteilungsleitung der Studienseminare des Grund-, Haupt-, Real- und Förderschulbereichs für die beiden anderen Phasen (Studierende und aktive Lehrkräfte) der Lehrerbildung „geöffnet" werden. Die seminarinternen Module wurden nach genehmigtem Antrag vom Institut für Qualitätssicherung (IQ) in Wiesbaden akkreditiert.

6   Am Institut für Didaktik der Mathematik und der Informatik (IDMI) im Arbeitsbereich Primarstufe gibt es schon seit vielen Jahren intensive Bemühungen, die drei Phasen der Lehrerbildung – also Universität, Studienseminare und Fortbildungen für die Lehrkräfte an Schulen – zu verbinden (s. Kapitel 6.2 *Phasenübergreifende Konzeptionen in der Lehrer(aus)bildung der Grundschule an der Goethe Universität*).

7   Vgl. Studien- und Prüfungsordnung für die Lehramtsstudiengänge (SPoL 2005 Teil III) Studienfach Mathematik im Studiengang L1 Punkt 4 Wahlpflichtbereich. Dieser besagt, dass im 3. Studienjahr die Möglichkeit besteht, einen fachdidaktischen oder einen fachwissenschaftlichen Schwerpunkt zu wählen. Die fachdidaktischen Wahlpflichtmodule werden abgekürzt mit L1M-MD. Diese Abkürzung steht für *Lehramt an Grundschulen – Modul Mathematikdidaktische Vertiefung*.

8   Dieses zusätzliche Angebot ermöglichte eine forschungsorientierte Betreuung der *Schriftlichen Arbeiten* der LiV durch die Autorin im Fach Mathematik.

Das phasenübergreifende Projekt „IPhaMat" (Integration der drei Phasen der Lehrerbildung im Mathematikunterricht)[9]

Eine Möglichkeit der Kooperation stellt das Projekt „IPhaMat"[10] dar. Es handelt sich um ein spezifisches Design einer phasenübergreifend konzipierten Veranstaltung[11] in der Lehrerbildung für Studierende, LiV und aktive Lehrkräfte, in welcher Unterricht mittels strukturierter kooperativer Lehr-Lernformen von den Beteiligten der drei Phasen der Lehrerbildung geplant und umgesetzt wurde. Auf empirischer Ebene erfolgte die Umsetzung durch die strukturierten kooperativen Methoden des WeLL nach WAHL (2006a). Auf Forschungsebene fand das Paradigma der interpretativen Unterrichtsforschung Anwendung. Die Teilnehmenden reflektierten und analysierten ihre umgesetzten Lehrversuche des WeLL entweder mittels (Audio- und/oder Video-)Aufzeichnungen und Transkripten nach interaktiven Lerntheorien auf der Basis exemplarischer Unterrichtsinterpretationen zum Mathematiklernen (vgl. Bauersfeld 1978; Voigt 1984; Krummheuer 1992; Krummheuer & Naujok 1999; Krummheuer & Brandt 2001; Krummheuer & Fetzer 2005) oder mittels Beobachtung, des Einsatzes von Feldprotokollen und Verfahren und Instrumenten der Lernprozessbegleitung wie Lerntagebuch, Forscherheft und Portfolioeinträgen.

Gegenstand und Fragestellung der empirischen Studie

In der vorliegenden Studie wird rekonstruiert, wie Studierende, LiV und aktive Lehrkräfte strukturierte kooperative Lehr-Lernformen auffassen, mit diesen umgehen und im Mathematikunterricht der Klassenstufen 1-6[12] umsetzen.[13] Beteiligt sind überwiegend Teilnehmende mit dem Lehramt an Grundschulen (L1), zwei Teilnehmende mit dem Lehramt an Schulen mit dem Förderschwerpunkt Sprachheilförderung (L5) und eine Lehrkraft mit dem Lehramt an Haupt- und Realschulen (L2), welche zur Zeit der Datenerhebung an einer Integrierten Gesamtschule[14] tätig war.

Als innovativer Ansatz werden Formen des WeLL nach WAHL (2006a) verwendet, die intendieren, dass „die Lernenden in hohem Maße aktiv und konstruktiv sind, durch klare Strukturen zielbezogen und mit hoher Lernzeitnutzung arbeiten und schließlich

---

9   Weitere Ausführungen dazu s. Unterpunkt *Kooperation der drei Phasen am IDMI der Goethe Universität* in Kapitel 6.2 *Phasenübergreifende Konzeptionen in der Lehrer(aus)bildung der Grundschule an der Goethe Universität.*

10   Das Projekt „IPhaMat" wurde gefördert vom IDeA-Zentrum (**I**ndividual **De**velopment and **A**daptive Education of Children at Risk), ein interdisziplinäres Forschungszentrum der LOEWE-Initiative (Landes-Offensive zur Entwicklung Wissenschaftlich-ökonomischer Exzellenz) des Landes Hessen. Antragsteller des Projekts ist Prof. Dr. Götz Krummheuer.

11   Das Design dieses Seminars, welches reflektierend und forschungsorientiert ausgerichtet war, kann der Handlungs- und Praxisforschung im Kontext universitärer Lehrerbildung zugeordnet werden. Darunter verstehen Altricher & Feindt (2008) einen Ansatz, in dem „auf verschiedene Weise die Reflexion und Erforschung beruflicher Praxis durch Lehramtsstudierende in die universitäre Lehrerbildung integriert wird" (ebd., 457).

12   Vgl. SPoL (2005 Teil III) Studienfach Mathematik im Studiengang L1. Diese besagt, dass im Teilstudiengang Mathematik den Studierenden Kenntnisse, Theorien und Methoden für eine Lehrtätigkeit in Mathematik für die Klassen 1-6 vermittelt werden.

13   Das Sample umfasst folgende Schulformen: zwölf Grundschulen, eine Schule mit Förderschwerpunkt Sprachheilförderung und eine Integrierte Gesamtschule.

14   Im Folgenden abgekürzt mit IGS.

durch Verwendung günstiger Lernstrategien zu einem vertiefenden Verstehen gelangen"
(Huber et al. 2001, 34, zitiert nach Hepting 2008, 72).

Durch den Einsatz der Methoden des WeLL wurden empirisch eine Steigerung des
Lernzuwachses im Vergleich zum herkömmlichen Unterricht, positive Veränderungen
des sozialen Klimas in der Klasse und eine Steigerung der Motivation nachgewiesen
(vgl. Wahl 2006a, 120f.; Huber 2007, 266ff.; Hepting 2008, 72ff., 90ff.).[15]

> „Die Lernenden waren motivierter, fühlten sich kompetenter und selbstbestimmter, setzten
> mehr tiefergehende Lernstrategien ein und erzielten sowohl in sofortigen als auch in verzöger-
> ten Wissenstests bessere Lernergebnisse. Ihr Interesse am Lernstoff war höher." (Huber 2007,
> 267).

Der Fokus meiner Analysen richtet sich auf die Rekonstruktion der handlungsleitenden
Orientierungen[16], welche die beteiligten Personen aus den drei Phasen der Lehrerbildung bei der Einführung und Umsetzung der kooperativen Lehr-Lernmethoden hervor-
bringen. Ziel ist, mittels *dokumentarischer Interpretation* handlungsleitende Orientierungen der drei Professionsgruppen (Studierende, LiV, aktive Lehrkräfte) und mögliche
Typen zu rekonstruieren und herauszuarbeiten, ob diese Orientierungen phasentypi-
schen bzw. phasenunabhängigen Erfahrungsräumen zugeordnet werden können, so dass
möglicherweise eine mehrdimensionale Typologie generiert werden kann. Die empirischen Befunde der explorativ angelegten Studie könnten zur Beantwortung folgender
Fragen einen Beitrag leisten:

- Wie setzen die Beteiligten der einzelnen Phasen strukturierte kooperative Lehr-
  Lernformen in ihrem Unterricht um?
- Gibt es Zusammenhänge zwischen der „in einem Modell professioneller Ent-
  wicklungsstufen" (Gellert 2007, 32) organisierten Lehrerbildung und der Um-
  setzung kooperativer Lehr-Lernformen?
- Haben neben institutionsinternen auch vor- und außeruniversitäre Lernprozesse
  für die Entwicklung einer Lehrerpersönlichkeit bzw. eines „professionellen
  Selbst" (Bauer 2000b, 61) eine Bedeutung?

Die gewonnenen Ergebnisse könnten im Sinne der professionellen (Weiter-)Ent-
wicklung der Lehrenden fruchtbar genutzt werden und in entsprechende Maßnahmen
der Lehreraus- und Lehrerfortbildung münden. Auf Grundlage der empirischen Befunde
könnte bspw. ein angemessener theoretischer Rahmen für die Entwicklung und Erprobung von schülerorientierten Lehr-Lernformen in der Lehrerausbildung und Lehrerfortbildung im (Mathematik-)Unterricht entwickelt werden. Gemäß der Bedürfnislagen der
einzelnen Lehrenden wäre es damit möglich, zeitlich längerfristige **Angebote mit einem inneren Differenzierungsansatz** zur professionellen (Weiter-)Entwicklung von
(angehenden) Lehrkräften anzubieten. Diese begleitenden Interventionsangebote könnten Lehrende über Studium und Referendariat bis hin zu den ersten drei bis vier Berufs-
jahren begleiten, um eigenes Handeln zu überdenken, zu analysieren, zu reflektieren
und schrittweise weiterzuentwickeln.

---

15   S. weitere Ausführungen dazu in Kapitel 5.5 *Stand der Forschung zu Kooperativen Lernen
     und WeLL.*

16   Bezogen auf die Gesamtheit der Beteiligten spreche ich von handlungsleitenden Orientie-
     rungen und nicht von Handlungspraxis (s. Anhang Gliederungspunkt *Glossar und Anmer-
     kungen*).

Grundsätzlich ist auf Grundlage meiner empirischen Befunde zu überlegen, inwiefern eine phasenübergreifend konzipierte Veranstaltung in der Lehrerbildung unter Berücksichtigung der unterschiedlichen Profile der Lehrenden der einzelnen Phasen der Lehrerbildung für die Umsetzung eines inneren Differenzierungsansatzes eine geeignete Form darstellt. Mögliche Konzeptionen eines solchen Ansatzes werden in Kapitel 13 *Schlussfolgerungen für die Gestaltung der Lehrerbildung* dargestellt.

Arbeitshypothesen

Im Hinblick auf die Umsetzung des WeLL werden bei den drei Professionsgruppen unterschiedliche handlungsleitende Orientierungen erwartet. Insgesamt wird von den folgenden Arbeitshypothesen[17] ausgegangen. Es wird erwartet, dass

- sich die Lehrenden der drei Gruppen intensiv mit ihrer Rolle und ihrem Unterrichtshandeln auseinandersetzen,
- die Lehrenden der drei Gruppen WeLL unterschiedlich umsetzen,
- die Umsetzung kooperativer Lehr-Lernformen den größten Effekt bei den LiV bewirkt, weil Routinisierungen des Unterrichtsalltags noch nicht „greifen" konnten und phasenbedingt eine große Veränderungsbereitschaft unterstellt wird,
- es schwierig sein wird, bei den Studierenden einen generellen gruppenspezifischen Effekt zu beschreiben, weil die Praxiserfahrungen und die daraus resultierenden Folgen in dieser Gruppe hochgradig variieren und
- die Haltung und Bereitschaft zur Umsetzung kooperativer Lehr-Lernformen bei den Lehrkräften hochgradig variieren.

Forschungsmethoden

Die Untersuchungsergebnisse werden aus einer Triangulation[18] von leitfadengestützten Interviews und Gruppendiskussionen der beteiligten Lehrenden gewonnen. Hinsichtlich der eingesetzten Analyseverfahren wird auf die *dokumentarische Methode* nach BOHNSACK (1991, 1997a, 1997b, 2006, 2007, 2008) zurückgegriffen. Dadurch können praktische Erfahrungen rekonstruiert und ein Zugang zu den handlungsleitenden Orientierungen der genannten drei Professionsgruppen eröffnet werden. Forschungsstrategisch wird eine (mehrdimensionale) soziogenetische Typologie (vgl. Kelle & Kluge 1999; Nentwig-Gesemann 2007) angestrebt, die den unterschiedlichen Umgang der beteiligten Lehrenden mit kooperativen Lehr-Lernmethoden in der Schul- und Unterrichtspraxis zu erklären vermag.

Struktur der Arbeit

Die Darstellung der empirischen Studie folgt dem Prozess der **explorativ angelegten Untersuchung**. Um die Studie zunächst theoretisch einordnen zu können, ist es notwendig, Forschungsfrage und Forschungsgegenstand darzustellen.

Zur Datengenerierung wurde Unterricht von den Lehrpersonen der drei Phasen mit einer strukturierten kooperativen Lehr-Lernform im Mathematikunterricht der Klassen 1-6 durchgeführt, aufgezeichnet und ausgewählte Unterrichtssituationen gemeinsam im

---

17 Zu den Arbeitshypothesen sei auf den Projektantrag von Prof. Dr. Götz Krummheuer vom 29.10.2010 verwiesen.

18 Weitere Ausführungen dazu s. Kapitel 7.4.3 *Methoden-Triangulation*.

Rahmen eines integrativ konzipierten Seminars im Hinblick auf ausgewählte Schwerpunkte wie bspw. die Partizipation und die Argumentation[19], die Kooperation und die
Lernmotivation analysiert. Mit den Teilnehmenden wurden Interviews und Gruppendiskussionen zu ihrer Umsetzung der kooperativen Lehr-Lernformen geführt und mit der
dokumentarischen Methode nach BOHNSACK (2008) Orientierungsrahmen der Lehrenden der drei Phasen rekonstruiert. Anschließend wurde aufgezeigt, mit welchen
Sozialdimensionen diese Orientierungsrahmen zusammenhängen, bspw. ob sie bil-
dungsmilieutypisch, entwicklungsspezifisch und/oder phasengebunden zu verorten sind.
Dies erlaubt, eine mehrdimensionale Typenbildung zu generieren.

Der Fokus des Forschungsinteresses liegt somit auf der Rekonstruktion der **handlungsleitenden Orientierungen der Lehrenden** der drei Phasen der Lehrerbildung bei der
Umsetzung **kooperativer Lehr-Lernformen im Mathematikunterricht**. Die Studie
kann sowohl der **Lehrer-**[20] als auch der **Unterrichtsforschung**[21] zugeordnet werden.
Hierbei liegt der Fokus der Autorin weniger auf dem Handeln der SuS als vielmehr auf
der Rekonstruktion der Handlungsorientierungen der Lehrenden. Weitere relevante
Forschungsrichtungen wie die **Biografie-**, die **Innovations-**, die **Professions-**[22], die
Aktions-[23] und die **Schulentwicklungsforschung**, welche Inhalte und Anregungen für
die Lehrerbildung liefern, könnten für die Reflexion der Handlungsorientierungen der
Lehrpersonen von Bedeutung sein.

In **Teil A** werden allgemeine Grundlagen gelegt, von welchen ich zu Beginn der Studie
ausgegangen bin. Zunächst werden die Systematik der Schulforschung und die Entwicklung im Bereich der Lehrerforschung aufgezeigt. Es folgt ein Überblick über Phasen-
und Stufenkonzepte und Lehrertypologien beruflicher Entwicklung, da zum einen intendiert ist, die Variationsbreite der individuellen und kollektiven Orientierungen über
die Phasen der Lehrerbildung hinweg und zum anderen Lehrertypologien in meiner

---

19   Das mehrdimensionale Analysemodell des mathematischen Unterrichtsalltags, entwickelt
     von Krummheuer & Brandt (2001), wurde u.a. zur Analyse der Unterrichtsepisoden ver-
     wendet.

20   Darunter wird Forschung zum Lehrerberuf verstanden, welche Teil der erziehungswissen-
     schaftlichen Forschung ist. Diese befasst sich „unter Verwendung unterschiedlicher Metho-
     den mit der Erforschung des Lehrerberufs und des Lehrerhandelns in all seinen Aspekten
     und Zusammenhängen" (Tenorth & Tippelt 2007, 465).

21   In Bezug auf die Evaluation der Forschungsvorhaben der Studierenden steht die *Interpreta-
     tive Unterrichtsforschung* im Mathematikunterricht im Mittelpunkt (s. Kapitel 3.3 *Ein Mo-
     dell für Veränderungsprozesse: Interpretative Unterrichtsforschung*).

22   Unterschieden werden kann zwischen soziologisch und kognitiv ausgerichteter Professions-
     forschung. Bei ersterer geht es um die soziale und gesellschaftliche Logik und um die damit
     verbundenen Widersprüche professionellen Handelns (vgl. Dauber 2012, 148). Letztere be-
     schäftigt sich ausgehend von der *Novizen-Experten-Forschung* mit dem Aufbau von Wissen
     im Lehrerberuf und seiner Transformation in berufliches Können, also mit dem Prozess, in
     dem explizites Theoriewissen implizit werden muss. Dabei lautet die Grundidee, „dass pro-
     fessionelles Können nur durch die Aktivierung der jeweils schon vorhandenen Wissens-
     und Handlungsbasis in Praxissituationen konstruktiv aufgebaut werden kann" (Messner
     2004, 13). S. dazu auch Kapitel 4.4.1 *Verschiedene Professionalisierungsansätze*.

23   Synonym zur Aktionsforschung werden die Begriffe der Handlungsforschung (vgl. Altrich-
     ter & Feindt 2008, 451) und der Könnensforschung mit dem Konzept des *Reflective
     Practitioner* (vgl. von Felten 2011, 127) verwendet.

Studie herauszuarbeiten. Im Anschluss werden Veränderungskonzepte[24] erörtert, gefolgt von der Debatte um die Professionalisierung pädagogischen Handelns von Lehrkräften unter Einbezug von verschiedenen Professionalisierungskonzepten und von strukturell bedingten pädagogischen Handlungsantinomien. Es schließt sich die Darstellung des eingesetzten Unterrichtskonzepts des WeLL als strukturierte Form kooperativen Lernens gefolgt von der Behandlung der gegenwärtigen Situation der Lehrerbildung unter Einbezug der lokalen Ausprägung der Frankfurter Goethe Universität an, bevor der Teil A mit der **Konkretisierung der empirischen Fragestellung** abgeschlossen wird.

In **Teil B** werden zunächst die methodologischen Überlegungen zur rekonstruktiven Forschung im Allgemeinen und dann die Grundlagen der *dokumentarischen Methode* nach Bohnsack (2008) im Besonderen beschrieben. Es folgt die Darstellung der von der Autorin angewendeten methodischen Vorgehensweise mit Darlegung des Verfahrens des leitfadengestützten Interviews und des Verfahrens der Gruppendiskussion. Die Ausführungen sollen die methodische Vorgehensweise der empirischen Studie transparent machen und begründen. Teil B wird abgeschlossen mit der Darstellung des Datenerhebungsprozesses und mit Ausführungen zur Auswahl der Teilnehmenden und zur Kontaktaufnahme mit den Beforschten.

In **Teil C** erfolgt zunächst ein Überblick über das Sample. So lässt sich die Genese der sich anschließenden **Fallanalysen** von sechs Interviews und einer Gruppendiskussion, welche komparativ angelegt sind, besser nachvollziehen. Anhand von inhaltlichen Schwerpunkten werden die Fallanalysen strukturiert, Gemeinsamkeiten und Differenzen und somit die zentralen Orientierungsmuster herausgearbeitet und mittels komparativer Analyse als den ganzen Auswertungsprozess umfassendes Prinzip zu einer Typologie verdichtet. In Kapitel 9 folgt die Darstellung der *Prozesse der Rezeption und der Rekontextualisierung*, d.h. wie bzw. auf welche Art und Weise die Lehrenden WeLL auffassen und verstehen. Diese Rezeptionsprozesse lassen sich in Abhängigkeit von je spezifischen *konjunktiven Erfahrungsräumen* (Bohnsack 2008) rekonstruieren. Während die Typenbildung im Rahmen der *Fallanalysen* in Kapitel 8 nachvollziehbar dargelegt wird, erfolgt in Kapitel 10 *Eine Typologie von handlungsleitenden Orientierungen* eine Zusammenfassung der Typologie unter Einbezug weiterer zwei Gruppendiskussionen und fünf Interviews (s. Abbildung 3: *Überblick über das Gesamtsample*) zur Untermauerung. Um die Rückbindung der rekonstruierten Typen an konjunktive Erfahrungsräume besser nachvollziehen zu können, erfolgen im Unterkapitel 10.1 *Exkurs zum Verständnis rekonstruierter Erfahrungsräume und reflexiven Handelns als grundlegende Kompetenz* Erläuterungen hierzu. Der Exkurs kann beim Nachvollziehen der mehrdimensionalen Typenbildung hilfreich sein. Dieser kann aber auch zu einem späteren Zeitpunkt gelesen werden. Zum Abschluss von Teil C werden die empirischen Befunde nochmals zusammenfassend dargestellt.

In **Teil D** werden die Ergebnisse meiner Studie diskutiert und auf ihrer Grundlage in Kapitel 13 *Schlussfolgerungen für die Gestaltung der Lehrerbildung* erörtert. Die Arbeit schließt mit dem Kapitel 14 *Perspektiven zu weiteren Forschungen* ab.

---

24 Die Darstellung bezieht sich schwerpunktmäßig auf die Entwicklung in der Mathematikdidaktik.

Abgrenzung gegenüber nicht behandelten, angrenzenden Themen

Die Evaluation der Umsetzungsversuche der Teilnehmenden auf Forschungsebene ist nicht Gegenstand der Untersuchung. Ebenso wenig steht die Frage nach der Konvergenz zwischen dem Ansatz der mathematikdidaktischen interpretativen Unterrichtsforschung (vgl. Krummheuer & Naujok 1999; Breidenstein et al. 2002, 7-11; Naujok 2010, 16-29) und dem an dem instruktionspsychologischen Paradigma (s. Kapitel 5 *Wechselseitiges Lehren und Lernen als strukturierte Form kooperativen Lernens*) orientierten *Konstruktivistischen Instruktionsansatz* des WeLL bei der Umsetzung im Fokus der Arbeit.

Elemente interaktionstheoretischer Erkenntnisse fließen an den Stellen in die Darstellung ein, wo sie explizit diskutiert werden, ebenso die Erkenntnis, dass professionelles Handeln von Lehrkräften immer in strukturellen Rahmungen der sozialen Organisation der Schule stattfindet und somit Schulentwicklung als eine Chance der Professionalisierung gesehen werden könnte.[25] Die dargestellten Konzeptionen zur Verzahnung der einzelnen Ausbildungsabschnitte mit der Lehrerfortbildung erheben nicht den Anspruch fundierter ausgearbeiteter Konzepte, sondern sind gedankliche Konstrukte einer Vernetzung und Kooperation der drei Professionsgruppen auf Grundlage der empirischen Befunde dieser Arbeit. Das Design meiner Studie und gewonnene Erkenntnisse zielen nicht auf empirisch abgesicherte Rückschlüsse hinsichtlich individueller Kompetenzzuwächse bzw. einer veränderten Unterrichtspraxis auf der Basis einer sich weiter entwickelten Interpretationskompetenz ab.

---

25 Weitere Ausführungen zur Schulentwicklung und Professionalität vgl. Altrichter (2000, 145-163).

A Forschungsstand zu Lehrerforschung, Implementation von Innovation und strukturierten kooperativen Lehr-Lernformen und relevante Diskurse über die Lehrerbildung und die professionelle Entwicklung ihrer Akteure

1 Systematik der empirischen Schulforschung

Die vorliegende Studie kann, wie bereits in der Einleitung erwähnt, sowohl der Lehrer- als auch der Unterrichtsforschung zugeordnet werden. Das Erkenntnisinteresse meiner Arbeit lässt sich somit in das Gegenstandsverständnis qualitativer Schulforschung einordnen. Deshalb halte ich es für erforderlich, zunächst einen Überblick über die Systematik der empirischen Schulforschung zu geben.

Nach BREIDENSTEIN et al. (2002) ist die qualitative Schulforschung „zu einem festen Bestandteil der Beobachtung sowie Reflexion des Schul- und Bildungssystems geworden" (ebd., 7). Sie betonen, dass das Wissen über Unterrichtsprozesse und Entwicklungen von Lehrkräften und SuS vielfach auf qualitative Ansätze zurückzuführen ist. HELSPER & STELMASZYK (1999) subsumieren unter dem Begriff der **Schulforschung** v.a. **Schulentwicklungsforschung**, **Unterrichtsforschung** und **Lehrerforschung** (vgl. ebd., 9ff.). Daran anschließend führen BREIDENSTEIN et al. (2002) aus, dass neben der Unterrichts- bzw. Lehrerforschung die Schulforschung versucht, dem Anspruch „zwischen Konkreten und Allgemeinen" (ebd., 7) gerecht zu werden, wodurch Anschlussmöglichkeiten für praktische Belange der **Schulentwicklung** und der **Lehrerbildung** bzw. der **Professionalisierung** und der **Aktionsforschung** möglich werden. Über die enge schulische Fokussierung hinaus werden thematische Verbindungen zu anderen Forschungsfeldern gesucht, wie z.B. zur Entwicklungs- oder Sozialisationsforschung, zur Kindheits- und Jugendforschung oder auch zum Gegenstandsfeld der Erwachsenenbildung, da sowohl Lehrerausbildung als auch Lehrerfortbildung und Lehrerweiterbildung einen Bereich von Erwachsenenbildung darstellen (vgl. ebd., 7).

Mit der **Lehr-Lernforschung** befassen sich u.a. die Fachdidaktiken, die sie in der Vergangenheit weiterentwickelt haben. In diesem Zusammenhang sei exemplarisch auf die mathematikdidaktischen Studien vor allem der Forschungsgruppe um Bauersfeld, Krummheuer und Voigt (Bauersfeld 1978; Voigt 1984; Krummheuer 1992, 2002, 2004) verwiesen, welche interaktive Lerntheorien zum Mathematiklernen in der Grundschule auf der Basis exemplarischer Unterrichtsinterpretationen fortentwickeln konnte (vgl. Helsper & Stelmaszyk 1999, 13).

Für meine eigene Studie übernehme ich den dargestellten Anspruch qualitativer Schulforschung, anschlussfähig für die Belange der professionellen Entwicklung pädagogischen Handelns von Lehrkräften zu sein.

2   Entwicklungslinien der Lehrerforschung

Da auf Grundlage meiner empirischen Befunde Lehrertypologien herausgearbeitet werden, folgt in diesem Kapitel ein Überblick über wichtige Entwicklungslinien der Lehrerforschung.

Bis in die sechziger Jahre hinein dominierten in Deutschland die geisteswissenschaftliche Pädagogik und ihre Beschäftigung mit dem Lehrerberuf. Diese zeichnete sich durch eine eher normativ und idealistisch gehaltene Auffassung aus (vgl. Spitz 2003, 11, im Anschluss an Spranger 1920).

Die erste Untersuchung empirischer Natur war die von CASELMANN (1964) in seinem Buch *Wesensformen des Lehrers*. Er kam zu der Unterscheidung zwischen dem „logotropen" und dem „paidotropen" (ebd., 35ff.) Lehrertypus. Beim ersteren Typ stehen Lehrstoff und seine logische Struktur im Mittelpunkt. Letztgenannter Typ denkt primär an die Lernenden. Wissen und Wissenschaft sind sekundär. Kritisch zu sehen ist die Zuordnung des Logotropen zum männlichen Gymnasiallehrer und des Paidotropen zum Volksschullehrer bzw. zur Volksschullehrerin. Trotz Kritik an der Forschungsmethode und ihrer Schwäche der Vermischung von empirischer und normativer Argumentation hat diese Unterteilung von Sachorientierung einerseits und Kindorientierung andererseits an Aktualität nicht eingebüßt und findet sich auch in aktuellen Forschungsergebnissen wieder (vgl. Terhart et al. 1994, 15; Terhart 1995a, 226; Hänsel 1996, 126[26]).

In der zweiten Hälfte der sechziger Jahre gewannen Methoden der Human- und Sozialwissenschaften beeinflusst durch die anglo-amerikanische Forschung in der deutschen Pädagogik an Bedeutung. Es kam zu einem Wandlungsprozess in der Lehrerforschung. Sowohl aus der Soziologie, der Psychologie als auch aus der Bildungsforschung wurden Theorien, Modelle, Forschungsmethoden und -ergebnisse übernommen. Die dargestellte Entwicklung der Entstehungsgeschichte des Begriffs der „Berufsbiographie" charakterisieren TERHART et al. (1994) und TERHART (1995a) mit den Begriffen „Lehrerrolle", „Lehrersozialisation" und „Lehrerbiographie" (ebd., 1994, 15ff.; ebd., 1995a, 226ff.).

Lehrerrolle

Der rollentheoretische Ansatz betont die gesellschaftliche Eingebundenheit der Lehrkraft und ihrer Position. Allerdings, so TERHART (1995a), handelt es sich bei diesem Ansatz eher um kategoriale Klärung als um empirische Forschung, welche sich stärker auf der Ebene der Analyse von Unterrichtshandeln ausbreitet. Seit Mitte der siebziger Jahre spielt der rollentheoretische Ansatz kaum noch eine Rolle (vgl. ebd., 227).

Lehrersozialisation

Sowohl national als auch international konnte aufgezeigt werden, dass die im Studium erworbenen Einstellungen in der Berufspraxis rasch abgelegt werden und an ihre Stelle „eher konservative Haltungen, die der Kultur der Schulpraxis sowie den psychischen Ansprüchen des beruflichen Alltags eher zu entsprechen schienen" (Terhart 1995a, 227), treten. TERHART (1995a) führt weiter aus, dass dieses Phänomen vor allem in

---

26   Hänsel (1996) kritisiert nicht nur die Schwächen der empirischen Forschung, sondern merkt darüber hinaus kritisch an, dass Caselmann eine geschlechtstypisierende Zuordnung vornimmt (vgl. ebd., 126).

den Berufen auftritt, die durch eine von der beruflichen Praxis getrennte Ausbildungsphase gekennzeichnet sind (vgl. ebd., 227). Allerdings zeigten sich hier rasch die Grenzen der verwendeten Forschungsmethoden,[27] da u.a. die Frage des Verhältnisses von
Einstellung und Handeln offen blieb, die subjektive Sicht der Betroffenen auf das Geschehen außer Acht blieb und die berufliche Sozialisation auf die Phase des Berufseinstiegs verkürzt wurde (vgl. Cloetta et al. 1981).

Lehrerbiografie

In den achtziger Jahren entwickelte sich die Lehrerforschung weiter. Das verengende
Verständnis von Sozialisation wurde durch ein „die Selbstreflexivität der sich entwi-
ckelnden Person sowie die inneren und äußeren Entwicklungsbedingungen einbezie-
hendes Vermittlungsmodell" (Terhart et al. 1994, 28) abgelöst. So rückte das Erfassen
der subjektiven Perspektive, lebensweltliche Zusammenhänge und das ganze Berufsleben bzw. die Bedeutung einzelner Phasen für die weitere berufliche Entwicklung in den
Blick.[28] Zudem wurde durch den Einfluss der Entwicklungspsychologie deutlich, dass
berufliche und private Entwicklung eng miteinander verbunden sind. Als Folge sei es
nach STELMASZYK (1999) sinnvoll, bei der Rekonstruktion einer Berufsbiografie
ihren engeren Rahmen zu überschreiten und individuelle Relevanzsetzungen der Betroffenen mit einzubeziehen (vgl. ebd., 64).

Biografischer Ansatz

Meine folgenden Ausführungen zum biografischen Ansatz stützen sich vorrangig auf
TERHART et al. (1994). Diese bezeichnen die Entwicklung des biografischen Ansatzes
als den Übergang vom Sozialisations- zum Biographie-Paradigma. Dieser Ansatz wurde
in der anglo-amerikanischen Forschung durch die Arbeiten zum Lehrerberuf und zur
Lehrersozialisation („teacher development") (ebd., 17; vgl. Terhart 1995a, 228) vorbereitet.

> „Lehrer-Werden wurde als ein individualbiographisch sehr unterschiedlich verlaufender Lern-
> und Entwicklungsprozeß verstanden, der nicht als ein glatter problemloser Positions- und Rol-
> lenwechsel stattfindet. [...]. Vielmehr ist ein komplexer und krisenhafter Entwicklungsverlauf
> anzunehmen, der sich aus der Wechselwirkung von situations- und personenspezifischen Fak-
> toren ergibt." (Terhart et al. 1994, 17)

Auf dieses Verständnis reagierte auch die Entwicklungspsychologie, welche zunehmend
begann, die gesamte Lebensspanne eines Menschen in den Blick zu nehmen. Konzepte
wie „Persönlichkeit", „Identität" und „Biographie" (Terhart et al. 1994, 17) waren somit
in die Lehrerforschung eingezogen. Damit ist der Hintergrund des berufsbiografischen
Ansatzes in der Lehrerforschung in Ansätzen verdeutlicht. Im Folgenden werden
exemplarisch ausgewählte und für die spätere Analyse relevante Ergebnisse des berufsbiografischen Ansatzes und zur Lehrertypologie aus der Forschung der Länder im deutschen Sprachraum und der anglo-amerikanischen Forschung vorgestellt.

---

27 Forschungsmethodisch wurden standardisierte Einstellungsbögen verwendet.

28 Terhart et al. (1994) sprechen von einer „life-span" (ebd., 18f.) Orientierung. Damit ist
gemeint, dass Projekte, die berufsbiografisch angelegt sind, sich auf die gesamte berufliche
Lebensphase einer Lehrkraft beziehen.

Phasen-/Stufenkonzepte und Lehrertypologien beruflicher Entwicklung

Bezug nehmend auf die Intention der Generierung einer Typenbildung[29] in meiner Arbeit werde ich im Folgenden Forschungs- und Erkenntnisschwerpunkte einiger ausgewählter Phasen- und Stufenkonzepte und des Weiteren einschlägige Studien zur Lehrertypologie in einer kurzen Übersicht skizzieren.[30] Die Ergebnisse weisen in ihrer Gesamtheit Tendenzen auf, die für die Analyse der vorliegenden explorativen Studie von Interesse sind. Auf Grundlage meiner Analyseergebnisse lassen sich herausgearbeitete Typen bereits vorhandenen Typologien zuordnen bzw. sind diesen ähnlich. Darüber hinaus lässt sich in meiner Studie ein weiterer Typ rekonstruieren. (s. Kapitel 10.3 *Zusammenfassung der empirischen Befunde*).

Schon seit Jahrzehnten verfügbar ist empirisches Wissen über die stufenweise Entwicklung und die biografische Einbettung der Lehrerprofessionalität in die Gesamtheit der lebenslangen Berufsphasen. Die zahlreichen Phasen- und Stufenkonzepte beruflicher Entwicklung können zwei Richtungen zugeordnet werden:

- a) Phasen- und Stufenmodelle mit Phasierung im Sinne der qualitativen Entfaltungsstufen der professionellen Persönlichkeit (vgl. Fuller und Bown 1975; Sikes et al. 1985; Dreyfus und Dreyfus 1986; Hirsch 1990; Hubermann 1991; Ruepp 2008)
- b) Phasen- und Stufenmodelle mit Phasierung im Sinne der Fokussierung auf institutionell-biografisch vorgegebene Abschnitte wie Schulerfahrungen, Studium, Referendariat, Junglehrer usw. (vgl. Schönknecht 1997; Kübler 2000; Heinen-Ludzuweit 2001[31]; Ruepp 2008[32])

Darüber hinaus existieren zahlreiche Untersuchungen zur Lehrertypologie (vgl. z.B. Zwettler-Otte 1981; Combe 1983; Flaake 1989; Hirsch 1990[33]; Terhart et al. 1994; Zeitler et al. 2012).

Zum Berufseinstieg ist die Konstanzer Längsschnittuntersuchung der siebziger Jahre zu Anfängerproblemen und damit zum sogenannten **„Praxisschock"** (Cloetta et al. 1981, 251ff.) zu nennen, welche beispielsweise den krisenhaften Übergang in den Beruf empirisch belegt hat. Für die berufsbiografischen Studien, welche die gesamte berufliche

---

29   Im Mittelpunkt der Studie steht die Rekonstruktion von handlungsleitenden Orientierungen von (angehenden) Lehrkräften zwischen 25 und 60 Jahren bei der Umsetzung einer kooperativen Lehr-Lernform an vor mir ausgewählten Zeitpunkten (Ende des Studiums, 2. Hauptsemester des Vorbereitungsdienstes, Berufstätigkeit). In einigen Interviews und Gruppendiskussionen kommen berufsbiografische Elemente zum Tragen, v.a. an den Stellen, an denen es um eine berufliche Identität und ein berufliches Selbst- und Rollenverständnis (Wie verstehe ich meine Rolle als Lehrkraft?) bei der Umsetzung einer kooperativen Lehr-Lernmethode geht.

30   Die Auswahl ist exemplarisch und erhebt keinen Anspruch auf Vollständigkeit. Weitere Übersichten bieten Terhart et al. (1994, 21-27), Terhart (1995a, 225-265), Spitz (2003, 11-37), Kunze & Stelmaszyk (2008, 821-838) und Ruepp (2008, 36-51).

31   Heinen-Ludzuweit (2001) versucht der Frage nach der Bedeutung des Referendariats für die Professionalisierung nachzugehen. Sie entwirft ein Entwicklungsstufenmodell mit unterschiedlichen Stufen für Bildungsgänge im Referendariat, welche von LiV unterschiedlich erreicht werden (vgl. ebd., 211-225).

32   Die Studie von Ruepp (2008) kann beiden Richtungen zugeordnet werden.

33   Hirsch (1990) entwickelt sowohl Phasentypen als auch Lehreridentitätstypen.

Lebensphase von Lehrkräften untersucht haben, liegen eine Fülle von Erkenntnissen über berufsbiografische Verläufe von Lehrerinnen und Lehrern vor. Sie erstrecken sich von Schwierigkeiten in der Anfangssituation bis zur ersten Herausbildung beruflicher Routine, der Entwicklung eines persönlichen Stils bis hin zu den zum Teil auftretenden Krisen. Die Verläufe variieren je nach Person und Situation stark unterschiedlich (vgl. Messner 2004, 13). Genannt seien ohne Anspruch auf Vollständigkeit die im Folgenden genannten Arbeiten.

Phasen- und Stufenkonzepte

Nach BAUER (2000b) gibt es Anhaltspunkte für eine geordnete Folge von Phasen der berufsbiografischen Entwicklung (vgl. ebd., 62). Dazu können die Studien von Fuller und Bown (1975), Sikes et al. (1985), Hirsch (1990), Hubermann (1991) und Terhart et al. (1994) gezählt werden.

Nach KELCHTERMANS (1990) stellt sich nun die Frage, welche Faktoren die Entwicklung beruflichen Denkens und Handelns der Lehrkräfte bestimmen, wenn davon ausgegangen wird, dass diese sich im Laufe der Berufskarriere entwickeln. Nach ihm bleibt diese Frage in den unterschiedlichen deskriptiven Phasenmodellen der Entwicklung für Berufskarrieren von Lehrkräften weitgehend unbeantwortet (vgl. ebd., 327). Einen interessanten konzeptuellen Ansatz zur Beantwortung dieser Frage findet man seines Erachtens bei Sikes et al.[34], welche Entwicklungsmodalitäten in Form von Intervallen mit den Begriffen wie „kritisches Ereignis" in den sogenannten „kritischen Phasen" (Kelchtermans 1990, 327, im Anschluss an Sikes et al. 1985) beschreiben. Unter „kritischen Ereignis" („critical incident") verstehen Sikes et al. (1985) ein Schlüsselerlebnis im Leben eines Einzelnen, das den Betroffenen zur Wahl bestimmter Handlungsalternativen zwingt (vgl. Kelchtermans 1990, 327). KELCHTERMANS führt aus, dass in den sogenannten kritischen Phasen eine erhöhte Möglichkeit besteht, dass kritische Ereignisse stattfinden (vgl. ebd., 327ff.). Wenn man, wie KELCHTERMANS (1990), davon ausgeht, dass Aufgaben und Situationen[35] den Charakter von kritischen Ereignissen haben, kann vermutet werden, dass diese und ihre Bewältigung „Einfluss auf das Entstehen und das Funktionieren der subjektiven Theorien" (ebd., 328) und somit auf

---

34 Terhart (1995a) führt aus, dass Sikes et al. (1985) in ihrer Studie folgende Phasen eines Lehrerlebens herausarbeiten: Die Initiationsphase als *erste Phase*, der „Dreißiger-Übergang" (ebd., 239) als *zweite Phase*, eine *dritte Phase*, die den „Dreißiger-Übergang" fortsetzt und die *vierte Phase*, welche auch als „Plateau-Phase" (ebd., 239) bezeichnet wird. Insbesondere die zweite Phase, der „Dreißiger-Übergang", wird als Krise erlebt, da in dieser die Chance besteht, sowohl beruflich als auch privat „das Ruder noch einmal herumzuwerfen" (ebd., 239f.).

35 Nach Kelchtermans (1990) „handelt es sich dabei um eine Konstellation oder Konfiguration bekannter Begebenheiten, die sich plötzlich oder allmählich verändern und dadurch beim Betroffenen ein intensives Gefühl entstehen lassen und zu einer elementaren Reaktion führen, die darauf zielt, die außerordentliche Situation zu meistern" (ebd., 328).
Terhart (1995a) spricht in diesem Zusammenhang von Situationen, in denen es zu unerwarteten Herausforderungen kommt, welche „eine bestimmte Entscheidung unausweichlich machen (z.B. über die Art und Weise, wie man mit Disziplinkonflikten umgehen will)" (ebd., 241).

das berufliche Handeln der Lehrkraft haben.[36] Somit bieten die Begriffe „kritisches Ereignis" und „kritische Phase" die Möglichkeit, Einblicke in die Dynamik der Entwicklung beruflicher Biografien zu erhalten (vgl. Kelchtermans 1990, 328, im Anschluss an Sikes et al. 1985).

Lehrertypologien

Im Folgenden werden ausgewählte Typologien in Kürze dargestellt, auf welche die in dieser Studie rekonstruierte Typologie in Kapitel 10.3 *Zusammenfassung der empirischen Befunde* Bezug nehmen wird.

ZWETTLER-OTTE (1981) beschreibt auf leicht karikierende Art und Weise auf Grundlage von alltäglichen Verhaltensmustern der Lehrkräfte einige Typologien der Lehrerrolle. Sie identifiziert den Typus der „Altruisten", der sich auszeichnet durch Selbstlosigkeit und vollen Einsatz für das Wohlergehen anderer, oder die „Überfürsorglichen", welche ihre SuS mit übertriebener Fürsorge behandeln aus der Motivation heraus, gebraucht zu werden. Einige weitere Akteure des schulischen Alltags, die sie beschreibt, sind die „Karitativen", die „Schülerfreunde", die „Fachanbeter" oder die „Überheblichen" (ebd.).

COMBE (1983) arbeitet zwei unterschiedliche Lehrertypen heraus, die „Sensitivisten" und die „Dogmatiker". Er schreibt dem erstgenannten Typ ein „schülerzentriertes", dem letztgenannten ein „organisationszentriertes" (ebd., 16, 116f.) Berufsverständnis zu.

FLAAKE (1989) unterscheidet zwischen einer auf Trennung, Abgrenzung und Distanzierung von den Schülerinnen und Schülern basierenden Haltung der Lehrer und einer emotionalen, von persönlicher Beteiligung und Anteilnahme geprägten Haltung jüngerer Lehrerinnen (vgl. ebd., 308ff.) und stellt die beziehungsorientierten Lehrerinnen den sachorientierten Lehrern gegenüber. Beide entgegengesetzten Auffassungen decken sich im Wesentlichen mit den beiden grundlegenden Mustern, die Combe (1983) in seinen Interviews entdeckt hat. Allerdings ordnet FLAAKE (1989) die herauskristallisierten Typen im Gegensatz zu Combe jeweils einem Geschlecht zu (vgl. ebd., 255f.).

TERHART et al. (1994) werten die Ergebnisse ihrer breit angelegten Studie nach Altersgruppen, Geschlecht und Schulart aus. Sie verifizieren zwei berufsbiografische Lehrertypen. Die Antworten der Lehrkräfte ließen sich entweder einer „persönlich-erzieherisch-involvierten Orientierung" oder einer „objektivierend-unterrichtlich-distanzierten Orientierung" (ebd., 116) zuordnen. TERHART et al. (1994) führen weiter aus, dass Frauen der persönlich-erzieherisch-involvierten Orientierung ein größeres Gewicht beimessen als Männer und Grundschullehrkräfte ein größeres als Gymnasiallehrkräfte (vgl. ebd., 137ff.). Ebenso lassen sich mit Blick auf die objektivierend-unterrichtlich-distanzierte Orientierung Alterseffekte nachweisen. Mit zunehmendem Alter steigt das Gewicht dieser Orientierung. Durch eine Clusteranalyse konnten die Autoren aufzeigen, dass in der Grundschule und ebenso in der Hauptschule die Lehrkräfte überrepräsentiert sind, welche der persönlich-erzieherisch-involvierten Orientierung besonderes Gewicht beimessen. Diese Lehrkräfte sind vorrangig in der jüngsten und mittleren Altersgruppe zu finden. Lehrkräfte der Realschule und des Gymnasiums leugnen nicht die Wichtigkeit von Erziehung und pädagogischer Beziehung, messen

---

36   Terhart (1995a) führt in diesem Zusammenhang aus, dass die gewählte Reaktion die Lehrkraft „auf ein bestimmtes Gleis" (ebd., 241) setzt.

aber der Wissensvermittlung ein stärkeres Gewicht bei. Die Lehrkräfte, die eher eine objektivierend-unterrichtlich-distanzierte Orientierung vertreten, ließen sich am ehesten in der Gruppe der 55-60jährigen nachweisen (vgl. ebd., 121ff.).

ZEITLER et al. (2012) haben eine empirische Untersuchung zum Umgang von Lehrpersonen mit den Bildungsstandards durchgeführt. Dabei stand im Fokus ihrer Fragestellung, wie verschiedene Lehrkräfte mit den Freiräumen umgehen, die ihnen durch die Kultusbürokratien bei der Umsetzung der Bildungsstandards zugestanden werden. Für die genauere Analyse wurden fünf Lehrerfachgruppen[37] mit jeweils unterschiedlichen zentralen Orientierungsmustern ausgewählt. ZEITLER et al. (2012) führen aus, dass sich zum einen autonom handelnde Fachgruppen herausarbeiten ließen, die in der Umsetzung der Bildungsstandards eine Möglichkeit zur Mitwirkung an der Gestaltung von kompetenzorientierten Unterricht sehen. Zum anderen ließen sich Fachgruppen mit einer Orientierung an *Heteronomie* (vgl. Zeitler et al. 2012, 172) rekonstruieren. Diese Lehrkräfte nehmen die Bildungsstandards als eine Überforderung durch die Bildungspolitik wahr. Eine dritte Gruppe zeigte eine ausgeprägte Orientierung an *Heteronomie*. Sie verstehen die Bildungsstandards als unmittelbar umzusetzende Vorgaben (vgl. ebd., 172ff.). Hinsichtlich des Umgangs mit kompetenzbezogenen Aufgaben zur Umsetzung der Bildungsstandards (vgl. Hessisches Kultusministerium 2011; Sekretariat der ständigen Konferenz der Kultusminister der Länder in der Bundesrepublik Deutschland 2005) ließ sich bei Lehrkräften an integrierten Gesamtschulen ein eher konstruktivistisches Verständnis von Lehren und Lernen, bei solchen an Gymnasien ein eher instruktivistisches Unterrichtsverständnis herausarbeiten (vgl. ebd., 190f.).

Es lässt sich **zusammenfassen**, dass die Ausführungen sowohl Chancen als auch Grenzen der Aussagekraft von Phasen- und Stufenkonzepten und Lehrertypologien zeigen.

TERHART (1995a) weist auf Probleme hin, die mit dem berufsbiografischen Ansatz in der Lehrerforschung verbunden sind. Je komplexer die zu Grunde gelegten Entwicklungsmodelle sind, desto schwieriger erweist es sich, im Hinblick auf Entwicklungsverläufe der Berufsbiografien von Lehrkräften ein aussagekräftigen Ergebnis zu erzielen (vgl. ebd., 258). Nicht nur die Phase des Berufseinstiegs mit einem möglichen Praxisschock und seiner Überwindung, sondern die gesamte Berufsbiografie ist Gegenstand der Lehrerforschung (vgl. ebd., 228). Die Ergebnisse der Studien zur Lehrerforschung zeigen, dass Lehrkräfte im Laufe des gesamten Berufslebens Änderungen hinsichtlich der Haltung zum Beruf, hinsichtlich ihrer Schwerpunktsetzungen und ihrer Selbstdeutung erfahren. Es lassen sich typische berufsbiografische Entwicklungsmuster feststellen, für die allerdings nach BAUER (2000b) der Nachweis fehlt, dass diese einer Entwicklungslogik folgen (vgl. ebd., 62). KUNZE & STELMASZYK (2008) führen kritisch an, dass Phasenmodelle und deren zentrale Ergebnisse im Vergleich „wenig Gesetzmäßigkeiten" (ebd., 828) zulassen.

Festgehalten werden kann, dass nach TERHART (1995b) die Verläufe je nach individuellen situativen Bedingungen und je nach Person stark unterschiedlich sind. Lehrerwerden und Professionalisierung vollziehen sich als biografische Prozesse (vgl. ebd., 241). Sie bauen – in individuell unterschiedlicher Weise – auf lebensgeschichtlich er-

---

37   Lehrpersonen, die an einer Schule in einer Fachkonferenz zusammenarbeiten, werden in der
      Studie von Zeitler et al. (2012) als Lehrerfachgruppen bezeichnet.

worbene Voraussetzungen, Fähigkeiten und Haltungen der einzelnen Person in ihrem persönlichen und beruflichen Kontext auf.

Auf Konsequenzen aus den dargestellten Untersuchungen zu Lehrerbiografien werde ich in Kapitel 13 *Schlussfolgerungen für die Gestaltung der Lehrerbildung* auf Grundlage meiner eigenen Ergebnisse für die Lehreraus- und -fortbildung eingehen. Dabei stütze ich mich auf TERHART (1995b), nach dem eine Art berufsbegleitendes Stützsystem geschaffen werden müsste, welches auf die berufsphasenspezifischen Problemlagen zu reagieren imstande ist (vgl. ebd., 241f.).

3 Theoretische Grundlagen zu Ansätzen von Veränderung in der Lehrerbildung

Wie in der Einleitung dargelegt, habe ich in meiner eigenen Berufstätigkeit als Lehrerin und Ausbilderin die Notwendigkeit von Veränderungen meines beruflichen Handelns gesehen. Ich habe die Erfahrung machen können, dass in der Anwendung spezieller kooperativer Lehr-Lernformen des WeLL Möglichkeiten zur Veränderung von Unterricht und dem eigenen Rollenverständnis liegen.

Veränderung, Entwicklung und Erneuerung sind Forderungen, die ständig an die Lehrerbildung gestellt werden (vgl. Gellert 2003b, 5; Messner 2004, 9). Auch die Fachdidaktiken beschäftigten sich häufig damit, wie der Fachunterricht im schulischen Alltag verändert werden kann. Angestrebte Veränderungen werden als „Reformansatz" und der verbesserungswürdige Unterricht als „traditionell" (Krummheuer & Fetzer 2007, 201) bezeichnet. Dabei wird auf die Ergebnisse internationaler Studien wie TIMSS, PISA und IGLU verwiesen,[38] welche die erbrachten unbefriedigt einzustufenden Leistungen von Schülerinnen und Schülern in Deutschland solchen traditionellen Unterrichtsansätzen anlasten. Ebenso die Umsetzung der Methoden des *Wechselseitigen Lehrens und Lernens* kann als eine mögliche Antwort auf die Ergebnisse dieser Studien betrachtet werden (s. Kapitel 6 *Wechselseitiges Lehren und Lernen als strukturierte Form kooperativen Lernens*). Darüber hinaus sind diese Formen auch eine mögliche Antwort auf die Ergebnisse der aktuellen Lehr-Lernforschung, welche eine veränderte Unterrichtskultur und ein verändertes Rollenverständnis notwendig machen. Im Folgenden wird die Diskussion von Veränderungskonzepten vorrangig in Bezug auf die Mathematikdidaktik dargestellt.

3.1 Diskussion von Innovationsansätzen

Nach ALTRICHTER (2002) ist eine Auseinandersetzung mit Innovation auf wissenschaftlicher Basis seit den sechziger und siebziger Jahren des letzten Jahrhunderts in den USA auszumachen (vgl. ebd., 197). Herkömmlich werden Verbesserungsstrategien in Drei- bzw. Vierstufenmodellen unterschieden. Der erste Schritt besteht darin, dass unterrichtsexterne Personen auf der Grundlage von Ergebnissen aus der Forschung

---

38   Die Akronyme PISA, TIMSS und IGLU stehen für Programme internationaler Schulleistungsvergleiche. Diese bedienen sich repräsentativer Stichproben ausgewählter Altersgruppen oder Schuljahrgänge mit dem Ziel, vergleichende Aussagen über Niveau und Verteilung von Leistungsergebnissen in zentralen schulischen Lernbereichen treffen zu können (vgl. Baumert 2007, 358).

(*research*) Lösungen für empfundene Probleme des Schulwesens in Form von Curriculum-Produkten entwickeln (*development*). Nachdem das Produkt in Tests und Pilotprojekten erprobt und verfeinert wurde, wird dieses an die Praktizierenden verbreitet (*dissemination*). Schließlich wird dieses Curriculum an den Schulen implementiert (*implementation*) und ausgewertet (*evaluation*) (vgl. ebd., 197).

Beschriebenes Modell ist in der Literatur zur Innovationsforschung unter einander ähnlichen Bezeichnungen zu finden:

- „R-D-D: research-development-diffusion/dissemination model
- R-D-D-I: research-development-dissemination-implementation model
- R-D-D & E: research-development-diffusion-evaluation model" (Gellert 2003a, 30)

Die Mathematikdidaktiker HOWSON et al. (1981) merken dazu systemkritisch an, dass dieses Modell aus dem Bereich industrieller Innovation stammt und an der Entwicklung neuer Produkte orientiert ist (vgl. ebd., 79). Innovationsprozesse sind in diesem Verständnis technokratisch oder mechanistisch umzusetzen. Zwischenmenschliche Bedingungen werden dabei diesen technischen Bedingungen untergeordnet (vgl. Gellert 2003a, 29). MILES (1964) kritisierte bereits in den sechziger Jahren des letzten Jahrhunderts, dass das Modell vornehmlich das Endprodukt fokussiere und weniger den Veränderungsprozess.

> „The dominant focus in most contemporary change efforts, however, tends to be on the *content* of the desired change, rather than on the features and consequences of *change processes*. It is the thesis […], that attention to change processes is crucial." (Miles 1964, 2)

Nach GELLERT (2003a) ist folglich ein Perspektivenwechsel vom Produkt auf den Prozess nötig.

> „Statt um die Entwicklung von Innovationsstrategien geht es dabei darum, in die Prozesse, die stattfinden, wenn Innovationen auf die von Innovationen Betroffenen stoßen, tiefer einzudringen." (Gellert 2003a, 28)

Lawrence Stenhouse (1926-1982), welcher als Begründer der neueren englischen Praktikerforschung gilt, kritisierte die großen Curriculumprojekte der sechziger Jahre (vgl. Altrichter & Feindt 2011, 150). Seiner Meinung nach bestehe die Implementation einer neueren Curriculumidee nicht darin, die externe Innovationsidee unverfälscht umzusetzen, vielmehr müsse diese unter Einbezug der Lehrpersonen als pädagogisch Forschende und Entwickelnde reflektiert und weiterentwickelt werden (vgl. ebd., 150).

3.2 Systemische Sicht auf Innovation versus anthropologische Sicht

Nach HOWSON et al. (1981) scheiterte die Idee von „teacher proof"- oder „prepackaged"-Curricula (ebd., 81) an der hohen Komplexität von Schule und Unterricht. Systemische Innovationsmodelle versuchen, diese Komplexität zu beherrschen. In der deutschen Entwicklung nimmt AREGGER (1976) Mitte der siebziger Jahre eine Systematisierung der curricularen Innovationsproblematik mit Hilfe einer organisationstheoretischen Ausdifferenzierung vor (vgl. ebd.). Sein hochkomplexes Modell hat den Status einer Idealvorstellung systemischer Innovation und ist darüber hinaus in seiner Umsetzung wenig realistisch.

GELLERT (2003a) führt aus, dass insbesondere aus professionsbezogener Perspektive systemische Innovationsmodelle kritisiert werden. Die soziologisch ausgerichtete Professionalisierungsdebatte, welche sich mit Merkmalen von Professionen auseinandersetzt, sieht in der Autonomie der Lehrkräfte ein wesentliches Charakteristikum von Professionen (vgl. ebd., 40). Eingriffe und Veränderungen von außen in die Unterrichtspraxis der Lehrkräfte durch organisationstheoretische Innovationsmodelle werden nach GELLERT (2003a) dann als Verletzung ihrer Autonomie aufgefasst und von den Innovationsplanern als *Implementationsproblematik* erfahren (vgl. ebd., 41f.). Der Autor stellt der technokratischen Sicht auf Innovation, welche lediglich auf das Innovationsprodukt und nicht auf den Anwendenden Bezug nimmt, die anthropologische Sicht gegenüber. Diese versteht Änderung und Erneuerung nicht als Veränderungen von Organisationsstrukturen. Vielmehr finden diese prinzipiell in und durch Personen statt. Deshalb scheint es nach GELLERT (2003a) angemessen, von *Akzeptanz* und nicht von *Implementation* einer Neuerung zu sprechen (vgl. ebd., 14). Als Begründung dafür führt er Resultate seiner empirischen Studie an.

> (…), „dass erfolgreiche Innovationsprozesse allmählich ablaufen, dementsprechend lange dauern und folglich als Teil des Alltags angesehen werden können. Der sozialtechnologische Terminus ,Implementation' suggeriert eher das Gegenteil und scheint bezüglich des schulischen Bereichs ein Anachronismus zu sein." (Gellert 2003a, 199)

Weiter merkt GELLERT (2003b) an, dass sich in Verbindung mit dem bereits erwähnten Autonomiebegriff die Schwierigkeit ergibt, von außen den Stand der Implementation einer Innovation festzustellen. So zeigen Ergebnisse empirischer Studien zu Lehrverhaltensänderungen infolge innovativer Programme, dass aus der Unterrichtspraxis von Lehrkräften kaum Rückschlüsse auf einen generellen Implementationsgrad bzw. auf Akzeptanz gezogen werden können (vgl. ebd., 15, im Anschluss an Jaworski 1994 und Peter 1996).

Eine Fallstudie von MANOUCHEHRI & GOODMAN (2000) aus den USA zeigt auf, wie eine theorieorientierte Evaluation funktionieren kann. In ihrer kontrastierenden Fallstudie wird deutlich, wie mit einer mikroskopisch ausgerichteten Sicht von Evaluation theoretisch bedeutsame Zusammenhänge im Bereich der Innovation des Mathematikunterrichtes herausgearbeitet werden können. Die Ergebnisse der Studie machen deutlich, dass es lediglich eine Hoffnung ist, dass die Innovation eines Produktes zwangsläufig zu einer konzeptionellen Veränderung führt. Vielmehr machen die Autoren deutlich, dass die Implementation innovativer Unterrichtskonzepte hohe Ansprüche an die Lehrkräfte stellt. Aus ihren Analysen leiten sie ab, dass für die Innovation von Mathematikunterricht folgende Erfordernisse erfüllt sein sollten: Lehrkräfte müssten zum einen wissen, was zentrale Ideen sind, zum anderen, wie mathematische Ideen miteinander in Beziehung gesetzt werden können. Darüber hinaus sollten sie die Lösungswege der SuS einschätzen können. Der Perspektivenwechsel, der dabei vollzogen wird, verschiebt nach den Autoren das Untersuchungsinteresse von der jeweiligen Innovation, bspw. einem Innovationsprodukt, weg und hin zu einer sich veränderten Unterrichts- bzw. Handlungspraxis. Somit erfolgt eine Distanzierung von der technokratischen Sicht auf Erneuerung. (Vgl. ebd., 1-34).

Hier bieten sich Übergänge zur interpretativen Unterrichtsforschung an, wie im folgenden Kapitel verdeutlicht wird.

3.3 Ein Modell für Veränderungsprozesse: interpretative Unterrichtsforschung

KELLE (1997) fasst unter dem Aspekt des „interpretativen Paradigmas" (ebd., 54) phänomenologische, ethnomethodologische und interaktionistische Ansätze zusammen (vgl. ebd., 54). Diese Ansätze betonen, „dass jegliche soziale Ordnung auf interpretativen Leistungen des Handelnden beruht" (Meuser 2006, 39). Das interpretative Paradigma geht der Frage nach dem Sinn sozialen Handelns nach, so wie dieser von den Handelnden selbst konstituiert wird. Es handelt sich somit um eine Sozialforschung der Akteursperspektive, welche der Verfahren bedarf, die dazu beitragen, die „Sichtweisen und Interpretationsmuster der Untersuchten in Erfahrung zu bringen, ohne vorher exakt spezifizierte und präzise operationalisierte Hypothesen formuliert zu haben" (Kelle 1997, 54).

Interpretative Unterrichtsforschung lässt sich nach BREIDENSTEIN (2002) durch folgende vier Merkmale beschreiben:

- „Es handelt sich um ein Interaktionsgeschehen, das durch die Regeln der face to face Interaktion bestimmt ist.
- Es ist in der Regel in einem geschlossenen Raum situiert und unterliegt definierten zeitlichen Begrenzungen.
- Einer Vielzahl von Kindern oder Jugendlichen stehen einzelne Erwachsene gegenüber.
- Sowohl die Teilnehmerinnen und Teilnehmer als auch Außenstehende stimmen darin überein, das Geschehen als ‚Unterricht' anzusehen, d.h. als eine Veranstaltung, deren Zweck in Unterweisung und Lernen besteht." (Breidenstein 2002, 12)

Interpretative Unterrichtsforschung interessiert sich also nach BREIDENSTEIN (2002) für das „situierte interaktive Geschehen", welches von den Teilnehmenden als „Unterricht" (ebd., 12) definiert wird. Forschungsgegenstand bilden „die Interaktionsprozesse in Unterrichtssituationen im Hinblick auf die soziale Konstitution von Unterrichtsalltag (und Lernen)" (Krummheuer & Naujok 1999, 16).

> „Interaktion wird (...) als ein wechselseitiger interpretativer Prozess betrachtet, in dem die Interaktionspartner sich die Bedeutung der Handlungen erst gegenseitig verständlich machen und erschließen müssen." (Kelle 1997, 50)

BREIDENSTEIN (2002) unterscheidet in Bezug auf die Schwerpunkte der interpretativen Unterrichtsforschung drei Forschungsstränge, welche verschiedene Perspektiven auf das Unterrichtsgeschehen einnehmen.

- die mikrosoziologische Untersuchung der Unterrichtskommunikation
- die fallrekonstruktive Analyse der Strukturen des Lehrerhandelns
- die (fach-)didaktisch motivierte Interpretation von Unterricht (Breidenstein 2002, 12ff.)

Der erste Forschungsstrang, die mikrosoziologische Untersuchung, unterscheidet zwischen dem kompetenztheoretischen und dem handlungstheoretischen Ansatz. Beim kompetenztheoretischen Ansatz stehen nach BREIDENSTEIN (2002) die soziale Geordnetheit des Interaktionsgeschehens im Klassenraum und Methoden zur Herstellung einer geteilten Wirklichkeit im Mittelpunkt. Handlungstheoretische Ansätze fragen nach den Formen „sozialer Kontrolle" (ebd., 14f.) im Klassenraum (s. Zinnecker 1975).

Der zweite Forschungsstrang, die fallrekonstruktive Analyse, ist auf eine „pädagogische Handlungstheorie" (Breidenstein 2002, 17) gerichtet. Mittels detaillierter Interpretation von Unterrichtssequenzen sollen strukturelle Bestimmungen professionellen Handelns der Lehrkraft herausgearbeitet und reflektiert werden.

Der letztgenannte Ansatz, die fachdidaktische Interpretation, beschäftigt sich nach BREIDENSTEIN (2002) mit der Frage, wie der Fachunterricht in der Alltagspraxis verändert werden kann (vgl. ebd., 19ff.; Krummheuer & Naujok 1999, 17). Insbesondere aus mathematikdidaktischen Studien, welche auf Videoanalysen des alltäglichen Unterrichts beruhen, konnten Erkenntnisse in die Regelhaftigkeit der Unterrichtsinteraktion gewonnen werden. Aus sozial-konstruktivistisch und interaktionistisch orientierter Sicht können nach KRUMMHEUER & FETZER (2005) solche Unterrichtsprozesse auf Mikroebene durch methodisch kontrolliertes Beobachten und theoriegeleitetes Analysieren nachvollzogen werden. So lässt sich erkennen, wie der Unterrichtsalltag ‚gestrickt' (vgl. ebd., 158) ist. Dadurch werden Möglichkeiten der gezielten Beeinflussung ermöglicht.

> Es gelte „bei der Untersuchung von Ausschnitten aus dem Unterrichtsalltag Verfestigungen und Unreflektiertheiten sowie als problematisch erachtete Erscheinungen im Unterrichtsalltag aufzudecken, zu beschreiben und auf sie hinzuweisen; es geht darum, Handlungs- und Deutungsmuster bezüglich ihrer Effektivität im Hinblick auf Lernerfolge zu beurteilen und gegebenenfalls alternative Unterrichtsideen zu entwickeln." (Krummheuer & Naujok 1999, 17)

Möchte man Unterricht hingegen anders ‚stricken' (vgl. Krummheuer & Fetzer 2005, 158), müssen die Chancen von sich einstellenden Veränderungen von den Lehrkräften aufgegriffen und im Unterricht weitergeführt werden. So kann die Fähigkeit zur Entwicklung und Erprobung alternativer Deutungen von Unterrichtshandlungen erworben werden, wenn Interaktionsverläufe im Unterricht durch eine *veränderte Wahrnehmungsfähigkeit* (vgl. ebd., 160) in alternativenreicher Weise gedeutet werden. Die Fähigkeit alternativen Interpretierens kann zur alternativen Gestaltung des Unterrichts führen. KRUMMHEUER & FETZER (2005) sprechen in diesem Zusammenhang von „Gestalten durch Interpretieren" (ebd., 160). Wenn Lehrkräfte mehr Spielräume für ihre eigenverantwortliche Gestaltung erkennen und sie ihr Handeln als weniger fremdbestimmt von der Unterrichtsroutine verstehen, werden sie zunehmend selbstbestimmter bzw. autonomer. Die Lehrkraft, die „anders oder mehr sieht, kann auch anders oder differenzierter antworten" (ebd., 161). Um Unterricht zu analysieren, haben KRUMMHEUER & BRANDT (2001) ein mehrdimensionales Analysemodell des mathematischen Unterrichtsalltags ausgearbeitet, welches dem besseren Durchdringen und Verstehen von Unterrichtsprozessen hilft.

3.4 Weitere Modelle für Veränderungsprozesse: Praxis- und Handlungsforschung

In Bezug auf Veränderungsprozesse kann zusammenfassend festgehalten werden, dass frühe Forschungsansätze davon ausgehen, dass Innovationen von offizieller Seite initiierte angeordnete Neuerungen darstellen. Allerdings wurde schnell deutlich, dass sich soziale Systeme auf diese Art nicht wie gewünscht wandeln, so dass Innovationen, die extern initiiert worden sind, mehr und mehr mit einer prinzipiellen Skepsis begegnet

wurde. Es bedurfte demnach einer gewissen Beteiligung und Übernahme von Verantwortung für die Innovation von Seiten der Betroffenen. Mit der dargelegten Distanzierung zu implementationstreuen Unterrichtsmodellen entstanden neue Ansätze zur Veränderung von Schule und Unterricht.

Weitere Ansätze, welche unabhängig von der Innovation des Mathematikunterrichts zu
sehen sind, werden im Folgenden exemplarisch dargestellt. Es handelt sich dabei um die
Ansätze der Praxisforschung und Handlungsforschung bzw. Aktionsforschung[39]. Diese
spielen für die hier vorliegenden Studie[40] und ihre empirischen Befunde in Bezug auf
die Gestaltung der Lehrerbildung eine bedeutendere Rolle. Ein gemeinsames Element
dieser Ansätze ist ihre Feldnähe, des Weiteren sind die betroffenen Lehrkräfte selbst
Forschende und arbeiten mit anderen Forschenden aus Schulleitung, Schulverwaltung
und Wissenschaft zum Zwecke der Verbesserung ihrer pädagogischen Praxis zusammen
(vgl. Prengel et al. 2008, 181).

ALTRICHTER & FEINDT (2008) führen aus, dass ausgehend von der englischen Aktionsforschung, die in den siebziger Jahren unter den Bezeichnungen *action research*
oder *teacher research* bekannt wurde, diese seit Beginn der neunziger Jahre auch in
Deutschland und in der Schweiz auf Interesse stieß und sich „in Projekten zur Reform
des Unterrichts, der Schule und der Lehrerbildung niederschlug" (ebd., 451). Für die
Tätigkeiten in den Projekten, wie die reflektierende Weiterentwicklung von Unterrichts-
und Schulpraxis, werden eine Reihe unterschiedlicher Bezeichnungen verwendet, wie
z.B. Lehrerforschung, Handlungsforschung, Praxisforschung, Aktionsforschung (vgl.
ebd., 451). Nach ALTRICHTER & FEINDT (2011) unterscheiden sich diese empirischen Forschungsstrategien von anderen Forschungsansätzen durch zwei Merkmale:

> „Erstens verbindet sie die Erforschung sozialer Situationen mit ihrer Weiterentwicklung.
> Zweitens werden die ‚Bewohnerinnen und Bewohner' des untersuchten sozialen Feldes aus
> dem Status von Forschungsobjekten befreit und als (mit-)verantwortliche Forschende in die
> Konzeption, Durchführung, Auswertung und Veröffentlichung der Forschung einbezogen."
> (Altrichter & Feindt 2011, 149)

Durch ihre Charakteristika haben diese Ansätze insbesondere im Schulbereich Anwendung gefunden. Sie werden als Strategien zur Förderung professionellen Lernens gesehen, welche den engen und systematischen Bezug von Reflexion und Aktion aufeinan-

---

39   Der zweite Ansatz lässt sich sowohl unter der Bezeichnung der Handlungs- als auch der
     Aktionsforschung finden (vgl. Altrichter & Feindt 2008, 451). Zu weiteren Ausführungen
     vgl. Gellert (2003b, 30ff.), Prengel et al. (2008, 181-197) und Altrichter & Feindt (2008,
     452ff., 2011, 161).
     In meinen weiteren Ausführungen werde ich den Begriff der Handlungsforschung verwen-
     den.

40   Das von der Autorin zweimalig durchgeführte mathematikdidaktische Seminar L1M-MD
     (vgl. SPoL 2005) hat bei der Umsetzung verschiedene Vorschläge einer reflexiven Lehrer-
     bildung aufgegriffen: Es wurde ein reflektierendes und forschungsorientiertes Design ange-
     boten, in welchem die Beteiligten die Möglichkeit hatten, ihre eigene Unterrichtspraxis for-
     schend weiter zu entwickeln bzw. fremde Unterrichtspraxis zu erforschen. Des Weiteren
     hatte das Seminar den Charakter einer Forschungswerkstatt, welche den Lehrenden die Be-
     arbeitung schul- und unterrichtsbezogener Fragestellungen aus der eigenen Lehrtätigkeit im
     Unterricht zu ermöglichen versuchte. Darüber hinaus wurde kooperative Team-Forschung
     umgesetzt, in welchem die Lehramtsstudierenden gemeinsam mit LiV und Lehrkräften Pra-
     xis erforscht und weiterentwickelt haben (vgl. Altrichter & Feindt 2008, 457f.).

der beziehen. Eine wesentliche Aufgabe von Praxis- und Handlungsforschung ist es, diesen Bezug zu unterstützen und dafür förderliche Bedingungen zu schaffen. Da sich professionelles Handeln nach Helsper (1996) zwischen Antinomien und Paradoxien bewegt, können die Ansätze der Praxis- und Handlungsforschung somit auch als Strategien der Professionalisierung angesehen werden. Angehörige professioneller Berufe sollen durch ihre Projekte dabei unterstützt werden, „die notwendigen reflexiven Handlungskompetenzen für ihre komplexe Tätigkeit zu erwerben" (Altrichter & Feindt 2008, 449).

Allerdings benötigen forschungsorientierte Lehrerfortbildungen, welche sich auf die Praktiken von *action research* berufen, gewisser institutioneller Bedingungen. Derartige Angebote herrschen im deutschen Sprachraum weniger vor. Es handelt sich dabei vielmehr um punktuelle Angebote, welche von vorwiegend der Bildungsadministration verbundenen Trägern angeboten werden (vgl. Altrichter & Feindt 2011, 161).

3.5   Veränderungsprozesse – Schule, Unterricht und Lehrerbildung

Im deutschen Sprachraum ist die Diskussion zur Reform der Lehrerbildung in Bewegung gekommen (vgl. Messner 2004, 9; Nolle 2011, 3). Als Ursachen dafür werden verschiedene Aspekte angeführt wie bspw. die Professionalisierungsdebatte über das Handeln von Lehrkräften, die Kritik der wenig berufsorientierten Qualifikation von Lehrerinnen und Lehrern und neue Erkenntnisse der Lehr-Lernpsychologie. Auch veränderte Lebensbedingungen des Aufwachsens von Kindern und Jugendlichen wie weniger Primärerfahrungen, das Aufwachsen in multikultureller Gesellschaft, veränderte familiäre Strukturen, eine Zunahme von Lernstörungen und Verhaltensauffälligkeiten (vgl. Terhart 2001, 169) durch einen gesellschaftlichen Wandel, welche Einfluss auf die Lebens- und Lernbedingungen von Kindern und Jugendlichen haben, stellen veränderte Anforderungen an die Schule (vgl. Altrichter & Feindt 2008, 457; Knüppel 2011, 3). Schule, Unterricht und Lehrerbildung müssen sich somit den Erwartungen und den veränderten Herausforderungen stellen und darauf angemessen reagieren. Es ist nach HEPTING (2008) Aufgabe der Lehrkraft, mit einem veränderten Rollenverständnis auf diese Anforderungen und auf das veränderte Verhalten der SuS zu reagieren (vgl. ebd., 36f.).

Praxis- und Handlungsforschung könnten auf ihre Art und Weise dazu beitragen, Handlungs- und Interpretationskompetenz der Lehrkräfte im Arbeitsfeld Schule zu fördern und somit die Bereitschaft zu Veränderung und Innovation zu unterstützen. Dies könnte auf den Ebenen der Lehrerausbildung, der Lehrerfortbildung und der Schulentwicklung geschehen.

Anknüpfend an die fachdidaktische Entwicklung in der Lehrerbildung sehen KRUMMHEUER & FETZER (2005), wie bereits in Kapitel 3.3 *Ein Modell für Veränderungsprozesse: Interpretative Unterrichtsforschung* erwähnt, mit dem interpretativen mathematikdidaktischen Ansatz einer Interaktionstheorie mathematischen Lernens eine Möglichkeit, dass Lehrkräfte die Fähigkeit zur Entwicklung und Erprobung von Handlungsalternativen erwerben, wenn sie „mit einer *veränderten Wahrnehmungsfähigkeit* Interaktionsverläufe im Unterricht in alternativenreicher Weise" (ebd., 160) zu deuten lernen. Einer Lehrkraft wird ein alternatives Unterrichtshandeln dann gelingen, wenn sie zunehmend mehr Spielräume, d.h. eine größere Autonomie für ihre Entscheidungen und Handlungsumsetzungen erwirbt, hierdurch gleichsam „autonomer" handelt, dabei weniger den handlungsverengenden Auswirkungen von Handlungsroutinen unterliegt und sich somit weniger als „Abhängige" (ebd., 160) einer sich vollziehenden Unterrichtsroutine versteht. Vor dem Hintergrund dieser Perspektive stellt sich die Frage, wie man als Lehrperson veränderte Wahrnehmungsfähigkeit erwerben kann, um im Unterrichtalltag eigene Gestaltungsvorstellungen umsetzen und reflektiert Veränderungen am eigenen Unterricht vornehmen zu können. In Projekten und hochschuldidaktischen Initiativen sind am IDMI in Frankfurt Ausbildungskonzepte entwickelt und erprobt worden, die auf eine erhöhte Sensibilisierung für Lehr-Lernprozesse im Alltag des Mathematikunterrichts zielen.

Ein daran anschließendes Projekt stellt die von mir durchgeführte und in der Verantwortung von Herrn Prof. Dr. Götz Krummheuer begleitete Veranstaltung dar,[41] in welcher der von den Studierenden und den LiV durchgeführte Unterricht zur Umsetzung des WeLL im Mathematikunterricht mittels des interpretativen mathematikdidaktischen Ansatzes der Interaktionsanalyse[42] analysiert wurde. Der Unterschied zu den bisher entwickelten und erprobten Ausbildungskonzepten besteht darin, dass ein innovatives Unterrichtskonzept (WeLL) vorgegeben wird. Dieses Ausbildungskonzept versucht, die Ansätze einer reflexiven Lehrerbildung aufzugreifen und umzusetzen (vgl. Altrichter & Feindt 2008, 457f.) und einen Beitrag zur Veränderung von Mathematikunterricht als Weiterentwicklung professionellen Handelns zu leisten. In Kapitel 13 *Schlussfolgerungen für die Gestaltung der Lehrerbildung* werde ich auf Grundlage der empirischen Befunde die Modellangebote für Veränderungsprozesse erneut aufgreifen.

4 Die Debatte um die Professionalisierung im Lehrerberuf

Da sich mein Erkenntnisinteresse auf die handlungsleitenden Orientierungen der Lehrkräfte und ihre professionelle Entwicklung richtet, folgen im vierten Kapitel Ausführungen über die Professionalisierung pädagogischen Handelns unter Einbezug verschiedener Professionalisierungsansätze und der von Helsper (1996) ausdifferenzierten Handlungsantinomien und ihren Auswirkungen auf das Lehrerhandeln mit der Erwartung, dass dadurch eine theoretische Annäherung an die rekonstruierten handlungsleitenden Orientierungen möglich wird.

Zum besseren Verständnis der Professionalisierungsdebatte erfolgt zunächst eine Begriffsklärung von Profession[43], Professionalität und Professionalisierung.

---

41 S. dazu auch Unterpunkt *Das phasenübergreifende Projekt „IPhaMat"* in der *Einleitung*.

42 Die Interaktionsanalyse hat ihren Ursprung in konversationsanalytischen Arbeiten aus dem Bereich der Ethnomethodologie und wurde von Bauersfeld, Krummheuer und Voigt am IDMI Bielefeld entwickelt (vgl. Schreiber 2010, 53).
S. hierzu auch Kapitel 1 *Systematik der empirischen Schulforschung*. Weitere Ausführungen zur (Weiter-)Entwicklung der Interaktionsanalyse vgl. Krummheuer & Naujok (1999), Krummheuer (1992, 2002, 2004), Krummheuer & Brandt (2001) und Krummheuer & Fetzer (2005, 2007).

43 Weitere Ausführungen zum Professionsbegriff vgl. Herzog (2011, 50ff.).

4.1   Exkurs: Begriffsklärung

Nach TENORTH & TIPPELT (2007) verweist der Begriff *Profession* auf Berufung und Ethos und bezog sich zunächst nur auf die *freien Berufe* (bspw. des Arztes oder des Anwalts). Später wurden auch akademische Berufe als Professionen bezeichnet, wenn sie sich von anderen Berufen durch spezifische Merkmale wie „wissenschaftliche Ausbildung, examinierte Titel, exklusives Expertenwissen, Kontrolle über die Ausbildung, monopolartige berufliche Stellung, hohes Prestige, überdurchschnittliches Einkommen, hoher Grad an Autonomie, Gemeinwohlorientierung und ethischen Standeskodex" (ebd., 567f.) unterschieden.

> „Professionelle verfügen über eine vergleichsweise hohe Autonomie und üben ihren Beruf auf der Basis spezialisierten Wissens im Rahmen von persönlichen Beziehungen aus, die gegenseitiges Vertrauen voraussetzen." (Herzog 2011, 53)

Fehlen einige Merkmale, werden diese Berufe als *Semi-Professionen* (vgl. Wildt 1999, 128; Terhart 1995b, 228) bezeichnet.

Nach HERICKS & STELMASZYK (2010) unterscheiden sich professionelle Berufe grundsätzlich von anderen Berufen durch das Charakteristikum, dass sie einer bestimmten Handlungslogik beim Erbringen einer Leistung für das Gemeinwohl folgen.

> „Dies bedeutet, dass der gemeinsame Kern der hier gemeinten Berufe in einer spezifischen Typik der von ihnen zu lösenden Handlungsanforderungen verortet wird." (Hericks & Stelmaszyk 2010, 233)

Der Frage nachgehend, ob das Erziehen im Sinne der Verberuflichung zu den Professionen gezählt werden kann, ist zu prüfen, ob der Beruf des Pädagogen eine für das Gemeinwohl vergleichbare Leistung wie die klassischen Professionen[44] erbringt, des Weiteren, „ob pädagogisches Handeln und professionelles Handeln überhaupt professionalisierbar oder professionalisierungsbedürftig ist" (Dewe et al. 1992b, 8).

HERICKS & STELMASZYK (2010) unterscheiden zwischen den Begriffen der *Profession*, der *Professionalität* und der *Professionalisierung* (vgl. ebd., 232). Ersterer umfasst nach ihnen bestimmte *makrosoziologisch* beschreibbare Eigenschaften und Merkmale von Professionen. *Professionalität* hingegen charakterisiert einen „bestimmten erreichbaren Zustand von Könnerschaft" (ebd., 232). Die Autoren führen weiter aus, dass der Begriff der *Professionalisierung* eine makrosoziologische Sicht auf Professionen einnimmt. Mit diesem ist zum einen der historische Begriff gemeint, in dem ein Beruf sich als Profession konstituiert. Zum anderen meint Professionalisierung „den individuellen Entwicklungsprozess, in dem die Angehörigen dieses Berufs die zur Bewältigung seiner Handlungsanforderungen erforderlichen Kompetenzen und Strategien herausbilden" (ebd., 233f.).

Dieser Begrifflichkeit schließt sich HERZOG (2011) an, der mit Professionalisierung den Prozess bezeichnet, „den die individuelle Lehrkraft auf dem Weg vom Status der Novizin zum Status der Expertin durchläuft" (ebd., 67). Der Autor verweist darauf, dass

---

44   Die klassischen Professionen zeichnen sich durch drei zentrale Merkmale aus: die Autonomie der Berufsausübung, die Wissenschaftlichkeit des beruflichen Wissens inklusive einer akademischen Ausbildung mit einem zertifizierten Abschluss und einer eigenen Fachterminologie und eine Verpflichtung des individuellen Professionellen gegenüber dem individuellen Klienten (vgl. Herzog 2011, 53, 55f.).

für den Begriff der Professionalisierung auch der Begriff der *professionellen Entwicklung* steht (vgl. ebd., 67).

Wie bereits in den Vorbemerkungen erwähnt, werde ich in meiner Studie mit dem Begriff der *professionellen Entwicklung* arbeiten. Dabei stütze ich mich auf die Definition von HOYLE (1991), der damit den Prozess bezeichnet, durch den die Lehrkraft „die für effektive professionelle Praxis notwendigen Kenntnisse und Fähigkeiten erwirbt oder verbessert" (ebd., 135).

4.2 Anlass und Gegenstand der Professionalisierungsdebatte

Folgende exemplarisch ausgewählte Fragen sind Gegenstand einer dauerhaften und nach wie vor aktuellen Diskussion um den Beruf der Lehrkraft:

- Was sind die Charakteristika des Lehrerberufs?
- Was ist die Rolle der Lehrkräfte?
- Was liegt in der Verantwortung von Lehrkräften?
- Was müssen Lehrkräfte wissen und können?
- Wie ist dieser Beruf zu erlernen?
- Was wird unter pädagogischer Professionalität verstanden?

Diese und weitere Fragen führen die langjährige Diskussion über Professionalität des Lehrerhandelns der sechziger Jahre fort.[45] Insbesondere die Diskussion um die Fragen nach dem *Auftrag* der Lehrkraft, ihres spezifischen *Könnens* zur Erfüllung dieses Auftrages und schließlich die nach der *Ausbildung*, um dieses Können zu vermitteln, bildet eine Art Dauerthema in der Theorie- und Forschungsdiskussion und wird in der Soziologie, der Psychologie und der Erziehungswissenschaft „mit modernen begrifflichen Mitteln" (Terhart 1995b, 227f.; ebd., 2001, 52, 91ff.) unter dem Begriff der Diskussion um Professionalität im Lehrerberuf subsumiert.[46]

Wie kommt es zu dem verstärkten Interesse an Ergebnissen und Methoden der Lehrerforschung und der intensiven Auseinandersetzung mit dem Professionsbegriff? Es werden im Folgenden einige einschlägigen Argumente angeführt, bevor den Fragen nach dem Mandat der Lehrkraft und der Professionalisierbarkeit bzw. *Professionalisierungsbedürftigkeit* (Oevermann 1996a) des Lehrerberufs nachgegangen wird:

---

45 Ende der sechziger Jahre wurde nach TERHART (2001) die erste Professionalisierungsdebatte eröffnet. Begriffe wie *Professionalität* und *Professionalisierung* gewannen mit dem sozialwissenschaftlichen Ideenschub in der Pädagogik an Resonanz. Professionalität im Lehrerberuf wurde mit Verwissenschaftlichung seiner Ausbildung und Tätigkeit gleichgesetzt. Die zweite Runde der Professionalisierungsdebatte war eine Art Rückrunde. Sie war gekennzeichnet durch eine Abkehr vom technokratischen Verständnis von Lehrerarbeit (vgl. ebd., 91ff.). Im Fokus stand nun die Bedeutung der *Lehrerpersönlichkeit* und das Verständnis der Lehrerausbildung „als Prozess ganzheitlicher Erfahrungsbildung und des Einübens in *pädagogisches Verstehen*" (ebd., 93).

46 Zu gegenwärtigen Forschungsansätzen zum Lehrerberuf und zur Professionalität des Lehrers nach Disziplinen geordnet vgl. Terhart (1995b, 227ff.).

- TERHART (2001) verweist auf die Problematik, „dass die innerwissenschaftliche Debatte um Lehrertheorien bzw. um Professionenkonzepte weitgehend getrennt von der Realentwicklung des Berufes verläuft" (ebd., 52). Das klingt geradezu absurd, wenn man bedenkt, dass fast alle Personen, die mit Bildungs- und Schulentwicklungsprozessen befasst sind, die Auffassung teilen, „dass die Realität in den Schulen, in den Klassen und Lehrerzimmern entscheidend durch die dort arbeitenden Lehrkräfte geprägt wird und (…) Reformvorhaben im Schulbereich (…) immer nur mit den Lehrkräften vollzogen werden können" (Terhart 1995b, 225; ebd. 2001, 40).

- BAUER (2000b) sieht einen Grund der Auseinandersetzung darin, dass die pädagogische Praxis eine schwierige und oft aufreibende und riskante Berufstätigkeit ist (vgl. ebd., 55).

- Auch die Unterrichts- und Schulentwicklung unterstreicht die zentrale Rolle der Lehrerschaft und der einzelnen Kollegien bei der Mitwirkung und Mitgestaltung einer autonomen Schule und stellt neue Anforderungen an die berufliche Kompetenz von Lehrkräften (vgl. Terhart 2001, 40).

- Ebenso disziplininterne Interessen wie Verwendungs- und Bilanzierungsfragen forcieren das Interesse an der Lehrerforschung: Welche Bedeutung hat die erziehungswissenschaftliche Erkenntnisbildung für die pädagogische Praxis bzw. ihre Handlungsfelder? Sind trotz der Differenzannahme, die die Unterschiedlichkeit zwischen dem im Bereich von Wissenschaft erzeugten Wissen einerseits und dem im Rahmen konkreten pädagogischen Berufshandelns notwendigen Wissen andererseits betont, Übergänge und Austauschprozesse möglich, vielleicht sogar notwendig? Was bedeutet die Unterschiedlichkeit wiederum für Lehrerbildungskonzepte, wenn eine direkte Anleitungsrelevanz der Theorie für die Praxis nicht unterstellt werden kann? (Vgl. Terhart 1995b, 226, 230f.; ebd. 2001, 41; Bastian & Helsper 2000, 177)

Von öffentlicher bzw. politischer Bedeutung ist nach TERHART (2001) die Frage, „wie weit bzw. eng das Mandat des Lehrers definiert werden soll" (ebd., 76). Umfasst dieses vorrangig das Unterrichten und Schaffen von Lerngelegenheiten oder geht es darüber hinaus im Sinne einer „Sozialpädagogisierung" (ebd., 76)? Führt letzteres nicht zu einer Überbelastung der Institution Schule und des Lehrerberufs?

Schlussendlich besteht nach wie vor eine Diskussion darüber, inwiefern die pädagogischen Berufe im Vergleich zu anderen beruflichen Professionen, z.B. der Juristen und Mediziner, die an Professionalität gestellten Merkmale wie „systematisches, möglichst wissenschaftliches Wissen, eine am Gemeinwohl orientierte Handlungsweise und die Habitualisierung der Selbstkontrolle des Berufsinhabers" (Jaumann-Graumann & Köhnlein 2000, 11) erfüllen können. Darüber hinaus ist nicht nur die Übertragbarkeit der Professionalisierung auf Lehrberufe Diskussionsanlass, sondern die grundsätzliche Professionalisierbarkeit schulischer Bildungs- und Erziehungsprozesse. Zum einen besteht nach OEVERMANN (1996a) eine „Professionalisierungsbedürftigkeit" (ebd., 145) hinsichtlich des Lehrer-Schüler-Verhältnisses, welches nach ihm diffus sei und nicht einem professionalisierten Arbeitsbündnis entspräche (vgl. ebd., 148). Zum anderen führt er die gesetzliche Schulpflicht an, die ein „autonomes pädagogisches Arbeitsbündnis" (ebd., 163) verhindere, sowie die hierarchische Kontrolle durch die Schulverwaltung, „die einer Autonomie durch Professionalisiertheit" (ebd., 179) scharf entgegenstehe.

TITZE (1993) führt aus, dass diese Diskussion ergänzt wird durch die unterschiedlichen Interessenlagen, Einflüsse und Erwartungen der Bildung, welche den Handlungsspielraum des pädagogischen Personals bei der Umsetzung von fachwissenschaftlichen Ergebnissen einschränken. Eine Profilierung der Berufsrolle durch anerkannte Leistungen bleibt aus, Statusunsicherheiten bleiben bestehen. Der Autor greift die strukturellen Zwänge auf und beschreibt ihre Auswirkungen auf eine erfolgreiche Professionalisierung mit den Worten:

> (…), „die bürokratische Eigengesetzlichkeit macht alle Bestrebungen immer wieder zunichte, die Dienstleistungen autonom an sachgerechten Zielen und Entscheidungen zu orientieren (…), weil der pädagogische Experte hier noch einem sekundären Klienten gegenüber in ein Verpflichtungsverhältnis eingespannt ist, nämlich dem bürokratischen Träger der Institution." (Titze 1993, 1271)

Zur Untermauerung führt WEITZEL (2005) die Berufskultur[47] des Lehrerberufs an (vgl. ebd., 19). Diese werde nach TERHART (1996a) sowohl von innen her, also vom Berufsfeld und den Berufsinhabern, als auch von außen her durch die sie umgebende gesellschaftliche Kultur geprägt. Wenn es um die Professionalität des Lehrerhandelns gehe, sei dieses komplexe und ambivalente Austauschverhältnis zu berücksichtigen (vgl. ebd., 452ff.). Damit stellt sich nach TERHART (1995b) die Aufgabe, „ein spezifisches für die pädagogischen Aufgaben insgesamt sowie in bereichsspezifischer Ausformung für den Lehrerberuf speziell geltendes Verständnis von Professionalität zu erarbeiten (….)" (ebd., 228).

4.3 Anforderungen an den Beruf der Lehrkraft

Nach BASTIAN & HELSPER (2000) ist der Beruf der Lehrkraft einem ständigen *Hin und Her* öffentlicher Thematisierungs- und Reformkonjunkturen ausgesetzt. Der Grat zwischen dem Bild der Lehrkraft als Hoffnungs- und Fortschrittsträger und den Grenzen des Pädagogischen ist schmal (vgl. ebd., 167). Worauf sind diese Schwankungen in den öffentlichen Bildern, aber auch in den Selbstbildnissen der Lehrkräfte zurückzuführen? TERHART (1996b) spricht in diesem Zusammenhang von einem „Kippbild" (ebd., 329) als Indikator für unklare Mandatsgrenzen und Mandatsdefinitionen. BASTIAN & HELSPER (2000) sehen die Genese des Entstehens einer „Kippfigur" (ebd., 169) in drei Problemen[48] begründet: im Lehramtsstudiengang, in der Erziehungswissenschaft als universitäre Disziplin und im fehlenden professionellen Selbstverständnis der Lehrkräfte.

Einen ersten Hintergrund sehen sie in dem spezifischen Professionalisierungsweg der universitären Lehrerbildung und seinen Strukturproblemen. Trotz später Etablierung

---

47 Terhart (1996a) versteht unter Berufskultur „die für einen bestimmten Beruf bzw. für ein Berufsfeld typischen Wahrnehmungsweisen, Kommunikationsweisen und langfristigen Persönlichkeitsprägungen derjenigen Personen, die in diesem Beruf arbeiten" (ebd., 452).

48 Weitere Ausführungen dazu vgl. Herzog (2011). Er sieht bspw. ein Problem darin, dass das Handeln der Lehrkräfte keine eindeutige Referenzdisziplin aufweist, sondern durch mehrere Wissenschaften begründet wird. Des Weiteren ist es seines Erachtens problematisch, dass das Hauptgeschäft der Lehrpersonen, nämlich das Unterrichten, über keine eigene Fachterminologie verfügt und sich somit der Alltagssprache mit ihren die Kommunikation erschwerenden Nachteilen bedient (vgl. ebd., 56f.).

einer universitären Lehrerausbildung seien „die Lehramtsstudiengänge eher Studiengänge zweiter Wahl" (Bastian & Helsper 2000, 169) geblieben.

Auch habe sich die Erziehungswissenschaft erst spät als eigenständige Disziplin universitär umfassend etablieren können und sei auch „in Konkurrenz zu anderen Disziplinen zweitrangig" (ebd., 169). Obwohl diese durch eine erstaunliche Expansion gestärkt worden sei, ringe sie nach wie vor um Anerkennung als universitäre Disziplin, was dazu führe, dass der Studiengang des Lehramts gesellschaftlich nicht in dem Maße angesehen und akzeptiert werde wie andere Studiengänge.

Darüber hinaus nennen BASTIAN & HELSPER (2000) das eigene Verständnis von Lehrkräften als Fachwissenschaftlerinnen und Fachwissenschaftler und den für sie geringen Stellenwert des erziehungswissenschaftlichen Teilstudiums, welches darüber hinaus nicht zufriedenstellend organisiert, strukturiert und mit anschließenden Bildungswegen verschränkt ist (vgl. ebd., 169). Diese geschilderten Strukturprobleme der universitären Lehrerbildung hätten nach den Autoren wiederum zur Konsequenz, dass Lehrkräfte in der Regel kein fundiertes und gesichertes professionelles Selbstverständnis als Pädagogin oder Pädagoge aufbauen könnten und somit häufig auch nur über ein defizitäres erziehungswissenschaftliches Reflexionswissen verfügten (vgl. ebd., 169). Daraus resultiere eine Anfälligkeit der Lehrtätigkeit für Übergriffe von außen, insbesondere für Außenbestimmungen und für Fremddefinitionen (vgl. ebd., 170).

Aus fachdidaktischer Perspektive möchte ich an dieser Stelle auf TERHART (2002a) verweisen, der für eine „grundständige Lehrerausbildung" plädiert, in welcher Fachwissen, fachdidaktisches Wissen und erziehungswissenschaftliches Wissen von Anfang an zusammenhängend studiert werden und das fachdidaktische und erziehungswissenschaftliche Studium nicht wie eine „nachgeschobene Zusatzqualifikation" (ebd., 21) erworben wird.

Eine weitere Frage, die sich immer wieder aufdrängt, ist nach BASTIAN & HELSPER (2000) die nach den Grenzen der Lehrerarbeit bzw. nach der Diskussion um innerdisziplinäre Bestimmungsversuche des Mandats der Lehrkraft (vgl. ebd., 172ff.).

An die Rolle der Lehrkraft anschließend nennen die Autoren einen weiteren Aspekt für die hohe Anfälligkeit der Lehrtätigkeit von außen. Pädagogische Tätigkeiten, wie erziehen, beraten oder etwas vermitteln ließen sich auch im Alltag wiederfinden. Für diese alltäglichen Tätigkeiten erlebten sich auch „Laien" als zuständig und kompetent, was dazu führe, dass es keine klare Abgrenzung zwischen dem pädagogischen Handeln und Wissen von Lehrkräften und dem Wissen von „Laien" gebe. Daraus resultiere nach den Autoren, dass die Fachsprache, in der die Differenz zwischen empirisch gesicherten Wissensbeständen zu Alltagstheorien und „Laien"-Wissen zum Ausdruck komme, bei Lehrkräften im Hinblick auf ihre pädagogische Lehrtätigkeit kaum ausgeprägt sei und sie dieser ähnlich fremd gegenüber stünden wie „pädagogische Laien" (ebd., 170). Durch diese Distanz existiere keine Abgrenzung der Lehrkräfte von den „Laien" und somit entfalle auch der „Schutz" dieser gegenüber jeglicher Kritik von „Laien" (ebd., 170).

Zu dieser Problematik komme nach HELSPER (1996) nun auch noch die Einbettung des Lehrerhandelns in organisatorische und soziale Rahmungen hinzu, was dazu führe, dass das Handeln der Lehrkräfte in dilemmatische und widerspruchsvolle Konstellationen verstrickt werde (vgl. ebd., 521-570; Bastian & Helsper 2000, 171). Des Weiteren zeigen Studien zur Schulkultur, zum Schulklima und zur Qualität von Einzelschulen, dass es einen engen Zusammenhang zwischen der Entwicklung der Professionalität von Lehrkräften und der Qualität der pädagogischen Arbeit mit den sozioökonomischen Bedingungen der einzelnen Schule, der Atmosphäre im Kollegium und den spezifischen Bedingungen der Einzelschule gibt (vgl. Steffens & Bargel 1993, 49ff.). Professionalität und Professionalisierung können nach BASTIAN & HELSPER (2000) nicht als „individueller Bildungsprozess" (ebd., 178) verstanden werden. Nach den Autoren ist Professionalisierung des Lehrerhandelns immer als Professionalisierung im Kontext der Einzelschule und ihrer jeweiligen Akteure und Akteurinnen zu verstehen (vgl. ebd., 178). Somit könnte Schulentwicklung als eine Chance der Professionalisierung gesehen werden.[49]

4.4 Stand und Perspektiven der Theoriebildung und der Forschung zur Lehrerprofessionalität

Es werden zwei Vorschläge zur Klassifikation von Ansätzen der Professionalisierungsforschung vorgestellt. Es folgt eine Darstellung der einzelnen Forschungsansätze. Anschließend werden einige zentrale Kriterien, insbesondere des systemtheoretischen Ansatzes und des strukturtheoretischen Ansatzes zur pädagogischen Professionalität, welche die Anforderungen an den Lehrerberuf betreffen und für seine Alltagspraxis von Bedeutung sind, diskutiert.[50] Berücksichtigt werden die Darstellung der von Helsper (1996) ausdifferenzierten Handlungsantinomien und ihre Auswirkungen auf das Lehrerhandeln. In Kapitel 11 *Darstellung und Diskussion der Ergebnisse* werden die Analyseergebnisse auf den Zusammenhang mit diesen ausgewählten Professionalisierungsansätzen und den strukturell bedingten pädagogischen Handlungsantinomien untersucht.

4.4.1 Verschiedene Professionalisierungsansätze

Es lassen sich verschiedene Ansätze der Klassifikation unterscheiden. Ein Vorschlag der Klassifikation von Ansätzen der Professionalisierungsforschung aus soziologischer Perspektive geht auf COMBE & HELSPER (1996) zurück. Sie unterscheiden vier Hauptrichtungen der Erforschung pädagogischer Professionalität mit unterschiedlichen Schwerpunkten (vgl. ebd., 9-48):

1) die interaktionistische Perspektive
2) die machttheoretische Perspektive
3) die systemtheoretische Perspektive
4) die strukturtheoretische oder handlungslogische Perspektive[51]

Zu 1) Die *interaktionistische-ethnomethodologische Perspektive* (Hauptvertreter Schütze) zeigt auf, wie Professionelle in Interaktion mit Kolleginnen und Kollegen ihre beruf-

---

49 Weitere Ausführungen zur Schulentwicklung und Professionalität vgl. Altrichter (2000, 145-163.).

50 Diese Diskussion könnte weitere Hinweise für Ausbildungsinhalte der Lehrerbildung und für mögliche Themen und Schwerpunkte der Lehrerfort- und -weiterbildung geben.

51 Genauer dargestellt werden die systemtheoretische Perspektive und die strukturtheoretische oder handlungslogische Perspektive, da sie für die Diskussion der Ergebnisse meiner Studie von Bedeutung sind (s. Kapitel 11 *Darstellung und Diskussion der Ergebnisse*).

liche Identität ausbilden (vgl. Bauer 2000b, 56). Dabei stehen, so DAUBER (2012), „professionelle Handlungsprobleme und -paradoxien im Mittelpunkt, die aus sozialen und gesellschaftlichen Ungleichheiten und Unvereinbarkeiten hervorgehen und die zunächst nur in kritischer Selbstreflexion ins Bewusstsein gehoben und damit wenigstens ansatzweise selbstwirksam ‚bewältigt' werden können" (ebd., 150). Dieses Problem taucht z.B. als Paradoxie im Alltag der Lehrkräfte auf, gleichzeitig ihrer Lerngruppe beratend zur Seite zu stehen und beurteilen zu sollen.

> „Nur wenn der Professionelle sich offen mit den unaufhebbaren Kernproblemen seines Arbeitsfeldes als Handlungsparadoxien auseinander setzt, kann er die Fehlerpotentiale der Profession bewusst und wirksam kontrollieren." (Schütze 1996, 188)

Zu 2) Die *machttheoretische Perspektive* ermöglicht die Erforschung von Strategien, welche Professionen als Kollektive einsetzen, um ihre Position in der Hierarchie der Berufe und Schichten zu verbessern (vgl. Bauer 2000b, 56).

Zu 3) Im Fokus des *systemtheoretischen Ansatzes*[52] (Hauptvertreter Luhmann, Stichweh) stehen Differenzierungsprozesse, bei welchen Professionen eine besondere Rolle spielen. Als Beispiel seien die Bemühungen der Lehrkraft genannt, welche ständig zwischen ihren eigenen Absichten und Zielen, denen der SuS und ihrer Reaktionen sowie den inhaltlichen Bezügen des Unterrichts vermitteln müsse. STICHWEH (1992) spricht dann von Professionalisierung, wenn eine spezialisierte Berufsgruppe mittels Interaktion für die Bearbeitung von *Problemen der Strukturveränderung, des Strukturaufbaus und der Identitätserhaltung von Personen* (vgl. ebd., 43) eingesetzt wird. Er führt weiter aus, dass diese komplexen Interaktionsprozesse, welche auf die aktive und oft längerfristige Mitarbeit mit dem Klienten angewiesen sind, nicht instrumenteller und nicht technologischer Natur und nur in geringem Maße generalisierbar sind. Nach ihm erbringen Lehrkräfte Leistungen, welche sich von einer reinen Dienstleistung mit vertraglicher Bindung und klarer Definition von Leistungszielen unterscheiden. Übertragen auf das pädagogische Verhältnis von Lehrkraft und SuS bedarf Unterricht der Mitarbeit und Eigenleistung dieser. Lernziele können von der Lehrkraft vorab definiert und bestimmt werden, allerdings nicht im Sinne einer vertraglichen Bindung (vgl. ebd., 43).

Für das Handeln der einzelnen Lehrkraft als auch für den Beruf als Ganzes hat dies Konsequenzen, denn allein eine Sicherheit im Wissen garantiert keine Sicherheit des Unterrichtens. Nach LUHMANN (2002) kann Wissen nicht „direkt, logisch, problemlos angewandt werden" (ebd., 148). Jede Anwendung unterliegt vielmehr dem Risiko des Scheiterns. Professionelle Berufsausübung ist also ständig mit der Unsicherheit der Zielerreichung verbunden. Übertragen auf den Lehrerberuf gibt es also keine eindeutigen pädagogischen Technologien dafür, dass erzieherische Ziele der Pädagogik mit Sicherheit erreicht werden.

SCHEUNPFLUG (2004, 65) greift das Technologiedefizit der Erziehungswissenschaft auf Grundlage der Überlegungen von Niklas Luhmann und Karl Eberhard Schorr (1982) auf. Die beiden Autoren, welche der Frage nach der Bedingung der Möglichkeit von Unterricht nachgehen, verweisen damit auf eine didaktische Theoriediskussion, die sich auch als „Technologieproblem" (ebd., 16; vgl. Scheunpflug 2004, 66) zusammenfassen lässt. Sie führen aus, dass wie selbstverständlich von einer Kausalkette ausgegangen

---

52   Weitere Ausführungen zur Systemtheorie vgl. Luhmann (1987, 1990, 2002) und Luhmann & Schorr (1982, 1988).

wird, dass Lehren Lernen bewirkt und Lernen wiederum Handeln in der Zukunft ermöglicht. Der Bildungsbegriff allerdings geht von der Unverfügbarkeit[53] des Lernens aus, wohingegen auf der Ebene der konkreten Unterrichtsplanung die didaktischen Modelle zur Planung von Unterricht entweder keine Kategorien für die Unverfügbarkeit des Lernens bereitstellen bzw. seine Verfügbarkeit suggerieren (vgl. Scheunpflug 2004, 68f.).

> „Der Bildungsbegriff markiert die Selbsttätigkeit des Individuums im Lernvorgang und damit die Unverfügbarkeit des *Lernens* aus der Perspektive des Lehrenden, während hingegen Unterrichtsplanungsmodelle als Theorie des *Lehrens* Unterrichtskausalität voraussetzen und eine Nichtbeliebigkeit des Unterrichtsarrangements suggerieren." (Scheunpflug 2004, 69)

So kann es in der Lehrerausbildung zu einer rezeptologisch orientierten Anwendung mit der Erwartung einer strengen Kausalität kommen (vgl. Luhmann 2002, 45f.), wie z.B. bei der Beurteilung von Lehrproben. Nach Eduard Spranger (1962) allerdings können die Absichten des Erziehenden ganz andere als die beabsichtigen Effekte erzielen (vgl. Scheunpflug 2004, 69). LUHMANN & SCHORR (1982) sehen Unterrichten deshalb als eine Aufgabe, die nicht vollständig definiert werden kann (vgl. ebd., 31).

Da nach LUHMANN (2002) SuS und Lehrkräfte autopoietische Systeme sind, die selbstreferenziell, d.h. auf sich selbst bezogen, operieren (vgl. ebd., 23f.), bedeutet dies, dass auf die Vermittlung von Wissen bezogen die Lehrkraft zwar lehren kann, aber nicht gewährleistet ist, ob die SuS tatsächlich etwas lernen oder nicht. In diesem Zusammenhang spricht SCHEUNPFLUG (2004) von „doppelter Kontingenz" (ebd., 72). „Alter ist Ego nicht direkt zugänglich und umgekehrt" (ebd., 72). Deshalb muss Alter die Perspektive von Ego in Form einer Erwartung in sein eigenes Verhalten integrieren und diese Erwartung dann in seinem eigenen Verhalten selbst berücksichtigen. Im Unterrichtsalltag wird dieser Sachverhalt z.B. deutlich, wenn gegenseitige Erwartungen nicht erfüllt werden (vgl. ebd., 72f.).

Vor dem Hintergrund des Problems der Kausalität und dem der doppelten Kontingenz entstehen zwei Folgeprobleme: die Frage nach der Bestimmbarkeit von Unterrichtserfolg und die Frage der Planbarkeit von Unterricht. Nach SCHEUNPFLUG (2004, 74) weisen Luhmann und Schorr (1988) auf das Problem hin, dass Unterricht in Hinsicht auf den individuellen Lernerfolg unverfügbar ist. Die Verfügungsmöglichkeit über den jeweiligen Unterrichtserfolg ist somit begrenzt, allerdings weiß man aus der empirischen Unterrichtsforschung, „dass Unterrichtsorganisation durchaus Konsequenzen für den Lernerfolg hat" (Scheunpflug 2004, 73). Folglich ist Unterricht nicht im strengen Sinne planbar, gleichwohl er geplant werden muss. Wie könnte eine Unterrichtsplanungstheorie vor dem Hintergrund eines sich dem Unterricht zugrunde liegenden Kausalplans, welcher sich als verkürzt darstellt und sich in Anbetracht der Heterogenität von Schule als unzureichend erweist, aussehen (vgl. ebd., 75)? Auf Grundlage dieser Ausführungen über Unterricht aus systemtheoretischer Perspektive haben Luhmann und

---

53   Unter Unverfügbarkeit wird in dieser Arbeit verstanden, dass man sich des intendierten Lernens nicht sicher sein kann.

Schorr folgenden Theorieentwurf von *Unterricht als teleonomer Prozess*[54] vorgelegt (vgl. Scheunpflug 2004, 76).

Unterricht wird als soziales System gedacht, welches zu Kommunikationsformen führt. Diese lassen sich nicht direkt kausal auf die Absichten der in ihnen agierenden Personen zurückführen (vgl. Scheunpflug 2004, 82). Teleonomes Denken geht nach SCHEUNPFLUG (2004) von einem indirekten Wirkverhältnis aus. Für Unterricht als eine teleonome Struktur bedeutet dies in vereinfachter Form: Lehrkräfte offerieren „Selektionsofferten des Programms Unterricht" (ebd., 83), aus dem die SuS selbstbezogen selektieren (z.B. durch Weghören, Lernen, Träumen). Nach SCHEUNPFLUG (2004) greift jede Schülerin und jeder Schüler als ein System nach eigenen Interessen, Wissensbeständen und Vorerfahrungen diese Selektionsofferten auf oder nicht (vgl. ebd., 83). Die durch die SuS gleichzeitig produzierten kommunikativen Variationen werden wiederum durch die anderen Mitschülerinnen und Mitschüler und die Lehrkraft selektiert. So kann Unterricht nach SCHEUNPFLUG (2004) „als ein lebendiges Geflecht der Kommunikation unterschiedlicher Systeme, die füreinander Umwelten sind, interpretiert werden, das unabhängig von den in ihm wirkenden Intentionen seine Richtung entfaltet" (ebd., 83). Somit erleben die SuS die Angebote des Unterrichts als Lernanregung und Verhaltensaufforderung ebenso wie für Lehrkräfte Schülerreaktionen „selbstreferenzielle Anregung und Verhaltensaufforderung sind" (ebd., 83f.). Absolute Planbarkeit wird als Utopie enttarnt „und deren Funktion als Organisation von Anschlussrationalitäten erkennbar" (ebd., 85).

Nach SCHEUNPFLUG (2004) kann die teleonome Theoriebildung der Didaktik Anregungen bieten. Zum einen kann sie dabei unterstützen, didaktische Theoriebildung bzw. Schultheorie verständlicher zu machen, zum anderen wird „die Einbettung von Unterricht in die Organisation Schule" (ebd., 86) mit dieser Theorie beschreibbar.

Zu 4) Der *strukturtheoretische* oder *handlungslogische Ansatz* (Hauptvertreter Oevermann) lenkt die Aufmerksamkeit auf die Beziehung zwischen Professionsangehörigen und Klienten, um die Logik professionellen Handelns zu rekonstruieren. Das bedeutet auf das pädagogische Handeln bezogen, dass der Pädagoge eine Vermittlerrolle[55] zwischen kulturellen und gesellschaftlichen Ansprüchen und den Wünschen und Bedürfnissen des Lernenden einnimmt (vgl. Bauer 2000a, 28). OEVERMANN (1996a) bezeichnet dieses Merkmal als stellvertretende Deutung, welches für ihn das zentrale Kriterium professionellen Handelns ist (vgl. ebd., 156f.). Das erfordert von der Lehrkraft wiederum eine reflexive Handhabung von Fallverstehen und Alltagserklärungen. HELSPER (2002a) bezeichnet dies als „*Antinomie von Entscheidungszwang und Begründungsverpflichtung*" bzw. als „*Antinomie von Rekonstruktion und Subsumtion*" (ebd., 69) zwischen alltäglichen Typisierungen und theoretischen Erklärungsmustern. Daraus lässt sich schlussfolgern, dass pädagogisches Handeln trotz vieler Routinen nicht standardi-

---

54   Der Begriff geht auf den Naturwissenschaftler Colin S. Pittendrigh zurück. Er versteht darunter eine programmgesteuerte Zweckmäßigkeit als Ergebnis eines Prozesses und nicht eines Wesens, welches plant und den Zweck setzt (vgl. Scheunpflug 2004, 82).

55   Die Einnahme dieser Rolle bedeutet eine Einbettung der Professionen in strukturell entgegengesetzte Anforderungen, „die sie gleichwohl auszuhalten und neu zu gestalten haben" (Terhart 1995b, 236). Terhart (1995b) führt weiter aus, dass der Professionelle dafür nicht nur Wissen und die Fähigkeit benötigt, dieses zu vermitteln, sondern auch die „Kompetenz der Deutung des je besonderen Falles" (ebd., 236).

sierbar ist. Aufgabe der Lehrkraft ist es, stets das eigene Handeln zu analysieren, reflexiv zu evaluieren, um dann erneut Handeln zu konstruieren (vgl. Helsper 2002a, 69; von Felten 2011, 130f.).[56]

Ein weiterer Vorschlag geht auf WILDT (1999) zurück, der eine Dreier-Klassifikation mit folgenden Richtungen vornimmt:[57]

- Kriterienbezogener berufssoziologischer Ansatz[58]
- Machtstrategischer Ansatz[59]
- Kompetenztheoretischer bzw. kompetenzorientierter Ansatz (vgl. ebd., 124)

Diese Einteilungen weist nach BAUER (2002b) Überschneidungen mit der von Combe und Helsper (1996) auf. Neu hinzu kommt hier der kompetenzorientierte Ansatz, welcher aus wissenspsychologischer Sicht deswegen bedeutsam erscheint, da er nach den notwendigen Kompetenzen fragt, über die ein Professionsangehöriger in den verschiedenen Aufgabenfeldern, je nach Auffassung des Mandats der Lehrpersonen, verfügen sollte (vgl. ebd., 57). Um die zwischen dem pädagogischen Wissen und dem pädagogischen Können bestehenden erheblichen Differenzen zu überbrücken, sind gut ausgeformte Handlungsrepertoires für den Erwerb identifizierter Handlungskompetenzen[60] für professionelles Handeln von Lehrkräften von zentraler Bedeutung, die in lernförderlichen Kontexten im Rahmen von Aus- und Fortbildung erlernt werden können (vgl. Bauer 2000a, 33). Damit wird allerdings noch nichts über einen gelingenden Professionalisierungsprozess ausgesagt.

Anfang der neunziger Jahre bildete sich, wie bereits in Kapitel 2 *Entwicklungslinien der Lehrerforschung* dargelegt, der berufsbiografische Ansatz von TERHART (vgl. 1995a, 228ff.) heraus. Dieser Ansatz, welcher davon ausgeht, dass Professionalität sich im gesamten Prozess der Berufsbiografie von Lehrkräften entwickelt, sieht Professionalität als *berufsbiografisches Entwicklungsproblem* (vgl. Terhart 2001, 56), welche sich im Prozess des Lehrerwerdens entwickelt. Aus dieser Perspektive werden Lehrkräfte nicht einfach passiv an ihr Handlungsfeld angepasst, sondern haben die Möglichkeit, mittels aktiver Auseinandersetzung mit diesem Handlungsfeld den Grad ihrer Anpassung mitzubestimmen (vgl. ebd., 27f.).

---

56 Die Bedeutung der Reflexivität in der Lehrerbildung und im Schulalltag wird auch in Kapitel 11 *Darstellung und Diskussion der Ergebnisse* dieser Studie eine wichtige Rolle spielen.

57 Die Gemeinsamkeit dieser Ansätze besteht nach Wildt (1999) darin, „dass sie Entstehung und Entwicklung von Professionen in den Kontext gesellschaftlicher Modernisierungsprozesse stellen" (ebd., 146).

58 Dieser versucht zu einem gegebenen Zeitpunkt feststellbare Kriterien von Professionalität „einzufrieren" (Bauer 2000a, 28) und typische Merkmale zum Erkennen einer Profession zu benennen. Wildt (1999) merkt kritisch an, dass diese Sicht sehr statisch sei und zu wenig über die Dynamik der Professionalisierung von Berufen hinsichtlich ihrer Einbettung in verschiedene gesellschaftlich-kulturelle Umstände aussage. Aus dieser Sicht erscheint der Lehrerberuf häufig lediglich als „Semi-Profession" (ebd., 128).

59 Die Frage nach der Reichweite des Mandats lässt sich nach Wildt (1999) auch unter dieser Sicht betrachten und wirft die Frage auf, ob sich eher mit einem engen oder weitem Mandat Autonomie behaupte (vgl. ebd., 129).

60 Vgl. Hessisches Ministerium für Wissenschaft und Kunst (1997, 57-69); Sekretariat der Ständigen Konferenz der Kultusminister der Länder in der Bundesrepublik Deutschland (2005a, b, c); Hessisches Kultusministerium (2011).

Für die berufsbiografische Lehrerforschung aus **kompetenzorientierter** Perspektive ergibt sich daraus das zentrale Problem, dass die empirische Analyse individueller und/oder gruppenspezifischer Entwicklungsverläufe „mit einem Modell der Logik des Aufbaus von beruflicher Kompetenz in Verbindung zu bringen" (ebd., 56) ist.[61]

KELLER-SCHNEIDER & HERICKS (2011) führen aus, dass Baumert und Kunter in Abgrenzung zur strukturtheoretischen Professionsforschung ein „(Alternativ-)Programm" (ebd., 300) einer kompetenzorientierten Professionsforschung auf Grundlage eines heuristischen Modells professioneller Handlungskompetenz im Anschluss an Shulman (2004) entwickelt haben.[62] Die kompetenzorientierte Professionsforschung hat nach BAUMERT & KUNTER (2006) zum Ziel, internationale Forschungsergebnisse zum professionellen Wissen und Handeln von Lehrkräften, seiner Struktur und seiner mentalen Repräsentation zu systematisieren, um einen konzeptionellen Zugang zur Frage, „wie Unterricht möglich ist und auf Dauer gestellt werden kann" (ebd., 472) zu finden. Als Quintessenz kann übereinstimmend festgehalten werden, dass Professionalisierung die Entwicklung professionellen Wissens und Könnens einschließt (vgl. ebd., 494ff.; Keller-Schneider & Hericks 2011, 300). Diese Erkenntnis impliziert eine für die Debatte um eine Reform der Lehrerbildung wichtige Frage danach, über welche Kompetenzen Lehrkräfte verfügen und wie diese „strukturiert und mental repräsentiert" (vgl. Keller-Schneider & Hericks 2011, 300) sein sollten, damit das Erlernen der für eine effektive Berufsausübung notwendigen Kompetenzen möglich wird.

Noch 2006 äußerten Vertreterinnen und Vertreter (Baumert und Kunter 2006; Tenorth 2006) dieses Ansatzes, dass von strukturtheoretischer Perspektive kein konzeptueller Weg zum professionellen Handeln von Lehrkräften führe (vgl. Reinisch 2009, 40[63]).[64] BAUMERT & KUNTER (2006) führen zum einen an, dass Lehrkräfte immer mit mehreren SuS gleichzeitig interagieren, so dass der Vergleich mit der dualen Zweierbeziehung Oevermanns daher nur eingeschränkt zutreffend ist. Zum anderen kritisieren sie, dass die Logik einer therapeutischen Beziehung, von der Oevermann ausgeht, nicht uneingeschränkt mit der Schulrealität vergleichbar ist. In einer therapeutischen Beziehung begebe sich der Patient auf Grund eines Leidensdrucks freiwillig in die Therapie, deren Ziel es ist, diesen zu heilen. Diese Freiwilligkeit sei im Rahmen einer gesetzlich verordneten Schulpflicht nicht mehr gewährleistet (vgl. ebd., 470).

Aus **strukturtheoretisch** ausgerichteter berufsbiografischer Lehrerforschung hingegen sind die typischen, originären Handlungsanforderungen von Interesse, insbesondere wie diese von den Lehrkräften subjektiv erfahren und gedeutet werden und wie die Akteure

---

61   Hierzu ist die professionstheoretische Forschung bereits weiter vorangeschritten. Vgl. dazu zahlreiche Beiträge in Terhart et al. (2011).

62   Shulman unterschied zunächst zwischen allgemeinem Wissen, Fachwissen, fachdidaktischem Wissen und Wissen über das Fachcurriculum. Später erweiterte er die Wissenstypologie um die Bereiche Psychologie des Lerners, Organisationswissen sowie erziehungsphilosophisches, bildungstheoretisches und bildungshistorisches Wissen (vgl. Baumert & Kunter 2006, 482).

63   Reinisch (2009) hält diese Sicht für überzogen und führt aus, dass für die wissenschaftliche Untersuchung der Lehrerprofessionalität auch professionssoziologische Forschung „zumindest für die Hypothesenbildung Anregungen" (ebd., 40) bieten kann.

64   Vgl. des Weiteren Helsper (2007, 567-579), der eine Antwort auf Jürgen Baumerts und Mareike Kunters (2006) Kritik am strukturtheoretischen Ansatz gibt.

sich unter dem Druck dieser Handlungsanforderungen verändern. HERICKS & STELMASZYK (2010) bezeichnen diese Ausrichtung als ‚neue' (vgl. ebd., 234) erziehungswissenschaftliche Biografieforschung, welche biografische Texte mittels Forschungsmethoden der qualitativen Sozialforschung selbst erzeugt und untersucht. Genannt werden in diesem Zusammenhang das Befragungsinstrument des narrativen Interviews mit sich daran anschließender *Narrationsanalyse* (Fritz Schütze), des Weiteren das Instrument der Gruppendiskussion und die *Dokumentarische Methode*[65] (Ralf Bohnsack) und das Textrekonstruktionsverfahren der *Objektiven Hermeneutik* (Ulrich Oevermann). Gemeinsam ist nach HERICKS & STELMASZYK (2010) allen drei Verfahren, dass sie sich prinzipiell an Einzelfällen (Personen oder Realgruppen) orientieren und in einem weiteren Schritt Kontrastierungen vornehmen (vgl. ebd., 233f.).

Dem Ansatz der strukturtheoretisch ausgerichteten berufsbiografischen Lehrerforschung folgte Mitte der neunziger Jahre „die Theorie des professionellen Selbst" von BAUER (2000b, 57). Diese Theorie versucht, den kompetenzorientierten und den berufsbiografische Ansatz zu verbinden. Beide Ansätze gehen von einer Professionalisierung auf individueller sowie auf der Schnittstelle von individueller und kollektiver Ebene aus. BAUERs (2000b) Zugang auf dem Weg zur pädagogischen Professionalität ist ein empirisch-qualitativer und kein vorab definierter theoretischer Zugang zum Problem. Das aus seinen Daten und Analysen gewonnene heuristische Modell des „professionellen Selbst" (ebd., 65) dient als Interpretationsfolie professionellen pädagogischen Handelns. BAUER (2000b) versteht unter dem *professionellen Selbst* von Pädagogen „einen inneren Prozess, in dem das Subjekt einen Ausgleich zwischen eigenen Wünschen, Zielen und Ansprüchen und den verinnerlichten Erwartungen eines vorgestellten, verallgemeinerten kritischen Beobachters sucht" (ebd., 65). Damit einher geht der Erwerb bzw. die Ausformung professionstypischer Kompetenzen. Hierzu zählen insbesondere *Diagnosekompetenzen*, breit gefächerte *Handlungsrepertoires* und die Verfügung über Techniken der *Überprüfung* und *Rückkoppelung* (vgl. Bauer 1992, 327).[66] Der Gewinn dieses Ansatzes besteht nach BAUER (2000b) darin, dass das alte Theorie-Praxis-Problem nicht mehr als unüberwindbar gesehen wird.[67] Vielmehr wird das Problem als produktive Differenz zwischen einer erkenntnisorientierten und einer bewältigungsorientierten Sichtweise auf pädagogische Bedingungen und Situationen verstanden (vgl. ebd., 67). Über wissenschaftlich überprüfbare Methoden zu verfügen, erweitert den Handlungsspielraum von Pädagogen. Handlungsrepertoires dürfen nach ihm allerdings nicht zu einer reinen Handlungslehre erstarren, sie sind lehr- und lernbar, lassen sich in ihrer Entwicklung fördern und bedürfen einer besonderen Form von Ausbildung, Training und Beratung. BAUER (2000a) bezeichnet diese Art von Handlungsrepertoires[68] als „wissenschaftlichen Habitus" (ebd., 31) der Pädagogen.

---

65 Daran knüpft die hier vorliegende Studie an. Texte werden erzeugt, welche auf den Habitus der Lehrenden bei der Umsetzung kooperativer Lehr-Lernmethoden untersucht werden.

66 Weitere Ausführungen zur Beschreibung pädagogischer Handlungsrepertoires und der Entstehung des *professionellen Selbst* vgl. Bauer (2000a, 33ff.; 2000b, 61ff.).

67 Daran schließen sich Baumert & Kunter (2006) an, die weitgehend damit übereinstimmen, dass Wissen und Können die zentralen Komponenten der professionellen Handlungskompetenz von Lehrkräften darstellen (vgl. ebd., 481).

68 Darunter werden hoch verdichtete Verknüpfungen kognitiver Strukturen verstanden. Diese ermöglichen es den Akteurinnen und Akteuren, schnell, ohne Verzögerung, zielstrebig und

TERHART (1995b, 239; 2013, 78) hält als Fazit der Darstellung der verschiedenen Ansätze fest, dass durch den Verlust *tradierter Sicherheiten bzw. Anlehnungsmöglich-keiten* das klassische berufssoziologische Professionenkonzept[69] hinfällig geworden ist und nicht mehr als normatives Modell für die Weiterentwicklung des Lehrberufs ange-sehen werden kann. Vielmehr kann eine Theorie professionellen Lehrerhandelns nur in einem wechselseitigen Abgleich der strukturellen Besonderheiten des Lehrerberufs und seiner normativen Bestimmungen mit empirischer Forschung gewonnen und weiter entwickelt werden (vgl. ebd., 239).

HELSPER (2007) merkt dazu an, dass durch eine starre Gegenüberstellung von Struk-tur- und Kompetenzorientierung „produktive Verknüpfungen zwischen Ansätzen er-schwert werden" (ebd., 576). Nach Terhart (2013) lässt sich „zumindest in manchen Teilen von einem gewissen Ergänzungsverhältnis sprechen" (ebd., 71).

4.4.2   Die pädagogische Tätigkeit der Lehrkraft

Im Folgenden nehme ich einige für meine Studie bedeutsame Themen der vergleichen-den Darstellung richtungweisender Professionstheorien (s. Kapitel 4.4.1 *Verschiedene Professionalisierungsansätze*) auf, welche Relevanz für die Handlungsorientierungen der Lehrenden bei der Umsetzung der strukturierten kooperativen Lehr-Lernformen haben.

4.4.2.1   Unsicherheit und widersprüchliches Arbeitsbündnis der Lehrkraft

Ergebnisse der empirischen Unterrichtsforschung, der Lehr-Lernforschung (vgl. Brom-me 1992), der Professionsforschung und insbesondere der interpretativen Unterrichts-forschung (vgl. Krummheuer & Naujok 1999; Breidenstein 2002) zeigen deutlich, dass die pädagogische Lehrtätigkeit und ihre Aufgaben, Unterricht zu gestalten, Bildungs-prozesse zu organisieren und anzuregen, Wissensbestände und Fachinhalte zu vermit-teln, keine „technologisch" (Bastian & Helsper 2000, 175) steuerbare und damit eindeu-tig planbare und gezielte umsetzbare Tätigkeit ist. WIMMER (1996) spricht in diesem Zusammenhang vom *Wissen des Nicht-Wissens* und meint damit das Erkennen der Grenzen des Wissens im pädagogischen Handeln, was für ihn den Kern pädagogischer Professionalität darstellt (vgl. ebd., 404; Combe & Helsper 1996, 41). RABE-KLEBERG (1996) schließt sich dem an und bezeichnet Professionalität

> […], „als die subjektive Fähigkeit und Bereitschaft (…), die Ungewissheit des Handelns zu ertragen, immer wieder neu die Implikationen für das Handeln in Ungewissheit zu reflektieren und auf der Basis von Zuständigkeit auch die Verantwortung für das Handeln zu überneh-men." (Rabe-Kleberg 1996, 295)

Auch BASTIAN & HELSPER (2000) führen aus, dass die pädagogische Lehrtätigkeit durch Ungewissheit, Unsicherheit und Offenheit gekennzeichnet sei. Lehrkräfte könnten zwar Ziele als lernbedeutsam identifizieren und versuchen, diese zu realisieren, gleich-zeitig müssten sie aber damit rechnen, dass ständig von ihnen abgewichen werde, weil

---

sicher in komplexen Situationen zu agieren (vgl. Bauer 2000a, 33; vgl. hierzu auch Wahl 2006a).

69   Gemessen an diesem könne der Lehrerberuf nur als semi-professionell erscheinen. Insbe-sondere die Struktur und die Situation des Lehrerberufs in Deutschland (Beamtenstatus) hielten den Kriterien des klassischen Professionen-Konzepts nicht stand (vgl. Terhart 1995b, 228).

das, was sich an einer Sache als bedeutsam erweise, sich „erst in der praktischen Aktion von Subjekten und im Prozeß der Interaktion mit anderen" (ebd., 175) realisiere. Für Lehrkräfte bedeuten diese Erkenntnisse eine Veränderung und eine Neuorientierung hinsichtlich ihres pädagogischen Handelns und ihres Rollenverständnisses. Es findet demnach eine Verlagerung vom herkömmlichen (Be-)Lehren hin zum Unterstützen, Begleiten, Fördern und Initiieren von Lernprozessen gemäß der individuellen Lernvoraussetzungen der SuS statt (vgl. Institut für Qualitätssicherung 2011, 23).

Ein weiteres Problem pädagogischen Handelns sieht OEVERMANN (1996a) in dem ungeklärten Arbeitsbündnis[70] zwischen Lehrkraft und SuS, die noch nicht uneingeschränkt autonom handlungsfähig sind (vgl. ebd., 152). BAUER (2000b) merkt dazu an

> […], „dass die Autonomie des Subjektes oberstes Handlungsziel pädagogischen Handelns ist, eben diese Autonomie aber gleichzeitig durch Handlungen der professionellen Lehrkraft eingeschränkt wird." (Bauer 2000b, 59)

Der Autor verweist in seinem Zitat auf das Dilemma von rollenförmigen, spezifischen Arbeitsbündnissen zwischen Lehrkraft und SuS, systematischer Unterweisung und freiwilliger Klientenmitwirkung (vgl. ebd., 59). In diesen widersprüchlichen Arbeitsbündnissen, welche durch die gesetzlich verankerte Schulpflicht, die einen Schulzwang konstituiert, noch verstärkt werden (vgl. Bastian & Helsper 2000, 178; Helsper 2011, 153), liegt für OEVERMANN (1996a) die Begründung für die grundsätzliche Professionalisierungsbedürftigkeit in der Pädagogik (vgl. ebd., 145). Kernfrage ist nach OEVERMANN (1996a), „ob und wie diese widersprüchliche Einheit von spezifischen und diffusen Sozialbeziehungen im pädagogischen Handeln in ein professionalisierte Arbeitsbündnis überführt werden kann" (ebd., 148), um somit eine autonome Praxis zu gewährleisten (vgl. ebd., 152f.). Struktureller Ausgangspunkt ist damit die Notwendigkeit der Hilfe zur Selbsthilfe auf dem Grundprinzip der *sokratischen Methode*[71] mittels stellvertretender Deutung im Sinne der positiven Entwicklung des Kindes (vgl. ebd., 156f.).

4.4.2.2 Handlungsantinomien der Lehrkraft

Neben der Auseinandersetzung mit der Ungewissheitsproblematik und der Problematik des Arbeitsbündnisses hat sich pädagogisches professionelles Handeln mit der reflexiven Ausbalancierung grundlegender Antinomien[72] zu beschäftigen, die auf die alltägliche Praxis Einfluss nehmen und sich nicht auflösen lassen.

Nach BAUMERT & KUNTER (2006) hat Helsper im Anschluss an Oevermann (1996a) eine „strukturtheoretisch-rekonstruktive Perspektive" (ebd., 471) auf das Handeln der Lehrkraft entwickelt. Diese zeigt die Widersprüchlichkeit der Tätigkeit von Lehrkräften und die darin angelegte Möglichkeit des Scheiterns auf. Im Folgenden

---

70 Zu pädagogischen Arbeitsbündnissen zwischen Lehrkräften und SuS vgl. die Studien zum „Arbeitsinterim" von Krummheuer (1992).

71 Diese ist nach Sokrates benannt. Darunter wird eine Methode verstanden, dem Unwissenden im Dialog, ausgehend von seinen Meinungen, mittels der Kunst der Frage, der Ironie und der List, „die Wahrheit und Klarheit des Begriffs (…) zu entlocken und ihn selbst zur Kritik fähig zu machen" (Tenorth & Tippelt 2007, 663).

72 Helsper (1996; 2000) spricht von Antinomien, Schütze (1996) von Paradoxien des Lehrerhandelns. Im Folgenden werde ich den Begriff der Antinomie bzw. der Widersprüchlichkeit verwenden.

werden die von Helper (1996) ausdifferenzierten Handlungsantinomien in Kürze dargestellt, welche für pädagogisches Handeln kennzeichnend sind und deren Bedeutung für das Handeln von Lehrkräften exemplarisch ist.

HELSPER (1996) will mit seiner Analyse zeigen, dass pädagogisches Unterrichtshandeln sich auf struktureller und personaler Ebene zwangsläufig im Spannungsfeld widersprüchlicher Anforderungen vollzieht. Diese Widersprüche setzen sich nach dem Autor im Handeln der einzelnen Lehrkraft fort. Ausgehend von idealen Entwürfen der Lehrkraft in der Reformpädagogik legt er fünf konstitutive Antinomien des Handelns von Lehrerinnen und Lehrern frei (vgl. ebd., 530ff.).

Distanz versus Nähe

HELSPER (1996) verweist auf die von der Reformpädagogik betonte Nähe zum Heranwachsenden, welche Haltung er als „diffuse, affektive und partikularistische Haltung" (ebd., 530) beschreibt. Diese Nähe trifft heute auf ein vom Fachlehrerprinzip geprägtes, universalistisches und selektionsorientiertes Schulsystem und kann in diesen organisatorischen Zusammenhängen nach HELSPER (1996) nur antinomisch gestalten werden (vgl. ebd., 530f.).

Subsumtion versus Rekonstruktion

Die Lehrkraft hat sich an der Bildungsgeschichte jedes einzelnen Kindes zu orientieren und darauf zu achten, dass der Einzelfall nicht einer allgemeinen Regel[73] untergeordnet wird. Nach HELSPER (1996) beschreiben Oevermann und Schütze diese Antinomie von Rekonstruktions- und Subsumtionslogik folgendermaßen.

> „Die Spezifik des Einzelfalles lässt sich keiner abstrakten Regel und keinem technologisierbaren Procedere unterwerfen, sondern bedarf stets einer fallrekonstruktiven Komponente, in der verallgemeinerte Erklärungsmuster und theoretische Wissensbestände auf ihre Fallangemessenheit hin überprüft, revidiert und ausgelegt werden müssen." (Helsper 1996, 532)

Diese unaufhebbare antinomische Komponente bedeutet, dass pädagogisches Handeln nicht mit *Verwissenschaftlichung* gleichgesetzt werden kann, sondern sich vielmehr durch ein *Technologiedefizit* (vgl. Luhmann & Schorr 1982, 1988) auszeichnet, welches Ungewissheit, Offenheit und Unsicherheit hervorruft und ständig einem Begründungsdilemma unterworfen ist, da es keine generalisierten Kausalketten von Ursache und Wirkung gibt. Professionelle müssen also immer wieder in der Lage sein, Entscheidungen auf Grundlage ihres impliziten Handelns zu rekonstruieren und zu begründen. HELSPER (2002b) nennt dies die Antinomie von Entscheidungszwang und Begründungsverpflichtung (vgl. ebd., 69). Als Quintessenz hält er fest, dass umfassende Verstehensversuche von Lehrkräften erst einmal die Antinomie von Rekonstruktions- und Subsumtionslogik und somit auch von Ungewissheit steigerten (vgl. Helsper 1996, 532f.). Je mehr eine Lehrkraft versucht, das individuelle Kind zu verstehen, desto größer wird die Offenheit und Unbestimmtheit der Praxis. Die Herausforderung für die Lehrkraft besteht also darin, eine reflexive Handhabung des Widerspruchs von *Rekonstruktion* und *Subsumtion* zu finden (vgl. Helsper 2002b, 69).

---

73 Dazu gehören z.B. vereinheitlichende Maßnahmen des Schulsystems wie Schulpflicht nach Lebensalter, normative Leistungsmessung zu festgelegten Terminen und das gleichmäßige Fortschreiten in der Jahrgangsklasse.

Einheit versus Differenz

Als Bewältigungsstrategie wurde versucht, der beschriebenen Offenheit und Ungewissheit in der Pädagogik durch Vereinheitlichungsbemühungen der Werte zu begegnen. Festgehalten werden kann, dass Einheitsvisionen nach wie vor nicht verschwunden sind (vgl. Prengel 2006). Die Intention, viele Individualitäten in ein System zu bringen, welches übergeordnete Gesichtspunkte und Gemeinsamkeiten enthält, wird z.B. an unterschiedlichen Strukturierungskriterien der äußeren Differenzierung nach Schulform, Schulprofil und Jahrgangsklasse deutlich. Diese sind häufig „durch bildungspolitische Vorgaben und kulturelle Versteinerungen" (Paradies & Linser 2001, 34f.) geprägt. Im Bereich der Bildungsreflexion wird angesichts der „unhintergehbaren Differenz und Pluralität" (Helsper 1996, 534) auf mögliche Brückenschläge verwiesen, um so der Komplexität des Sozialen Rechnung zu tragen. Eine pädagogische Antwort auf die Gefahren der Vereinheitlichung stellt PRENGELs (2006) Ansatz einer „Pädagogik der Vielfalt" dar. Sie vertritt eine Pädagogik, die ihren Individuen und Gruppen beides gewährt, „Gleichberechtigung wie auch Anerkennung ihrer Verschiedenheit" (ebd., 2006, 9).

Organisation versus Interaktion

Die Regelschule zeichnet sich durch zahlreiche Regelungen wie bspw. einheitliche vorgegebene Zeiteinheiten, feste Pausenzeiten, eine Notenregelung, feste Raumbelegungen und vorgegebene Lernziele aus. Ihre Selektionsfunktion verlangt nach Vergleichbarkeit, welche mittels Zunahme einheitlicher Organisation gewährleistet wird. Diese festen institutionalisierten Vorgaben führen einerseits zu einer Einschränkung des einzelnen Individuums und der Einzelschule an sich, andererseits vereinfachen sie das pädagogische Handeln, da durch eine vorgegebene einheitliche Organisation Vorgaben nicht jederzeit erneut verhandelt werden müssen. Nach HELSPER (1996) können diese Regelungen im Spannungsfeld von Handlungszwang und Begründungsverpflichtung das pädagogischen Handeln von Lehrkräften entlasten (vgl. ebd., 535). Wird die Organisation nicht mehr als Entlastung, sondern als Erstarrung empfunden, kann es allerdings zu „ständigen Kampfzonen zwischen den Organisationsvorgaben" (ebd., 535) kommen.

Heteronomie versus Autonomie

HECKT & SANDFUCHS (1993) bezeichnen *Erziehung* als „die Gesamtheit aller Maßnahmen, die dem Kind und Heranwachsenden helfen, lebenstüchtig, erwachsen und ‚mündig' zu werden" (ebd., 56). Nach HELSPER (1996) wurde dieses Erziehungsziel bereits unter dem Begriff der Autonomie von führenden Vertretern der Reformpädagogik und der geisteswissenschaftlichen Pädagogik formuliert. Um die Antinomie Autonomie versus Heteronomie aufzuzeigen, zitiert HELSPER (1996) Kant. Bereits dieser fragte:

> „Eines der größten Probleme der Erziehung ist, wie man die Unterwerfung unter den gesetzlichen Zwang mit der Fähigkeit, sich seiner Freiheit zu bedienen, vereinigen könne. Denn Zwang ist nötig! Wie kultiviere ich die Freiheit bei dem Zwange? Ich soll meinen Zögling gewinnen, einen Zwang seiner Freiheit zu dulden, und soll ihn selbst zugleich anführen, seine Freiheit gut zu gebrauchen. […] Er muss früh den unvermeidlichen Widerstand der Gesellschaft fühlen, um die Schwierigkeit, sich selbst zu erhalten, zu entbehren, und zu erwerben, um unabhängig zu sein, kennen zu lernen." (Kant 1978, 711, zitiert nach Helsper 1996, 536)

Nach HELSPER (1996) stößt das Ziel der Erziehung zur Mündigkeit und Autonomie allerdings in der Schule als Institution an gesetzliche Zwänge (vgl. ebd., 546). Lehrkräfte, die sich an der Erziehung zu Selbständigkeit und Autonomie orientieren, verwickeln sich und ihre SuS in die Widersprüchlichkeit von Autonomie und Zwang, indem sie diese auffordern, in den Zwängen und Kontrollen des Bildungssystems selbständig zu handeln (vgl. ebd., 546).

Betrachtet man nun die Kernanforderungen an die Schularbeit näher, die z.B. darin bestehen, den Übergang zwischen dem mehr oder weniger geborgenem Elternhaus bzw. Kindergarten in die anonyme und institutionalisierte Schulsituation zu gestalten, mit den sehr unterschiedlichen Lernvoraussetzungen der Kinder konstruktiv umzugehen, Lernstörungen und Lernschwierigkeiten zu erkennen und auszugleichen, besondere Lernpotentiale zu fördern, mit den Elternhäusern und anderen pädagogischen, sozialen und psychologischen Einrichtungen zusammenzuarbeiten, eine grundlegende Bildung anzubahnen, Kulturtechniken wie Lesen, Schreiben und Rechnen zu vermitteln und vieles mehr (vgl. Tenorth & Tippelt 2007, 299), fällt es nicht schwer zu antizipieren, welche Relevanzen die dargestellten Antinomien für Lehrkräfte in den verschiedenen Schulstufen haben.

Der Lehrkraft werden nach BOSSE & DAUBER (2005) Verhaltensweisen abverlangt, die sich im Grunde widersprechen. Einerseits soll sie empathisch auf die Kinder eingehen, andererseits ist sie dazu angehalten, allgemein verbindliche Verhaltensmaßstäbe durchzusetzen. Sie soll differenzieren und die Kinder in ihrer Individualität fördern, dennoch die Leistungen der Kinder an festgelegten Normen messen. Sie soll sich im Unterricht jedem einzelnen Kind zuwenden und gleichzeitig die gesamte Lerngruppe im Blick haben. Sie soll Unterricht flüssig gestalten und muss gleichzeitig mit Störungen und Konflikten umgehen (vgl. ebd., 56). Diese Liste könnte ohne weiteres fortgeführt werden. Sie macht deutlich, welch widersprüchliche Anforderungen durch solche Konstellationen an den Beruf der Lehrkraft gestellt werden. Nach SCHLÖMERKEMPER (2012) ist es wichtig, den Charakter solcher Antinomien theoretisch zu durchdringen und konstruktiv mit diesen umzugehen (vgl. ebd., 173).

Ähnlich argumentieren BASTIAN & HELSPER (2000), die davon ausgehen, dass es im Sinne der Professionalisierung Aufgabe der Lehrkraft ist, zu einem reflexiven Umgang mit den Antinomien zu finden (vgl. ebd., 176). SCHÜTZE (1996, 2000) weist ähnlich wie Schlömerkemper (2012) darauf hin, dass das Ausbalancieren von Antinomien voraussetze, dass Lehrkräfte diese erkennen und sie in ihren Reflexionshorizont aufnehmen (vgl. ebd., 1996, 214f.; ebd., 2000, 85ff.). Fraglich ist allerdings, ob die Ausbildung[74] die Momente des Erkennens und Reflektierens berücksichtigt, oder inwieweit eine „mangelhafte" Ausbildung dazu führt, dass die „widersprüchliche Handlungslogik der Paradoxien der Berufsnovizin gar nicht bewusst wird oder sogar ausdrücklich von ihren Ausbildern und dann auch von ihr selber geleugnet wird (…)" (Schütze 1996, 253).

---

74 Vgl. dazu folgende Beiträge über Beispiele aus der Praxis: Mayer & Stübig (2005), Bosse & Rauschenberger (2005), des Weiteren die verschiedenen Beiträge zum Kasseler Modell „Psychosoziale Basiskompetenzen für den Lehrerberuf" in Bosse et al. (2012).

4.4.2.3 Die Reichweite des Mandats der Lehrkraft

Angesichts grundlegender Veränderungs- und Modernisierungsprozesse im Erziehungs- und Sozialisationsbereich stellen BASTIAN & HELSPER (2000) die Frage danach, wie weit oder eng das Mandat der Lehrkraft definiert werden soll (vgl. ebd., 172f.). In diesem Zusammenhang verweisen die Autoren auf Giesecke und Struck, die konträre Pole innerhalb dieser Diskussion vertreten. Giesecke befürwortet ein strikt begrenztes pädagogisches Handeln, Struck dagegen plädiert für eine umfassende „sozialpädagogische" (ebd., 173) Zuständigkeit. Beide Positionen gelten nach BASTIAN & HELSPER (2000) als überholt, weil sie ihres Erachtens hinter den Stand der Professionsdiskussion weit zurückfallen (vgl. ebd., 173). OEVERMANN (1996a) habe bereits in den achtziger Jahren artikuliert, dass es auf Grund der mangelnden Professionalisierung schnell zu zwei fehlerhaften Ansichten in der Definition der Tätigkeit der Lehrkräfte komme, in denen sich die Positionen Strucks und Gieseckes widerspiegelten (vgl. ebd.; Combe & Helsper 1996; Helsper 1996, 2002a; Terhart 1996b; Giesecke 1996; Bastian & Helsper 2000). Entweder wird die Rolle der Lehrkraft mit der affektiven und nicht rollenförmigen Position der Eltern gleichgesetzt (vergleichbar mit der Position Strucks) oder die Betonung liegt eindimensional auf dem Fachunterricht, der Distanz und der Wissensvermittlung und Leistungsfeststellung (vergleichbar mit der Position Gieseckes) (vgl. Bastian & Helsper 2000, 174). Die notwendige Balancierung des Spannungsverhältnisses zwischen diffusen und spezifischen, emotionalen und distanzierten, partikularistischen und universalistischen Orientierungen werde in beiden Positionen einseitig aufgelöst (vgl. Oevermann 1996a).

TERHART (1996b) unterstreicht die Notwendigkeit einer Konzentration auf die Inhaltlichkeit des Schullernens.

> „Das entscheidende Element von Schule und Schullernen ist die *Herauslösung* von Lehr-Lernprozessen aus unmittelbar vertrauten, ‚natürlichen' und lebensweltlichen Zusammenhängen sowie deren Systematisierung und Methodisierung." (Terhart 1996b, 330)

Nach BASTIAN & HELSPER (2000) wird auch in dieser Aussage nicht trennscharf zwischen beiden Positionen unterschieden. Vielmehr kann die Konzentration auf die Inhaltlichkeit als ein Versuch angesehen werden, die zwei dargestellten gegensätzlichen Positionen auszubalancieren (vgl. ebd., 174).

Nach COMBE (1996) erfordere die Konzentration auf die Vermittlung von umfassenden Bildungsprozessen (vergleichbar mit der Position Gieseckes) „den Aufbau einer Prozessreflexion über Handlungserfahrungen und Handlungsgrundlagen im Umgang mit einer spezifischen Schülerschaft" (ebd., 517) (vergleichbar mit der Position Strucks). Nach der Auffassung Combes bedingen sich beide Positionen gegenseitig. Dieser Auffassung schließe ich mich auf Grundlage eigener Berufserfahrungen an.

Die im Auftrag der Kultusministerkonferenz einberufene TERHART-Kommission (2000) geht ebenso von einem begrenzten Mandat von Lehrkräften als Grundlage für die von ihnen entwickelten Empfehlungen aus: „Das Zentrum der Lehrertätigkeit ist die Organisation von Lernprozessen" (ebd., 17). Demgegenüber würde nach TERHART (2000) das Abwälzen gesellschaftlich-kulturell erzeugter Problemlagen auf diesen Beruf eine Überforderung bedeuten (vgl. ebd., 17).

Darüber hinaus darf die Belastung von Lehrkräften nicht aus dem Blick geraten. Nach Studien der Lehrerbelastungs- und Gesundheitsforschung (vgl. Döring-Seipel 2012) scheiden Lehrkräfte häufig vorzeitig aus dem Berufsleben aus. Als Grund werden psychische und psychosomatische Störungen angeführt (vgl. ebd., 185). COMBE (1996) nennt in diesem Zusammenhang insbesondere die Grundschultätigkeit mit ihren außerordentlich komplexen Anforderungen an die Lehrkräfte (vgl. ebd., 501). Eine der umfangreichsten Lehrerbelastungsstudien im deutschen Sprachraum hat ermittelt, dass von den ca. 20.000 Teilnehmenden ungefähr ein Drittel von einem akuten Burnout-Risiko betroffen sind (vgl. Kieschke & Schaarschmidt 2010, 252). Das Burnout-Syndrom, welches schon früh im Berufsleben seinen Anfang nehmen kann, zeichnet sich aus durch emotionale Erschöpfung, Leistungsverminderung und einer zynischen Einstellung gegenüber den SuS. TERHART (1995b) stellt in Anbetracht dieser Ergebnisse die Frage, ob der Beruf der Lehrkraft bei zunehmender Herausforderung und Belastung überhaupt noch als Beruf auf Lebenszeit ausgeübt werden kann (vgl. ebd., 233). DÖRING-SEIPEL (2012) dagegen sieht es im Sinne der Professionalisierung als eine Aufgabe der Lehrerbildung an, Lehrkräfte auszubilden, „die in der Lage sind, sich auf eine gesundheitsdienliche Weise mit den Anforderungen ihres Berufes auseinanderzusetzen und so die Voraussetzungen schaffen, um ihr Potential auf Dauer ausschöpfen zu können" (ebd., 185f.). Bereits Combe spricht von der Notwendigkeit, fest verankerte reflexive und kommunikative Räume, sogenannte „adaptive Subsysteme" (Combe 1999, zitiert nach Bastian & Helsper 2000, 184) zu schaffen, um kollegiale Beratung, Auseinandersetzung und Reflexion regelmäßig in den Arbeitsrhythmus von Lehrkräften zu integrieren.

Meines Erachtens kann die Reichweite des Mandats nicht eindeutig definiert werden. Eine Balance zwischen den andiskutierten Positionen zu finden, ist letztendlich Aufgabe jeder einzelnen Lehrkraft auf Grundlage ihrer beruflichen Situation, ihrer beruflichen Erfahrungen, ihrer professionellen Entwicklung und ihrer Persönlichkeit.

4.4.2.4   Der pädagogisch-professionelle Habitus von Lehrkräften

BASTIAN & HELSPER (2000) führen unter Bezug auf Terhart aus, dass die Entwicklung eines pädagogisch-professionellen Handelns eine berufsbiografische Entwicklungsaufgabe darstellt, welche Zusammenhänge und Beziehungen zu sowohl biografischen Prozessen als auch zu Verläufen insgesamt aufweist, wie z.B. zu spezifischen Bildungs- und Ausbildungsprozessen und ihren jeweiligen Phasen, zu Entwicklungen der Berufsbiografie, zu geschlechts- und generationsspezifischen Lagerungen und der Herausbildung spezifischer pädagogischer Handlungs- und Deutungsmuster und zu Kompetenzen und Reflexionsmöglichkeiten (vgl. ebd., 176).

Im Sinne der Entwicklung von Professionalität bzw. professionellen Handelns als Qualitätsmerkmal bzw. „Individualmerkmal der einzelnen Lehrkraft" (Herzog 2011, 67) durch Sozialisations- und Bildungsprozesse stellt sich nun die Frage, wodurch die Herausbildung eines „professionelles Selbst" (Bauer 2000a, 38ff.) bzw. eines „professionellen Habitus"[75] (Bastian & Helsper 2000, 176) unterstützt werden kann. Eine der zentralen Fragestellungen in der Professionalisierungsdebatte ist die nach der Bedeutung von Theorie und Praxis für das Handeln der Lehrkräfte.

---

75   Darunter verstehen Bastian & Helsper (2000) eine durch Sozialisations- und Bildungsprozesse erworbene professionelle Haltung (vgl. ebd., 176f.).

Der Unterschied zwischen Theoriewissen, Erfahrungswissen[76] und dem faktischem Können und Handeln[77] führt zu der methodischen Schwierigkeit, welche darin besteht, dass Experten zwar „*gekonnt* und *intelligent* handeln können" (Bromme 1992, 121), dass sie das Wissen allerdings, welches sie dazu benötigen, häufig nicht vollständig angeben können. In diesem Zusammenhang wird häufig der Begriff des impliziten Wissens, „dem tacit knowledge" (Polanyi), welches nicht direkt, sondern an seinen Auswirkungen erkennbar ist, angeführt (vgl. Bromme 1992, 121, im Anschluss an Polanyi 1985). Dieses implizite Wissen wird nach BROMME (1992) in zwei verschiedene Bereiche unterteilt: implizites Wissen als Voraussetzung flüssigen Handelns (**Könnens**) und implizites **Wissen** als Teil der professionellen Perspektive eines Experten. Beide Formen des impliziten Wissens unterscheiden sich nach BROMME (1992) inhaltlich als auch hinsichtlich ihrer Struktur vom expliziten Wissen[78], welches mittels Regeln und Theorien verbalisierbar ist (vgl. ebd., 121). Die Wissensformen, welche dem Können zugrunde liegen, werden als prozedurales Wissen, das Faktenwissen hingegen, welches in der Regel expliziert werden kann, wird als deklaratives Wissen bezeichnet. Die Unterscheidung zwischen prozeduralen und expliziten Wissensformen wird auf der Unterscheidung von Ryle zwischen ‚knowing how' und ‚knowing that' getroffen (vgl. Bromme 1992, 121, 126ff., im Anschluss an Ryle 1969). DEWE et al. (1992a) führen an, dass das wissenschaftliche Regelwissen für praktizierende Lehrkräfte lediglich den Status „eines Inbegriffs von Vorkenntnissen" (ebd., 84) habe, da solche Kenntnisse noch keine Aussicht auf gelingende Handlungspraxis garantieren. Erst durch den Vollzug der Tätigkeiten im Sinne der Routinisierung und Habitualisierung kann Professionswissen erworben werden, „d.h. durch Eintritt in eine kollektiv gültig gemachte Praxis" (ebd., 84f.). Dieses **implizite Professionswissen**, welches dem **Können** zugrunde liegt, kann nicht durch Beobachtung von außen, sondern nur durch Selbst-Reflexion zur Sprache gebracht werden, indem der Professionelle sein „knowing how" in ein „knowing that" (ebd., 85) überführt.

> „Sofern Professionalität in der Relationierung zweier differenter Wissens- und Handlungssphären aufgeht, wozu wiederum Distanz vonnöten ist, bezeichnet (Selbst-)Reflexivität im Sinne der Steigerung des „knowing that" zum jederzeit verfügbaren Wissen darüber, was man tut, eine wichtige Komponente." (Dewe et al. 1992a, 84f.).

BAUER et al. (1996) sind der Auffassung, dass es im Lehrerberuf Professionelle gibt. Es handelt sich nach ihnen um Einzelfälle und meist Autodidakten, die ihre Entwicklung zum pädagogischen Professionellen außerhalb des Lehrberufs und weniger in institutionalisierten Aus- und Fortbildungen erworben haben. Dies bedeutet allerdings nicht,

---

76 Zur besseren Transparenz von Teil C *Eine empirischen Analyse* möchte ich an dieser Stelle anmerken, dass ich mit den Begriffen des Theorie- und des Erfahrungswissens arbeiten werde. Letzteres als Teil der Beziehung von Wissen und Können kann durch Selbst-Reflexion von einem „knowing how" in ein „knowing that" (Dewe et al. 1992a, 84f.) überführt werden.

77 Vgl. dazu die Übersichten in Bromme (1992, 121-139), Dewe et al. (1992a, 82-85), Radtke (1996, 61-89) und Combe & Kolbe (2008, 857-875).

78 Falls (angehende) Lehrende neben dem Faktenwissen, d.h. dem expliziten Wissen, über wenig bis kein Erfahrungswissen verfügen, können sie das noch nicht vorhandene prozedurale Wissen, welches sich erst noch ausbilden und entwickeln muss, nicht durch (Selbst-)Reflexion von einem ‚knowing how' in ein ‚knowing that' überführen. S. dazu Teil C *Eine empirische Analyse*.

dass pädagogische Kompetenzen sich nicht systematisch und gezielt fördern lassen (vgl. ebd., 233ff.). SCHÖNKNECHT (1997) führt aus, dass dieser ‚Prototyp des professionellen Lehrers‘, welcher auch dem Wunschbild der Forschungsliteratur zur Schulentwicklung entspricht, die Schlüsselqualifikation Theorie und Praxis, also das ‚knowing how‘ und das ‚knowing that‘, aufeinander zu beziehen und verbinden zu können, besitzt (vgl. ebd., 46f.).

Auch BASTIAN & HELSPER (2000) gehen von einem Unterschied zwischen Theorie und Praxis aus, welche in keinen linearen Zusammenhang zu bringen sind. Theorie und Praxis „stellen vielmehr grundlegend differente Formen dar, die durch verschiedene Zeitstrukturen und Weltverhältnisse unterschieden sind und die allenfalls in einem lose gekoppelten Verhältnis zueinander stehen" (ebd., 177). Dies stelle Konzepte der Lehrerbildung in Frage, welche durch Veränderung der Theorie Praxisveränderungen erhoffen bzw. der Theorie eine direkte Anleitungsrelevanz für Praxis unterstellen. BASTIAN & HELSPER (2000) führen aus, „dass der pädagogisch-professionelle Habitus von Lehrern konstitutiv als ein doppelter zu begreifen ist" (ebd., 177). Sie unterscheiden zwischen einem praktisch-professionellen und einem wissenschaftlich-reflexiven Habitus. Der praktisch-professionelle Habitus entsteht durch reflektierte Einsozialisation in schulische Zusammenhänge. Die Entwicklung eines wissenschaftlich-reflexiven Habitus erfordert ihrer Meinung nach eigene Bildungsräume und -zeiten wie z.B. berufsbegleitende Maßnahmen im Studium, im Referendariat und in der Schule, Fortbildungs- und Weiterbildungsmaßnahmen mit entsprechender Unterrichtsentlastung und institutionalisierte Formen der kollegialen Fallberatung und Supervision. Sie führen weiter aus, dass der wissenschaftlich-reflexive Habitus für Lehrpersonen eine wichtige Basis ist, weil er eine Grundlage für die „Begründungspflichtigkeit" (ebd., 177) professionellen Handelns, für die Reflexion des eigenen Handelns und für die reflektierte Diagnose und eine fallrekonstruktive Erschließung von Bildungsprozessen und -verläufen darstellt.

Auch TERHART (1995b) wendet sich von traditionellen Vorstellungen der „Theorie/ Praxis-Integration" ab und schließt sich der Unterscheidung zwischen dem von Wissenschaft erzeugten Wissen und dem für pädagogisches Berufshandeln notwendigen Wissen an (vgl. ebd., 230).[79]

Daran schließt BAUER (2000b) mit seinem Entwurf zur „Theorie des professionellen Selbst" (ebd., 65) an, welcher kompetenzorientierte und berufsbiografische Ansätze verbindet. Nach diesem Verständnis werden professionstypische Kompetenzen[80] während der Berufstätigkeit erworben und ausgeformt. Der Gewinn dieses Konzeptes kann nach BAUER (2000b), wie bereits erwähnt[81], darin gesehen werden, dass das alte Theo-

---

79   In diesem Zusammenhang wird von einer Art Differenz-These ausgegangen, „die die Unterschiedlichkeit zwischen dem im Bereich der Wissenschaft erzeugten Wissen einerseits und dem im Rahmen konkreten pädagogischen Berufshandelns notwendigen Wissen andererseits betont" (Terhart 1995b, 230).

80   Bauer et al. (1996) zählen dazu besondere Diagnosekompetenzen, breit ausgeformte Handlungsrepertoires und das Verfügen über Techniken der Überprüfung und Rückkoppelung. Die Handlungsrepertoires unterteilen sie in fünf Dimensionen und zwar: Soziale Strukturen bilden, Interagieren, Kommunizieren, Gestalten und Hintergrundarbeit (vgl. ebd.). Diese Dimensionen können durch schrittweises Einüben auf der Grundlage von Feedback entstehen.

81   S. Kapitel 4.4.1 *Verschiedene Professionalisierungsansätze*.

rie-Praxis-Problem nicht mehr als unüberwindbar gesehen wird, da das pädagogische professionelle Handeln lehr- und lernbar ist. Allerdings bedarf es dafür wegen der engen Verflechtung mit personalen Anteilen besonderer Formen der Ausbildung, des Trainings, der Beratung und der Supervision (vgl. ebd., 70). Nach TERHART (1995b) allerdings bleibt das Modell hinsichtlich seiner normativen Annahmen über die inhaltliche Zielperspektive und Verantwortlichkeit offen, da der Grundsatz der Steigerung der Kompetenzen hinsichtlich Wahrnehmung und Gestaltung beruflicher Anforderungssituationen zunächst einem rein *formalen* Entwicklungsdenken verhaftet ist (vgl. ebd., 239).

Im Vergleich zu BAUER (2000b) und seinem Modell zum *professionellen Selbst*, welches davon ausgeht, dass der Professionalisierungsprozess ein individueller Bildungsprozess ist (vgl. ebd., 65), gehen BASTIAN & HELSPER (2000) davon aus, dass Professionalisierung immer im einzelschulspezifischen Kontext stattfindet (vgl. ebd., 178). Für ALTRICHTER (2002) bedeutet der Weg zur Professionalisierung Schulentwicklung (vgl. ebd., 195). JAUMANN-GRAUMANN & KÖHNLEIN (2000) erweitern den Rahmen der die Professionalisierung bestimmenden Bedingungen noch um die Aspekte des gesellschaftlichen Umfeldes, des Systems „Schule" (ebd., 14) und der gegebenen und sich stets veränderten Lernbedingungen der Kinder.

4.5 Ausblick zur professionellen Entwicklung von Lehrkräften

Was wären nun vor dem Hintergrund der dargelegten Ergebnisse zur Lehrerarbeit und ihren Rahmenbedingungen grundlegende Orientierungen zur Diskussion um die zukünftige Gestaltung der Lehrtätigkeit, des Lehrerberufs und seiner weiteren Professionalisierung? Wie kann der Umgang mit Unsicherheiten, Unverfügbarkeiten, Widersprüchen, Antinomien, Asymmetrien, dem Außendruck, der Rahmung durch die Schulbehörde und nicht zu vergessen mit den vielfältigen neuen Herausforderungen im Bereich der Schulentwicklung gestaltet und bewältigt werden? Wie kann das Aushalten und reflexive Bearbeiten von Antinomien, wie bspw. die Gestaltung der Beziehung zu den SuS, den Einzelfall berücksichtigend, im Sinne professionalisierten Handelns gelingen?

BASTIAN & HELSPER (2000) unterscheiden Entwicklungen des Lehrberufs auf **vier Ebenen**, hinsichtlich derer Entscheidungen für Grundlagen und Rahmungen bezüglich des weiteren Professionalisierungsprozesses zu treffen sind. Das sind die **individuelle Ebene**, die **Ebene der „Institutionalisierung" von Bildungsräumen und -zeiten**, die **Ebene der Einzelschule** und die **Ebene der makrostrukturellen Entscheidungen der Bildungspolitik** (vgl. ebd., 181ff.; Helsper 2002b, 68ff.).

Sie führen aus, dass auf der **individuellen Ebene** die Förderung verschiedener Wissenstypen notwendig ist. Neben dem dominierenden Fachwissen, dem eher nachgeordnet erziehungswissenschaftlichen Theoriewissen, dem methodischen und didaktischen Handlungs- und Erfahrungswissen bedürfen Lehrkräfte sowohl eines kasuistischen, reflexiven Fallwissens als auch eines (berufs-)biografisch selbstreflexiven Wissens (vgl. Bastian & Helsper 2000, 182). So könnte ein eher erfahrungsnahes Wissen aus der Fallarbeit in der Vermittlung mit einem theoretischen Erklärungswissen eine Art von reflektiertem Wissen zwischen Erfahrungswissen auf der einen Seite und abstraktem Theoriewissen auf der anderen Seite bilden. Damit wäre nach BASTIAN & HELSPER (2000) die Möglichkeit gegeben, das Fachwissen für pädagogische Fallarbeit und ihre

Auslegung zu nutzen sowie im Sinne der pädagogischen Professionalisierung, selbstre-
flexives pädagogisches Wissen für die Reflexion eigener Handlungs- und Deutungsmuster und der eigenen Person in Interaktionen und Prozessen mit den SuS anzuwenden. Somit könnte es den pädagogischen Akteurinnen und Akteuren gelingen, ein re-
flektiertes Verhältnis zum eigenen Erfahrungswissen einzunehmen und ihre berufliche
Einsozialisation als einen beruflichen „Selbstbildungsprozess" (ebd., 182) mit aktiver
Teilhabe zu rekonstruieren.

Zur Stärkung eines „professionellen pädagogischen Lehrerhabitus" (Bastian & Helsper
2000, 182) bedarf es allerdings auch der Unterstützung und Begleitung der Lehrkräfte
auf ihrem Weg zur individuellen Professionalität auf der **Ebene der „Institutionalisierung"** (ebd., 182) **von Bildungsräumen und -zeiten**. Um das zu ermöglichen, sei eine
Korrektur auf der Ebene der Lehrerbildung sowie der Fort- und Weiterbildung notwendig (vgl. Terhart 2000, 133ff.). Als Konsequenz für die universitäre Lehrerausbildung
ist es nach TERHART (2000) wichtig, dass diese die schulische Praxis als Gegenstand
stärker in den Mittelpunkt der Reflexion stellt, um somit eine Vernetzung zwischen
Fachwissenschaft, Fachdidaktik und erziehungswissenschaftlichen Wissensbeständen
zu schaffen. Von besonderer Bedeutung ist die berufsbegleitende Fort- und Weiterbildung für die dritte Phase der Lehrerbildung in Form von gegenseitiger kollegialer Weiterbildung als auch in Form der Institutionalisierung der Fallberatung, kollegialer Fallarbeit und der Supervision (vgl. ebd., 133f.).

Für die Sicherung der berufsbiografischen Weiterbildungsmöglichkeiten ist die **Ebene**
der **Einzelschule** von Bedeutung. Soll die erweiterte Autonomie von Schulen zur Verbesserung der Qualität der einzelnen Schule genutzt werden, sind nach TERHART
(1995b) Maßnahmen notwendig, die die interne kollegiale Zusammenarbeit in der Schule begleiten und stärken. Dazu bedarf es häufig eines Impulses von außen, der Wandlungsprozess allerdings muss letztendlich in die Eigenregie des Kollegiums selbst über-
gehen (vgl. ebd., 240). BASTIAN & HELSPER (2000) betonen, dass Professionalisierung nicht nur ein Bildungsprozess auf individueller berufsbiografischer Ebene ist,
sondern zugleich auch ein sozialer interaktiver Prozess im Rahmen kollegialer, schul-
kultureller Verhältnisse (vgl. ebd., 184). Kollegiale Beratung, Auseinandersetzung und
Reflexion sollten feste Bestandteile im Arbeitsrhythmus von Lehrkräften darstellen
(vgl. ebd., 184).

Die **vierte Ebene** stellt die der **makrostrukturellen Entscheidungen** der Bildungspolitik dar. Nach BASTIAN & HELSPER (2000) bedarf gerade die Steigerung individueller und institutioneller Selbstbezüglichkeit und die Aufforderung zur Auseinandersetzung, Reflexion und Evaluation der eigenen und schulischen pädagogischen Praxis der
sichernden Entlastungen (vgl. ebd., 184f.). Nicht zu vergessen ist der Druck auf die
einzelnen Schulen, auf ihre institutionelle Professionalisierung durch Schulvergleiche
hinsichtlich erbrachter Leistungen mit der Folge, dass die schulischen Gestaltungsspiel-
räume in ein Spannungsverhältnis zwischen Pluralisierung und Homogenisierungsent-
wicklungen geraten. BASTIAN & HELSPER (2000) merken an, dass die Entwicklung
einer umfassenden Professionalisierung der Verbindung bildungspolitischer und schulischer Entscheidungen auf den verschiedenen Ebenen mit tendenziell gleichgerichteter
Zielsetzung und gegenseitiger Stärkung und Flankierung bedarf (vgl. ebd., 185.).

Wie könnten berufsbegleitende Angebote aussehen, um Entwicklungen des Lehrberufs
auf den dargestellten Ebenen zu unterstützen? Vor diesem Hintergrund möchte ich auf

die Modelle für Veränderungsprozesse (s. Kapitel 3.3 und 3.4), auf das *Kasseler Modell* mit dem Konzept „Psychosoziale Basiskompetenzen für den Lehrerberuf" (vgl. Bosse et al. 2012) als auch auf die *Schlussfolgerungen für die Gestaltung der Lehrerbildung* (s. Kapitel 13) verweisen.

Es folgt nun die Darstellung des Unterrichtskonzepts des WeLL sowie Forschungsbefunde zu seiner Umsetzung.

5   Wechselseitiges Lehren und Lernen als strukturierte Form kooperativen Lernens

Wie bereits dargelegt, kamen die Methoden des WeLL als ausgewählte Formen kooperativen Lernens bei der Umsetzung der eigenen Lehrversuche der Studierenden, LiV und Lehrkräfte im Mathematikunterricht zum Einsatz. Diese gewinnen durch einen veränderten Lernbegriff an Bedeutung. Nach WAHL (2006a) sind sie geeignet, „um möglichst aktive und konstruktive Lernprozesse" (ebd., 154) zu unterstützen. Zudem weisen etliche Studien (Johnson & Johnson 1999; Borsch 2005; Wahl 2006a; Huber 2007) darauf hin, Lernen im sozialen Kontext stattfinden zu lassen. Daraus ergeben sich eine veränderte Lernkultur und ein verändertes Rollenverständnis der Lehrkräfte. Das impliziert nach HEPTING (2008) einen veränderten Unterricht. Lehrkräfte nehmen nicht mehr primär die Rolle des Lehrenden und Belehrenden ein, sondern entwickeln sich zu Lernbegleitenden der Schülerinnen und Schüler. Sie organisieren und stellen Lerngelegenheiten bereit, in welche bspw. Methoden des WeLL integriert werden können (vgl. ebd., 7). Der Einsatz des WeLL als ausgewählte Form kooperativen Lernens kann über konstruktivistische Lerntheorien legitimiert werden.

Konstruktivistische Lerntheorien gehen davon aus, dass der Wissenserwerb ein individueller Aufbauprozess ist und nicht durch passives Rezipieren aufgebaut wird (vgl. Steiner 2001, 167). Dabei ist von Bedeutung, dass das Individuum die sich anzueignenden Inhalte mit Bedeutung füllen kann.

> „According to the constructivist view, learners are sense makers who construct knowledge." (Mayer 2003, 49)

Mayer (1999) unterscheidet drei Formen von Lernergebnissen: „Kein Lernen", „Auswendiglernen" und „Konstruktivistisches Lernen" (ebd., 144). „Kein Lernen" bedeutet nach Mayer (1999), dass weder Wissensfragen beantwortet noch die zu lernenden Inhalte angewendet werden können. Beim „Auswendiglernen" können die SuS zwar Wissensfragen richtig beantworten, aber ihr Wissen nicht anwenden. Beim „Konstruktivistischen Lernen" können sowohl Wissensfragen als auch Anwendungsfragen erfolgreich gelöst werden (ebd., 144ff.).

Gold (2003) unterscheidet zwei Ansätze von konstruktivistischen Lerntheorien, die *kognitiv-konstruktivistischen* Lerntheorien und die *sozial-konstruktivistischen* Lerntheorien. Während erstere die Eigentätigkeit und Selbständigkeit des Lernenden und seine individuelle Konstruktionsleistung beim Wissensaufbau hervorheben, betonen letztere die sozialen Prozesse für das Lernen, insbesondere den gemeinsamen Aufbau von Wissen in der Interaktion mit anderen (vgl. ebd.).

Konstruktivistische Lerntheorien haben zur Veränderung der Gestaltung von Unterricht beigetragen. Formen des WeLL, welche neben **individuellen** auch **soziale** Lernprozesse in (Klein-)Gruppen umfassen und die sowohl dem kognitiv-konstruktivistischen als auch dem sozial-konstruktivistischen Ansatz zugeordnet werden können, stellen eine Möglichkeit einer veränderten Gestaltung von Unterricht dar.

5.1   Gemäßigt-konstruktivistische Lernumgebungen

Konstruktivistische Lerntheorien in der Schulpädagogik gewannen fast zeitgleich mit der zunehmenden Rezeption der Kindheitsforschung an Bedeutung. Letztere ist von einem konstruktivistischen Denkansatz getragen und „sieht Kinder als Personen, die – wie alle übrigen Gesellschaftsmitglieder auch – in konkreten Verhältnissen leben, ihre sozialen Beziehungen mitgestalten und eigene Muster der Verarbeitung ihrer lebensweltlichen Umwelt ausbilden" (Heinzel 2002; 549). Dieser Ansatz wird bereits von KELLE & BREIDENSTEIN (1996) vertreten, die das der Sozialisationsforschung innewohnende erwachsenendominierte Kindheitsbild kritisieren (vgl. ebd., 49).

REINMANN-ROTHMEIER & MANDL (2001) unterscheiden zwischen **kognitivistischen** und **konstruktivistischen Lernumgebungen** (vgl. ebd., 2001, 605; Huber 2007, 18f.).[82] Die zentrale Idee des kognitivistisch orientierten Ansatzes ist es, den Lernenden den Lerngegenstand als fertiges Produkt zu vermitteln (vgl. Huber 2007, 18). Dabei übernimmt der Lehrende die aktive und der Lernende die passive rezipierende Rolle. Nach REINMANN-ROTHMEIER & MANDL (2001) zeichnen sich kognitivistische Lernumgebungen durch systematisches schrittweises Vorgehen, Frontalunterricht, Fächerabgrenzung und Lernerfolgskontrollen aus. Die gemäßigt-konstruktivistische Auffassung von Lernen versucht, die Prinzipien *Instruktion* und *Konstruktion* miteinander zu vereinbaren (vgl. ebd., 626f.). Bei konstruktivistischen Lernumgebungen steht nach HUBER (2007) die Annahme im Mittelpunkt, dass Lernen ein aktiver und konstruktiver Prozess ist, der interaktiv in der Zusammenarbeit und Auseinandersetzung mit anderen stattfindet (vgl. ebd., 18, 20). Die Autorin führt weiter aus, dass die Lernenden dabei aktive Konstrukteure ihres eigenen Lernprozesses und seiner Produkte sind, die Lehrenden dagegen Lernsituationen und angemessene Strategien zur Bewältigung zur Verfügung stellen (vgl. ebd., 18). Des Weiteren sind sie Lernberatende, welche die Lernenden in ihrem Lernprozess unterstützen und anregen. Wichtig ist nach HUBER (2007), diese Prozesse durch „ein gewisses Maß an instruktionaler Vorgabe" (ebd., 19) zu unterstützen. Deshalb empfiehlt sie den Einsatz gemäßigt-konstruktivistischer Lernumgebungen, welche „sich am konstruktivistischen Modell orientieren und den Lernenden möglichst viel Eigenaktivität" (ebd. 18) ermöglichen, ohne dass diese sich dabei völlig selbst überlassen sind. In solchen Lernumgebungen spielen kooperative Lehr-Lernformen eine wichtige Rolle.

REINMANN-ROTHMEIER & MANDL (2001) legen dar, dass sich in der Instruktionspsychologie seit Ende der achtziger Jahre mehrere dem neuen Konstruktivismus nahe stehende Ansätze, sogenannte *Konstruktivistische Instruktionsansätze* (vgl. ebd., 617ff.) entwickelt haben. Sie nennen folgende drei Ansätze, die in der wissenschaftlichen Diskussion große Beachtung gefunden haben: der *Anchored Instruction Ansatz,* die *Cognitive Flexibility-Theorie* und der *Cognitive Apprenticeship Ansatz* (vgl. ebd., 618ff.). WeLL und kooperatives Lernen greifen Forderungen insbesondere der beiden

---

82   Zur Übersicht über die beiden Arten von *Lernumgebungen* vgl. Huber (2007, 18) und Huber
      & Huber (2004, 116f.).

letztgenannten Theorien zur Gestaltung von Lernumgebungen auf, wie z.B. die Vermeidung von Übervereinfachungen, das Vertrautmachen der Lernenden mit der Komplexität eines Themas[83] von Anfang an, das Einbauen von instruktionalen Unterstützungen[84], das Modellieren, das Reflektieren und das Kommunizieren, um nur einige wenige zu nennen. HUBER (2007) betont, dass *bei all dem* nicht vergessen werden darf, dass Lernen nicht inhaltsleer ist (vgl. ebd., 20).

BRANDT (2010) führt im Hinblick auf die mathematikdidaktische Diskussion der letzten Jahre aus, dass das Lernen im Mathematikunterricht ein Zusammenspiel von selbständigen aktiv-entdeckenden und kooperativ-kommunikativen Prozessen ist (vgl. ebd., 29; Winter 1994, 14). Lernen findet also sowohl auf eigenen Wegen als auch von- und miteinander statt. Um dieser Forderung im Unterrichtsalltag der Mathematik nachzukommen, werden zunehmend „strukturierte kooperative Lehr-Lernformen"[85] (Brand 2010, 29), welche über konstruktivistische Lerntheorien legitimiert werden, umgesetzt.

5.2   Kooperatives Lernen

Begriffsklärung und Zielsetzung

Im deutschen Sprachraum wird die definitorische Abgrenzung des Terminus *Kooperatives Lernen* häufig unscharf gehandhabt. Alternativ werden oft die Synonyme Partnerarbeit, Gruppenarbeit, Gruppenlernen und Gruppenunterricht verwendet. Nach Dann (1999) sind die Übergänge zu *offenem Unterricht* und *Freiarbeit* fließend (vgl. Borsch 2005, 15).

Im US-amerikanischen und israelischen Sprachraum werden nach DAMON & PHELPS (1989) drei Formen des gemeinsamen Lernens voneinander abgegrenzt: *peer tutoring, collaborative learning and cooperative learning* (vgl. ebd., 10; Borsch 2005, 15). DAMON & PHELPS (1989) unterscheiden die Begriffe nach dem Ausmaß der *Gleichheit* und dem Ausmaß der *Wechselseitigkeit* unter den Schülerinnen und Schülern. Dabei bedeutet Gleichheit, inwieweit die Gruppenmitglieder gleichberechtigt an Gruppenprozessen teilnehmen. Unter Wechselseitigkeit wird das Maß verstanden, in dem die Gruppe im Dialog steht und sich über ihre gemeinsamen Aufgaben austauscht (vgl. ebd., 10; Borsch 2005, 15f.).

---

83   Z. B. mittels eines *Advance Organizer*. Darunter wird eine vorausgehende Themenvernetzung mit Hilfe von Ankerbegriffen verstanden. Mittels Visualisierung (Bilder, Symbole, Begriffe) werden den Lernenden zu Beginn einer Lernsequenz die zu vermittelnden Lerninhalte in einer logisch zusammenhängenden Struktur durch die Lehrkraft dargeboten (vgl. Wahl 2006a, 279).

84   Darunter verstehen BERNHART et al. (2008) thematische und strategische Orientierungen und Strukturierungen (vgl. ebd., 13). Eine thematische Orientierung kann bspw. mittels eines *Advance Organizers* oder eines kurzen Impulsvortrages erfolgen (vgl. Huber 2007, 19). Eine strategische Orientierung bietet Lernstrategien an wie bspw. Leitfragen oder eine *Struktur-Lege-Technik* (vgl. Bernhart et al. 2008, 13). Strukturierungen methodischer Art erfolgen durch den Wechsel von individuellen und kollektiven Lernphasen (vgl. ebd., 13; Wahl 2006a; Huber 2007).

85   Brandt (2010) versteht darunter, dass die Lernenden „durch gezielte Kooperationsvorgaben in ihrer Zusammenarbeit unterstützt" (ebd., 29) werden.

BORSCH (2005) beschreibt *peer tutoring* als Partnerarbeit, bei der sich die Lernenden wechselseitig ihre Themen vermitteln. Die Partner nehmen die Rollen des Eperten und Novizen ein. Häufig ist der Experte älter oder leistungsstärker als der Novize. Das Ausmaß der Gleichheit unter den Partnern ist unausgewogen. Der Experte, der über den Lerninhalt verfügt und somit die Interaktion maßgeblich gestaltet, vermittelt dem Novizen als Neuling sein Wissen. BORSCH (2005) führt aus, dass trotz der unausgewogenen Gleichheit eine hohe Wechselseitigkeit entstehen kann, wenn die Vermittlung durch den Experten in einem Dialog mit dem Novizen erfolgt (vgl. ebd., 16).

Das *collaborative learning* ist eine Lernform, in der zwei oder mehrere Lernende zur gleichen Zeit gemeinsam eine neue Aufgabe bearbeiten. Da die Ausgangslage für alle gleich ist, besteht folglich relativ große Gleichheit unter den Beteiligten. Grundsätzlich wird ein großes Maß an Wechselseitigkeit untereinander erwartet. DAMON & PHELPS (1989) merken kritisch an, dass die Gefahr besteht, dass diese dennoch auch ausbleiben kann, wenn die Lernenden sich nicht für die gemeinsame Arbeit verantwortlich fühlen und unabhängig voneinander ihre Aufgaben bearbeiten (vgl. ebd., 14; Borsch 2005, 16).

Borsch (2005) führt weiter aus, dass *cooperative learning* diverse Methoden zusammenfasst, bei denen die SuS in Gruppen von vier bis sechs Personen zusammen lernen (vgl. ebd., 17). Der Autor betont, dass hinsichtlich der von der Lehrkraft neu gestellten Aufgabe Gleichheit zwischen den Lernenden besteht. Da die Gruppen in der Regel heterogen zusammengesetzt sind, unterscheiden sich auch die Fähigkeiten und Fertigkeiten ihrer Mitglieder. Gleichheit und Wechselseitigkeit werden durch strukturierende Elemente gewährleistet. Strukturierende Elemente sind die Aufgabenstruktur und die Belohnungsstruktur (vgl. ebd., 17). Unter die Aufgabenstruktur fallen Aspekte der Aufgabenart (Komplexität, Umfang) und der Aufgaben- bzw. Rollenverteilung (Moderator, Reporter, Streitschlichter, Lärmwächter etc.). Eine hohe Wechselseitigkeit besteht nach BORSCH (2005) unter den Lernenden bei einer komplexen nicht teilbaren Aufgabe. Handelt es sich um eine eher weniger komplexe Aufgabe, besteht grundsätzlich geringere Wechselseitigkeit. Die Verteilung von Aufgaben oder Rollen kann in diesen Fällen die Wechselseitigkeit erhöhen (vgl. ebd., 18). Diese kann des Weiteren durch eine Belohnungsstruktur gefördert werden. Darunter subsumiert Slavin den Umgang mit internalen und externalen Belohnungen. Externale Belohnungen kommen von außen, sind häufig materieller Art und werden meist auf Grundlage erbrachter Leistungen an die erfolgreichste Gruppe vergeben. Internale Belohnungen zeichnen sich dadurch aus, dass das erfolgreiche Lösen von herausfordernden Aufgaben schon an sich als Belohnung empfunden wird (vgl. Borsch 2005, 18, im Anschluss an Slavin 2003).

Methoden des WeLL (vgl. Huber et al. 2001; Huber 2004, 2007; Wahl 2006a, 2006b, 2008; Bernhart & Bernhart 2007; Bernhart et al. 2008) wie das Partnerpuzzle, das Gruppenpuzzle und das Lerntempoduett, welche in den Lehrversuchen von den Teilnehmenden durchgeführt wurden, können nach BORSCH (2005) den kooperativen Unterrichtsmethoden zugeordnet werden (vgl. ebd., 18). Zunächst wird die Arbeit – je nach verwendeter Methode – in den (Partner-)Gruppen durch Aufgabenverteilung strukturiert, dann erfolgt das Bearbeiten neuer Unterrichtsinhalte durch die Lernenden (collaborative learning). In der anschließenden Vermittlung geben die Experten ihr Wissen an die Novizen weiter (peer tutoring) (vgl. ebd., 18).

Basiselemente kooperativen Lernens

Nach JOHNSON & JOHNSON (1999) lassen sich fünf Basiselemente bzw. notwendige Bedingungen für kooperatives Lernen ableiten.

- Positive Interdependenz
- Individuelle Verantwortlichkeit
- Unterstützende Interaktion
- Reflektion über den Gruppenprozess
- Kooperative Fertigkeiten (vgl. ebd., 73; Borsch 2005, 20)

Kooperative Fähigkeiten sind sowohl Ziel als auch Voraussetzung kooperativen Lernens (vgl. Borsch 2010, 34). Es gibt einige wenige Forschungsergebnisse, die belegen, dass diese Fähigkeiten bereits ab der ersten Klasse durch Wertschätzung und gezielten Einsatz kooperativer Methoden gefördert werden können (vgl. ebd., 34). Im Folgenden werden die fünf Basiselemente in Kürze dargestellt:

Positive Interdependenz

Nach GREEN & GREEN (2007) gibt es ohne interpersonelle Abhängigkeit keine Intention oder Motivation bei Heranwachsenden, kooperativ zu arbeiten. Es muss den SuS deutlich werden, dass sie in der Kleingruppe ein gemeinsames Ziel verfolgen. Zur Förderung positiver Interdependenz unter den Lernenden können z.B. durch beschränkte Ressourcen und durch Rollen- und Aufgabenverteilung, Aufgabenstellungen und Ziele so strukturiert werden, dass Kooperation notwendig ist (vgl. ebd., 79; Borsch 2005, 22). Im Gruppenpuzzle bspw. kann positive Interdependenz durch das Expertentum erreicht werden.

Individuelle Verantwortlichkeit

Nach BORSCH (2005) zeichnet sich individuelle Verantwortlichkeit dadurch aus, dass durch positive Interdependenz ein Gefühl der Verantwortlichkeit für sich selbst und den eigenen Beitrag an der gemeinsamen Aufgabe und folglich auch für die anderen Gruppenmitglieder und ihre Aufgaben entsteht (vgl. ebd., 24). So kann im Vergleich zur unstrukturierten Gruppenarbeit die Entstehung sogenannter „Free-Rider-Effekte"[86] und „Sucker-Effekte"[87] vermieden und folglich eine positive Einstellung gegenüber Gruppenarbeit aufrecht erhalten werden. BORSCH (2005) führt weiter aus, dass mit der Förderung individueller Verantwortlichkeit die Art und Weise der Bewertung des Gruppenprodukts zusammenhängt. Slavin schlägt zwei Möglichkeiten zur Steigerung individueller Verantwortlichkeit vor. Eine Möglichkeit besteht in der Herstellung individueller Belohnungsverantwortlichkeit. Im Gruppenpuzzle kann dies z.B. erreicht werden, indem jedes Gruppenmitglied unabhängig voneinander eine Kontrolle zur Überprüfung des individuellen Lernerfolgs ablegen muss. Eine weitere Möglichkeit zur Förderung

---

86 „Free-Rider-Effekt" (Kerr 1983) bedeutet, dass die Arbeit denjenigen überlassen wird, bei denen Gewissheit besteht, dass es ihnen wichtig ist, gute Arbeit zu leisten (vgl. Borsch 2005, 24).

87 „Sucker-Effekt" (Kerr 1983) bezeichnet den Ärger und den Motivationsverlust der aktiven Gruppenmitglieder über diejenigen Mitglieder der Gruppe, die nichts tun (vgl. Borsch 2005, 24).

individueller Aufgabenverantwortlichkeit kann durch Aufgabenspezialisierung erreicht werden (vgl. ebd., 24, im Anschluss an Slavin 1995).

Unterstützende Interaktion

Um kooperatives Lernen zu ermöglichen, müssen die Lernenden Gelegenheiten haben, direkt von Angesicht zu Angesicht miteinander zu kommunizieren. Johnson und Johnson betonen, dass es wichtig ist, sich dabei gegenseitig zu unterstützen, zu ermutigen und zu loben (vgl. Borsch 2005, 25, im Anschluss an Johnson und Johnson 1994). Kognitive Aktivitäten wie z.B. das gegenseitige Vermitteln von Inhalten und das Diskutieren von Konzepten können die Interaktion unterstützen.

Reflexion über den Gruppenprozess

Nach BORSCH (2005) können sich Gruppenevaluationen nach einer Gruppenarbeitsphase anschließen (vgl. ebd., 26). Die Lernenden analysieren und reflektieren ihren Lernprozess, die Effizienz ihrer Zusammenarbeit und formulieren und diskutieren Verbesserungsvorschläge zur Steigerung der Effektivität der Arbeit und der Qualität der Beziehung. Es herrscht allerdings Unklarheit über die Notwendigkeit der Reflexion über die Gruppenarbeit. Nach einer Studie von JOHNSON et al. (1990) ist die Reflexion nur dann erfolgreich, wenn diese in einem kleinen persönlichen Rahmen stattfindet und den einzelnen Gruppenmitgliedern spezifische Rückmeldungen gegeben werden (vgl. ebd., 514).

Kooperative Fertigkeiten

Nach BORSCH (2005) ist kooperatives Arbeiten anspruchsvoller und komplexer als das Lernen in kompetitiven oder individualistischen Situationen, da sich die Lernenden während des Unterrichts mit fachlichen Inhalten als auch mit sozialen Fertigkeiten bei der gemeinsamen Arbeit in Gruppen auseinandersetzen müssen (vgl. ebd., 29ff.). Um beide Zielsetzungen kooperativen Lernens erreichen zu können, sollten die SuS nach Johnson und Johnson Fertigkeiten der *Kommunikation*, der Verteilung von *Gruppenführungsaufgaben*, des Aufbaus eines *Vertrauensklimas* und des Umgangs mit *Kontroversen* erwerben (vgl. Borsch 2005, 27f., im Anschluss an Johnson und Johnson 1987).

Johnson (2003) konnte in einer weiteren Studie positive Effekte kooperativen Lernens auf soziale Beziehungen, auf die psychische Gesundheit und auf das Selbstwertgefühl bestätigen (vgl. Borsch 2005, 29).

Zusammenfassend lässt sich nach GREEN & GREEN (2007) festhalten, dass die Lehrkraft beim kooperativen Lernen Lernarrangements gestaltet, welche den SuS „ein Höchstmaß an Aktivität, Selbst- und Mitverantwortung, Motivation, Wissens- und Kompetenzzuwachs ermöglichen" (ebd., 97). WEIDNER (2003) betont, dass der Schwerpunkt der Arbeit der Lehrkraft nicht mehr in „der Darstellung und Vermittlung eines Sinn- und Problemzusammenhanges, sondern in der Formulierung von Arbeitsperspektiven, im Beobachten und Interpretieren, im Ermutigen und Stabilisieren der Schülerinnen, im Bereitstellen von Materialien und in der Lenkung der Auswertung" (ebd., 111) liegt. Folglich muss die Lehrkraft ihr traditionelles Rollenverständnis verändern und neu definieren.

5.3   Wechselseitiges Lehren und Lernen (WeLL)

Begriffsklärung und Zielsetzung

Wechselseitiges Lehren und Lernen[88] (WELL) umfasst spezifische Methoden kooperativen Lernens, welche sich dadurch auszeichnen, dass die Lernenden für einen Teil der Inhalte zu Experten werden und sich das erworbene Wissen wechselseitig vermitteln (vgl. Hepting 2008, 10).

> „Die grundlegende Idee dabei ist, ein Szenario zu finden, bei dem die Lernenden in hohem Maße aktiv und konstruktiv sind, durch klare Strukturen[89] zielbezogen und mit hoher Lernzeitnutzung arbeiten und schließlich durch Verwendung günstiger Lernstrategien zu einem vertiefenden Verstehen gelangen." (Hepting 2008, 72)

HUBER (2007) und WAHL (2006a, 158ff.) unterscheiden bei der Gestaltung zwischen drei Lernphasen.[90]

Aneignungsphase: Die Lernenden erwerben Expertenwissen zu einem Thema. Jeder Lernende wird Experte für ein bestimmtes Themengebiet. HUBER (2007) bezeichnet dieses Merkmal als Aufgabenspezialisierung (vgl. ebd., 7).

Vermittlungsphase: Das Expertenwissen wird wechselseitig vermittelt. Die SuS als Lernende nehmen wechselseitig die Rolle des Experten bzw. des Novizen ein. Der Experte gibt sein Wissen an die Stammgruppe weiter. In der Rolle des Novizen bekommt er Wissen vermittelt. (Vgl. Huber 2007, 7)

Verarbeitungsphase: In dieser wird das Wissen wiederholt und vertieft (vgl. Wahl 2006a, 167; Huber 2007, 7; Bernhart & Bernhart 2007, 6; Hepting 2008, 73, 154). HUBER (2007) betont, dass diese Phase besonders wichtig ist. Es reicht nicht aus, Wissen einfach nur weiter zu vermitteln. Vielmehr müssen die Novizen das neu erworbene Wissen wiederholen und vertiefen, damit dieses nachhaltig erinnert und angewendet werden kann (vgl. ebd., 7f.).

Durch den Einsatz des WeLL im Unterricht können die Lernenden Kompetenzen aus vier Bereichen erwerben und vertiefen:

- Fachlich-inhaltlicher Bereich (fachlich richtige Arbeitsergebnisse)
- Sozial-kommunikativer Bereich (Erhöhung der Interaktionsfähigkeit; Verbesserung der sozialen Beziehungen; verbesserte Kooperation)
- Methodisch-strategischer Bereich (Einsatz von Arbeits- und Lerntechniken)
- Personenbezogener Bereich (Selbstwertgefühl; Selbstwirksamkeit; Lernmotivation) (vgl. Wahl 2006a, 171ff.; Bernhart & Bernhart 2007, 7f.; Hepting 2008, 49f.)

Im Vergleich zu ähnlichen Konzepten unterscheidet sich WeLL nach WAHL (2006a) „vor allem durch Symmetrie und komplementären Rollenwechsel" (ebd., 154f.).

---

88 Das Konzept des *Wechselseitigen Lehrens und Lernens* wurde von der Psychologin Huber und den Psychologen Konrad und Wahl auf Grundlage schon vorliegender und ähnlicher Lernformen entwickelt (vgl. Hepting 2008, 72).

89 Darunter sind gezielte Kooperationsvorgaben zu verstehen, die die Lernenden in ihrer Zusammenarbeit unterstützen (vgl. Brandt 2010, 29).

90 In der Literatur gibt es für die drei Lernphasen keine einheitliche Bezeichnung. Ich verwende im Folgenden die Nomenklatur von Wahl (2006a, 158), Huber (2007, 7) und Hepting (2008, 73).

Methoden des Wechselseitigen Lehrens und Lernens

Zu den Formen des WeLL gehören insgesamt vier Methoden, in welchen die Struktur des Lernens durch wechselseitiges Lehren in „Reinform" (Hepting 2008, 75) angewendet wird: das **Partnerpuzzle**, das **Gruppenpuzzle**, das **Lerntempoduett** und die **Strukturierte Kontroverse**[91]. Nach BERNHART & BERNHART (2007) können diese zu Beginn einer Unterrichtseinheit zum Aktivieren des Vorwissens, zum Wissenserwerb und Problemlösen oder am Ende zur Übung und Vertiefung des Lernstoffes eingesetzt werden (vgl. ebd., 13; Huber 2004b, 14).

Im Rahmen der Lehrversuche der Studierenden und des Unterrichts der LiV und der Lehrkräfte wurden das Partnerpuzzle, das Gruppenpuzzle und das Lerntempoduett umgesetzt.

Das **Gruppenpuzzle** wurde von Aronson et al. (vgl. Huber 2007, 134) entwickelt mit dem Ziel, die sozialen Beziehungen unter den Schülerinnen und Schülern zu verbessern und ihre Lernerfolge zu steigern (vgl. Borsch 2005, 9). Es ist seitdem vielfach erprobt und erforscht worden (vgl. Huber 2007, 134ff.). Bei dieser Form *Wechselseitigen Lehrens und Lernens* erarbeiten sich die Lernenden in der ersten Phase ein Teilgebiet des Unterrichtsthemas in Expertengruppen. Die Autorin führt weiter aus, dass sich anschließend die Lernenden in der zweiten Phase dieses eigenständig erarbeitete Expertenwissen gegenseitig in Stammgruppen vermitteln, welche sich aus Lernenden zusammensetzen, die zuvor unterschiedliche Teilgebiete des Lerninhalts bearbeitet haben. In der dritten Phase, der Verarbeitungsphase, bearbeiten die Puzzlegruppen wiederholende und vertiefende Aufgaben zu allen Themengebieten.

An der Pädagogischen Hochschule Weingarten wurde die Gruppenpuzzlemethode in den letzten Jahren im Rahmen des Forschungsprojekts „WeLL" weiterentwickelt. Ein wesentlicher Unterschied zur ursprünglichen Methode besteht in der Unterstützung der Lernenden in allen drei Phasen durch geeignete Lernstrategien (vgl. Huber 2004c, 51). Voraussetzung für den Einsatz ist, dass sich der Lernstoff in mehrere gleichwertige Teile unterteilen lässt.

Für die Zusammenarbeit in Paaren wurde die **Partnerpuzzlemethode** entwickelt. Voraussetzung ist nach HUBER (2004a), dass sich der Lerninhalt in zwei gleichwertige Teile einteilen lässt (vgl. ebd., 39). Das Partnerpuzzle ist dadurch charakterisiert, dass in allen drei Phasen die Partnerarbeit verwendet wird. HUBER (2004a) führt weiter aus, dass sich in der Aneignungsphase die Lernenden in Expertenpaaren einen Teil des Lernstoffs aneignen. In der Vermittlungsphase werden neue Puzzlepaare gebildet, so dass jedes Puzzlepaar aus je einem Experten der jeweiligen Teilbereiche des Lernstoffs besteht. Die Puzzlepartner vermitteln sich nun wechselseitig ihr erworbenes Expertenwissen. In der Verarbeitungsphase vertiefen und wiederholen diese ihren Lernstoff. In allen drei Phasen müssen die Lernenden durch Lernstrategien unterstützt werden (vgl. ebd., 39; Huber 2007, 10f.).

---

91   Da die *Strukturierte Kontroverse* von den Lehrpersonen im Unterricht nicht umgesetzt wurde, wird sie an dieser Stelle nicht näher erläutert. Weitere Ausführungen zur *Strukturierten Kontroverse* vgl. Huber (2004d), Wahl (2006a), Huber (2007), Bernhart & Bernhart (2007) und Hepting (2008).

Nach WAHL (2004) ist die Grundidee des **Lerntempoduetts**, dass die Lernenden in ihrem eigenen Tempo[92] lernen und arbeiten können. Der Aufbau der Methode ist dem des Partnerpuzzles und Gruppenpuzzles ähnlich. Wahl (2004) führt weiter aus, dass sich in der Erarbeitungsphase die Lernenden einen Teil des Lernstoffs aneignen. Dies geschieht allerdings in Einzelarbeit. Dadurch wird den Lernenden ermöglicht, in ihrem eigenen Tempo arbeiten zu können, ohne Rücksicht auf die Geschwindigkeit anderer Lernenden nehmen zu müssen (vgl. ebd., 58). Dazu visualisieren die Lernenden die Inhalte mittels vorgegebener Strategien in der Art, dass sie diese in der sich anschließenden Vermittlungsphase mittels Strukturierung und Visualisierung geeignet präsentieren und erklären können. Sobald eine andere Person mit der Aneignung des komplementären Lernstoffs fertig ist, signalisiert sie dieses nonverbal z.B. durch Aufstehen oder durch die Verwendung von Farbkarten (vgl. ebd., 58). Die beiden Personen schließen sich nun zusammen und beginnen in der Vermittlungsphase mit dem wechselseitigen Austausch. In dieser Phase sollte der Experte dem Novizen sein Wissen so präsentieren, dass der Novize die wesentlichen Grundgedanken oder -prinzipien versteht. Dabei greift er auf seine eigene Visualisierung und Strukturierung der Lerninhalte aus der Einzelarbeitsphase als auch auf den *Advance Organizer*[93] (vgl. ebd., 125; Wahl 2004, 59, im Anschluss an Ausubel 1974) zurück. Beide Lernhilfen können eine vernetzte Vorschau auf die in der nächsten Phase zu bearbeitenden Lerninhalte ermöglichen. Ziel der zweiten Phase ist es noch nicht, eine vollständige Vermittlung wie etwa bei der Partnerpuzzlemethode, zu erreichen. Der zeitliche Umfang für den Austausch ist eher knapp bemessen, da es das Ziel ist, eine erste Orientierung für die sich anschließenden Aneignungsprozesse zu geben (vgl. Wahl 2004, 58f.).

In der dritten Phase des Lerntempoduetts, erneut Aneignungsphase genannt, eignen sich nach WAHL (2004) die Lernenden den Teil des Lernstoffes an, welcher ihnen zuvor in vernetzter Form präsentiert wurde. Dies geschieht wie bei der ersten Aneignungsphase in Einzelarbeit, sodass erneut ein Arbeiten im eigenen Lerntempo möglich wird. In dieser Phase sind den Lernenden die Lernstrategien freigestellt, sodass sie selber entscheiden können, wie sie die komplementären Lerninhalte erarbeiten. Sobald eine Person mit dieser Phase fertig ist, signalisiert sie erneut nonverbal ihre Bereitschaft zur Weiterarbeit (vgl. ebd., 59f.).

In der sich anschließenden vierten Phase, der Verarbeitungsphase, vertiefen die Lernenden mittels eines Aufgabenangebots, aus dem sie auswählen können, die erworbenen Inhalte. In dieser Phase muss nach WAHL (2004) nicht mehr darauf geachtet werden, welches Duett zusammen kommt, da beide Lernenden den Inhalt für sich bereits erschlossen haben. Die verschiedenen Aufgabentypen beziehen sich auf die Sicherung, die Vertiefung und den Transfer des Gelernten. Hier können bspw. die *Sortieraufgabe*,

---

92 Nach Bloom unterscheiden sich die Lerntempounterschiede in der Grundschule bis zum Faktor fünf. Die langsamsten Lernenden benötigen demnach fünf Mal mehr Zeit zum Erreichen eines festgelegten Lernziels als die schnellsten (vgl. Wahl 2004, 62, im Anschluss an Bloom). Forschungsergebnisse in der Erwachsenenbildung ergaben noch größere Unterschiede. Tempounterschiede gehen bis zum Faktor neun auseinander (vgl. ebd., 62).

93 Darunter wird eine der Stoffvermittlung vorausgehende Lernhilfe verstanden. Hepting (2008) spricht von einem „Begriffsnetz" (ebd., 50), welches die stofflichen Inhalte in ihrem fachlogischen Zusammenhang präsentiert. Dabei wird noch nicht auf Details eingegangen.

die *Netzwerk-Methode* oder die *Struktur-Lege-Technik* hilfreich sein (vgl. ebd., 60; Bernhart 2006, 277ff.).

Das Lerntempoduett endet mit einem Abschlussplenum (vgl. Wahl 2004, 60). Es erfordert eine gewisse Weitsicht und eine intensive Beobachtung der Lehrkraft, den Zeitpunkt der Rückkehr ins Plenum so zu wählen, dass die langsamsten Lernenden wenigstens die zweite Phase beendet haben und somit alle ein Vorverständnis von allen Lerninhalten haben. Nach WAHL (2004) kann das Plenum je nach Zielvorstellungen inhaltsorientiert mit ausgewählten Fragestellungen, prozessorientiert im Sinne einer Reflexion des Lernweges oder transferorientiert, die Inhalte weiterführend, durchgeführt werden (vgl. ebd., 61). Neben dem Aufgreifen der Prozesse und Ergebnisse des Lerntempoduetts ist es wichtig, auf die in der Verarbeitungsphase bearbeiteten Aufgaben einzugehen.

Das Sandwich-Prinzip

Nach HUBER (2007) stellt das Sandwich-Prinzip eine Möglichkeit der Gestaltung und Umsetzung einer gemäßigt-konstruktivistischen Lernumgebung dar, in welche sich die Methoden des WeLL, die sich durch einen systematischen Wechsel von individuellen und kollektiven Lernphasen auszeichnen, einbetten lassen (vgl. ebd., 23; Bernhart & Bernhart 2007, 9).

HUBER & HUBER (2004) unterscheiden zwischen der „kleinen" Sandwichstruktur zur Gestaltung einzelner Unterrichtsstunden und der „großen" Sandwichstruktur, mit der ganze Unterrichtssequenzen gestaltet werden (vgl. ebd., 121.). Das Sandwich-Prinzip ist gekennzeichnet durch eine klare Strukturierung des Unterrichts mit wechselnden Formen der Schüleraktivität.

Der **obere** und **untere Deckel** des Sandwiches stellen Einführung bzw. Abschluss des Unterrichts dar. Im Mittelteil wechseln sich kollektive mit individuellen Lernphasen der Verarbeitung ab, die durch Übergänge, den sogenannten Gelenkstellen, miteinander verbunden sind (vgl. Bernhart & Bernhart 2007, 9; Huber 2007, 24).

Im **Einführungsteil** werden den Lernenden Inhalte und Ziele der Unterrichtseinheit transparent gemacht. Der Einstieg in ein Thema kann unterschiedlich gestaltet werden, z.B. mittels eines Advance Organizers, welcher über fachlogische Zusammenhänge der Thematik informiert und den Lernenden das Verknüpfen des eigenen Vorwissens mit dem neuen Wissen ermöglicht (vgl. Huber 2007, 23f.).

Im **Mittelteil** des Sandwiches werden die Methoden des WeLL und die unterstützenden Lernstrategien umgesetzt (vgl. Huber 2007, 24). Dabei wechseln sich individuelle und kollektive Lernphasen ab. In den individuellen Lernphasen erfolgt in Einzel-, Partner- oder Gruppenarbeit die Auseinandersetzung der Lernenden mit den Lerninhalten. Die kollektiven Phasen dienen der Informationsvermittlung bspw. in Form eines Impulsreferates. Der Beginn, das Ende und die Übergänge zwischen den einzelnen Lernphasen werden durch Gelenkstellen markiert (vgl. Wahl 2006a, 103). Diese werden genutzt, um bspw. Arbeitsanweisungen zu geben, Gruppen zu bilden oder Material zu verteilen.

Der **Abschluss** kann entweder inhaltlich oder prozessbezogen erfolgen. Beim inhaltlichen Abschluss werden noch bestehende Wissenslücken geschlossen, Wissen überprüft, Themen in größere Zusammenhänge eingeordnet, zu einem neuen Thema übergeleitet und Transfer angebahnt. Der prozessbezogene Abschluss ermöglicht die Reflexion des

Lernprozesses. Mittels dieser können Verbesserungen erreicht und überfachliche Kompetenzen gefestigt werden. (Vgl. Huber 2007, 24; Bernhart & Bernhart 2007, 9).

Unterstützende Lernstrategien

Nach BERNHART & BERNHART (2007) haben sich die Methoden des WeLL als besonders effektiv erwiesen, wenn die Lernenden durch geeignete Lernstrategien unterstützt werden (vgl. ebd., 27).

In der Fachliteratur werden Lernstrategien in zwei Grobkategorien unterteilt.[94] Es wird unterschieden zwischen den kognitiven Lernstrategien, welche auch als Primärstrategien bezeichnet werden und den metakognitiven Lernstrategien, welche als Sekundär- oder Stützstrategien charakterisiert werden (vgl. Tenorth & Tippelt 2007, 482; Konrad & Traub 2008, 29ff.). Bei den Primärstrategien wird unterschieden zwischen Wiederholungsstrategien, Elaborationsstrategien und reduktiv-organisierenden Strategien (vgl. Konrad & Bernhart 2007, 20ff.). Sie unterstützen dabei, Informationen besser zu verstehen, zu behalten und die Informationen erneut abzurufen und zu transferieren. Stützstrategien haben die Funktion, günstige Rahmenbedingungen zwischen Lernenden und Lerngegenstand zu ermöglichen und aufrecht zu erhalten. Es wird zwischen emotional-motivationalen und organisierend-kontrollierenden Stützstrategien unterschieden.

Bei der Umsetzung der Lehrversuche wurden in dem dargelegten Verständnis folgende Lernstrategien angewandt: Advance Organizer, Netzwerkmethode, Sortieraufgabe und Struktur-Lege-Technik[95], des Weiteren ausgewählte Lesetechniken, Mindmap, Ideenzettel, Spickzettel[96], Bonuspunktesystem, Leitfragen, Lerntagebuch Selbsteinschätzungsbögen und Selbstreflexionsbögen, welche sich nach Konrad & Bernhart (2007, 23) den beiden folgenden Kategorien zuordnen lassen.

PRIMÄRSTRATEGIEN	STÜTZSTRATEGIEN
Wiederholen	**Motivieren**
Spickzettel, ausgewählte Lesetechniken, Sortieraufgabe	Bonuspunktesystem
Elaborieren	**Organisieren**
Netzwerkmethode, Struktur-Lege-Technik	Ideenzettel, Mindmap, Advance Organizer, Leitfragen
Reduzieren-organisieren	**Kontrollieren**
Lesetechniken, Advance Organizer, Gedankenlandkarte, Leitfragen	Selbsteinschätzungsbögen, Selbstreflexionsbögen, Lerntagebuch

Abbildung 1: Überblick über Lernstrategien[97]

---

94   Zur Übersicht über Lernstrategien (Primärstrategien und Stützstrategien) vgl. Konrad & Bernhart (2007, 20ff.) und Konrad & Traub (2008, 29ff.).
95   Zum besseren Verständnis der einzelnen Strategien vgl. Bernhart in Wahl (2006a, 278ff.).
96   Zum besseren Verständnis der einzelnen Strategien vgl. Konrad & Bernhart (2007, 70-109).
97   Der Überblick ist angelehnt an Konrad & Bernhart (2007, 23).

5.4   Rolle der Lehrkraft und der Kinder bei strukturierten kooperativen Lehr-Lernmethoden

Im herkömmlichen Unterricht steht die Lehrkraft im Zentrum des unterrichtlichen Geschehens. Dieser Unterricht, welcher auch als instruktional bezeichnet wird, ist gekennzeichnet durch die Lehrenden als Wissensvermittler mit der Aufgabe, Wissensinhalte möglichst gut strukturiert und übersichtlich anzubieten, damit Schülerinnen und Schüler diese Informationen rezeptiv verarbeiten können. Durch eine konstruktivistische Auffassung von Lernen verändern sich diese Rollen.

> „WeLL und andere kooperative Lernformen sind wichtige Bestandteile einer gemäßigt-konstruktivistischen Lernumgebung. Dabei wird Lernen als aktiver und konstruktiver Prozess betrachtet, der einerseits eine hohe Eigenaktivität der Lernenden, andererseits aber auch die Unterstützung durch Lehrende verlangt." (Huber 2007, 17)

HAAG & HUBER (2004) betonen, dass beide Rollen, die der Lernenden und die der Lehrenden, zunächst wenig vertraut und daher anfänglich nicht leicht auszufüllen seien. Des Weiteren heben sie hervor, dass die Lehrenden viel Zeit in die Planung und Vorbereitung investieren müssten (vgl. ebd., 17).

Während der Arbeitsphasen allerdings ist die Lehrkraft deutlich entlastet Sie kann den Lernprozess beobachten und ihre freien Kapazitäten in pädagogische Aufgaben, wie beraten, unterstützen, anregen und Feedback geben, investieren, wo es erforderlich scheint und die Schülerinnen und Schüler ihre Hilfe aktiv anfordern (responsives Eingreifen). Dabei sollte das Motto der „minimalen Hilfe" und der „Hilfe zur Selbsthilfe" (Bernhart & Bernhart 2007, 27) berücksichtigt werden. Nach wie vor trägt die Lehrkraft als Expertin die Verantwortung für sachlich korrekte Beiträge und Ergebnisse der Schülerinnen und Schüler und korrigiert bei fachlichen und inhaltlichen Fehlern. In der Aneignung strukturiert sie den Unterrichtsaufbau, macht Ziele und Arbeitsformen transparent, stellt Material zur Verfügung und unterstützt die Lernprozesse der SuS. Während der Verarbeitung und Vertiefung gibt sie den SuS Arbeitsanweisungen an die Hand und begleitet ihre Arbeitsprozesse (vgl. Hepting 2008, 74). Dieses veränderte Rollenverständnis impliziert, dass die Lehrkraft beim kooperativen Lernen ihren lehrergeleiteten Unterricht aufgibt und in ihrer neuen Rolle die Verantwortung und Kontrolle an die Lernenden abgibt, welche sie dabei unterstützt, selber Verantwortung für die Wissensaneignung und -vermittlung und somit für den eigenen Lernprozess und den der anderen Lernenden zu übernehmen (vgl. ebd., 74; Borsch 2010, 101).

5.5   Stand der Forschung zu Kooperativem Lernen und WeLL

Die folgenden Ausführungen stützen sich auf eine Zusammenfassung relevanter Forschungsergebnisse nach WAHL (2006a, 171f.):

Die Wirksamkeit kooperativer Lehr- Lernmethoden wird seit vielen Jahren empirisch untersucht. Slavin hat in einer Studie (1995) 64 empirische Untersuchungen verglichen, in denen kooperative Methoden wie das Gruppenpuzzle und das Gruppenturnier[98] umgesetzt wurden. In 50 der Studien (78%) zeigten die Experimentalgruppen, „in denen Formen des ‚Wechselseitigen Lehrens und Lernens' praktiziert wurden" (ebd., 2006a, 171), gegenüber den jeweiligen Vergleichsgruppen bessere Lernfortschritte. Keine

---

98   Nähere Erläuterungen zum Gruppenturnier vgl. Huber (2007, 313).

Unterschiede zeigten sich in 14 Studien (22%). In keiner Studie waren die Vergleichsgruppen besser (vgl. ebd., 171f.).

Huber (2007) hat im Rahmen ihres sechsjährigen Forschungsprojektes ca. 300 Schülerinnen und Schüler der Klassenstufen 7 und 8 zweier Realschulen untersucht. Über eine Zeitspanne von 12 Wochen wurden im Biologieunterricht verschiedene kooperative Lehr-Lernformen und traditioneller lehrerzentrierter Unterricht miteinander verglichen. Im Fokus stand dabei das Partnerpuzzle, welches durch Lernstrategien unterstützt wurde. Die Studie kam zu folgenden Ergebnissen:

- Formen des Wechselseitigen Lehrens und Lernens waren gegenüber dem traditionellen lehrerzentrierten Unterricht in Lernergebnis, intrinsischer Motivation und Kompetenzerleben grundsätzlich überlegen.
- Die Vorgabe eingesetzter Lernstrategien wirkte sich positiv auf intrinsische Motivation, Kompetenzerleben und Lernleistung aus.
- Die Vorgabe von Lernstrategien erwies sich insbesondere dann als wichtig, wenn die kooperative Methode einen Expertenstatus erforderte. (Vgl. Wahl 2006a, 170f.)

In einer weiteren Längsschnittstudie („Markdorfer Modell")[99] von Hepting (2008) wurden ein Jahr lang Methoden des *Wechselseitigen Lehrens und Lernens*, eingebettet in das Sandwich-Prinzip, im Unterricht umgesetzt. Als Versuchsklasse wurde ein 7. Schuljahr der Realschule ausgewählt, welche als leistungsschwach und sozial schwierig eingestuft wurde. Ein Team von 13 Lehrkräften setzte die Methoden in dieser Klasse kontinuierlich um. (Vgl. Wahl 2006a, 172)

Hepting (2008, 93-113) beschreibt die positiven Effekte wie folgt:

- Die Leistungen der Versuchsklasse stiegen im Vergleich zu den Leistungen der vier Kontrollklassen an.
- Eine Verbesserung des Sozialverhaltens der Schülerinnen und Schüler wurde ersichtlich.
- Die Eltern gaben die Rückmeldung, dass ihre Kinder mehr Spaß an der Schule hatten, ausgeglichener nach Hause kamen und weniger Unterstützung bei den Hausaufgaben benötigten.
- Die Lehrkräfte hatten ihre Rolle als Lernbegleiterin bzw. Lernbegleiter als befriedigend erlebt. Sie merkten allerdings an, dass insbesondere zu Beginn die Vorbereitung mehr Aufwand bedeutete, umgekehrt jedoch die emotionale Belastung während der Durchführung geringer gewesen ist. (Vgl. ebd.; Wahl 2006, 172)

Auch Schwachpunkte und Probleme konnten identifiziert werden wie bspw. ein schwacher Puzzlepartner, unbekannte Fachbegriffe, die Lautstärke und der Vorbereitungs- und Kopieraufwand (vgl. Bernhart & Bernhart 2007, 8; Huber 2007, 267).

BERNHART & BERNHART (2007) merken dazu an, dass Grundschulkinder häufig Bestätigung durch die Lehrkraft einfordern (vgl. ebd. 8). Zudem führen die Autoren aus, dass es bei der Weitergabe des Expertenwissens bei den Kindern zu Formulierungsschwierigkeiten und beim Zuhören zu Konzentrationsschwierigkeiten kommen kann.

---

99   Das „Markdorfer Modell" bezeichnet ein Verfahren zur Umsetzung zeitgemäßer Lehr- und Lernformen in einer ausgewählten Realschulklasse (vgl. Hepting 2008, 86).

Um dem entgegenzuwirken, nennen sie eine Vielzahl von Abhilfen wie bspw. das Bilden von heterogenen Expertengruppen, Doppelbesetzungen des Expertenthemas, Üben des aktives Zuhörens und das Anbieten von Formulierungshilfen (vgl. ebd., 8; Borsch 2010, 52).

Wie BERNHART & BERNHART (2007) habe ich in meiner eigenen Seminar- und Unterrichtspraxis die Erfahrung machen können, dass sich die Methoden des WeLL bereits für die Grundschule eignen, die Umsetzung dieser allerdings an mich in meiner Rolle als Lehrperson neue und z.T. auch widersprüchliche Anforderungen stellten und stellen. Hieraus ergibt sich die Frage, in welcher Weise die Lehrenden aus den drei Professionsgruppen mit diesen Anforderungen umgehen. Die theoretischen Grundlagen zur Bearbeitung dieser Frage sind in den vorangegangenen Kapiteln, insbesondere bei der Auseinandersetzung mit der Professionsforschung und den dort behandelten Phasenmodellen und Lehrertypologien, dargestellt worden.

Das letzte Kapitel 6 *Lehrerbildung* in Teil A beschäftigt sich mit der institutionellen Seite der Lehrerbildung und bezieht auch lokale Ausprägungen dieser in Hessen und speziell an der Frankfurter Goethe Universität mit ein. Hieraus wird sich die Frage ergeben, wie Lehrpersonen bei der professionellen Umsetzung innovativer Unterrichtskonzepte durch Angebote der Lehrerbildung unterstützt werden können.

6   Lehrerbildung

HELSPER et al. (2002) merken an, dass die Kritik der Lehrerbildung längst vor TIMSS und PISA[100] eingesetzt hat. Deutlich wird das in einem Zitat von 1973 zur Weiterbildung von Lehrkräften, welcher schon damals ein hoher Stellenwert im Rahmen der Notwendigkeit lebenslangen Lernens zugewiesen wurde. Folgende Passage könnte sinngemäß auch in einer aktuellen Diskussion um die Reform der Lehrerbildung auftauchen.

> „Weiterbildung ist heute für jeden Lehrer in fachwissenschaftlicher, erziehungswissenschaftlicher und unterrichtspraktischer Hinsicht notwendig. Fachwissenschaftliche und erziehungswissenschaftliche Erkenntnisse veralten häufig schon in wenigen Jahren. [...] Es ist daher nicht zu verantworten, dass der Lehrer nach der Phase der Einführung sich selbst überlassen bleibt. [...] Weiterbildung ist dabei anders und systematischer zu gestalten als bisher." (Strukturplan für das Bildungswesen 1973, 240, zitiert nach Helsper et al. 2002, 9)

Lehrerbildung ist international eher einphasig, in Deutschland dagegen zweiphasig. Kritisiert wird die Beliebigkeit der Inhalte, fehlende Abstimmung der Phasen, geringe Theorie-Praxis-Vermittlung und die Vernachlässigung der Fort- und Weiterbildung (vgl. Tenorth &Tippelt 2007, 465). Als Folge dessen fordert die TERHART-Kommission (2000) eine stärkere Vernetzung und Kooperation zwischen den Phasen, eine inhaltliche Abstimmung als auch eine institutionalisierte Lehrerfortbildung (vgl. ebd., 119, 133).

---

100 Die Akronyme TIMSS (Third International Mathematics and Science Study) und PISA (Programme for International Student Assessment) stehen für Programme internationaler Schulleistungsvergleiche. TIMSS untersucht die mathematische Grundbildung in der Grundschule, Sekundarstufe I und II. Deutschland hat sich an vier Erhebungszeitpunkten (1995, 1999, 2003, 2007) beteiligt. PISA ist ein Programm zur zyklischen Erfassung basaler Kompetenzen 15jähriger Jugendlicher. Die Erhebungen zu PISA finden alle drei Jahre statt, die erste Erhebung fand im Jahr 2000 statt (vgl. Tenorth & Tippelt 2007, 358, 718).

6.1 Zur gegenwärtigen Situation der Lehrerbildung

6.1.1 Aktuelle Reformtendenzen

Die Lehrerbildung aller drei Phasen und der Berufsstand der Lehrkräfte in Deutschland und im deutschen Sprachraum stehen gegenwärtig unter einem enormen Veränderungsdruck (vgl. Messner 2004, 9; Nolle 2011, 3).

Nach BASTIAN (2007) sind seit Mitte der neunziger Jahre zwei Diskussionsstränge in der Lehrerbildung zu beobachten, die einander bedingen. Auf der einen Seite erfolgt eine selbstkritische Bilanzierung und die Forderung einer konzeptionellen Weiterentwicklung der Lehrerbildung, auf der anderen Seite wird die Diskussion unter dem Stichwort „Pädagogische Professionalität" (ebd., 118) geführt.

KNÜPPEL (2011) führt aus, dass bis Mitte der 1990er Jahre der Blick auf Schulentwicklung vornehmlich unter strukturellen Gesichtspunkten erfolgte. Seitdem rückt die Persönlichkeit der Lehrkraft verstärkt in den Vordergrund (vgl. ebd., 3). Dieser Paradigmenwechsel findet auch auf OECD[101]-Ebene Berücksichtigung.

Die Kommission zur Neuordnung der Lehrerausbildung (Hessisches Ministerium für Wissenschaft und Kunst 1997) als auch die Kommission Lehrerbildung (Terhart 2000), welche im Auftrag der Kultusministerkonferenz einberufen wurde, entwickeln auf Grundlage der Forschung zur Berufsbiografie und zur Kompetenzentwicklung von Lehrkräften ihre Empfehlungen. Beide Kommissionen stützen sich in ihren Empfehlungen auf den Zusammenhang zwischen gesellschaftlichen Veränderungen und die daraus notwendige Weiterentwicklung von Schule und Lehrerrolle (vgl. Terhart 2000; Hessisches Ministerium für Wissenschaft und Kunst 1997, 18ff.).

Für die Diskussion über konzeptionelle Perspektiven stehen neben zahlreichen weiteren Publikationen[102] zu diesem Thema exemplarisch zwei Gutachten auf bundesweiter Ebene und ein Gutachten auf Länderebene: auf bundesweiter Ebene der bereits genannte Abschlussbericht der von der KMK eingesetzten Kommission, herausgegeben von Terhart (2000) und der Bericht des Wissenschaftsrats (2001) und auf Länderebene die Studie zur Reform der Lehrerbildung in Hamburg, herausgegeben von Keuffer und Oelkers (2001). Im Mittelpunkt ihrer Analysen stehen eine kritische Bilanz der Phasen zueinander sowie die damit verbundene Problematik, Theorie- und Praxiswissen zu verzahnen.

Diese Empfehlungen, so KEUFFER (2002), bilanzieren Leistungen und Defizite der Lehrerbildung und beschreiben unter Beachtung der föderalen Strukturen im Ausbil-

---

101　Die Organisation für wirtschaftliche Zusammenarbeit und Entwicklung (englisch: Organisation for Economic Co-operation and Development) hat sich mit der PISA-Studie zu einem Fürsprecher für Chancengleichheit im Bildungssystem gemacht.

102　„Als bundesweite Empfehlungen liegen vor: Terhart 2000, Wissenschaftsrat 2001. Als Beispiele für Kommissionen auf Länderebene können genannt werden: Gemeinsame Kommission für die Studienreform im Land Nordrhein-Westfalen 1996; Kommission zur Neuordnung der Lehrerausbildung an Hessischen Hochschulen 1997; Expertenrat im Rahmen des Qualitätspakts 2001; Fachkommission Weiterentwicklung der Lehrerbildung und der Schul- und Unterrichtsfachberatung (Schleswig-Holstein) 2001; Hamburger Kommission Lehrerbildung (hg. von: Keuffer/Oelkers 2001); Bericht der Sächsischen Hochschulkommission 2001." (Keuffer 2002, 97)

dungssystem wünschenswerte Ansätze. Darüber hinaus stellen sie den Rahmen für län-
derspezifische Reformprojekte dar mit der Konsequenz, dass in den einzelnen Ländern
eigene Kommissionen einberufen wurden. Die Ergebnisse dieser sind publiziert worden,
bildungspolitische Richtungsentscheidungen wurden und werden getroffen und sind
zum Teil schon umgesetzt. Dabei ist nach KEUFFER (2002) festzustellen, dass die
Diskussionen in den Ländern von einem großen Konsens hinsichtlich der Defizitanaly-
sen und der daraus abgeleiteten Folgerungen geprägt sind (vgl. ebd., 97). Unstrittig ist
in den verschiedenen Kommissionen die Notwendigkeit zur Reform der Lehrerbildung.
Dissens allerdings besteht hinsichtlich der Frage der Studienstruktur und der Anordnung
verschiedener Elemente eines Lehramtsstudiums wie Unterrichtsfächer, Fachdidaktiken
und Erziehungswissenschaften (vgl. ebd., 98). Während die Kultusministerkonferenz
(Terhart 2000) in ihren Empfehlungen ein paralleles Studium favorisiert, votieren die
Empfehlungen des Wissenschaftsrats (2001) für konsekutive Modelle[103] und die strukturelle Abkoppelung der Fachausbildung von den erziehungswissenschaftlichen und
fachdidaktischen Anteilen der Lehrerbildung (vgl. ebd., 98f.).

Die internationalen Vergleichsstudien TIMSS (1993/1994) und die OECD-Studie PISA
(2000) und ihre schlechten Ergebnisse verleihen den Forderungen nach Reformen in der
Lehrerbildung eine weitere Dynamik. Nach NOLLE (2011) sind die durch PISA her-
vorgetretenen Probleme ein Hinweis auf institutionelle Defizite und Fehlentwicklungen
in der Lehrerbildung (vgl. ebd., 3). TERHART (2002b) stellt einen Zusammenhang
zwischen den Leistungen der SuS und der Qualifikation der Lehrkräfte fest und führt
das Leistungsversagen auf eine falsche Ausbildung zurück (vgl. ebd., 51). Diskussionen
über Defizite der Lehrerbildung, über den Paradigmenwechsel und über die neuen nati-
onalen und internationalen Herausforderungen führen zu der gemeinsamen Auffassung,
dass eine Reformierung der Lehrerbildung notwendig ist (vgl. Nolle 2011, 5).

Ein hochschulpolitisch motivierter Ansatz in der Reform der Lehrerbildung geht von
der Erklärung von Bologna aus. Die europäischen Bildungsminister treffen 1999 im
italienischen Bologna einen Beschluss mit dem Ziel, bis 2010 einen gemeinsamen europäischen Hochschulraum mit einer international vergleichbaren Hochschulausbildung
zu schaffen. UZERLI (2004) betont, dass es dabei nicht um Gleichartigkeit der Abschlüsse, sondern vielmehr um die Gleichwertigkeit auf Grundlage gemeinsamer Standards geht (vgl. ebd., 7). Ein einheitliches europäisches Hochschulsystem soll die internationale Wettbewerbsfähigkeit von Bildung und Forschung und die Mobilität auf der
Basis eines einheitlichen Stufenmodells[104] sichern und damit das Zusammenwachsen

---

103 „Als konsekutive Lehrerbildung wird die Abkoppelung von Fachstudien und erziehungs-
     wissenschaftlichen/fachdidaktischen Studien verstanden. Zuerst erfolgt das Studium der Fä-
     cher mit dem Abschluss „Bachelor", daran schließen sich die berufsfeldbezogenen Anteile
     mit dem Abschluss „Master" an. Es gibt auch Überlegungen, grundständige Lehrerbildung
     im System von Bachelor- und Masterabschlüssen zu organisieren." (Keuffer 2002, 98.)
104 Darunter wird eine einheitliche, gestufte Studienstruktur in zwei Zyklen verstanden. Der
     erste Zyklus wird mit dem Bachelor (undergraduate) abgeschlossen, so dass die Studieren-
     den bereits nach drei bis vier Jahren einen ersten akademischen Abschluss haben. Darauf
     baut zur Vertiefung, Spezialisierung oder interdisziplinären Erweiterung der zweite Zyklus
     mit dem Master-Abschluss (graduate) auf. Dieser Abschluss berechtigt zur Promotion. Als
     Mehrwert verspricht man sich, dass Studienzeiten und Zeiten der Berufspraxis individuell

Europas auf diese Weise fördern (vgl. Tenorth & Tippelt 2007, 122). Bei der Umstellung der alten Studiengänge auf eine gestufte Struktur wurden die Inhalte von Diplom, Magister und Staatsexamensstudiengängen neu konzipiert und das Prinzip der Modularisierung[105] angewandt.

Nach UZERLI (2004) wird die Lehrerbildung in Europa vom Bologna-Prozess nicht unberührt bleiben können, auch wenn die Lehrerbildung in Deutschland in erster Linie Ländersache ist und der Bund keine Zuständigkeit im fachlichen Bereich besitzt (vgl. ebd., 10). In Deutschland wurde daher das neue System neben den herkömmlichen Abschlüssen wie Diplom, Magister und Staatsexamen eingeführt.

Als weitere Reaktion auf die schlechten Ergebnisse der PISA-Studie im Dezember 2001 hat die Kultusministerkonferenz unmittelbar danach Maßnahmen eingeleitet, welche in erster Linie die Qualitätsentwicklung von Unterricht mit den dafür notwendigen Voraussetzungen und Rahmenbedingungen wie der Lehrer(weiter)bildung und der unterrichtsbezogenen Lehr-Lernforschung betreffen.

Die Verbesserung des Unterrichts und seiner Resultate wurde zusätzlich durch die Entwicklung von fachbezogenen Bildungsstandards[106] über die Ländergrenzen hinweg betont (vgl. Steffens & Messner 2006, 11). Als Konsequenz wurden 2004 von der Kultusministerkonferenz Beschlüsse vorgelegt, um bundesweit die Lehrerbildung entsprechend dieser Vorgaben kompetenzorientiert[107] zu gestalten (Sekretariat der Ständigen Konferenz der Kultusminister der Länder in der Bundesrepublik Deutschland 2005a, 2005b, 2005c). Modularisierung und Umsetzung der Bildungsstandards werden in den alten Strukturen, d.h. der dreigliedrige Lehrerausbildung, umgesetzt.

Nach AHNEN (2009) soll mit den Bildungsstandards die Vergleichbarkeit von Bildungsabschlüssen über die Ländergrenzen hinweg sichergestellt, des Weiteren Transparenz für alle am Bildungsprozess Beteiligten geschaffen werden. Um diesen komplexen Schritt zu vollziehen, ist es nach der Autorin notwendig, dass alle Instanzen der Lehrer-

---

variiert und gestaltet werden können und berufliche Weiterbildung und lebenslanges Lernen so leichter möglich sind. (Vgl. Uzerli 2004, 4f.)

105 Die Modularisierung zeichnet sich dadurch aus, dass die Qualifizierungsziele eines Studiengangs im Vordergrund stehen und alle Studienangebote konsequent im Hinblick darauf definiert werden. Der Lernstoff ist in thematische, klar definierte Studieneinheiten eingeteilt, in die Module, welche in der Summe ihrer Teilqualifikationen eine Fachqualifikation ausmachen. Diese umfassen mindestens zwei Veranstaltungen und können sich über mehrere Semester erstrecken. Die Veranstaltungsformen dürfen variieren. In Seminaren, Projekten, Vorlesungen oder Exkursionen erlernen Studierende die Kompetenzen zu einem Themenbereich. Das Erreichen der Lernziele eines Moduls wird studienbegleitend überprüft und bewertet. (Vgl. Uzerli 2004, 12.)

106 Bildungsstandards dienen als Grundlage der fachspezifischen Anforderungen für den Unterricht (vgl. Sekretariat der Ständigen Konferenz der Kultusminister der Länder in der Bundesrepublik Deutschland 2005a, 3). So kann ein gemeinsames Verständnis hergestellt werden, welche fachlichen Kompetenzen Schülerinnen und Schüler in Deutsch, Mathematik, Naturwissenschaften und der ersten Fremdsprache in bestimmten Phasen des Bildungsverlaufs erworben haben sollten (vgl. Ahnen 2009, 7).

107 Nach Ahnen (2009) bedeutet Kompetenzorientierung ein Paradigmenwechsel von der Input- zur Outputorientierung. In erster Linie geht es nicht mehr um das, was im Unterricht durchgenommen wird, sondern vielmehr darum, den Lernenden die Kompetenzen zu vermitteln, die den Erwerb anschlussfähigen Wissens ermöglichen (vgl. ebd., 7).

bildung gemeinsam mit den in der Schule Tätigen zusammenarbeiten, da Kompetenzorientierung Veränderungen traditioneller Lehr-Lernkulturen voraussetzt (vgl. ebd., 7). Kompetenzorientierung und -entwicklung beziehen sich nicht nur auf unterrichtliche Bildungsprozesse bei SuS. Vielmehr gelten sie in gleichem Maße auch für die Professionalisierung von Lehrkräften bezüglich der Durchführung ihrer schulischen Praxis.

Die Kultusministerkonferenz reagierte darauf, indem sie im Oktober 2002 gemeinsam mit den Vorsitzenden der Lehrerverbände ein „Berufsleitbild" vorlegte, auf dessen Grundlage 2004 „Standards der Lehrerbildung" entwickelt wurden. Diese sollen die Ausbildung sowie die Fort- und Weiterbildung der Lehrkräfte in den Bildungswissenschaften[108] ausrichten und 2005/2006 in Lehramtsstudiengängen, Referendariat sowie Fort- und Weiterbildung umgesetzt werden. Auf dieser Perspektive wurden Gelingensbedingungen eines kompetenzorientierten Unterrichts angestellt. Dazu hat HELMKE (2009) ein Rahmenmodell entwickelt, anhand dessen er die Verflechtung von Merkmalen der Unterrichtsqualität und der Lehrerprofessionalität verdeutlicht. In ihm stellen die Aspekte Lehrperson, Unterricht, Lernaktivitäten, fortlaufende Diagnostik[109] und Bildungsziele die wesentlichen Säulen dar, dessen multiplen Bedingungsgefüge u.a. der Kompetenzerwerb der Lehrkräfte unterliegt (vgl. ebd., 44ff.).

6.1.2   Stärken und Schwächen der Lehrerbildung

Nach TERHART (2000) lassen sich in Bezug auf die drei Phasen zentrale Kritikpunkte am gegenwärtigen Zustand der Lehrerbildung formulieren, von denen einige im Folgenden näher ausgeführt werden. Im Hinblick auf die erste universitäre Phase kann festgestellt werden, dass die Fachstudien, die Fachdidaktiken als auch die erziehungswissenschaftlichen und schulpraktischen Studien unverbunden nebeneinander stehen, vergleichbar mit einem „unkoordinierten, lückenhaften Flickenteppich" (ebd., 27f.). Des Weiteren wird kritisiert, dass die schulpraktischen Studien ohne Verbindung zu diesen Elementen bleiben.

Mit Blick auf die zweite Phase merkt TERHART (2000) kritisch an, dass diese inhaltlich, personell und kulturell unverbunden neben der ersten Phase steht. Ebenso muss die Doppelrolle der Ausbilderinnen und Ausbilder als Beratende und Beurteilende in Frage gestellt werden. Der Autor führt weiter aus, dass eine große Belastung für Referendarinnen und Referendare die hohe Bedeutung der Zwischen- und Examensnoten für die Einstellung in den Schuldienst darstellt, so dass eine Konkurrenzhaltung der Auszubildenden untereinander gefördert wird (vgl. ebd., 28f.).

Ein großer Kritikpunkt an der dritten Phase ist die Vernachlässigung der Berufseinstiegsphase. Nach TERHART (2000) bleiben Lehrkräfte häufig sich selbst überlassen, wobei gerade in den Anfangsjahren der beruflichen Tätigkeit berufliche Kompetenzen und Haltungen von Lehrerinnen und Lehrern herausgebildet werden. Auch Fort- und

---

108 Zu den Bildungswissenschaften zählen die wissenschaftlichen Disziplinen, in denen es um Bildungs- und Erziehungsprozesse geht sowie um Bildungsgänge und deren Rahmenbedingungen (vgl. Bethge & Priebe 2009, 93).

109 Eine Förderung der Diagnose durch einen fremden Blick, wie z.B. durch videobasierte Diskurse über Unterricht kollegiale Hospitationen, teilnehmende Beobachtungen oder andere Szenarien, könnte hier zum Tragen kommen (vgl. Helmke 2009, 45.). Hier bieten sich z.B. Übergänge zur interpretativen Unterrichtsforschung an.

Weiterbildung erfolgen nicht systematisch genug und werden vielfach vernachlässigt (vgl. ebd., 29).

6.1.3   Perspektiven der Lehrerbildung

TERHART (2000) betont die Notwendigkeit einer besseren „Abstimmung der Ausbildungsinhalte zwischen 1. und 2. Phase" (ebd., 21). Aus berufsbiografischer Perspektive formuliert die TERHART-Kommission (2000), dass Lehrerbildung als Einheit des Lernens in der Universität, im Vorbereitungsdienst und als Lernen im Beruf zu betrachten ist. Damit greift Terhart sein Konzept des berufsbiografischen Ansatzes auf. Diesen sieht die Kommission (2000) als Kernelement ihrer Empfehlungen (vgl. ebd., 32f.) und schlägt deshalb ein Bündel an Maßnahmen vor, welches sich am Ziel der Kooperation orientiert und darüber hinaus Entwicklungsaufgaben und Innovationen der Institutionen der Lehrerbildung anhand ausgewiesener Standards kontrolliert und evaluiert (vgl. ebd., 118).

Aussichtsreich scheint nach BASTIAN (2007) deshalb der Versuch, alle drei Phasen der Lehrerbildung miteinander z.B. über schulpraktische Studien in verbindliche Arbeitsbeziehungen zu bringen (vgl. ebd., 118f.). Angesichts der weitreichenden Kritik an Theorie und Praxis (vgl. Terhart 2000, 27) wäre nach KEUFFER & OELKERS (2001) darüber nachzudenken, schulpraktische Studien in der ersten Phase und die Aktualisierung von Reflexionswissen in der Phase der Berufspraxis zusammenzubringen, um so voneinander zu lernen und einen längeren ausbildungsbiografischen Prozess zur vollen Professionalität zu ermöglichen (vgl. ebd., 43, 59; Keuffer 2002, 98). Diese Überzeugung vertritt auch die Kommission (2000), indem sie betont,

> (...), „dass die Bedeutung und die Wirksamkeit von schulpraktischen Studien/Praktika während der ersten Phase durch engere Kooperationen mit der zweiten Phase gesteigert werden können." (Terhart 2000, 119)

Festgehalten werden kann, dass sich alle darin einig sind, das unverbundene Nebeneinander der Ausbildungsphasen zu überwinden. Über den Weg dorthin gibt es unterschiedliche Vorstellungen.

Nach ZOUBEK (2012) ist das Konzept einer phasenübergreifenden Lehrerbildung eine mögliche Antwort darauf (vgl. ebd., 24). Neben der Forderung einer kohärenten Form der Lehrerbildung kann sich nach ZOUBEK (2012) die beabsichtigte Förderung eines professionellen Entwicklungsprozesses allerdings nur dann einstellen, wenn zudem in allen Phasen der Aus- und Fortbildung der Bezug zur beruflichen Rolle, die berufsspezifischen Anforderungen und der Erwerb der notwendigen beruflichen Kompetenzen[110] und Fähigkeiten wirksam verankert sind (vgl. ebd., 24).

Das bedeutet für Hochschulen u.a. das Einräumen eines höheren Stellenwertes der Lehrerbildung in Lehre und Forschung. Diese Forderung stellte bereits die Kommission zur Neuordnung der Lehrerausbildung (vgl. Hessisches Ministerium für Wissenschaft und Kunst 1997) in Hessen.

---

110   In der Definition von Kompetenz folge ich in der hier vorliegenden Studie dem Abschlussbericht der von der Kultusministerkonferenz (2000) eingesetzten Kommission. „Kompetenz bezeichnet danach das Verfügen über Wissensbestände, Handlungsroutinen und Reflexionsformen, die zweck- und situationsangemessenes Handeln gestatten." (Terhart 2000, 54)

(...), „wird empfohlen, an jeder Universität, die Lehrerinnen und Lehrer ausbildet, ein ‚Zentrum für Bildungsforschung und Lehrerausbildung' (ZBL) einzurichten." (Hessisches Ministerium für Wissenschaft und Kunst 1997, 138)

Vergleichbare Erwartungen formuliert die TERHART-Kommission (2000), welche die Gründung von universitären Zentren für Lehrerbildung und Schulforschung anregt, die die Belange und Interessen der Lehrerbildung an den Universitäten vertreten (vgl. ebd., 109).

Mittlerweile existieren bundesweit zahlreiche Gründungen von Lehrerakademien bzw. eigenständigen Fakultäten für Lehrerbildung,[111] welche versuchen, die drei Phasen der Lehrerbildung besser aufeinander abzustimmen und miteinander zu verknüpfen. Die Gemeinsamkeit der drei Phasen ist gekennzeichnet durch die Kompetenzentwicklung[112] in den verschiedenen berufsbiografischen Entwicklungsphasen im Sinne eines lebenslangen Lernens (vgl. Terhart 2002a, 18).

Der Universität als erster Phase kommt die Aufgabe zu, berufsrelevante wissenschaftliche Grundlagen zu vermitteln. Entscheidend für die erste Phase ist, dass Fachwissen, fachdidaktisches Wissen und erziehungswissenschaftliches Wissen möglichst von Beginn an in einem geordneten Verhältnis zueinander aufgebaut werden. Darüber hinaus muss so etwas wie Reflexionsfähigkeit im Hinblick auf das berufliche Tätigkeitsfeld angebahnt werden (vgl. Terhart 2000, 59; ebd. 2002a, 19). Dass diese neben der Entwicklung einer Wissensbasis eine entscheidende Rolle spielt, untermauert folgendes Zitat.

> „Der pädagogisch-professionelle Habitus ist einerseits ein praktisch-professioneller, der durch reflektierte Einsozialisation in schulische Praxiszusammenhänge entsteht und zweitens ein „wissenschaftlich-reflexiver", der eigene Bildungsräume und -zeiten erfordert und der für die Handhabung der Begründungspflichtigkeit[113] (...) unhintergehbar ist." (Bastian & Helsper 2000, 177)

Gegenstand der zweiten Phase am Studienseminar ist die berufsbezogene Ausbildung im Sinne eines selbständigen, professionellen Arbeitens. Die kumulative Entwicklung dieser Kompetenz als auch die „Integration wissenschaftlicher Wissensgrundlagen mit Handlungsmustern und beruflichen Grundeinstellungen" (Terhart 2000, 61) sind Ziel dieser Phase.

---

111 In Hessen hat z.B. zum 01.09.2011 die *Akademie für Bildungsforschung und Lehrerbildung* (ABL) an der Goethe Universität das Zentrum für Lehrerbildung und Schul- und Unterrichtsforschung abgelöst und ihre Arbeit aufgenommen, um eine umfassende Reform der Lehrerbildung einzuleiten. Ihre Aufgabe ist es, in Kooperation mit den Fachbereichen eine Lehrerbildung sicherzustellen, welche forschungsbasiert und wissenschaftlich ist und zudem einen akzentuierten Professionsbezug aufweist (vgl. Rauin 2007).

112 Dazu zählt Terhart (2002a) im engeren Sinne Fachkompetenz, didaktisch-methodische Kompetenz und personale Kompetenz. In einem weiteren Sinne werden diese ergänzt durch Kompetenzen kollegialer Kooperation und schulischer Organisationsentwicklung und darüber hinaus durch lerndiagnostische Kompetenzen (vgl. ebd., 18).

113 Rekurrierend auf die Antinomie von Entscheidungszwang und Begründungsverpflichtung sollte eine professionelle Lehrkraft in der Lage sein, „die in ihren Handlungen implizit enthaltenen Entscheidungen zu rekonstruieren und explizit begründen zu können" (Helsper 2002a, 69).

Die dritte Phase erfordert Maßnahmen zur Aufrechterhaltung und Weiterentwicklung beruflicher Kompetenzen und dient der Förderung und Begleitung selbstständigen beruflichen Lernens (vgl. ebd., 61 f.).

Insbesondere die Berufseingangsphase, der Übergang von der zweiten zur dritten Phase, ist nach TERHART (2000) die entscheidende Phase in der beruflichen Sozialisation und Kompetenzentwicklung von Lehrkräften. Die internationale Forschung sowie die Forschung im deutschen Sprachraum zur Berufsbiografie von Lehrkräften als auch die psychologische Expertise-Forschung haben gezeigt, dass die eigentliche und volle Herausbildung der Lehrerkompetenz in den ersten acht bis zehn Jahren der Berufstätigkeit geschieht (vgl. ebd., 127). TERHART (2000) hält fest, dass diese lange Dauer im Blick auf die erfahrbare Differenz von Ausbildungswelt (Universität, Ausbildungsseminar) und Berufswelt (Schule) zu einem sogenannten „Praxisschock" (ebd., 127) werden kann. Um diese Erfahrung zu vermeiden, müssen Möglichkeiten gefunden werden, die Berufseingangsphase mittels schulnaher, kompetenzbezogener und kollegialkooperativer Maßnahmen zu begleiten. TERHART (2000) meint damit nicht das Erweitern der pädagogischen Begleitung, welche im Vorbereitungsdienst umgesetzt wird, sondern das individuelle Lernen zu einem selbstverständlichen Element in der Lehrerkultur, im Kollegium und im individuellen beruflichen Selbstbild von Lehrkräften zu machen (vgl. ebd., 127ff.).

6.2 Phasenübergreifende Konzeptionen in der Lehrerbildung der Grundschule an der Goethe Universität

Allgemeine Bemerkungen

Zunächst werde ich einige für die vorliegende Studie wichtige Aspekte der Lehrerbildung in Hessen darstellen, damit der Lesende die empirische Analyse in Teil C und die *Darstellung und Diskussion der Ergebnisse* in Kapitel 11 besser nachvollziehen kann.

In Hessen liegt in der ersten Phase der Lehrerbildung (Studium) die Verantwortung für die Ersten Staatsprüfungen nach der wissenschaftlichen Ausbildung an den Universitäten grundsätzlich beim Amt für Lehrerbildung (AfL)[114]. Wer ab dem Wintersemester 2005/2006 ein Lehramtsstudium begonnen hat, studiert modularisiert und legt eine Erste Staatsprüfung entsprechend dem Hessischen Lehrerbildungsgesetz von 2005 ab (vgl. HLbG 2004). Der Vorbereitungsdienst ist ebenso seit dem Wintersemester 2005/2006 modularisiert (vgl. HLbG 2004). Die pädagogische Ausbildung erfolgt an Studienseminaren für Grundschulen, Hauptschulen, Realschulen und Förderschulen, an Studienseminaren für Gymnasien und an Studienseminaren für berufliche Schulen. Der Vorbereitungsdienst dauerte bis zum 01.11. 2011[115] 24 Monate und schließt mit der Zweiten Staatsprüfung oder der Prüfung zum Erwerb der Lehrbefähigung in arbeitstechnischen Fächern ab.[116]

---

114 Das AfL ist zum 1.01.2013 durch das Landesschulamt und die Lehrkräfteakademie (LSA) abgelöst worden.

115 Die Umsetzungsverordnung (UVO 2005) wurde zum 01.11.2011 durch die Durchführungsverordnung (DV) abgelöst.

116 Meine Erläuterungen beziehen sich auf die Zeit der Umsetzung des phasenübergreifend konzipierten Seminars der Autorin (Wintersemester 2010/2011, Sommersemester 2011).

Über die Zulassung zum Vorbereitungsdienst entscheidet das AfL.[117] Voraussetzung für die Zulassung ist die bestandene Erste Staatsprüfung für ein Lehramt oder eine vom Amt für Lehrerbildung als gleichwertig anerkannte Prüfung. Die Module und Ausbildungsveranstaltungen orientieren sich an den Kompetenzen und Standards, die die Kultusministerkonferenz für die Lehrerbildung beschlossen hat. Grundlage für die Ausbildung im Vorbereitungsdienst ist das Hessische Lehrerbildungsgesetz (HLbG 2004) und die Umsetzungsverordnung (HLbG-UVO 2005).

Kooperation der drei Phasen am IDMI der Goethe Universität

Am *Institut der Didaktik der Mathematik und der Informatik* (IDMI) der Goethe Universität Frankfurt am Main gibt es im Arbeitsbereich Primarstufe schon seit einigen Jahren intensive Bemühungen, die drei Phasen der Lehrerbildung – also Universität, Studienseminare und Fortbildung für die Lehrkräfte an Schulen – zu verbinden. Intendiert ist damit eine Intensivierung des empirischen Zugriffs auf Unterrichtswirklichkeit durch phasenübergreifende Kooperation. Somit können die Lehrenden der drei Phasen voneinander lernen. Lehrkräfte bekommen Zugang zu neueren fachdidaktischen Entwicklungen und damit die Möglichkeit einer Reflexion von Handlungsroutinen. Studierende dagegen können sich auf ihre schulpraktischen Studien vorbereiten und Theorie- und Praxiswissen miteinander in Beziehung bringen (vgl. Bastian 2007, 121). Referendarinnen und Referendare bekommen die Möglichkeit einer schulbezogenen Reflexion von Theoriekonzepten.

Unter dem Titel „KoRALL"[118] fand eine Kooperation mit dem Schulamt Hochtaunus-Wetterau statt. Eine Blended learning Veranstaltung aus dem Projekt „Lehr@mt"[119] weist ebenso eine phasenübergreifende Konzeption auf.

Eine weitere Möglichkeit der Kooperation aller drei Phasen stellt die von mir durchgeführte und in der Verantwortung von Herrn Prof. Dr. Götz Krummheuer begleitete Veranstaltung[120] im Fachbereich Mathematikdidaktik für das Lehramt an Grundschulen[121] mit dem Titel *Formen Wechselseitigen Lehrens und Lernens im Mathematikunterricht der Grundschule in einer phasenübergreifenden Veranstaltung in der Lehrerbildung* dar. Diese wurde im Wintersemester 2010/2011 und im Sommersemester 2011 an der Goethe Universität Frankfurt umgesetzt. Im Einzelnen sah die Veranstaltung wie folgt aus: LiV wurden hinsichtlich der Erstellung ihrer *Schriftlichen Arbeit*[122] mit Fokus auf eine pädagogische Fragestellung bei der Umsetzung ausgewählter kooperativer Methoden des *Wechselseitigen Lehrens und Lernens* im Fach Mathematik von mir in der Rolle als beratende Ausbilderin betreut. Dazu besuchten sie gemeinsam mit Lehramtsstudierenden der Goethe Universität Frankfurt drei Präsenzveranstaltungen im Rahmen eines

---

Beide Veranstaltungen haben demnach vor Ablösung der UVO durch die DV am 01.11. 2011 und vor Ablösung des AfL durch das LSA am 01.01. 2013 stattgefunden.

117 S. Fußnote 114.

118 KoRALL: **Ko**operationsprojekt Prävention von Schwierigkeiten beim **R**echnen im **An**fangsunterricht für **L**ehramtsstudierenden und **L**ehrkräfte.

119 Das Projekt Lehr@mt ist ein Kooperationsprojekt des AfL mit der Goethe Universität im Bereich der neuen Medien. Nähere Informationen dazu vgl. Schreiber (2006).

120 S. dazu auch Unterpunkt *Das phasenübergreifende Projekt „IPhaMat"* in der *Einleitung*.

121 Neben dem Lehramt an Grundschulen waren des Weiteren die Lehrämter an Förderschulen und an Haupt- und Realschulen vertreten.

122 Vgl. HLbG-UVO (2004).

universitären Moduls (L1M-MD)[123], in dem thematisch inhaltliche und methodische Grundlagen erworben und Handlungs- und Interpretationskompetenz ausgebaut werden konnten. An dieser vom Institut für Qualitätssicherung (IQ) akkreditierten Veranstaltung war darüber hinaus die Teilnahme interessierter Lehrkräfte bzw. Mentorinnen und Mentoren möglich, um sich ebenso Grundwissen hinsichtlich ausgewählter Formen des WeLL und seiner Umsetzungsmöglichkeiten anzueignen und diese im Unterricht umzusetzen. Nach den ersten drei Veranstaltungen führten die LiV eigenständig kooperative Methoden des WeLL in ihren Lerngruppen in der Schule durch und dokumentierten ihre Planungen, Beobachtungen und Erkenntnisse. Dann fertigten sie auf Grundlage ihrer Dokumente ihre *Schriftliche Arbeit* an. Die Lehramtsstudierenden beschäftigen sich im Rahmen der mathematikdidaktischen Vertiefung ebenso mit theoretischen Grundlagen des WeLL, mit kooperativen Lehr-Lernformen allgemein und mit der Umsetzung von einzelnen Methoden des WeLL im Mathematikunterricht der Grundschule. Es bestand die Möglichkeit, ein Unterrichtsexperiment[124] durchzuführen, dieses im Seminar vorzustellen und daraus ausgewählte Unterrichtssequenzen auf Grundlage von Video- und Audiomitschnitten und angefertigten Transkripten gemeinsam mit allen Lehrenden zu interpretieren. Studierende wurden auf diesem Weg unterstützt und motiviert, Daten zu sammeln bzw. Filmaufnahmen zu machen, die für Seminarzwecke genutzt und darüber hinaus inhaltlich und methodisch für das Erstellen ihrer *Wissenschaftlichen Hausarbeit*[125] Verwendung finden konnten. In zwei weiteren das universitäre Modul abschließenden Veranstaltungen erfolgte eine gemeinsame Auswertung von Studierenden und LiV hinsichtlich einer Praxis des gemeinsamen Interpretierens und Entwickelns von Interpretations- und Handlungsalternativen mit einer sich daraus ergebenden Konstruktion von Leitvorstellungen von Unterricht. Interessierte Lehrkräfte bzw. Mentorinnen und Mentoren konnten ebenso an den zwei abschließenden Veranstaltungen teilnehmen.

Die dargestellten Kooperationsformen versuchten in verschiedener Weise mit der überaus schwierig zu gestaltenden Schnittstelle von universitärer Lehrerausbildung, Ausbildung in den Studienseminaren und der Lehrerfortbildung umzugehen. Insbesondere die relativ festgeschriebenen Module in der ersten und zweiten Phase, sowohl in inhaltlicher als auch in zeitlich organisatorischer Hinsicht, erfordern ein hohes Maß an konzeptioneller Abstimmung, um einen Rahmen zur Etablierung einer Praxis gemeinsamen Interpretierens zwischen den drei Teilnehmendengruppen zu schaffen. Diese Veranstaltungsformen stellen eine zukunftsweisende Ausbildungsergänzung in der Lehrerbildung dar, in der insbesondere ein empirisch kontrollierter und theoretisch fundierter Zugang zur Rekonstruktion mathematischer Unterrichtswirklichkeiten eröffnet wird. Die praxisbe-

---

123 L1M-MD bedeutet: Lehramt an Grundschulen Mathematik – Mathematikdidaktische Vertiefungen für die Klassen 1-6.

124 Die Studierenden konnten entscheiden, in welcher Form sie ihr Unterrichtsexperiment durchführen. Folgende Möglichkeiten boten sich an: 1) Studierende suchten sich eine Lerngruppe in der Schule und führten eine ausgewählte Methode des WeLL im Mathematikunterricht durch. Die Umsetzung wurde videografiert. 2) Studierende videografierten ein bis zwei Stunden in den Klassen der LiV. Im Anschluss wurden bei beiden Umsetzungsweisen, Unterrichtssequenzen ausgewählt, transkribiert und gemeinsam im Modul mittels Methoden der interpretativen Unterrichtsforschung analysiert. Umsetzung und Analyse wurden in einem Bericht festgehalten und reflektiert. Auf diesem Wege konnte ein Empirieschein erworben werden.

125 Vgl. HLbG (2004).

zogene Forschung und Entwicklung als ein Aspekt der beruflichen Tätigkeit der Lehrkraft, welche notwendig ist, um mit komplexen Situation professionell umzugehen,
kann somit gestärkt werden (vgl. Altrichter & Feindt 2011, 151ff.).[126]

6.3 Lehrerausbildung und Lehrerfortbildung – praktische Konsequenzen

Die TERHART-Kommission (2000) vertritt die Auffassung, dass jede Institution (Universitäten, Studienseminare und Einrichtungen der Fort- und Weiterbildung für Lehrkräfte) für sich genommen nicht in der Lage sein wird, den Aufbau einer notwendigen
wissenschaftlichen Basis, den Aufbau von Routinen und einem Berufsethos sicherzustellen. Insbesondere die wissenschaftliche Basis ist nach TERHART (2000) Voraussetzung dafür, dass die Lehrkräfte in ihrer beruflichen Laufbahn „Anschluss an fachwis-
senschaftliche Erkenntnisfortschritte erhalten" (ebd., 59).

Die TERHART-Kommission (2000), die am dreiphasigen Modell der Lehrerbildung
festhält, geht von einer Reformbedürftigkeit in allen drei Phasen aus, für die Voraussetzungen organisatorischer und inhaltlicher Art zu schaffen sind (vgl. ebd., 83).

6.3.1 Lernen im Studium, im Referendariat und im Beruf

Lernen im Studium: die erste Phase der Lehrerbildung

Die TERHART-Kommission (2000) vertritt die Auffassung, dass das Studium den
angehenden Lehrkräften eine wissenschaftliche Basis vermitteln sollte, um professionelle Kompetenzen entwickeln zu können. Es wird empfohlen, die Ausbildung der ersten
Phase an den Universitäten zu verorten (vgl. ebd., 83, 87). Das aber bedeutet nach
TERHART (2000), dass in der Universität zwei Perspektiven in Bezug auf die Lehrerausbildung deutlich verstärkt werden müssten: zum einen der *inhaltliche Bezug der
Studienelemente untereinander*, zum anderen die *Bezugnahme des Studiums auf das
spätere Berufsfeld* (vgl. ebd., 83).

Anforderungen an Lehrerbildung: berufsorientierte Wissenschaftlichkeit

Die Anforderungen an den Beruf der Lehrkraft machen es nach TERHART (2000)
erforderlich, dass Lehrkräfte wissenschaftlich fundierte Kompetenzen „in den Bereichen
des Unterrichtens, Erziehens und Diagnostizierens sowie der beruflichen Selbstorganisation und Kooperation" (ebd., 87) benötigen, um im Beruf erfolgreich handeln zu können. Um dies zu ermöglichen, ist seines Erachtens eine wissenschaftliche Ausbildung
und ein deutlicher Forschungsbezug in der Lehrerausbildung notwendig (vgl. ebd.,
88f.).

Aufgabenprofile der Lehre an Universität und Fachhochschulen

Die Lehre an Universitäten und Fachhochschulen hat die Aufgabe, „zu eigenständigem,
wissenschaftlich fundiertem Berufshandeln zu befähigen" (Terhart 2000, 89). Darunter
fallen Fähigkeiten zur kritischen Reflexion beruflicher Praxis, zum selbständigen Lösen

---

126 S. Kapitel 3.3 *Ein Modell für Veränderungsprozesse: Interpretative Unterrichtsforschung*
     und Kapitel 3.4 *Weitere Modelle für Veränderungsprozesse: Praxis- und Handlungsfor-
     schung.*

beruflicher Probleme als auch die selbständige Entwicklung beruflicher Methoden. TERHART (2000) führt aus, dass die Lehre dementsprechend Fähigkeiten „zur Rezeption und kritischen Durchdringung von Fortschritten der Grundlagenforschung vermitteln muss" (ebd., 89).

Studienelemente der ersten Phase: Fachstudien, Fachdidaktische Studien, Erziehungswissenschaftliche Studien und Schulpraktische Studien

Ein solides breit angelegtes **Fachwissen** über die Inhalte des Unterrichts sind nach der TERHART-Kommission (2000) eine unabdingbare Voraussetzung der Lehrertätigkeit (vgl. ebd., 99, 101). Neben dem Erwerb dieses fächerbezogenen Wissens sollten auch bildungstheoretische Aspekte der Begründung in Bezug auf die Auswahl der Inhalte als auch didaktisch-methodische Aspekte der Organisation und Unterstützung von Lehr-Lernprozessen berücksichtigt werden (vgl. ebd., 99).

In Bezug auf die **fachdidaktischen Studien** nennt die TERHART-Kommission (2000) drei wesentliche Aufgaben:

- „die Analyse und Reflexion von Zielen, Bedingungen, Prozessen und Ergebnissen fachbezogenen Lernens und Lehrens,
- die theoriegeleitete Planung, Gestaltung, Durchführung und Auswertung von fachbezogenem Unterricht und
- die Entwicklung und Evaluation von fachbezogenen Unterrichtseinheiten und Curricula." (Terhart 2000, 102)

Der Autor betont darüber hinaus, dass sich auch fachdidaktische Studien auf einschlägige Forschungs- und Entwicklungsarbeiten gründen müssen (vgl. ebd., 103). Hinsichtlich der **„erziehungswissenschaftlichen Studien"** (ebd., 105) mit den Teildisziplinen der Erziehungswissenschaft, der Pädagogischen Psychologie und der Bildungssoziologie wird die Erstellung eines Kerncurriculums empfohlen, in dessen Mittelpunkt die Organisation von Lehr-Lernprozessen steht. Dieses Kerncurriculum sollte die Teildisziplinen daraufhin befragen, was für Beträge diese dazu leisten können. Das Kerncurriculum könnte nach TERHART (2000) sowohl Verbindungen als auch Überschneidungen zu den anderen Elementen des Lehramtsstudiums deutlich machen. Zudem könnte dadurch eine sinnvolle Arbeitsteilung zwischen den ersten beiden Phasen der Lehrerbildung erreicht werden (vgl. ebd., 105ff.). Ebenso wird empfohlen, dass auch Fächer und Fachdidaktiken in Abstimmung mit den Prüfungsordnungen ein solches Kerncurriculum erstellen (vgl. ebd., 105).

Nach der TERHART-Kommission (2000) sind **Schulpraktische Studien** wesentlicher Bestandteil der ersten Phase der Lehrerbildung (vgl. ebd., 107). Diese sollten realistische Erfahrungen der Lehrerarbeit vermitteln. Dazu sind längere Praktika nötig, welche von Mentorinnen und Mentoren in der Schule angeleitet werden. TERHART (2000) weist darauf hin, dass das Ziel dieser Schulpraktischen Studien „nicht die Einübung in berufspraktische Routinen oder gar selbstverantwortlicher Unterricht" (ebd., 108) ist. Intention dieser sollte es nach der Kommission (2000) vielmehr sein, dass das in den Studien erworbene Wissen, Können und entwickelte Problembewusstsein sowohl zu einer reflektierten Sicht auf theoretische Diskussionen sowie einer kritischen Sicht auf

Formen der Praxis führen. Kurzum sollen die Schulpraktischen Studien „zu einem kompetenteren Umgang mit Theorie, Empirie und Praxis befähigen" (ebd., 108).[127]

Lernen im Referendariat: die zweite Phase der Lehrerbildung

Ein zentraler Kritikpunkt ist nach TERHART (2000) die Trennung des Referendariats von universitärer Ausbildung und Institutionen der Lehrerfort- und -weiterbildung (vgl. ebd., 113). Konsens besteht bei allen Differenzen in folgender Hinsicht:

> „Wenn Studienseminar und Ausbildungsschulen auf die in der ersten Phase erworbene wissenschaftliche Ausbildung aufbauen wollen, müssen Ziele und Inhalte der beiden Phasen aufeinander abgestimmt sein, damit ein systematisches, kumulatives Lernen möglich wird." (Terhart 2000, 113)

Um Kooperation anzuregen, schlägt die Kommission (2000) ein Maßnahmenbündel vor. Dieses sollte auf der Prämisse der notwendigen und unaufhebbaren Differenz von Theorie und Praxis entwickelt werden. Insbesondere in den Studienseminaren sollte das Aufgabenfeld durch die Bearbeitung von Theorie und Praxis bestimmt sein, um kumulatives Lernen in Ausbildung und Beruf zu fördern (vgl. ebd., 116). Allerdings kann es durch die Bewertung im Referendariat, welche einen dominanten Stellenwert hat, je nach Erleben des einzelnen, zu einem hohen Anpassungsdruck kommen. Das Einfordern von Anpassungsleistungen ist weder für das Ausprobieren eigener Idee noch für die Suche neuer Wege förderlich. An dieser Stelle fordert die TERHART-Kommission (2000) erneut „die konsequente Umsetzung des Konzepts lebenslangen beruflichen Lernens auch im Lehrerberuf" (ebd., 114). Damit würde der Maßstab der voll entwickelten Berufs*fertigkeit* nach erfolgreicher Beendigung der zweiten Phase zurückgewiesen und durch den Maßstab der Berufs*fähigkeit* ersetzt (vgl. ebd., 115). Die Kommission (2000) betont insbesondere die hohe Bedeutung, das erworbene Theorie- und Praxiswissen hinsichtlich der schulischen Tätigkeiten einzusetzen. LiV sollten dazu befähigt werden, handlungsfähig zu bleiben, auch in Situationen, welche durch unauflösbare Widersprüchlichkeiten gekennzeichnet sind. Es folgt eine Darstellung ausgewählter Problemlagen, welche laut TERHART-Kommission (2000) bearbeitet werden müssen:

- Geregelte Kooperation zwischen den mit Lehrerbildung betrauten Institutionen mit der Forderung der Abstimmung nach Inhalten der Ausbildung im Sinne eines kumulativen Lernens
- Thematisierung schulformübergreifender Aspekte in der Ausbildung, wie z.B. der permanente Rollenwechsel der Referendarinnen und Referendare und der Erwerb reflexiven Wissens
- Ergänzung der Noten des ersten und zweiten Staatsexamens um schriftliche Berichte und Profilbeschreibungen, welche den Einstellungsbehörden und den Schulen zur Verfügung gestellt werden sollten (vgl. Terhart 2000, 117f.)

Zu 1) Konkrete Vorschläge der Kommission zur Kooperation zwischen den Phasen

Die Kommission (2000) schlägt ein Maßnahmebündel zur Gestaltung von Vernetzung, der Kooperation und der Übergänge zwischen den drei Phasen vor. Der Schwerpunkt der Vorschläge liegt auf der *„Organisation personeller Verflechtungen durch Beteili-*

---

127 Zum Aspekt Studienmodelle für die Lehrerausbildung mit den Elementen *Aufbau* und *Struktur* s. Kapitel 6.1.1 *Aktuelle Reformtendenzen*.

gung und befristete (Teil-)Abordnungen von Personal der Studien- und Ausbildungsseminare und der Ausbildungsschulen an die Hochschulen" (ebd., 119). Intention ist die Mitwirkung dieser an der Lehrerbildung an den Universitäten als auch an Forschungsprojekten der Schul- und Unterrichtsforschung. Ein möglicher Ort der Kooperation könnten z.B. Zentren für Lehrerbildung und Schulforschung an den Hochschulen sein. Die Kommission (2000) ist davon überzeugt, dass die Effektivität der schulpraktischen Studien und die Qualität der Ausbildung durch eine en-gere Kooperation von Universität, Studienseminar und Schulen gesteigert werden könnte (vgl. ebd., 119). Wesentliches Element ist dabei zum einen eine universitäre Begleitung, sodass erworbene Erfahrungen hinsichtlich erziehungswissenschaftlicher und fachdidaktischer Theorien reflektiert und wechselseitig fruchtbar gemacht werden. Des Weiteren ist eine Betreuung vor Ort durch erfahrene Lehrkräfte unter Einbezug von Personal des Studienseminars von Bedeutung. Solch ein phasenübergreifendes Konzept im Bereich schulpraktischer Studien könnte bei der Organisation von Übergängen zwischen den Phasen helfen. Dabei ist darauf zu achten, dass die Teilbereiche Theorie, Empirie, Evaluation und Praxis zusammengebracht werden (vgl. ebd., 119f.).

Zu 2) Bearbeitung schulformübergreifender Aspekte im Referendariat

In der zweiten Phase der Ausbildung befinden sich die Referendarinnen und Referendare in einem ständigen Rollenwechsel (Rolle des Lernenden im Studienseminar, Rolle des Lehrenden in der Klasse, Novizenrolle im Kollegium der Schule usw.). Nach der Kommission (2000) könnten gezielte Lehrertrainings bei der Rollenklärung unterstützen. Reflexives Wissen könnte mittels der Methode der Fallanalysen erworben werden, um Kategorien der Erfahrungsverarbeitung aufzubauen. Des Weiteren ist von Bedeutung, dass Ergebnisse der Schul- und Unterrichtsforschung mit den Referendarinnen und Referendaren diskutiert werden (vgl. Terhart 2000, 119).

Zu 3) Anfertigen schriftlicher Berichte und Profilbeschreibungen

Die TERHART-Kommission (2000) regt an, die Abschlussnoten aus dem ersten und zweiten Staatsexamen um Entwicklungsberichte zu ergänzen, welche von den Ausbilderinnen und Ausbildern der zweiten Phase angefertigt werden könnten. Folgende Aspekten könnten z.B. in den Berichten Berücksichtigung finden: inhaltliche und pädagogische Arbeit der Referendarinnen und Referendare, Einstellungen und Haltungen zum Berufsauftrag und Fähigkeit zur kollegialen Zusammenarbeit. Nicht mehr nur die Zeugnisnoten, sondern darüber hinaus die schriftlichen Berichte sollten bei der Einstellung Berücksichtigung finden (vgl. ebd., 118).

Lernen im Beruf: die dritte Phase der Lehrerbildung

Unter „Lernen im Beruf" versteht die TERHART-Kommission (2000, 125) die Berufseingangsphase, die Entwicklung während der gesamten Berufsdauer, institutionelle Angebote der Lehrer*fort*bildung und -*weiter*bildung und letztendlich auch die Zeit des Vorbereitens auf das Ende der Berufstätigkeit (vgl. ebd., 125). Lernen im Beruf geht also nach diesem Verständnis über die institutionalisierten Formen der Lehrerfort- und -weiterbildung hinaus und sollte in der Lehrerschaft als ein berufskulturelles Instrument, welches selbstverständlich ist, betrachtet werden. Zum besseren Verstehen und Nachvollziehen der Interpretationen und empirischen Befunde in Teil C und in Teil D Kapitel 11 *Darstellung und Diskussion der Ergebnisse* ist es m.E. von Bedeutung, die **Aus-**

gangssituation der dritten Phase auf Grundlage der Ausführungen der TERHART-Kommission (2000) an für die hier vorliegende Studie interessanten ausgewählten Aspekten darzustellen.

Die Phase des Lernens im Beruf ist gekennzeichnet durch

- den höheren Praxisbezug: das Bedürfnis nach Relevanz und Anwendungsnutzen für den eigenen Schultag ist von großer Bedeutung
- den berufsbegleitenden Charakter: die Angebote müssen (zumindest) in zeitlicher Hinsicht auf die Arbeit in der Schule abgestimmt sein
- die Abwesenheit von Prüfungen: grundsätzlich[128] besteht nicht die Gefahr einer Vermischung von Lern- und Leistungssituationen
- die unterstützende Wirkung: berufliche Belastungssituationen und Krisen können berufs- und personenorientiert aufgefangen werden
- die Möglichkeit, auf das gesamte Feld von Lehrerfort- und Weiterbildungsmöglichkeiten zurückgreifen zu können
- die (weitgehende) Freiwilligkeit der Auswahl an Themen (vgl. Terhart 2000, 126f.)

Die TERHART-Kommission (2000) fordert im Sinne des *lebenslangen Lernens* „die Prinzipien kontinuierlichen individuellen, selbst- und fremdorganisierten beruflichen Weiterlernens" (ebd., 126) ein.

6.3.2   Lehrerfortbildung und Lehrerweiterbildung

Laut TENORTH & TIPPELT (2007) wird unter **Lehrerfortbildung** die berufsbegleitende Professionalisierung in einem Lehramt verstanden, welche „auf Aneignung fachlicher, didaktischer und pädagogischer Weiterentwicklungen des Wissens und Könnens" (ebd., 465) zielt. Lehreraus- und -fortbildung werden also separat behandelt. GELLERT (2007) macht in diesem Zusammenhang auf die Trennung von Lehrerausbildung und Lehrerfortbildung aufmerksam und verweist auf zwei international renommierte Quellen, in denen „(fast) keine Einträge zur Verbindung von *pre-service* und *in-service*" (ebd., 31) in der Mathematiklehrerbildung zu finden sind. GELLERT (2007) führt als mögliche Begründung der Trennung das Modell der drei Stufen der Lehrerbildung an, in welchem prinzipiell keine Stufen übersprungen bzw. frühere Stufen nachgeholt werden können (vgl. ebd., 32). Diese starre Hierarchie impliziert zudem, dass diejenigen, die sich auf einer höheren Stufe befinden, die Probleme der niedrigeren überwunden haben, was im Umkehrschluss bedeutet, dass Personen auf niedriger Stufe Probleme auf höherer Stufe aufgrund geringerer Erfahrungen und noch nicht gleichwertig entwickelter Fähigkeiten nicht bewältigen können (vgl. ebd., 33). Auch verwaltungsorganisatorisch grenzen universitäre Lehrerausbildung und berufsbegleitende Lehrerfortbildung nicht einmal aneinander.

Es stellt sich nun die Frage, wie Fortbildung in Deutschland organisiert ist. Festgehalten werden kann, dass ein kaum verbindlich geregeltes Angebot zahlreicher Weiterbildungsträger existiert. TENORT & TIPPELT (2007) unterscheiden zwischen individueller, schulinterner und schulübergreifender Lehrerfortbildung (vgl. ebd., 465).

---

128   Ausnahmen sind Qualifizierungen und Eignungsprüfungen für die Übernahme von Funktionsstellen.

GELLERT (2003b) erweitert den Rahmen und führt aus, dass Lehrkräfte sich auf viel-
fältigste Art und Weise fortbilden. Damit macht er deutlich, dass unter Lehrerfortbildung nicht nur deren institutionalisierte Form im Rahmen der dritten Phase der Lehrerbildung gemeint ist, „sondern dass Fortbildung auch das mit einschließt, was informell,
individuell und privat geschieht und im persönlichen Engagement im außerschulischen
Alltag verortet werden kann" (ebd., 30). Die nun folgenden Ausführungen stützen sich
auf den Abschlussbericht, der im Auftrag der Kommission von TERHART (2000, 131-
142) herausgegeben wurde. In der Lehrerfortbildung zeigt sich, wie bereits erwähnt,
eine Pluralität von Anbietern. Neben den Angeboten von je länderspezifischen offiziel-
len Institutionen der Lehrerfort- und -weiterbildung gibt es zahlreiche Angebote von
Hochschulen, Verbänden, Gewerkschaften, Verlagen und sonstigen Weiterbildungsträ-
gern. Die Verpflichtung zur ständigen eigenen Fortbildung ist durch die Laufbahnver-
ordnung des Bundes sowie durch die Gesetze und Erlasse der Länder ausgesprochen
(vgl. ebd., 132). Die Aufgabe der Anbieter besteht in der Bereitstellung und Organisation von Lehrerfort- und -weiterbildungsmöglichkeiten. Erstere dienen der Qualitätserhal-
tung des Kompetenzniveaus der Erstausbildung, während Lehrerweiterbildung auf eine
Qualifikationserweiterung gerichtet ist wie z.B. die Qualifikation zur Ausbilderin/zum
Ausbilder oder die Übernahme einer Position in der Schulverwaltung (vgl. ebd., 135).

Die Kommission (2000) differenziert zwischen drei Formen der Lehrerfortbildung (vgl.
ebd., 131ff.). Sie unterscheidet erstens zwischen *angebots-* und *nachfrageorientierten*
Formen. Erstere Veranstaltungen werden von (schulexternen) Lehrerfortbildungsinstitu-
ten, Universitäten und Verlagen thematisch bestimmt, für die sich Lehrkräfte individuell
nach Interesse entscheiden können. Nachfrageorientierte Formen zeichnen sich dadurch
aus, dass die Lehrkräfte selbst Fortbildungs- und Entwicklungsinteressen formulieren.
Beide Formen sind nicht als Gegensätze zu verstehen. Von Bedeutung ist, dass Angebot
und Nachfrage sich finden (vgl. ebd., 131f.).

Ein zweites Unterscheidungsmerkmal ist das zwischen *schulexterner* und *schulinterner*
Lehrerfortbildung. Beide Formen stehen in einem engen Zusammenhang zu Program-
men und Projekten im Rahmen der Entwicklung von Einzelschule bzw. ihrer Profilierung (vgl. ebd., 132).

Eine dritte Differenzierung ist nach TERHART (2000) die zwischen *fachbezogenen* und
fachdidaktischen Fortbildungen. Erstere sind von Bedeutung, damit Lehrkräfte an der
Weiterentwicklung ihrer Fächer teilhaben können. Letztere helfen bei Fragen hinsichtlich der Gestaltung fachbezogener Lernprozesse.

Darüber hinaus werden Fortbildungen hinsichtlich pädagogisch-praktischer Problemlagen (z.B. Disziplinprobleme, hyperaktive Kinder, Gewalt usw.) als auch im Sinne von
systemischen Unterstützungsmöglichkeiten angeboten (vgl. ebd., 132f.).

Die Kommission (2000) betont, dass institutionalisierte Lehrerfortbildung allein für ein
kontinuierliches Lernen im Beruf nicht ausreicht. Vielmehr sollen diese Impulse vermitteln, um individuell oder kollegial das Weiterlernen als selbstverständliches Element der
Berufserfahrung anzuregen. Des Weiteren ist von Bedeutung, dass Lehrerfortbildung
ihren punktuellen und individuellen Charakter überwindet und verstärkt Transfereffekte
fokussiert (mehrtägige Formen, aufeinander aufbauende Elemente, Raum für Anwendung und Reflexion, usw.). Die Kommission (2000) führt weiter aus, dass Fortbildungen verstärkt die Ebene des Handelns im Klassenzimmer thematisieren und eine Ein-

übung in die praktische Umsetzung ermöglichen sollten. So könnte ein auf die Sache bezogener Austausch unter Professionellen über konkrete berufliche Handlungsfragen ermöglicht werden (vgl. ebd., 132ff.).

Zusammenfassend möchte ich festhalten, dass die dargelegten Ausführungen mich darin bestätigen, durch phasenübergreifende Kooperation den empirischen Zugriff auf Unterrichtswirklichkeit zu intensivieren, um somit die fachliche und fachdidaktische, insbesondere die mathematische und mathematikdidaktische Qualität, zu steigern. Primär geht es mir bei der Umsetzung integrativ konzipierter Veranstaltungen nicht um eine Veränderung des strukturellen Rahmens der Lehrerbildung, sondern um Möglichkeiten der Vernetzung innerhalb dieses Rahmens.

Zum Abschluss des Kapitels 6 *Lehrerbildung* werden die zunächst skizzierten **Fragestellungen** der Einleitung vor dem Hintergrund der bisherigen Kapitel der Lehrerforschung, der schulischen Innovationsforschung, der Professionsforschung, des schulischen Unterrichtskonzepts des WeLL und der Ausführungen zur Lehrerbildung **konkretisiert**, um das eigene empirische Vorhaben noch einmal zu verdeutlichen.

6.4   Konkretisierung der Fragestellungen

Forschungsinteresse ist es, handlungsleitende Orientierungen von Studierenden, LiV und aktiven Lehrkräften bei der Umsetzung strukturierter kooperativer Lehr-Lernformen zu rekonstruieren. Die Arbeit der Lehrkräfte unterliegt einer sozialen, gesellschaftlichen, inhaltlichen (Kerncurricula, Bildungsstandards, Lehrpläne, Bildungs- und Erziehungsauftrag) und organisatorischen Rahmung (Struktur der Lehrerbildung, Struktur der Schule, Schulform), welche relativ fest gefügt ist. Das Augenmerk richtet sich nun auf die Auskünfte der Lehrenden, wie sie in den gegebenen Rahmenbedingungen kooperative Lehr-Lernformen umsetzen. In diesem Sinne kann die Perspektive der Unterrichtenden wichtige Aspekte für die Professionalisierungsdebatte zutage fördern und mögliche Antworten auf die folgenden Fragestellungen gefunden werden.

Handlungsleitende Orientierungen

- Wie setzen die einzelnen Professionsgruppen der Lehrerbildung strukturierte kooperative Lehr-Lernformen in ihrem Unterricht um? Welche handlungsleitenden Orientierungen lassen sich rekonstruieren?
- Lassen sich Gemeinsamkeiten oder Unterschiede herausarbeiten?
- Welche Typen kristallisieren sich heraus?
- Hat die Lehrerbildung und ihre Strukturierung Bedeutung für und Wirkung auf die handlungsleitenden Orientierungen der Lehrenden?

Typologisierungen

- Können herauskristallisierte Typen bereits vorliegenden Typologisierungen zugeordnet werden?
- Regen die Typen zu neuen Typologisierungen an?

Erfahrungsräume

- Welcher Erfahrungsraum, welche Erfahrungsräume liegen vor?
- Lassen sich die herauskristallisierten Typen mehreren Erfahrungsräumen zuordnen?
- Lassen sich Überlagerungen der Erfahrungsräume herausarbeiten?

Darüber hinaus können die Ergebnisse Anregungen zur Gestaltung der Lehrerbildung und begleitender Unterstützungsmaßnahmen für Studium, Ausbildung und Beruf bieten, um so eine professionelle (Weiter-)Entwicklung von (angehenden) Lehrkräften zu ermöglichen.

B   Methodologie und Methode der empirischen Studie

Vor dem Hintergrund der konkretisierten Fragestellungen im Kapitel 6.4 werden nun methodologische und methodische Überlegungen meiner Studie aufgezeigt. So kann verdeutlicht werden, warum sich die von mir verwendete *dokumentarische Methode der Interpretation* zur Bearbeitung meiner Forschungsfrage eignet.

7   Zur Auswahl des Verfahrens der Dokumentarischen Methode

7.1   Theoretische Grundlagen rekonstruktiver Sozialforschung

Die vorliegende Studie zielt nicht auf eine umfassende Auseinandersetzung mit der Methodologie der rekonstruktiven Sozialforschung. Da sie aber auf die dokumentarische Methode nach Bohnsack (2008) als ein Verfahren der rekonstruktiven Sozialforschung zurückgreift, werden ausgewählte Aspekte aufgezeigt, die für meine Studie von Bedeutung sind und meine Entscheidungen für diese Methode transparent machen und begründen.

Nach BOHNSACK (2006) trägt die Wissenssoziologie von Karl Mannheim (1964, 1980) „der Doppelstruktur alltäglicher Verständigung und Interaktion systematisch Rechnung" (ebd., 42). Das Alltagshandeln von Lehrkräften ist, um an die Begrifflichkeiten Mannheims anzuschließen, durch „konjunktives Wissen" (Mannheim 1980, 211; vgl. ebd., 272) geprägt. MANNHEIM (1980) unterscheidet in seiner Wissenssoziologie zwischen *kommunikativen* oder auch *kommunikativ-generalisierenden* Wissen und *konjunktiven* Wissen (vgl. ebd., 211ff.; Bohnsack 2006, 42f.). Das konjunktive Wissen „konstituiert einen „konjunktiven Erfahrungsraum" der beteiligten Subjekte auf der Grundlage gemeinsamer Praxis" (Bohnsack 2008, 61). NENTWIG-GESEMANN (1997) bezeichnet die Erfahrungsräume als die „existenziellen Hintergründe" (ebd., 297), in welchen die (Sozio-)Genese handlungsleitender Orientierungen verankert ist. Der methodische Zugang zum kommunikativen Wissen ist durch Abfragen möglich. Dieses ist der Reflexion zugänglich und kann von den Probanden expliziert werden. Konjunktives Wissen wird im Alltag nicht reflektiert und damit nicht begrifflich expliziert, es bleibt implizit. Es erschließt sich nur, wenn die Forschenden sich vertraut machen mit den Handlungspraxen der Beforschten auf Grundlage der Erzählungen und Beschreibungen der Probanden oder mittels der direkten Beobachtung durch die Forschenden selbst (vgl. ebd., 43.). Dieses konjunktive[129], atheoretische, implizite Wissen gehört zu unserem routinierten Handeln bzw. nach Bohnsack zu unserem „habituellen Handeln" (Bohnsack 1995, 11, zitiert nach Nohl 2008, 10).[130]

Pädagogisches Handeln von Lehrkräften zeichnet sich auf Grund der hohen Komplexität von Unterricht und Erziehung durch Unsicherheiten, ein Technologiedefizit und

---

129   Mannheim nennt das konjunktive Wissen auch „atheoretisches Wissen", Polanyi spricht vom „impliziten Wissen" und Bourdieu vom „praktischen Sinn" (vgl. Nohl 2008, 10).

130   Bourdieu verwendet in diesem Zusammenhang den Begriff des *Habitus*, welcher *einverleibte* Muster bezeichnet, „die nicht durch den Kopf gegangen" (Bourdieu 1979, zitiert nach Radtke 1996, 74).

unauflösbare Antinomien aus (vgl. Luhmann & Schorr 1988, 116ff.; Rabe-Kleberg 1996, 293ff.; Nentwig-Gesemann & Neuß 2011, 227).

> „Das *Wissen* der Professionen besteht nicht so sehr in der Kenntnis von Prinzipien und Regeln als vielmehr in der Verfügung über eine ausreichend große Zahl komplexer Routinen, die in unklar definierten Situationen eingesetzt werden können (…)." (Luhmann 2002, 149)

Um den Habitus von Lehrkräften zu rekonstruieren, bietet sich die dokumentarische Methode der Interpretation als Analyseverfahren an. Deshalb wird in der vorliegenden Arbeit mittels Interviews und Gruppendiskussionen nicht nur das begrifflich explizierbare theoretische Wissen der Lehrenden, ihre Haltungen und Vorstellungen hinsichtlich strukturierter kooperativer Lehr-Lernformen erhoben, sondern auch die Ebene des habitualisierten, impliziten Wissens, des unreflektierten, routinierten praktischen Handlungswissens rekonstruiert (vgl. Neuweg 2002, 16ff.; Neuweg 2011b, 452ff.) Hier genau liegt das Potential der dokumentarischen Methode (vgl. Asbrand & Bergmüller 2010, 100; Zeitler et al. 2012, 49.).

Aufgabe des sozialwissenschaftlich Forschenden ist es demnach, dieses atheoretische oder implizite Wissen als ein den Probanden bekanntes, „von ihnen aber selbst nicht expliziertes handlungsleitendes (Regel-)Wissen – abduktiv – in einem Rekonstruktionsprozess zur Explikation zu bringen" (Bohnsack 2006, 41).

Die *dokumentarische Methode* ist ein Verfahren rekonstruktiver Sozialforschung. Sie ist in der Tradition der Wissenssoziologie von Karl Mannheim (1964) und der Ethnomethodologie entfaltet, in der heutigen Form von Ralf Bohnsack (2008) für die sozialwissenschaftliche Empirie fruchtbar gemacht und auf Grundlage seiner eigenen Forschungserfahrung ständig weiterentwickelt worden.

> „Diese auf der Grundlage eigener Forschungserfahrung und in der Auseinandersetzung mit ihr allmählich gewachsene empirisch-methodische Verfahrensweise habe ich schlagwortartig als „dokumentarische Methode" bezeichnet." (Bohnsack 2008, 9).

Nach BOHNSACK (2008) geht es bei der qualitativen Sozialforschung um eine rekonstruktive Sozialforschung mit ihren qualitativen bzw. rekonstruktiven Verfahren, was sich in seinem Buchtitel „Rekonstruktive Sozialforschung" (ebd., 2008) widerspiegelt. Diesem Titel weist BOHNSACK (2008) zweierlei Bedeutung zu: Zum einen haben methodologische Überlegungen selbst ihre Erfahrungsgrundlage in der Forschungspraxis. Sie sind im Sinne der *Rekonstruktion* (vgl. ebd., 10) dieser zu verstehen und notwendig für die Beantwortung der Fragen, die sich dem Forschenden im Laufe des Forschungsprozesses stellen. Das Verhältnis zwischen methodischen Richtlinien und Forschungspraxis ist folglich in der rekonstruktiven Sozialforschung stets reflexiv (vgl. ebd., 10). Zum anderen vollzieht sich die Theorie- und Typenbildung auf der Grundlage der Rekonstruktion der impliziten Wissensbestände der Beforschten bzw. der Sinn- und Relevanzstrukturen, welche für deren Alltagspraxis konstitutiv sind. Diese alltägliche Praxis wird zur Grundlage von Hypothesen-, Theorie- und Typenbildung gemacht. Nach BOHNSACK (2008) wird mit dieser Art des Zugriffs auf alltägliche Praxis bewusst darauf verzichtet, fest gefügte Annahmen an den Forschungsgegenstand heranzutragen. Vielmehr wird die theoretische Strukturierung des Forschungsgegenstandes zurückgestellt, bis sich die Sinn- und Relevanzstrukturen durch die beforschten Personen herausgebildet haben (vgl. ebd., 22). Diesen Anforderungen versucht die vorliegende Arbeit, welche der rekonstruktiven Sozialforschung zuzuordnen ist, gerecht zu werden. Ihre Datenerhebung und Datenauswertung ist geleitet durch methodologische

Überlegungen, welche auf der Ausarbeitung und Weiterentwicklung der *dokumentarischen Methode* durch Bohnsack in der Tradition Mannheims basieren.

7.2 Zur Methodologie dokumentarischer Interpretation

Von einer Konstruktion auf der Ebene der *Forschungspraxis* unterscheidet BOHNSACK (2008) eine Rekonstruktion auf *methodologischer Ebene* (vgl. ebd., 25). MANNHEIM (1980) unterscheidet zwischen „Verstehen" und „Interpretieren". Diejenigen, die durch gemeinsame Erlebniszusammenhänge miteinander verbunden sind, die zu einem bestimmten „Erfahrungsraum" (ebd., 272) gehören, können einander unmittelbar verstehen. Es ist nicht notwendig, dass sie einander interpretieren. Daraus resultieren zwei unterschiedliche Arten der Erfahrung: zum einen die „konjunktive" Erfahrung, die auf unmittelbarem Verstehen basiert, zum anderen die „kommunikative" (Bohnsack 2008, 59) Beziehung, die sich in wechselseitiger Interpretation vollzieht. MANNHEIM (1980) verdeutlicht dies am Beispiel des Erlernens eines Knotens (vgl. ebd., 73ff.). Den Prozess der Herstellung des Knotens nachzuvollziehen, also intuitiv zu erfassen, geschieht auf Grundlage eines konjunktiven Wissens. Schwieriger ist es dagegen, den Herstellungsprozess des Knotens „begrifflich-theoretisch" zu explizieren. Im Sinne MANNHEIMs (1964) ist dies die Leistung der „genetischen Interpretation" (ebd., 109).

> „In dem in genetischer Interpretation rekonstruierten (für eine Persönlichkeit oder ein Kollektiv typischen) „modus operandi"[131] der Herstellung dokumentiert sich der individuelle oder kollektive Habitus." (Bohnsack 2008, 60).

Darauf zielt die genetische Interpretation der dokumentarischen Methode, welche auf der *prozess-* oder *sequenzanalytischen* Rekonstruktion von Handlungs-, Interaktions- und Diskurspraktiken sowie auf der Rekonstruktion der erlebnismäßigen Darstellung, der Erzählung und Beschreibung dieser Praktiken basiert (vgl. Bohnsack 2008, 61). Forschungspraktisch schlägt sich die Unterscheidung von „kommunikativ-generalisierenden, wörtlichen oder ,immanenten Sinngehalt' auf der einen und dem konjunktiven, metaphorischen oder eben dokumentarischen Sinngehalt auf der anderen Seite" (Bohnsack 2006, 43) in zwei Arbeitsschritten der *dokumentarischen Methode* nieder: der *formulierenden Interpretation* und der *reflektierenden Interpretation* (vgl. ebd., 43). In der formulierenden Interpretation wird das, was wörtlich gesagt wird, mit neuen Worten formulierend zusammengefasst. Die formulierende Interpretation verbleibt folglich vollständig im Rahmen der Interpretierten. Die reflektierende Interpretation hingegen rekonstruiert, wie ein Thema verarbeitet wird bzw. in welchem Orientierungsrahmen es behandelt wird (vgl. Nohl 2008, 9). Hierzu bedarf es des Wechsels einer Analyseeinstellung von der Frage, *Was* in der Perspektive der Akteure die gesellschaftliche Realität ist, zur Frage nach dem *Wie* ihrer Herstellung (vgl. Bohnsack at al. 2007, 14). Im Anschluss an die Systemtheorie von LUHMANN (1990) ist dies der Übergang von den Beobachtungen *erster* zu den Beobachtungen *zweiter* Ordnung (vgl. ebd., 86ff.). Die Wissenssoziologie von Mannheim „eröffnet eine Beobachterperspektive, die zwar auch auf die Differenz der Sinnstruktur des beobachteten Handelns vom subjektiv gemeinten Sinn der Akteure zielt, gleichwohl aber das Wissen der Akteure

---

131 Bourdieu spricht in diesem Zusammenhang von der „generativen Formel", vom *modus operandi* der Herstellung des Knotens (vgl. Bohnsack 2008, 60, im Anschluss an Bourdieu 1976, 1982).

selbst als die empirische Basis der Analyse belässt" (Bohnsack et al. 2007, 11). Durch den Wechsel der Analyseeinstellung wird es möglich, handlungsleitende Orientierungen der Lehrenden zu rekonstruieren, welche sich in den Darstellungen, die an die Handlungspraxis[132] gebunden sind, dokumentieren. Bei der Interpretation des immanenten und des dokumentarischen Sinngehalts geht es nicht um die Frage der faktischen Wahrheit oder der normativen Richtigkeit von Realitätskonstruktionen der Akteure (vgl. Bohnsack 2006, 42). Der Geltungscharakters von Aussagen wird suspendiert bzw. eingeklammert und der Fokus der Aufmerksamkeit auf den Prozess der Herstellung von Wirklichkeit, also auf das *Wie* (vgl. Bohnsack 2006, 42) gelenkt.

Um den dokumentarischen Sinngehalt des habituellen Handelns und atheoretischen Wissens zu erschließen, kommt nach BOHNSACK (2006) der komparativen Sequenzanalyse eine zentrale Bedeutung zu, welche in der dokumentarischen Methode von Anfang an konsequent vergleichend ist. Erst vor dem Vergleichshorizont anderer Fälle im Modus von homologen Mustern und Kontrasten kann sich der Orientierungsrahmen in überprüfbarer empirischer Weise herauskristallisieren (vgl. ebd., 43). Zugleich werden die Interpretationen der Forschenden, ihre Standortgebundenheit einer ständigen (Selbst-)Reflexion unterzogen, indem ihre eigenen Vergleichshorizonte durch die der Vergleichsfälle sukzessive abgelöst werden. So kann eine reflexive Distanz zur Lebenswelt der Erforschten bewahrt werden. Darüber hinaus ist die komparative Analyse Grundlage der konjunktiven Abstraktion und Typenbildung (vgl. Bohnsack 2008, 65).

7.3   Zur Forschungspraxis der dokumentarischen Methode

Der Kern der dokumentarischen Methode ist die in komparativer Analyse vollzogene Typen- oder Theoriegenerierung (vgl. Bohnsack 2008, 30). Ihre Forschungspraxis ist eine empirische, rekonstruktive Verfahrensweise. Sie zeichnet sich zum einen durch die reflexive Beziehung zwischen Forschungserfahrung und methodologischer Begrifflichkeit, zum anderen durch die reflexive Beziehung zwischen Forschenden und Forschungsgegenstand aus. Sowohl der kollektive als auch der individuelle, der persönliche Habitus sind nach BOHNSACK (2008) Gegenstand dokumentarischer Interpretation (vgl. ebd., 65). Nach BOHNSACK (2008) eignet sich das Analyseverfahren der *dokumentarischen Methode* „für die *komparative* und auch themenbezogene Auswertung von Interviews (…) und Gruppendiskussionen" (ebd., 66). Dem schließt sich NOHL (2008) an.

> „Sie dient der Rekonstruktion der praktischen Erfahrungen von Einzelpersonen und Gruppen, in Milieus und Organisationen, gibt Aufschluss über die Handlungsorientierungen, die sich in der jeweiligen Praxis dokumentieren, und eröffnet somit einen Zugang zur Handlungspraxis." (Nohl 2008, 8).

---

132   Bohnsack (2006) bezeichnet aufgrund der Bedeutung der Handlungspraxis die der dokumentarischen Methode der Interpretation zugrundeliegende Wissenssoziologie auch als praxeologische Wissenssoziologie und meint damit sowohl die Praxis des Handelns als auch die des Sprechens, Darstellens und Argumentierens. Er führt aus, dass „die Frage nach dem *Wie* (…) die Frage nach dem *modus operandi*, nach dem der Praxis zugrundeliegenden *Habitus*" (ebd., 42) ist.

Deshalb hat sich die Forscherin in ihrer Studie für die Datenerhebung in Form von Interviews und Gruppendiskussionen entschieden, da hiermit ein Zugriff auf sowohl individuelle bzw. persönliche als auch auf kollektive Orientierungen möglich wird.

> „Gegenstand dokumentarischer Interpretation ist nicht allein der kollektive, sondern auch der individuelle, der persönliche Habitus." (Bohnsack 2008, 65)

Von Bedeutung sind bei diesen Formen der Datenerhebung Offenheit für das Forschungsfeld und die Gestaltung einer Kommunikationsbeziehung mit dem Forschungsobjekt, damit sich Sinn- und Relevanzstrukturen durch die beforschten Personen herausbilden können (vgl. Bohnsack. 2008, 21f.). Nach Alfred Schütz ist deshalb eine sozialwissenschaftliche Methodologie erforderlich, welche die Sinn- und Relevanzstrukturen der in einer Sozialwelt handelnden Menschen zu erfassen vermag (vgl. Bohnsack 2008, 22, im Anschluss an Schütz 1971, 6). Indem die von den Beforschten jeweils geschaffenen Konstruktionen rekonstruiert werden, entstehen bei der forschungstechnischen Bearbeitung durch die Forschenden Rekonstruktionen zweiter Ordnung. BOHNSACK (2008) versteht darunter „Konstruktionen jener Konstruktionen, die im Sozialfeld von den Handelnden gebildet werden" (vgl. ebd., 23). Daraus resultiert die Notwendigkeit, unsere Interpretation, unsere „Standortgebundenheit" und „Seinsverbundenheit" (vgl. Mannheim 1959, 659) einer ständigen (Selbst-)Reflexion zu unterziehen und die eigene Forschungspraxis zu rekonstruieren.

Diese Reflexionsprozesse versuchte die Forscherin in ihrer eigenen Studie durch Diskussionen und einen vielschichtigen Austausch mit Forschenden anderer Projekte unterschiedlicher Fachrichtungen in einer Forschungswerkstatt zu kontrollieren. Darüber hinaus wurden eigene Interpretationen, basierend auf dem Alltagswissen der Forscherin über das jeweilige Thema, durch Herausarbeiten empirischer Vergleichshorizonte aus dem Datenmaterial (d.h. aus Vergleichsfällen) mittels der komparativen Sequenzanalyse (vgl. Bohnsack & Nohl 2007, 304) abgelöst.

In der Auswertung folge ich den Arbeitsschritten der dokumentarischen Methode, so wie sie Ralf BOHNSACK (2008) in Anlehnung an Mannheim entwickelt hat (vgl. ebd., 32). BOHNSACK (2008) unterscheidet grundsätzlich vier Stufen der Rekonstruktion: *formulierende Interpretation* mit der Erstellung eines thematischen Verlaufs und einer thematischen Feingliederung, *reflektierende Interpretation* einschließlich der komparativen Analyse, die *Diskurs- bzw. Fallbeschreibung* und die *Typenbildung* (vgl. ebd., 34; Loos & Schäffer 2001, 59; Nohl 2008, 45).

Die Befunde der reflektierenden Interpretation münden in die *Diskurs- bzw. Fallbeschreibung* (s. Kapitel 7.3.3), welche die Komponenten des jeweiligen Falles in der Art einer **Nacherzählung** zusammenfasst. Es handelt sich weniger um eine neue Interpretationsleistung, sondern um eine Zusammenfassung und Verdichtung der Ergebnisse (vgl. Bohnsack 2008, 139).

In der folgenden Tabelle werden die Stufen und Zwischenstufen der dokumentarischen **Interpretation** von Interviews und Gruppendiskussionen in Anlehnung an NOHL (2008) zusammengefasst (vgl. ebd., 45):

Stufen	Zwischenstufen
Formulierende Interpretation (s. Kapitel 7.3.1)	Thematischer Verlauf und Auswahl zu transkribierender Interviewabschnitte bzw. Passagen
	Formulierende Feininterpretation eines Interviewabschnitts bzw. einer Passage
Reflektierende Interpretation und komparative Analyse (s. Kapitel 7.3.2)	Formale Interpretation mit Textsortentrennung bzw. formale Interpretation der Diskursorganisation
	Semantische Interpretation mit *komparativer Sequenzanalyse*
Typenbildung (s. Kapitel 7.3.4)	Sinngenetische Typenbildung
	Soziogenetische Typenbildung

Abbildung 2: Stufen und Zwischenstufen der dokumentarischen Interpretation

Es schließt sich nun die Darstellung des Verfahrens der dokumentarischen Methode für die Auswertung von leitfadengestützten Interviews und Gruppendiskussionen an.

7.3.1 Formulierende Interpretation

Bei der *formulierenden Interpretation* wird herausgearbeitet, welche Themen und Un-terthemen im gesamten Diskursverlauf und dann in den für den Forschungsprozess relevanten Passagen angesprochen werden (vgl. Nohl 2008, 46). Dabei wird die thema-tische Struktur des Diskurses bzw. des Gespräches mit Hilfe von Überschriften und Paraphrasierungen identifiziert. Es handelt sich dabei bereits insofern um eine erste Interpretation, da „aus der milieugebundenen Sprache der Erforschten in die milieuge-bundene Sprache der Forscher übersetzt werden muss" (Loos & Schäffer 2001, 61). Ziel bei der Zusammenfassung ist es, konsequent im Relevanzsystem, also im Rahmen der Beforschten, zu bleiben (vgl. Bohnsack 2008, 34). Nach diesem ersten Schritt ist es möglich, bereits bestimmte Passagen bzw. Textstellen für die reflektierende Interpreta-tion auszuwählen. Die Auswahl kann nach BOHNSACK (2008) zum einen nach der Relevanz der Fragestellung und zum anderen unter dem Aspekt der Vergleichbarkeit mit anderen Interviews bzw. Gruppendiskussionen im Sinne der komparativen Analyse erfolgen (vgl. ebd., 38). Eine Selektion von Passagen und Textausschnitten habe ich bei den letzten beiden Datensätzen der Nacherhebung vorgenommen, da sich bereits bei der formulierenden Interpretation im Vergleich mit den anderen Fällen gemeinsam behan-delte Themen abzeichneten, welche für die weitere Analyse von Bedeutung sein wür-den.

7.3.2 Reflektierende Interpretation und komparative Analyse

Nach BOHNSACK (2008) ermittelt die *reflektierende Interpretation*, *wie* die angesprochenen Themen behandelt werden. Es geht dabei um den dokumentarischen Sinngehalt (vgl. ebd., 135). Die reflektierende Interpretation zielt auf die Rekonstruktion des Rahmens, seinen Modus Operandi, innerhalb dessen ein Thema abgehandelt wird. Diese ist nach BOHNSACK (2008) von Anfang an komparativ angelegt:

- Fallinterne Vergleiche: Rekonstruktion von Orientierungen, welche sich durch unterschiedliche Themengebiete ziehen
- Fallübergreifende Vergleiche: Extrahierung themenübergreifender Orientierungsrahmen (vgl. ebd., 137)

Zunächst werden zentrale Orientierungsmuster durch einen fallimmanenten bzw. fallinternen Vergleich gewonnen. BOHNSACK (2008) hat dafür die komparative Sequenzanalyse vorgeschlagen, mittels der Erzähl-, Interaktions- und Diskursverläufe in einer sequentiell verfahrenden Rekonstruktion interpretiert werden (vgl. ebd., 33). Die Rekonstruktion des Sinngehalts wird durch den Dreischritt vom ersten Abschnitt (Proposition), zweiten Abschnitt (Fortsetzung) und dritten Abschnitt (Ratifizierung des Rahmens) bzw. Redebeitrag in **Gruppendiskussionen** möglich. Dabei spielt bei Gruppendiskussionen die Analyse der Diskursorganisation, die Rekonstruktion der Formalstruktur des Diskurses, eine wichtige Rolle (vgl. ebd., 66). Mittels ihrer Rekonstruktion kann die interaktive Beteiligung auch in ihrer formalen Struktur explizit gemacht werden, so dass deutlich wird, ob ein Thema auf der Basis eines gemeinsamen Erfahrungshintergrundes, also einer gemeinsamen Rahmenorientierung, behandelt wird oder sich eine Rahmeninkongruenz zeigt. Dabei wird auf die Gesprächsanalyse und deren Kategorien zur Beschreibung der Diskursanalyse zurückgegriffen. Orientierungsmuster werden in Gruppendiskussionen im Prozess während der interaktiven Bezugnahme entfaltet (**Proposition**), bestätigt (**Validierung**), verfeinert (**Elaborierung**) und zusammenfassend formuliert (**Konklusion**) (vgl. ebd., 139). PRZYBORSKI (2004) unterscheidet zwischen inkludierenden und exkludierenden Diskursmodi. Erstere können parallel, antithetisch oder unisono sein, letztere oppositionell oder divergent (vgl. ebd., 285ff.).[133] In diesem Auswertungsschritt der reflektierenden Interpretation wird also die inhaltliche Ebene des Gesagten verlassen und die Aufmerksamkeit auf die Art und Weise der wechselseitigen sequentiellen Bezugnahme der Beforschten untereinander gerichtet.

Bei der Analyse von **Interviews** tritt nach BOHNSACK (2008) „die Ausdifferenzierung unterschiedlicher Ebenen der Darstellung, unterschiedlicher ‚Textsorten' in den Vordergrund (Erzählungen, Beschreibungen, biografische Entwürfe, Theorien)" (ebd., 66). Dabei lehnt er sich an die Arbeiten von Fritz Schütze (1987) an.

Auch bei **Gruppendiskussionen** gibt die Unterscheidung von Textsorten Hinweise darauf, ob es sich bei dem Gesagten um konjunktives Wissen, d.h. um inkorporiertes Wissen handelt, worüber erzählt werden kann, das aber nicht auf abstrakter Ebene expliziert wird. Neben der Perspektive der Diskursorganisation und der Textsortentrennung spielt auch die Perspektive der *Dramaturgie* (vgl. Bohnsack 2008, 138) im

---

133 Weitere umfassende Informationen zu den Modi der Diskursorganisation vgl. Przyborski (2004, 61-67).

Rahmen des Diskursverlaufs von Gruppendiskussionen eine wichtige Rolle. Ihre Rekonstruktion ist ein wichtiger Teil der Interpretationsarbeit. Negative und positive Gegenhorizonte, die im Fokus des Diskurses stehen und somit den Orientierungsrahmen
bilden, kommen nach BOHNSACK (2008) am prägnantesten in den Passagen zum
Ausdruck, die sich durch besondere interaktive und metaphorische Dichte auszeichnen,
den sogenannten *Fokussierungsmetaphern* (vgl. ebd., 138).

Im Sinne der komparativen Analyse setzt der Vergleich mit anderen Fällen oder Gruppen sehr früh ein, um Reflexionsleistungen im Sinne eines empirisch-methodischen
Vollzugs auf empirisch fundierte und nachvollziehbare Gegenhorizonte stützen zu können (vgl. ebd., 38, 65; Nohl 2008, 13). Nach KELLE & KLUGE (1999) kann der Inter-
viewleitfaden (s. Kapitel 7.4.1 *Das leitfadengestützte Interview*) als erste grundlegende
Vergleichsdimension dienen (vgl. ebd., 84).

Der übergreifende Rahmen wird identifizierbar, indem alternative Möglichkeiten der
Behandlung eines vergleichbaren Themas aus anderen Interviews oder Gruppendiskussionen dagegengehalten werden, welche sich in Unterschieden wie Ähnlichkeiten im
Diskurs- bzw. im Gesprächsverlauf niederschlagen (vgl. Bohnsack 2008, 38, 136). Mittels Zerlegung eines Falles in seine Bedeutungsschichten vor dem Gegenhorizont
anderer Fälle gelangt man im letzten Arbeitsschritt zur Typik bzw. zur Interpretation
eines Falles als Dokument dieser Typik und zur Typenbildung (vgl. Bohnsack 2008, 30,
50, 141ff.). Davor allerdings werden die Komponenten des jeweiligen Falles zusammengefasst.

7.3.3   Diskurs- bzw. Fallbeschreibung

Während in den ersten beiden Interpretationsschritten der Diskurs- bzw. Gesprächsverlauf in seine Komponenten zergliedert wurde, erfolgt durch die sich anschließende *Dis-
kurs- bzw. Fallbeschreibung* eine Zusammensetzung der Komponenten in der Art einer
Nacherzählung. Sie folgt in der Regel der Chronologie des Diskurs- bzw. des Ge-
sprächsverlaufs. Nach BOHNSACK (2008) kann es allerdings im Rahmen von Gruppendiskussionen günstig sein, die Konklusion einer ausgewählten Passage oder die der
gesamten Diskussion zu Anfang der Fallbeschreibung darzustellen, um aufzeigen zu
können, „wie die Dramaturgie des Diskurses sich allmählich auf dieses Resultat hin
entwickelt hat" (ebd., 140). Dabei geht es zum einen um zentrale Orientierungen und
Rahmenkomponenten (positive und negative Gegenhorizonte) und zum anderen um die
dramaturgische Entwicklung und *Diskursorganisation* (vgl. ebd., 139). Ausgewählte
Ausschnitte aus den Transkripten können in die Fallbeschreibung integriert werden.
Diese können zum einen als Belege für Inhalte herangezogen werden, zum anderen für
die Darstellung der Dramaturgie (interaktive Dichte, metaphorische Dichte) und die
Diskursorganisation der Gruppendiskussionen bis hin zu den Konklusionen, welche
entweder eine sachliche Zusammenfassung oder einen rituellen Abschluss erkennen
lassen (vgl. ebd., 139f.; Nentwig-Gesemann 1999, 235). Neben den bisherigen Interpre-
tationsergebnissen fließt auch die Auseinandersetzung, wie sich der entsprechende Fall
vor dem Hintergrund der Forschungsperspektive darstellt, ein. Bei der Fallbeschreibung
handelt es sich weniger um eine neue Interpretationsleistung als um eine vermittelnde
Darstellung, Zusammenfassung und Verdichtung. Ihr oberster Bezugspunkt ist die Gesamtcharakteristik des Falles (vgl. Bohnsack 2008, 141).

Im Sinne einer verstärkten Orientierung an generalisierungsfähigen Ergebnissen und damit an der komparativen Analyse ist die stark an den Einzelfall gebundene Fallbeschreibung in neueren Untersuchungen auf Grundlage der dokumentarischen Methode zunehmend in den Hintergrund getreten zugunsten der Typenbildung (vgl. ebd., 141).

In der vorliegenden Studie habe ich die Vorgehensweise, welche in den Arbeiten von Bohnsack ausführlich dargestellt wird, dahingehend verändert, dass bei der Darstellung der Fälle die komparative Analyse von zentraler Bedeutung ist. Es werden grundsätzlich zwei Fälle vergleichend dargestellt, die hinsichtlich eines bestimmten Merkmals einen minimalen und hinsichtlich eines anderen Merkmals einen maximalen Kontrast aufzeigen. Diese Fälle dienen im Sinne der komparativen Analyse als Vergleichshorizonte für die Interpretation. So können die Ergebnisse aus den bereits dargestellten Fallbeschreibungen als Kontrastfolie an die Interpretation der weiteren Fälle angelegt werden. Nach NENTWIG-GESEMANN (1999) kann sich dadurch die Komplexität der Fallbeschreibungen mit jeder weiteren zusammenfassenden Fallbeschreibung erhöhen, „da die Möglichkeiten der empirisch fundierten Komparation von Fall zu Fall wachsen" (vgl. ebd., 235).

Eine weitere Veränderung besteht darin, dass die Fallanalysen[134] der Gruppendiskussionen nicht zwangsläufig der Entwicklung der Dramaturgie der interpretierten Passagen bzw. die Fallanalysen der Interviews der Dichte der Sequenzen folgen. Diese Vorgehensweise tritt hinter einer stark inhaltlich vergleichenden zurück, in welcher die Forscherin die zwei interpretierten Fälle zueinander in Beziehung setzt. Um die Rekonstruktion zentraler Orientierungen des Individuums bzw. des Kollektivs und ihre positiven und negativen Gegenhorizonte deutlich und nachvollziehbar zu machen, werden ausgewählte Textpassagen im Original eingefügt. Dafür werden häufig Sequenzen ausgewählt, welche individuelle bzw. kollektive Orientierungen besonders deutlich werden lassen (vgl. Nentwig-Gesemann 1999, 235).

Ziel ist zum einen die Transparenz und Nachvollziehbarkeit der Rekonstruktion von Orientierungen anhand von ausgewählten Sequenzen der Interviews und Gruppendiskussionen, zum anderen die Rekonstruktion der Ausprägungen und Differenzen dieser mittels komparativer Analyse auf Grundlage empirischer Vergleichshorizonte. Dafür wurde eine Auswahl unter den Fällen getroffen sowie für die Darstellung innerhalb der Fälle (inhaltliche) Schwerpunkte gesetzt. Die anderen Fälle fließen jedoch in die dokumentarische Interpretation gleichwertig mit ein und werden entsprechend in den sich anschließenden Kapiteln durchgehend einbezogen.

7.3.4 Typenbildung

Als letzter Arbeitsschritt werden in der Regel Typen ausformuliert, die dann zu einer Typologie ergänzt werden können. Grundlage der Typenbildung ist nach BOHNSACK (2008) die komparative Analyse. Während bei der Fallbeschreibung die Gesamtcharakteristik des Falles oberster Bezugspunkt ist, stehen bei der Typenbildung die Abstraktion vom Einzelfall und das Herausarbeiten von Bezügen zwischen spezifischen Orientierungen einerseits und dem Erfahrungshintergrund andererseits, in welchem die Genese der Orientierungen zu suchen ist, im Mittelpunkt (vgl. ebd., 141). Bei der *sinngeneti-*

---

134 Da die Fallbeschreibungen bereits komparativ angelegt sind, verwende ich in meiner Studie den Begriff der Fallanalysen.

schen Typenbildung (vgl. Nentwig-Gesemann 2007, 279) werden zunächst unterschiedliche zentrale Orientierungsrahmen der Bearbeitung im fallübergreifenden wie fallinternen Vergleich in ihrer Unterschiedlichkeit in verschiedenen Fällen herausgearbeitet, von den spezifischen Fällen abgelöst und auf diese Weise abstrahiert. Somit werden unterscheidbare Typen identifiziert (vgl. Nohl 2008, 13, 57f.). Die Fälle erhalten im Zuge der Ausformulierung einer Typologie den Stellenwert von Dokumenten und Exemplifizierungen einer Typik (vgl. Bohnsack 2008, 51, 111). Allerdings wird durch die sinngenetische Typenbildung nicht deutlich, in welchen sozialen Zusammenhängen und Konstellationen die typisierten Orientierungsrahmen stehen. Es kann z.B. nicht herausgearbeitet werden, wie eine bestimmte Art des Umgangs mit Störungen im Unterricht durch eine Lehrkraft mit ihrer Berufserfahrung im Zusammenhang steht noch wie Bildungsprozesse mit dem Lebensalter verknüpft sind (vgl. Nohl 2008, 58). Diese Frage bearbeitet die *soziogenetische Typenbildung* (vgl. Nentwig-Gesemann 2007, 279), welche auf der sinngenetischen Typenbildung aufbaut. In der soziogenetischen Typenbildung wird nicht nur ein Orientierungsrahmen rekonstruiert, sondern mittels komparativer Analyse ein Zusammenhang zwischen Orientierungsrahmen und Sozialdimension (bspw. generations-, milieu-, geschlechts- und entwicklungsspezifisch) bestimmt (vgl. Nohl 2008, 13). Im Falle meiner Arbeit dienen die bereits komparativ angelegten Fallanalysen als Nachweis bzw. Exemplifizierung einer Typik. Ziel der dokumentarischen Methode ist es, Typiken nicht nur in einer, sondern in mehreren Dimensionen konjunktiver Erfahrungen und Orientierungen zu entwickeln (vgl. ebd., 13).

> „In dieser mehrdimensionalen Typenbildung lassen sich dann Grenzen und Reichweite einzelner Typen bestimmen und so generalisierungsfähige empirische Aussagen treffen." (Nohl 2008, 13)

Nach NOHL (2007) umfasst der Begriff Typik den mit einer Erfahrungsdimension verbundenen Orientierungsrahmen (vgl. ebd., 270). Die Bildung einer Typik beginnt mit der Rekonstruktion eines homologen Orientierungsrahmens im gesammelten empirischen Material, welcher auf Gemeinsamkeiten der Fälle innerhalb einer Erfahrungsdimension hinweist und zu einem Typus abstrahiert werden kann. Diese rekonstruierte Ausgangs- oder Basistypik kann als die größte Menge an gemeinsamen Orientierungen der Fälle beschrieben werden. Die Basistypik stellt das erste *Tertium Comparationis*[135] dar, das den Vergleich strukturierende Dritte (vgl. Nentwig-Gesemann 2007, 294). Es folgt nun eine Spezifizierung des derart gewonnen Typus, also der Basistypik, auf der sinngenetischen Ebene durch fallübergreifende Vergleiche. Dabei richtet sich die komparative Analyse nicht mehr primär auf die Gemeinsamkeiten jener Fälle der Analyse, sondern auf ihre Kontraste. In einem weiteren Schritt, der fallinternen komparativen Analyse, wird die Struktur der Einzelfälle erneut in den Fokus der Interpretation gerückt, um die erarbeiteten spezifizierten Typen auf ihre Validität hin zu überprüfen (vgl. ebd., 295). Es wird der Frage nachgegangen, ob die herausgearbeiteten Orientierungsmuster nur für einzelne Situationen von handlungspraktischer Bedeutung sind oder ob sie einen übergeordneten Rahmen des Falles bilden. Nach NENTWIG-GESEMANN (2007) geht es auf der Ebene des Typus um eine interne Homogenität, also um minimale Kontraste, auf der Ebene der Typologie um externe Heterogenität, also um maximale

---

135 Nach Nohl (2007) schreiten der Vergleich und mit ihm das Tertium Comparationis sukzessive von einer konkreteren zu einer abstrakteren Stufe fort. Das Tertium Comparationis hat immer den Abstraktionsgrad wie die zu vergleichenden Texte (vgl. ebd., 269).

Unterschiedlichkeit (vgl. ebd., 296). Bis zu diesem Punkt geht jeder Fall in einem Typus auf bzw. ist Repräsentant eines Typus. Die Frage allerdings, „*wofür* die in den jeweiligen Typen herausgearbeiteten Orientierungen typisch sind, aus welchen konjunktiven Erfahrungsräumen bzw. welcher spezifischen Überlagerung heraus sie sich entwickelt haben, kann erst auf der Grundlage einer soziogenetischen Typenbildung beantwortet werden" (ebd., 2007, 296).

Auf der soziogenetischen Ebene werden die rekonstruierten Typen der sinngenetischen Typenbildung neu komponiert (vgl. ebd., 297). Es beginnt die Suche nach einer Antwort auf die Frage, wofür handlungsleitende Orientierungen, der Modus Operandi typisch ist. Es geht also darum, die Erfahrungsräume, die „existenziellen Hintergründe" (ebd., 297) zu rekonstruieren, in welchen die (Sozio-)Genese handlungsleitender Orientierungen verankert ist. Die komparative Analyse findet an diesem Punkt auf der mehrdimensionalen Ebene der einander überlagernden Erfahrungsräume der Erforschten und nicht mehr auf der Ebene der Themen oder Orientierungen statt. Nicht mehr die Fallstruktur ist von Interesse, sondern die Struktur von konjunktiven Erfahrungsräumen (vgl. ebd., 297).

Nach BOHNSACK (2008) kann die Zugehörigkeit der einzelnen Fälle folgenden fünf verschiedenen Typiken der von ihm entwickelten Typologie zugeordnet werden: der *Entwicklungstypik*, der *Bildungsmilieutypik*, der *Geschlechtstypik*, der *Generationstypik* und der *Typik sozialräumlicher Milieus*[136] (vgl. ebd., 50).

Nach NENTWIG-GESEMANN (2007) überschneiden oder überlagern sich nun bei jedem einzelnen Fall die verschiedenen Typiken auf je spezifische Art und Weise. Die Akteure sind also immer in mehrere konjunktive Erfahrungsräume eingebunden. In der entstandenen Typologie wird jeder Einzelfall umfassend innerhalb der Typiken verortet „und kann damit zum Dokument und Exemplifizierung für mehrere Typiken werden" (ebd., 297).

NOHL (2008) führt aus, dass eine mehrdimensionale soziogenetische Typenbildung voraussetzt, dass das Tertium Comparationis mehrfach variiert wird. Je größer der Variationsgrad der angewandten Tertia Comparationis, desto fruchtbarer ist der empirische Vergleich. Zum Herausarbeiten von Zusammenhängen zwischen unterschiedlichen Orientierungsrahmen ist es notwendig, das Tertium Comparationis systematisch zu variieren und nicht zufällig zu wechseln. Nach NOHL (2008) muss dabei das Tertium Comparationis genau definiert werden (vgl. ebd., 59). Wenn das Tertium Comparationis der komparativen Analyse wechselt, wird sozusagen aus einem anderen Blickwinkel auf die Fälle geschaut, so dass neben den Gemeinsamkeiten auch übergreifende Unterschiede rekonstruiert werden können. Die Typenbildung schließt an die neu entdeckten Unterschiede in den Orientierungsrahmen an. Es entwickelt sich eine zweite Typik, indem die kontrastierenden Orientierungsrahmen einer zweiten Dimension zugeordnet werden (vgl. ebd., 59ff.).

---

136 Nach Schütze hat jedes Individuum zugleich an unterschiedlichen Wirklichkeiten oder Milieus teil. Es bildet seine biographische Gesamtformung aus, indem es die unterschiedlichen gruppen- und milieuspezifischen Erfahrungen in eine Selbstkonstitution integriert (vgl. Bohnsack 2010, 212, im Anschluss an Schütze 1983).

„Der Kontrast in der Gemeinsamkeit ist fundamentales Prinzip der Generierung einzelner Typiken und ist zugleich die Klammer, die eine ganze Typologie zusammenhält." (Bohnsack 2008, 143)

Im leitfadenorientierten Interview bietet es sich z.B. an, als Tertium Comparationis zunächst jene Themen zu nehmen, die durch die Fragen des Leitfadens ohnehin vorgegeben sind und damit gemeinsames Thema aller sind. So können die wesentlichen Themengebiete der Interviews in der Typenbildung abgebildet werden. Allerdings weist NOHL (2008) darauf hin, dass es die Validität der Forschung und ihren innovativen Charakter erhöht, wenn neben den absehbaren Typiken noch weitere Typiken entwickelt werden können (vgl. ebd., 62).

Voraussetzung für eine mehrdimensionale Typenbildung ist, dass den rekonstruierten Orientierungsrahmen Erfahrungsdimensionen zugeordnet werden können. Dabei kann auf ‚objektive' (vgl. Nohl 2007, 258) Sozialdaten wie Alter, Geschlecht, Beruf zurückgegriffen werden. Es muss also immer wieder durch Interpretation überprüft werden, „ob Unterschiede in den Erfahrungshintergründen nur einer Erfahrungsdimension zuzurechnen sind bzw. ob sie überhaupt mit einer der angenommenen Erfahrungsdimensionen in Zusammenhang stehen" (ebd., 2007, 259).

Mit der dokumentarischen Methode ist demnach eine abduktive Erkenntnishaltung bzw. Einstellung verbunden, welche sich dadurch auszeichnet, nicht Gelerntes anzuwenden, sondern neue Erkenntnisse zu gewinnen und daraus eine Theorie zu generieren. Diese verallgemeinerbaren Regeln und Orientierungsmuster werden auf der Grundlage von Erzählungen und Beschreibungen der Akteure rekonstruiert (vgl. Bohnsack & Nentwig-Gesemann 2006, 165). Damit unterscheidet sich die Abduktion von der qualitativen Induktion, bei welcher ein Fall einer bereits bekannten Regel bzw. Theorie zugeordnet wird. Durch die sich ständig wiederholenden Interpretationsdurchgänge durch das gesammelte empirische Material zeigt sich dann, ob abduktiv gebildete Schlüsse sich „bewähren" (Nentwig-Gesemann 2007, 289).

7.4   Zur Methodologie der Datenerhebungsverfahren

7.4.1   Das leitfadengestützte Interview

Ursprünglich wurde die dokumentarische Methode zur Interpretation von Gruppendiskussionen entwickelt. Auch für die Interpretation von Bildern, Videos und teilnehmender Beobachtung wurde sie herangezogen. Versuche, Interviews dokumentarisch zu interpretieren, sind noch eher vereinzelt (vgl. Nohl 2008, 14.).

Für leitfadengestützte Interviews entschied ich mich, da diese einen empirischen Zugriff auf den individuellen Habitus ermöglichen. Darüber hinaus war es meine Intention, dass für den Forschungsfokus bestimmte Themen mittels Leitfragen thematisiert werden und sich das Interview somit nicht in Inhalte verliert, die zu geringe Bezüge zum Forschungsinteresse aufweisen. Trotz Leitfaden[137] sollten die Interviews narrativ fundiert sein und auf die „Artikulation von Erfahrungen und Orientierungen" (Nohl 2008, 7) zielen, um sich somit bei der Auswahl von Ausschnitten auf narrative Elemente stützen zu können.

---

137   Der von der Forscherin entwickelte Leitfaden befindet sich im Anhang *Eingangsfragen und Leitfaden.*

NOHL (2008, 20) spricht von *leitfadengestützten Interviews*, MEUSSER & NAGEL (2009, 51) vom *leitfadenoffenen Interview*, GLÄSER & LAUDEL (2009, 111) vom *Leitfadeninterview* und PRZYBORSKI & WOHLRAB-SAHR (2009, 138) vom *offenen Leitfadeninterview*. Ich werde mich in der Nomenklatur auf NOHL (2008) stützen und bei eigenen Gedankengängen und Ausführungen mit dem Begriff des *leitfadengestützten Interviews* (vgl. ebd., 19) arbeiten.

Nach GLÄSER & LAUDEL (2009) gehört das Leitfadeninterview zum Typ der nicht-standardisierten Interviews. Der Interviewer bereitet eine Liste offener Fragen (den Leitfaden) vor, der als Grundlage des Gespräches dient. Die Autoren empfehlen diese Form des Interviews immer dann,

- „wenn in einem Interview mehrere unterschiedliche Themen behandelt werden müssen, die durch das Ziel der Untersuchung und nicht durch die Antworten des Interviewpartners bestimmt werden, und
- wenn im Interview auch einzelne, genau bestimmbare Informationen erhoben werden müssen." (Gläser & Laudel 2009, 111)

In leitfadengestützten Interviews werden Themen durch die Forschenden vorgegeben (vgl. Nohl 2008, 19). Die Befragten wählen das Thema ihrer Erzählung nicht mehr frei, sie orientieren sich an den Untersuchungsinteressen und Vorgaben der Forschenden. Da die Leitfadenthemen aufgrund der Forschungsfrage und der eigenen theoretischen Vorannahmen ausgewählt werden, sollte der Leitfaden allerdings lediglich als Gedächtnisstütze dienen und gegebenenfalls zugunsten der thematisierten Relevanzstrukturen der Beforschten zurückgestellt werden (vgl. Kelle & Kluge 1999, 62f.). Folglich wartet der Interviewende ab, bis der Proband alles geäußert hat, was ihm zu einem Thema einfällt, bevor eine Frage zu einem nächsten Themenbereich gestellt wird (vgl. Nohl 2008, 19). Intention ist es, nicht nur Einschätzungen, Meinungen und Alltagstheorien zur Sprache zu bringen, sondern trotz Leitfaden erzählgenerierende Elemente hervorzulocken.

Leitfadengestützte Interviews sollten die Möglichkeiten bieten, Alltagskommunikation wie das Erzählen von Geschichten, das Berichten von Erlebnissen und das Argumentieren zur Geltung kommen zu lassen (vgl. ebd., 7). Im besten Falle lassen sich mit diesem Erhebungsverfahren über Perspektiven und Orientierungen der Interviewten hinaus auch Erfahrungen heraus kristallisieren, aus denen die Orientierungen hervorgegangen sind (vgl. ebd., 19f.).

Da der Forschende einen thematischen Leitfaden mitentwickelt hat, kann dieser nach MEUSSER & NAGEL (2009) kein inkompetenter Gesprächspartner sein. Ein Leitfaden verhindert, dass sich das Interview in Themen verliert, die nichts mit der zu erforschenden Sache zu tun haben. Allerdings betonen sie auch, dass der Leitfaden flexibel gehandhabt werden sollte (vgl. ebd., 52f.).

FLICK (2006) weist auf Vermittlungsprobleme zwischen den Vorgaben des Leitfadens und den Zielsetzungen der Fragestellung auf der einen Seite und den Darstellungsweisen des Befragten auf der anderen Seite hin. Folglich sollte der Interviewende entscheiden, zu welchem Zeitpunkt und in welcher Reihenfolge er welche Fragen stellt (vgl. ebd., 143). FLICK (2006) betont die Notwendigkeit eines großen Maßes an Sensibilität des Interviewers für den konkreten Verlauf des Interviews und für den Probanden (vgl. ebd., 143f.).

PRZYBORSKI & WOHLRAB-SAHR (2009) führen konkreter aus, wie das „Leitfaden-interview" (ebd., 138) im Sinne eines qualitativen Erhebungsinstruments gebraucht werden kann. Wie auch Gläser und Laudel (2009) verorten sie das offene Leitfadenin-terview in solche Untersuchungskontexte, die eine relativ eng begrenzte Fragestellung verfolgen. Die *Auswahl* der Interviewpartner orientiert sich an den Kriterien des *Theoretical Sampling* (vgl. Przyborski & Wohlrab-Sahr 2009, 140). Die Autoren führen weiter aus, dass bei der Durchführung die allgemeinen Prinzipien der Gesprächsführung der interpretativen Sozialforschung berücksichtigt werden sollten. Grundsätzlich bewegt sich nach ihnen der Ablauf des offenen Leitfadeninterviews vom Allgemeinen zum Spezifischen und folgt den Kriterien der Offenheit und der Spezifität. Am Anfang emp-fehlen sie eine offene Fragestellung, einen Stimulus, um Narrationen oder Beschreibun-gen zu erzeugen. Wenn das interessierende Phänomen weitgehend ausgeleuchtet wurde, schließen sich die weiteren – thematisch geordneten – Fragekomplexe an, welche ihrer-seits erneut mit einer offenen Fragestellung eingeleitet werden sollten. So können „Sachverhalte in ihrer situativen Einbettung, in ihrem sozialen, institutionellen und persönlichen Kontext sowie im Hinblick auf ihre subjektive (bzw. auch konstitutionelle) Relevanz geschildert werden" (ebd., 141). Erst dann sollten sich spezifische Nachfragen anschließen. Die Kriterien der Kontextualität und der Relevanz kommen an dieser Stelle zum Tragen. Am Ende des Interviews können sich Fragen anschließen, welche auf Evaluation und auf (kontroverse) Stellungnahmen und Erörterungen abzielen (vgl. ebd., 142). Abschließend betonen PRZYBORSKI & WOHLRAB-SAHR (2009) noch einmal die flexible Handhabung des Leitfadens und seinen Charakter als Orientierungshilfe für den Interviewenden, um nicht einer „Leitfadenbürokratie" (ebd., 144) zu verfallen.

7.4.2 Die Gruppendiskussion

An das Verfahren der Gruppendiskussion, welches in den fünfziger Jahren durch die Ergebnisse von Werner Mangold eine grundlegende Wendung[138] erfahren hat, knüpfte BOHNSACK (2008) gemeinsam mit Mangold an und entwickelte das Verfahren zu einem die Standards qualitativer Methoden erfüllenden Instrument weiter. Dies wurde möglich durch die Ausarbeitung der dokumentarischen Methode auf der Grundlage der Arbeiten von Mannheim und neuerer Verfahren der Textinterpretation[139] (vgl. ebd., 33; Przyborski & Wohlrab-Sahr 2009, 104). Nach BOHNSACK (2004) dienen Gruppen-diskussionen dem Zwecke der Ermittlung von kollektiven Orientierungen, Wissensbe-ständen und Wertehaltungen. Diese bilden sich nicht erst im Diskurs, sondern haben sich vielmehr in der Alltagspraxis der Betroffenen des Kollektivs in ihren konjunktiven Erfahrungsräumen bereits ausgebildet. Sie werden durch den Diskurs lediglich aktuali-siert.

> „Die Gruppe ist somit nicht der soziale Ort der Genese und Emergenz, sondern derjenige der
> Artikulation und Repräsentation generationsspezifischer bzw. allgemeiner kollektiver Erleb-

---

138 Mangolds Beobachtungen führten ihn zu seinem Konzept der „Gruppenmeinung". Dieses wurde für ihn zum Schlüssel für die Analyse von Gruppendiskussionen. Folglich ist der Ge-genstand der Erhebung als „Gruppenmeinung", als „Produkt kollektiver Interaktionen" und nicht als „Summe von Einzelmeinungen" (Prszyborski & Wohlrab-Sahr 2009, 103) konzi-piert.

139 Damit sind z.B. die Textsortendifferenzierung nach Fritz Schütze und die Zugzwänge des Erzählens gemeint (vgl. Nohl 2008, 33ff.).

nisschichtung. Dabei ist jeweils im Einzelfall zu klären, welche kollektiven oder milieuspezifischen Gemeinsamkeiten der Erlebnisschichtung durch den Diskurs bzw. die Gruppe repräsentiert werden, aufgrund welcher der genannten Gemeinsamkeiten sie sich konstituiert hat." (Bohnsack 2004, 378).

Ein Zugang zu den kollektiven Orientierungen wird nach PRZYBORSKI & WOHLRAB-SAHR (2009) durch die Analyse selbstläufiger Passagen in der Gruppendiskussion möglich. Sie führen weiter aus, dass dort, wo es um individuelle Orientierungen und spezifische Aspekte der Handlungspraxis geht, das Gruppendiskussionsverfahren allerdings an seine Grenzen stößt. Um zu gewährleisten, dass die Teilnehmenden über eine gemeinsame Erfahrungsbasis verfügen, ist *Realgruppen*[140] der Vorzug zu geben (vgl. ebd., 109).

Kennzeichen des Gruppendiskussionsverfahrens ist die Verschränkung zweier Diskurse (vgl. Bohnsack 2008, 207). Zum einen handelt es sich um den Diskurs zwischen Forschenden und Untersuchten, zum anderen um den Diskurs der Untersuchten untereinander. Durch die genaue Rekonstruktion beider Diskurse kann zum einen eine Selbst-Reflexion des Forschenden ermöglicht werden. Zum anderen können nach BOHNSACK (2008) die Sequenzen differenziert werden, die (primär) durch Reaktionen auf die Intervention der Forschenden strukturiert sind und jene, in denen die Beforschten selbstläufig aufeinander reagieren und sich untereinander wechselseitig steigern („dramaturgische Höhepunkte") (ebd., 208). So können auch mögliche Widerstände gegen die Interventionen der Forschenden herausgearbeitet werden.

Die Durchführung meiner Datenerhebung orientiert sich an den „reflexiven Prinzipien der Initiierung und Leitung von Gruppendiskussionen" (Bohnsack 2008, 207ff.; vgl. Bohnsack 2004, 380ff.; Przyborski & Wohlrab-Sahr 2009, 109ff.). Alle Diskurse beginnen mit der Eingangsfrage durch die Diskussionsleitung. Sowohl diese als auch die Darstellung des Erkenntnisinteresses sollten für alle Diskussionen gleich bzw. vergleichbar formuliert sein, um im Sinne der komparativen Analyse eine Vergleichbarkeit zwischen den Diskursen herzustellen (vgl. Bohnsack 2004, 380). Es sollten lediglich Themen initiiert und nicht Propositionen vorgeben werden (vgl. Bohnsack, 2008, 208). Dies fiel mir zugegebenermaßen schwer, so dass ich bei den ersten drei Gruppendiskussionen mit einer Provokation eingestiegen bin, die es den Teilnehmenden anfänglich erschwerte, Narrationen zu erzeugen. Nach intensivem Austausch im Rahmen einer Forschungswerkstatt veränderte ich meine Eingangsfrage, welche dann bei einer weiteren Gruppendiskussion zum Tragen kommen konnte. Sie lautete wie folgt: „Ich möchte mich jetzt gern ein wenig mit Ihnen über das kooperative Lernen[141] unterhalten und über Ihre Erfahrungen, die Sie bei der Umsetzung mit dem kooperativen Lernen gemacht haben. Darüber hinaus würde es mich interessieren, ob es für Sie irgendetwas Besonderes am kooperativen Lernen gibt?"

---

140 Darunter verstehen Przyborski & Wohlrab-Sahr (2009) bereits bestehende reale Gruppen, bei welchen man davon ausgehen kann, „dass sie durch existenzielle Gemeinsamkeiten zusammengehalten werden bzw. sich aus diesem Grund konstituiert haben" (ebd., 108).

141 Im Laufe des Forschungsprozesses zeigte sich die Notwendigkeit, meine Eingangsfrage zu verändern und das kooperative Lernen in diese zu integrieren (s.Kapitel 7.4.5 *Anmerkungen zum phasenübergreifenden Modul, zu den Fallanalysen und zum Sample;* s. auch Anhang *Eingangsfrage und Leitfaden*).

Fragereihungen ermöglichen nach BOHNSACK (2008) das Anstoßen von detaillierten Darstellungen (vgl. ebd., 209). Da die Realgruppen ihren Alltag wechselseitig kennen, entsteht während der Diskussion eine Dynamik, die von den Teilnehmenden sozusagen einfordert, sich authentisch zu verhalten und zu erzählen. Diese Dynamik bezeichnet Schütze als die *Zugzwänge des Erzählens*, welche für Erzählungen in Interviews gleichsam wie für Erzählungen in Gruppendiskussionen gelten (vgl. Nohl 2008, 29f., 34). Prinzipiell sollten nach PRZYBORSKI & WOHLRAB-SAHR (2009) Themeninitiierungen und Fragen so formuliert sein, dass diese ein Feld eröffnen und möglichst detaillierte Narrationen und Beschreibungen hervorgebracht werden (vgl. ebd., 114). Um einen selbstläufigen Diskurs zu ermöglichen, sollte sich nach ihnen der Interviewende zurückhalten, so dass ein Thema von der Gruppe abgeschlossen werden kann. Erst wenn das Gespräch zwischen den Teilnehmenden zum Erliegen gekommen ist, ergreift die Leitung das Rederecht und schließt mit einer weiteren immanenten Frage oder Themenstellung an (vgl. ebd., 114). Für die Ausgangsfrage und die Nachfragen empfehlen PRZYBORSKI & WOHLRAB-SAHR (2009) eine Liste anzufertigen, auf die – je nach Notwendigkeit – zurückgegriffen werden kann (vgl. ebd., 114).

7.4.3   Methoden-Triangulation

Nach GLÄSER & LAUDEL (2009) versteht man unter Triangulation in empirischen Untersuchungen eine Kombination unterschiedlicher Methoden mittels der spezifische Schwächen einer Methode durch Stärken anderer Methoden ausgeglichen werden sollen (vgl. ebd., 105; Schründer-Lenzen 2010, 149). In der qualitativen Forschung lassen sich nach Denzin, der Triangulation zunächst als Strategie der Validierung versteht, vier Formen unterscheiden: Daten-Triangulation, Investigator-Triangulation, Theorien-Triangulation und Methoden-Triangulation (vgl. Flick 2008, 13ff., im Anschluss an Denzin 1998). In meiner Studie werden mittels Methoden-Triangulation Daten auf zwei unterschiedlichen Wegen erhoben: Sie stammen aus den leitfadengestützten Interviews und den Gruppendiskussionen und werden mittels der dokumentarischen Methode interpretiert. So wird es möglich, unterschiedliches Datenmaterial innerhalb einer übergreifenden Methodologie der qualitativen Sozialforschung auszuwerten (vgl. Nohl 2008, 14f.). Nach kritischen Diskussionen hat sich das Verständnis von Triangulation in eine andere Richtung verlagert. Nach Marotzki geht es weniger um eine Erhöhung der Validität als vielmehr um eine „Erweiterung der Tiefe und Breite der Analyse" (Loos & Schäffer 2001, 73, zitiert nach Marotzki 1995, 79). Auch Denzin bezeichnet mittlerweile die Triangulation von Daten, Forschenden, Theorien und Methoden als „vernünftigste Strategie der Theoriekonstruktion" (Denzin 1998, 236, zitiert nach Spitz 2003, 86).

7.4.4   Der Prozess der Datenerhebung mit Hilfe von leitfadengestützten Interviews und Gruppendiskussionen

Die bisherigen Ausführungen berücksichtigend sollen abschließend Konsequenzen für den Datenerhebungsprozess, also für die Durchführung der leitfadengestützten Interviews und der Gruppendiskussionen behandelt werden.

Für die Datenerhebung in Form von Gruppendiskussionen entschied ich mich, weil dadurch ein Zugriff auf kollektive handlungsleitende Orientierungen bei der Umsetzung strukturierter kooperativer Lehr-Lernformen von Realgruppen der drei Phasen der Lehrerbildung ermöglicht wurde. Vor dem Hintergrund meiner Forschungsfrage nutzte ich die organisierte Phasenstruktur (vgl. Gellert 2007, 32) der Lehrerbildung als Grundlage der Zusammensetzung meines Samples. Mittels der Gruppendiskussionen und der dokumentarischen Methode erhielt ich einen Zugang sowohl zum reflexiven Wissen als auch zu den handlungsleitenden Orientierungen der Beforschten. Um neben einer möglichen Phasenspezifik weitere Erfahrungsräume rekonstruieren zu können, führte ich parallel zu den Gruppendiskussionen leitfadengestützte Interviews mit Studierenden, Lehrkräften im Vorbereitungsdienst und aktiven Lehrkräften, welche jeweils stellvertretend für die drei Phasen der Lehrerbildung stehen. Durch den Gewinn eines Zugangs zu den individuellen Orientierungen bei der Umsetzung kooperativer Lehr-Lernformen mittels der Interviews erhoffte ich mir, weitere Erfahrungsräume herausarbeiten zu können.

Das Rekrutieren von freiwilligen Interviewpartnerinnen und -partnern erwies sich als unproblematisch. Dagegen wurde die Zusammenstellung eines geeigneten Samples für die Gruppendiskussionen in der ersten Phase der Lehrerbildung, d.h. mit den Studierenden, insbesondere dadurch erschwert, dass aufgrund der unterschiedlichen Angebote zum Erwerb eines Leistungsnachweises (entweder in Form eines Theorie- oder Praxisscheins)[142] nicht alle Studierenden Lehrversuche zum *Wechselseitiges Lehren und Lernen* in der Praxis durchführten und somit auf kein Erfahrungswissen zurückgreifen konnten. Auch mit diesen Studierenden, welche keinen Lehrversuch umsetzten, führte ich Gruppendiskussionen, welche allerdings für meinen methodischen Zugang und mein Forschungsinteresse weniger geeignet waren. Ebenso gestaltete sich das Gewinnen von aktiven Lehrkräften für die Datenerhebung als schwierig. Zwei Lehrkräfte, mit denen ich eine Mini-Gruppendiskussion führte, erzählten weniger aus ihrer eigenen Handlungspraxis. Vielmehr beschrieben und bewerteten sie in ihrer Rolle als Mentorinnen die Umsetzung des WeLL durch ihre LiV aus einer distanzierten Perspektive. Der rekonstruierte Diskurs dieser Mini-Gruppendiskussion weist viele argumentative und bewertende und weniger narrative Elemente auf. Folglich gelang es der Forscherin nicht, in dieser Gruppendiskussion ausreichend viele erzählgenerierende Passagen zu erzeugen, um einen Zugang zu den handlungsleitenden Orientierungen der beiden Mentorinnen zu gewinnen, so dass ich mich zu einer Datennacherhebung entschloss.

Dabei versuchte ich nach der Idee des „Theoretischen Sampling"[143] (Bohnsack 1997a, 201) – dem Prinzip des *Kontrasts in der Gemeinsamkeit* oder der *Gemeinsamkeit im Kontrast* – (vgl. ebd., 201) vorzugehen. Auf der Suche nach weiteren Lehrkräften wurde schnell deutlich, dass die in Frage kommenden Lehrkräfte WeLL nicht „in Reinform" (Hepting 2008, 75), sondern in Kombination mit weiteren Elementen des kooperativen

---

142 S. Fußnote 124. Um einen Empirieschein bzw. Praxisschein zu erwerben, konnten die Studierenden u.a. einen Unterrichtsversuch zu Formen des WeLL im Mathematikunterricht umsetzten.

143 Dieser Begriff geht auf Glaser & Strauss (1998, 51ff.) zurück und bezeichnet ein von ihnen vorgeschlagenes Auswahlverfahren. Zentrales Element dieses Verfahrens ist der Verzicht auf einen vorab bestimmten Auswahlplan zugunsten der schrittweisen Entwicklung eines Samples, welches sich an der im Forschungsprozess entwickelten Theorie orientiert (vgl. Strübing 2008, 154).

Lernens[144] umsetzten. Deshalb entschied ich mich dazu, meine Eingangsfrage und meinen Leitfaden entsprechend anzupassen. So konnte ich drei weitere Lehrkräfte für jeweils ein Interview und eine Mini-Gruppendiskussion[145] gewinnen. Die rekrutierten Lehrerinnen kontrastieren hinsichtlich der Jahre an Berufserfahrung (20 Jahre, 4 Jahre und 1,5 Jahre), der Schulform (Grundschule und Integrierte Gesamtschule) und ihres Alters (60 Jahre, 35 Jahre, 30 Jahre). Alle drei Lehrkräfte erzählten von ihren eigenen Erfahrungen bei der Umsetzung kooperativen Lernens, so dass durch die Nacherhebung weitere relevante Ausprägungen und Differenzen zur Umsetzung von kooperativen Lehr-Lernformen und damit zusammenhängende Dimensionen im Sinne der Entwicklung einer empirisch begründeten mehrdimensionalen Typologie rekonstruiert werden konnten.

Vor Beginn der Interviews und Gruppendiskussionen wurden die Lehrkräfte der dritten Phase darum gebeten, folgende Informationen schriftlich zu fixieren: Alter, Studienabschluss, studierte Fächer und Zeit der Berufserfahrung. Hinsichtlich der teilnehmenden Studierenden und LiV lagen mir als Seminarleitung der Studierenden und Betreuerin der LiV Personallisten vor, denen ich Alter, Fächer und Studiengang der Teilnehmenden der ersten und zweiten Phase entnehmen konnte. Darüber hinaus ermöglichte das durchgehend positive Verhältnis zwischen den Teilnehmenden und der Forscherin informelle Gespräche und ein nachträgliches Nachfragen nach weiteren Hintergrundinformationen wie bspw. nach der Übernahme von längerfristigen Unterrichtsvertretungen.

Alle Audio- und Videoaufnahmen wurden unter Verwendung ausgewählter Transkriptionsregeln (s. Anhang *Transkriptionslegende*) aus der Forschungspraxis von LOOS & SCHÄFFER (vgl. ebd., 2001, 57) und von KRUMMHEUER & FETZER (vgl. ebd., 2005, 189) wörtlich transkribiert. Die Personenbezeichnungen wurden mit frei erdachten Namen maskiert. Um Orientierungen rekonstruieren zu können, bedurfte es eines gewissen Begriffsinventars der Gesprächsanalyse. Nähere Informationen zur Beschreibung der Diskursorganisation und des verwendeten Instrumentariums sowie die bereits erwähnte Übersicht über die verschiedenen Modi der Diskursorganisation finden sich bei Przyborski (vgl. ebd., 2004, 61-76; 285ff.).

Alle Gruppendiskussionen und Interviews wurden mit einer Videokamera aufgenommen. Bei den Interviews lief lediglich die Tonspur der Kamera, bei den Gruppendiskussionen zusätzlich die Bildspur, um die Sprecherwechsel mittels der Bilder besser identifizieren zu können. In der Darstellung und Auswertung des empirischen Teils werden Transkripte eingefügt, um zentrale Orientierungen und ihre positiven und negativen Horizonte zu verdeutlichen und das *Verallgemeinerbare bzw. Typische* mittels komparativer Analyse herauszuarbeiten (vgl. Nentwig-Gesemann 1999, 229).

Durch die Komplexität des Arbeitsprozesses der Typenbildung als auch der Typologie selbst kommt es zu einem Darstellungsproblem. Deshalb wird in Teil C *Eine empirische*

---

144 Nach Hepting (2008) umfasst *Wechselseitiges Lehren und Lernen* spezifische Methoden kooperativen Lernens, welche sich dadurch auszeichnen, dass die Lernenden für einen Teil der Inhalte zu Experten werden und sich das erworbene Wissen wechselseitig vermitteln (vgl. ebd., 10).

145 Die Lehrkräfte baten um ein gemeinsames Interview. Da sich ein selbstläufiger Diskurs entwickelte, bezeichne ich diese Form der Datenerhebung als Mini-Gruppendiskussion.

Analyse auf die Darlegung der formulierenden Interpretationen der einzelnen Fälle verzichtet und der Fokus auf die Darstellung der Typenbildung gelegt.

7.4.5   Anmerkungen zum Modul, zu den Fallanalysen und zum Sample

Das **phasenübergreifende Modul**[146] mit dem Titel *Formen Wechselseitigen Lehrens und Lernens im Mathematikunterricht der Grundschule in einer phasenübergreifenden Veranstaltung in der Lehrerbildung* wurde das erste Mal im Wintersemester 2010/2011 im Rahmen der mathematikdidaktischen Vertiefungen (L1M-MD)[147] und das zweite Mal im Sommersemester 2011 an der Goethe Universität Frankfurt von der Autorin durchgeführt. Geplant war, dass Teilnehmende aus allen drei Phasen der Lehrerbildung, d.h. Studierende, LiV und aktive Lehrkräfte mit dem Lehramt an Grundschulen[148] daran teilnehmen. Die anfänglich interessierten Lehrkräfte blieben bei beiden Durchgängen nach einer besuchten Veranstaltung dem Modul fern und begründeten ihre Nichtteilnahme mit ihrer hohen beruflichen Arbeitsbelastung. Somit waren in beiden Modulen die ersten beiden Phasen der Lehrerbildung vertreten, die aktiven Lehrkräfte der dritten Phase fehlten.

Im Wintersemester 2010/2011 nahmen 27 Studentinnen und insgesamt fünf LiV, drei weibliche und eine männliche LiV mit dem Lehramt an Grundschulen und eine weibliche LiV mit dem Lehramt an einer Schule mit dem Förderschwerpunkt Sprachheilförderung teil, im Sommersemester 2011 waren es 28 Studentinnen, ein Student und drei weibliche LiV mit dem Lehramt an Grundschulen.

Alle an den Interviews und Gruppendiskussionen beteiligten Studierenden und LiV haben im Rahmen des phasenübergreifenden Seminars fachliche und fachdidaktische Grundlagen zu Formen des WeLL im Modus des pädagogischen Doppeldeckers[149] erwerben können. Im Anschluss daran führten sie einen oder mehrere Lehrversuche mit ausgewählten Formen des WeLL im Mathematikunterricht in einer Grundschule (1.-4. Schuljahr) bzw. in einer Schule mit Förderschwerpunkt Sprachheilförderung (6. Schuljahr) durch.

Zu erwähnen ist, dass sowohl die Studierenden als auch die LiV in einem gewissen Abhängigkeitsverhältnis zur Forscherin standen. Sowohl die schriftlichen Reflexionen

---

146   Das formale Design der Veranstaltung wird in Kapitel 6.2 *Phasenübergreifende Konzeptionen in der Lehrer(aus)bildung der Grundschule an der Goethe Universität* genauer dargestellt.

147   L1M-MD steht für *Lehramt an Grundschulen – Modul Mathematikdidaktische Vertiefung*. Der genaue Titel der Veranstaltung lautete: *Formen wechselseitigen Lehrens und Lernens im Mathematikunterricht der Grundschule in einer phasenübergreifenden Veranstaltung in der Lehrerbildung*.

148   Nach dem fachspezifischen Anhang zur SPoL (2005 Teil III) werden im Teilstudiengang Mathematik für das Lehramt an Grundschulen den Studierenden Kenntnisse, Theorien und Methoden für eine Lehrtätigkeit im Fach Mathematik für die Klassen 1 bis 6 vermittelt (vgl. SPoL 2005).

149   Unter dem Begriff pädagogischer Doppeldecker wird die Möglichkeit bezeichnet, „das, womit man sich inhaltlich beschäftigt, auch gleichzeitig zu erleben und wieder in die kognitive Auseinandersetzung mit dem Inhalt einzubeziehen" (Geissler 1985, 8, zitiert nach Wahl 2006a, 62).

der Studierenden als ein Teil der abzugebenden Leistungsnachweise als auch die schriftlichen Ausarbeitungen der LiV, welche in die anzufertigenden *Schriftlichen Arbeiten*[150] als ein verpflichtender Nachweis für das erfolgreiche Ablegen des zweiten Staatsexamens[151] mündeten, wurden von der Forscherin bewertet. Diese Situation ist dem Umstand geschuldet, dass eine andere Möglichkeit hinsichtlich der Rekrutierung von LiV aufgrund des hohen Workloads in der zweiten Phase der Lehrerbildung, insbesondere im zweiten Hauptsemester, m.E. nicht möglich war. Diese Tatsache muss bei den Analysen und der sich anschließenden Typenbildung (mit einer sich möglicherweise dadurch einschränkenden Aussagekraft) berücksichtigt werden. Dennoch zeigen Datenmaterial und Interpretationen auf, dass eine anfänglich eventuell vorhandene Erwartungshaltung von den Beteiligten nicht aufrechterhalten wurde und dass Interviews und Gruppendiskussionen durch die „Zugzwänge des Erzählens" (Nohl 2008, 34) genügend Beschreibungen und Erzählungen beinhalten, um individuelle und kollektive Handlungsorientierungen rekonstruieren zu können. Die Teilnehmenden der dritten Phase der Lehrerbildung, die aktiven Lehrkräfte, standen in einem neutralen Verhältnis zur Forscherin.

Im Folgenden arbeite ich mit dem Begriff der **Fallanalysen**, da sich mein Vorgehen von der reinen Fallbeschreibung, welche in den Arbeiten von Bohnsack ausführlich dargestellt wird, ablöst (s. Kapitel 7.3.3 *Diskurs- bzw. Fallbeschreibung*). Die Interpretationen sind zum einen von der Fragestellung geleitet, ob phasenspezifische (Studium, Referendariat und Beruf) handlungsleitende Orientierungen rekonstruiert werden können, zum anderen, ob sich darüber hinaus auf Grundlage der Rekonstruktion von fallimmanenten und fallvergleichenden Differenzen und Ausprägungen weitere zur Phasentypik querliegende Erfahrungsräume in den Analysen aufzeigen lassen. Die Strukturierung der Fallanalysen ergibt sich aus den folgenden drei Schwerpunkten[152], die sich in allen Fällen des gesamten Samples als **Basistypiken** rekonstruieren ließen.

- Unterrichtsplanung, Vorbereitung und Umsetzung
- Rollenverständnis als Lehrkraft[153]
- Wahrnehmung von und Umgang mit Unsicherheiten, Störungen, Hindernissen

---

150 „Die schriftliche Arbeit dient der Feststellung, ob die Lehrkraft im Vorbereitungsdienst fähig ist, die in einem schulischen Sachverhalt enthaltenen oder durch ein Thema bestimmten pädagogischen Probleme, auch mit ihren Auswirkungen für Schülerinnen und Schüler, Eltern, Lehrkräfte, Schulleitung und Schulaufsicht, zu erfassen und aufgrund erziehungs- und gesellschaftlicher Erkenntnisse und Arbeitsweisen einen Vorschlag für die pädagogische Problemlösung zu erarbeiten." (HLbG 2004, § 46)

151 Vgl. HLbG (2004).

152 Die ersten beiden thematischen Schwerpunkte wurden von der Forscherin initiiert und stießen auf breite Resonanz bei den Beteiligten. Insbesondere der Schwerpunkt der Planung und Vorbereitung wurde von den LiV immer wieder selbstläufig aufgegriffen und ausgeführt. Ähnliche Tendenzen zeigen sich in den Interviews und der Gruppendiskussion mit den Studierenden in Bezug auf das Rollenverständnis, an dem sich bspw. die beteiligten Studierenden der einbezogenen Gruppendiskussion ohne eine gemeinsam hervorgebrachte Konklusion regelrecht *abarbeiten* (s. Kapitel 10 *Eine Typologie von handlungsleitenden Orientierungen*).

153 Die Auseinandersetzung mit dem Rollenverständnis als Lehrkraft schließt implizit die Auseinandersetzung mit der Rolle der SuS ein.

Durch die strukturelle ‚Rahmung' der Lehrerbildung (vgl. Gellert 2007, 44) werden die Beteiligten herausgefordert, ihr pädagogisches Handeln zwischen *Vorgaben und Fremdbestimmung*[154] und *eigener Handlungsfreiheit*[155] *und Verantwortung* zu verorten. Die Sicht auf und der Umgang mit gesetzten Vorgaben und dem eigenen Handlungsspielraum, die sich in fast allen Fällen mit unterschiedlicher Gewichtung rekonstruieren ließen, fließen in die Interpretation der Fallanalysen – teils als eigene Gliederungspunkte, teils integriert in die Interpretationen der Basistypiken – mit ein.

Die Fallanalysen werden entlang der einzelnen Phasen der Lehrerbildung dargestellt. So kann zum einen bereits der existenzielle Hintergrund bzw. die Milieugebundenheit von Orientierungen der Beteiligten der einzelnen Phasen der Lehrerbildung herausgearbeitet werden, d.h., ob ihre Orientierungen an die Erfahrungsräume der Lehrerbildungsphasen rückgebunden werden können. Zum anderen kann aufgezeigt werden, ob über eine mögliche Phasentypik hinaus Orientierungen auf weitere Erfahrungsräume zurückzuführen sind.

In die dokumentarische Interpretation gingen alle Fälle ein. Für die Darstellung in den Fallanalysen wurde eine Auswahl unter den Fällen getroffen. Die anderen Fälle werden im Kapitel 10 *Eine Typologie von handlungsleitenden Orientierungen* exemplarisch dargestellt.

In fast allen Interviews und Gruppendiskussionen ließ sich eine hohe Motivation der SuS bei der Umsetzung kooperativen Lernens rekonstruieren. Dieser Befund fließt bei der Analyse der zweiten Basistypik *Rollenverständnis als Lehrkraft* mit ein. Bei ca. acht der insgesamt zwölf Interviews des Samples und bei drei der vier einbezogenen Gruppendiskussionen lässt sich darüber hinaus eine gemeinsame Orientierung hinsichtlich einer intensiven Auseinandersetzung mit dem Fach Mathematik bei der Umsetzung des WeLL bzw. kooperativer Lehr-Lernformen rekonstruieren, wohingegen das Fach Mathematik in den Interviews mit *Frau Dahl* (S), *Frau Schmidt* (S), *Frau Seeb* (LiV) und *Frau Fürch* (Lk) und in der in das Sample einbezogenen Gruppendiskussion mit den Studierenden eher eine randständige Rolle spielt. Die Bedeutung des Faches Mathematik wird in Kapitel 13 *Schlussfolgerungen für die Gestaltung der Lehrerbildung* aufgegriffen.

Auswahl der Studierenden

Alle beforschten Studierenden befanden sich zum Zeitpunkt der Datenerhebung im 5. oder 6. Semester des Lehramts für Grundschule und hatten die vorgeschriebenen Praktika (vgl. SPSO 2005) im Rahmen ihres bisherigen Studiums absolviert. Zudem haben alle Studierenden ausgewählte Unterrichtsszenarien aus Lehrversuchen, welche akustisch aufgezeichnet bzw. videografiert und transkribiert wurden, im Seminar analysiert. Insgesamt war der Spielraum hinsichtlich der Auswahl der Studierenden eher gering, da

---

154   Synonym dazu wird der Begriff der Heteronomie verwendet.

155   Synonym dazu werden die beiden Begriffe Selbstbestimmung und Autonomie verwendet. Diese Begriffe charakterisieren die Art und Weise der handlungsleitenden Orientierungen der Lehrenden bei der Umsetzung kooperativer Lehr-Lernmethoden und werden nicht verwendet, um Aussagen über die Qualität der Umsetzung zu treffen. Das bedeutet, dass autonomes Handeln nicht gleichzusetzen ist mit einer gelungenen Umsetzung der Methoden bzw. heteronomes Handeln mit einer weniger gelungenen Umsetzung.

nur wenige von ihnen einen Lehrversuch[156] durchführten.[157] So wendete ich mich an die Studierenden, die WeLL im Unterricht umsetzten. Der Auswahl der Interviewten lag neben der Art des Leistungsnachweises (Empirieschein mit Lehrversuch) die Freiwilligkeit ihrer Teilnahme zugrunde. Letztendlich wurden stellvertretend für die Studierenden vier von sieben durchgeführten Interviews und eine von sechs durchgeführten Gruppendiskussionen[158] in das Sample einbezogen und dokumentarisch interpretiert. Da die SPoL (2005) nicht vorsieht, dass Studierende mit dem Lehramt an Schulen mit speziellen Förderschwerpunkten bzw. mit dem Lehramt an weiterführenden Schulen gemeinsam mit Studierenden des Lehramts an Grundschulen an den mathematikdidaktischen Vertiefungen teilnehmen, liegt somit in der ersten Phase keine Vergleichsmöglichkeit mit anderen Lehrämtern vor.

Auswahl der LiV

Bereits im Vorfeld hatte ich den LiV, welche an meinem Fachmodul Mathematik[159] am Studienseminar teilnahmen, mein Projekt vorgestellt und die damit verbundene Absicht erklärt. So konnte ich im ersten Durchgang fünf LiV und im zweiten Durchlauf drei LiV aus den Mathematikfachmodulen für mein Vorhaben gewinnen. Alle beforschten LiV befanden sich zum Zeitpunkt der Datenerhebung im zweiten Hauptsemester ihrer Ausbildung. Sie wurden hinsichtlich der Erstellung ihrer *Schriftlichen Arbeit*[160] im Fach Mathematik mit dem Fokus auf die praktische Umsetzung des WeLL von der Autorin in ihrer Rolle als Ausbilderin am Studienseminar betreut. Die LiV besuchten gemeinsam mit den Studierenden die ersten drei Präsenzveranstaltungen des universitären Moduls, in welchen sie die Möglichkeit hatten, inhaltliche und methodische Grundlagen zur Umsetzung des WeLL zu erwerben und ihre Handlungs- und Interpretationskompetenz zu erweitern. Nach den ersten drei gemeinsamen Veranstaltungen mit den Studierenden haben alle LiV *Wechselseitiges Lehren und Lernen* im Mathematikunterricht in einer

---

156   Die Lehrversuche wurden in der Regel in einem Zeitrahmen von zwei bis drei Unterrichtsstunden durchgeführt.

157   Wie bereits in den Fußnoten 124 und 142 erwähnt, konnte ein Empirieschein in Form der Durchführung eines Lehrversuches, eines *Micro-Teaching* oder einer teilnehmenden Beobachtung erworben werden. Da viele Studierenden zu diesem Zeitpunkt keinen Zugriff auf eine Schule hatten, in der sie den Lehrversuch hätten umsetzen können, machten sie Gebrauch von den beiden letzteren Möglichkeiten.
Unter *Micro-Teaching* wird ein Unterrichtsversuch verstanden, der unter vereinfachten Bedingungen stattfindet und kürzer ist als eine normale Unterrichtsstunde (vgl. Wahl 2006a, 226f.).

158   Alle Studierenden haben an einer Gruppendiskussion teilgenommen. Von den insgesamt sechs durchgeführten Gruppendiskussionen eignete sich nur eine Gruppendiskussion für die Rekonstruktion handlungsleitender Orientierungen. Fünf Gruppendiskussionen ermöglichten aufgrund der gemischten Zusammensetzung der Teilnehmenden, von denen die Mehrheit keine Lehrversuche durchgeführt hatte, keinen befriedigenden Zugang zu handlungsleitenden Orientierungen ebenso wenig wie drei weitere durchgeführte Interviews.

159   Die genaue Bezeichnung des von der Forscherin in der zweiten Phase am Studienseminar geleiteten Fachmoduls Mathematik für das Lehramt an Grundschulen und Schulen mit besonderem Förderbedarf lautete: *Mathematikunterricht beobachten und nach fachdidaktischen Grundsätzen gestalten.*

160   Nach HLbG-UVO (Abl. 4/05, 220f.) haben die LiV im Rahmen der Ausbildung der zweiten Phase eine *Schriftliche Arbeit* anzufertigen.

Unterrichtseinheit von ca. acht bis zehn Unterrichtsstunden umgesetzt. Sie dokumentierten ihre Planungen, Beobachtungen und Erkenntnisse in schriftlicher Form. Zudem haben alle LiV in den letzten beiden Veranstaltungen des universitären Seminars gemeinsam mit den Studierenden ausgewählte Unterrichtsszenarien aus Lehrversuchen im Mathematikunterricht, welche aufgezeichnet und protokolliert bzw. transkribiert wurden, mit Methoden der interpretativen Unterrichtsforschung analysiert.

Stellvertretend für die Lehrkräfte im Vorbereitungsdienst am Studienseminar wurden fünf von fünf durchgeführten Interviews und zwei von zwei durchgeführten Gruppendiskussionen in das Sample einbezogen und dokumentarisch ausgewertet. Die Auswahl der Interviewten beruht auf der freiwilligen Teilnahme an der mathematikdidaktischen Vertiefung an der Universität, des Weiteren an der Bereitschaft, neben der Arbeitsbelastung im Rahmen der Ausbildung an einem Interview bzw. an einer Gruppendiskussion teilzunehmen.

Auswahl der Lehrkräfte

Für die Datenerhebung der dritten Phase konnte ich in der Haupterhebung drei Mentorinnen (zwei Grundschullehrerinnen und eine Lehrerin der Förderschule mit Förderschwerpunkt Sprachheilförderung) der teilnehmenden LiV und darüber hinaus eine weitere Grundschullehrerin gewinnen. Nach der Analyse der Daten einer Mini-Gruppendiskussion[161] mit zwei als Mentorinnen tätigen Lehrkräften stellte sich heraus, dass diese nicht genügend Beschreibungen und Erzählungen beinhaltete, um daraus handlungsleitende Orientierungen zu rekonstruieren. So wurden in einer Datennacherhebung weitere drei Lehrerinnen rekrutiert, welche die Methoden des *Wechselseitigen Lehrens und Lernens* kannten, bereits ausprobiert hatten und diese bzw. einzelne Elemente der Methoden bei der Umsetzung kooperativen Lernens in ihrem Unterricht integrieren. Zwei Lehrerinnen arbeiteten zur Zeit der Datenerhebung an Grundschulen. Eine Lehrerin mit dem Lehramt für Haupt und Realschule war zum Zeitpunkt des Interviews an einer Integrierten Gesamtschule (IGS) vorrangig in den Klassenstufen 5 und 6 eingesetzt. So war es möglich, sowohl eine weitere Mini-Gruppendiskussion als auch ein weiteres Interview mit einem offeneren Leitfaden durchzuführen, um beschreibende und erzählgenerierende Passagen zu erzeugen. Insgesamt kann festgehalten werden, dass es sich für mich als Herausforderung darstellte, Lehrkräfte für Gruppendiskussionen und Interviews zu gewinnen. Stellvertretend für die aktiven Lehrkräfte der dritte Phase wurden drei von drei durchgeführten Interviews, des Weiteren eine Mini-Gruppendiskussion von zwei durchgeführten Mini-Gruppendiskussionen in das Sample einbezogen und dokumentarisch interpretiert.

---

161 An dieser Stelle wäre es angebrachter von einem parallel verlaufenden Interview mit zwei Beforschten zu sprechen, da sich nur in Ansätzen ein selbstläufiger Diskurs entwickelte.

C   Eine empirische Analyse: Handlungsleitende Orientierungen von Studierenden, Lehrkräften im Vorbereitungsdienst und aktiven Lehrkräften

Zunächst wird ein Überblick über das Gesamtsample (s. **Abbildung 3**) gegeben. Die sich daran anschließende Darstellung der *Fallanalysen*, welche auf den durchgeführten Interviews und Gruppendiskussionen basieren, wird anhand von inhaltlichen Schwerpunkten strukturiert. Im Anschluss daran werden Ausprägungen und Differenzen bei der Einführung und Umsetzung strukturierter kooperativer Lehr-Lernformen rekonstruiert. Die Fallanalysen sind bereits komparativ angelegt, um Kontraste innerhalb der Phasen und phasenvergleichend herauszuarbeiten und somit bei der Entwicklung einer Typologie von den Phasen abstrahieren zu können. Möglicherweise lassen sich Erfahrungsräume aufzeigen, die quer zur Phasentypik der Lehrerbildung liegen und diese überlagern. Im **Kapitel 9** *Prozesse der Rezeption und Rekonzeptualisierung* wird das Verständnis der Lehrenden zu kooperativen Lehr-Lernmethoden und speziell zu Formen des WeLL herausgearbeitet und aufgezeigt, welche Auswirkungen die rekonstruierten Orientierungen auf das Verständnis und den Umgang der drei Professionsgruppen mit kooperativen Lehr-Lernmethoden haben. Im dem sich daran anschließenden **Kapitel 10** *Eine Typologie von handlungsleitenden Orientierungen* werden die gewonnen Ergebnisse der im Kapitel 8 *Fallanalysen* entfalteten Typologie unter Berücksichtigung der Rezeptionsprozesse aus Kapitel 9 noch einmal zusammenfassend unter Einbezug weiterer zwei Gruppendiskussionen und weiterer fünf Interviews (s. **Abbildung 3**: Überblick über das Gesamtsample) zur Untermauerung dargestellt. Dabei steht das Aufzeigen des Zusammenhangs zwischen rekonstruierten Typen und Erfahrungsräumen im Mittelpunkt. Zum besseren Verständnis der Analyseergebnisse werden im **Kapitel 10.1** *Exkurs zum Verständnis rekonstruierter Erfahrungsräume und reflexiven Handelns als grundlegende Kompetenz* Schulformtypen, Praxisphasen in der ersten Phase der Lehrerbildung, Struktur und Aufbau der Lehrerbildung und ihre Bezugssysteme und die Reflexionskompetenz näher beschrieben. Diese **Erweiterung der theoretischen Grundlagen** ist aufgrund der rekonstruierten Befunde in Kapitel 8 *Fallanalysen* und in Kapitel 9 *Prozesse der Rezeption und Rekonzeptualisierung* notwendig und erfolgt wegen der explorativen Konzeption der Studie erst an dieser Stelle der Arbeit. Insgesamt hat sich die Analyse der Daten dieser Studie hin zu einer Generierung einer dreidimensionalen Typologie von handlungsleitenden Orientierungen entwickelt.

8   Fallanalysen

Überblick über das Gesamtsample[162]

Erste Phase der Lehrerbildung

Interviewte	geboren Alter in Jahren Anzahl der Semester	Art der Umsetzung	Studierte Fächer Schulart, Klasse Vertretungsunterricht
Frau Dahl	*1989* *23* *5*	*Lehrversuch in Mathematik und Schriftlicher Bericht*	*Mathematik, Deutsch, Englisch* *Grundschule, 4. Schuljahr* *kein längerfristiger Vertretungsunterricht*
Herr Kahn	1984 27 6	Lehrversuch in Mathematik und Schriftlicher Bericht	Mathematik, Deutsch, Englisch Grundschule, 1. Schuljahr kein längerfristiger Vertretungsunterricht, Hausaufgabenhilfe
Frau Lang	1988 23 6	Lehrversuch in Mathematik und Schriftlicher Bericht	Mathematik, Sachunterricht, Deutsch Grundschule, 3. Schuljahr kein längerfristiger Vertretungsunterricht
Frau Schmidt	*1965* *46* *6*	*Lehrversuch in Mathematik und Schriftlicher Bericht*	*Mathematik, Sachunterricht, Deutsch* *Grundschule, 2. Schuljahr* *längerfristiger Vertretungs-unterricht (ca. 320 Vertre-tungsstunden in 2,5 Jahren)*

---

162 Alle Fälle gingen in die *dokumentarische Interpretation* ein. Die in Kapitel 8 *Fallanalysen* dargestellten Fälle sind kursiv gedruckt. Die nicht kursiv gedruckten Fälle werden in Kapitel 10 *Eine Typologie von handlungsleitenden Orientierungen* mit Ausnahme der 2. Gruppendiskussion der LiV exemplarisch dargestellt. Die zweite Gruppendiskussion mit den LiV setzt sich aus *Frau Ehrler, Frau Seeb* und *Frau Hanisch* zusammen. Da sich in dieser Gruppendiskussion keine weiteren Orientierungen rekonstruieren ließen, die Forscherin zudem mit jeder Teilnehmenden ein Interview geführt hat, wird an dieser Stelle auf eine exemplarische Darstellung dieser Gruppendiskussion verzichtet.

Gruppendiskussion	geboren zwischen Alter in Jahren Anzahl der Semester	Art der Umsetzung, Schulart Vertretungsunterricht
Gruppe Studentinnen fünf weiblich Tn	1984-1988 23-27 5. und 6. Semester	vier Lehrversuche in einer Grundschule, eine teilnehmende Beobachtung in der Grundschule kein längerfristiger Vertretungsunterricht (vier Studentinnen), einige Vertretungsstunden (eine Studentin)

Zweite Phase der Lehrerbildung

Interviewte	geboren Alter in Jahren	Umsetzung	Studierte Fächer Schulart, Klasse Vertretungsunterricht
Frau Weber	*1982* *28*	*Lehrversuch in Mathematik und Examensarbeit*[163]	*Mathematik* *Schule mit Förderschwerpunkt Sprachheilförderung, 6. Schuljahr* *Vertretungsunterricht während des Studiums über ein Semester mit ca. acht Stunden pro Woche*
Frau Gerber	*1985* *26*	*Lehrversuch in Mathematik und Examensarbeit*	*Musik, Mathematik, Englisch* *Grundschule, 3. Schuljahr* *kein längerfristiger Vertretungsunterricht*
Frau Ehrler	*1986* *25*	*Lehrversuch in Mathematik und Examensarbeit*	*Deutsch, Evangelische Religion, Mathematik* *Grundschule, 2. Schuljahr* *kein längerfristiger Vertretungsunterricht*
Frau Hanisch	1985 26	Lehrversuch in Mathematik und Examensarbeit	Sachunterricht, Deutsch, Mathematik Grundschule, 3. Schuljahr kein längerfristiger Vertretungsunterricht

---

163 Die Begriffe *Schriftliche Arbeit* und Examensarbeit werden in dieser Arbeit synonym verwendet.

Frau Seeb	1985 26	Lehrversuch in Mathematik und Examensarbeit	Deutsch, Mathematik, Englisch Grundschule, 3. Schuljahr kein längerfristiger Vertretungsunterricht

Gruppendiskussion	**geboren zwischen Alter in Jahren**	**Umsetzung, Schulart, Klasse Sonstiges**
Gruppe LiV 1 vier weibliche Tn, ein männlicher Teilnehmer	1980-1986, 25-31	vier Lehrversuche in der Grundschule ein Lehrversuch in der Schule mit Förderschwerpunkt Sprachheilförderung An der Gruppendiskussion waren Frau Gerber und Frau Weber[164] beteiligt.
Gruppe LiV 2 drei weiblich Tn	1985-1986 26-27	drei Lehrversuche in der Grundschule An der Gruppendiskussion waren Frau Ehrler, Frau Hanisch und Frau Seeb beteiligt.

Dritte Phase der Lehrerbildung

Interviewte	**Alter in Jahren**	**Umsetzung**	**Studierte Fächer Schulart, Klasse Anzahl der Jahre im Beruf**
Frau Jakob	33	in Erdkunde, Team-Teaching mit Frau Weber (LiV) im Fach Mathematik	Arbeitslehre Schule mit Förderschwerpunkt Sprachheilförderung, 6. Schuljahr, ca. fünf Jahre im Beruf
Frau Müller	30	in Mathematik und Sachunterricht	Mathematik, Sport, Religion Grundschule, 2./4. Schuljahr, ca. zwei Jahre im Beruf

---

164 Da sich in der Gruppendiskussion in den Redebeiträgen von *Frau Weber* drei antithetische Differenzierungen (welche ein Hinweis auf nicht geteilte Erfahrungen sein könnten) rekonstruieren ließen, habe ich das vor der Gruppendiskussion mit *Frau Weber* durchgeführte Interview zur weiteren Analyse herangezogen. Des Weiteren habe ich das ebenso vor der Gruppendiskussion durchgeführte Interview mit *Frau Gerber* in die Analyse aufgenommen, da sie sich in der Gruppendiskussion hinsichtlich der Rekonstruktion von handlungsleitenden Orientierungen im Umgang mit Störungen nicht interaktiv eingebracht hat.

Frau Fürch	30	in Mathematik und Politikwissenschaft	Mathematik, Politikwissenschaft Integrierte Gesamtschule, 5. Schuljahr, ca. 1,5 Jahre im Beruf

Mini-Gruppen-diskussion	Alter in Jahren	Umsetzung	Studierte Fächer Schulart, Klasse Anzahl der Jahre im Beruf
Frau Salzner	60	in Deutsch und Sachunterricht, in Ansätzen im Mathematikunterricht	Biologie, Mathematik, Kunst Grundschule, 1.-4. Schuljahr, 20 Jahre im Beruf
Frau Marten	35	in Deutsch, Mathematik und Sachunterricht	Deutsch, Mathematik, Englisch Grundschule, 1.-4. Schuljahr, 5 Jahre im Beruf

Abbildung 3: Überblick über das Gesamtsample

Die Fälle werden in den folgenden bereits komparativ angelegten *Fallanalysen*, in **Kapitel 9** *Prozesse der Rezeption und Rekontextualisierung* und in **Kapitel 10** *Eine Typologie von handlungsleitenden Orientierungen* entlang der Lehrerbildungsphasen dargestellt.

- Interview mit Frau Dahl (S, GrS) und Interview mit Frau Schmidt (S, GrS)
- Interview mit Frau Ehrler (LiV, GrS) und Interview mit Frau Gerber (LiV, GrS)
- Interview mit Frau Weber (LiV, SSH)
- Mini-Gruppendiskussion mit Frau Marten und Frau Salzner (Lk, GrS) und Interview mit Frau Fürch (Lk, IGS)

Zu Beginn der Interviews wurden alle Befragten von der Forscherin aufgefordert, zunächst einmal darzustellen, was für sie das Besondere des WeLL ist, was WeLL für sie in ihrem Verständnis bedeutet. In allen Interviews und Gruppendiskussionen[165] lassen sich Ausschnitte herausfiltern, deren Interpretationen ein sowohl ähnliches als auch unterschiedliches Verständnis[166] in Bezug auf strukturierte kooperative Lehr-Lernformen als auch einen unterschiedlichen Umgang mit diesen Methoden deutlich werden lassen. Auf das unterschiedliche Verständnis wird im **Kapitel 9** *Prozesse der Rezeption und Rekontextualisierung* genauer eingegangen.

---

165 Die verwendete Eingangsfrage der in den ersten drei in das Sample einbezogenen Gruppendiskussionen erwies sich für den Einstieg als weniger geeignet, um erzählgenerierende Passagen zu erzeugen. Deshalb wurde diese im Laufe der Datenerhebung durch die Eingangsfrage der Interviews ersetzt (s. Teil F Anhang *Eingangsfragen und Leitfaden*).

166 Im Sinne der komparativen Analyse werden (zwei) Fälle vergleichend dargestellt, die hinsichtlich eines bestimmten Merkmals einen minimalen und hinsichtlich eines anderen Merkmals einen maximalen Kontrast aufzeigen.

Eine Verortung zwischen normativen Vorgaben der Bezugssysteme[167] und Selbstbestimmung wird von den Beforschten nur vereinzelt explizit thematisiert. Diese lässt sich aber mit unterschiedlicher Intensität und Gewichtung in allen Fällen aus den erfahrungsbasierten Schilderungen in Bezug auf die Basistypiken rekonstruieren und wird somit an den entsprechenden Stellen in die Interpretationen mit einfließen.

Der weitere Verlauf der Gespräche und Diskussionen folgte in der Regel einer thematischen Initiierung zur *Planung, Vorbereitung und Umsetzung des WeLL* (**erste Basistypik**) durch die Forscherin. In einigen Fällen, bspw. im Interview mit Frau Ehrler und in der Mini-Gruppendiskussion mit Frau Salzner und Frau Marten, wird das Thema von den Beforschten selbst eingebracht. Im weiteren Gesprächs- bzw. Diskussionsverlauf wurde thematisch entweder exmanent bzw. immanent, je nach sich darstellenden Anschlussmöglichkeiten an die Beiträge der Beforschten, nach dem *Rollenverständnis als Lehrkraft* (**zweite Basistypik**) gefragt. Beschreibungen und Erzählungen ermöglichten es der Forscherin, immanent an den von den Beforschten dargestellten *Unsicherheiten, Störungen und Hindernissen* bei der Umsetzung kooperativer Lehr-Lernformen (**dritte Basistypik**) anzuknüpfen.

8.1   Erste Phase der Lehrerbildung – Studierende

Die Kontaktaufnahme zu den Studierenden und die Organisation der Interviews und der Gruppendiskussionen erfolgten über das von mir angebotene Hauptseminar an der Universität. Alle Interviews mit den Studierenden fanden im Rahmen eines weiteren Termins in einem Seminarraum der Universität statt. Die Gruppendiskussionen wurden jeweils im Anschluss an das Seminar geführt. Zum Zeitpunkt der Durchführung hatten alle teilnehmenden Studierenden ihren Lehrversuch durchgeführt, im Seminar ihre Planung erläutert, einen Unterrichtsausschnitt vorgestellt und diesen gemeinsam mit der Seminargruppe analysiert. Im Laufe der jeweils einsemestrigen Veranstaltung hatte ich den Studierenden mein Projekt vorgestellt und die Absicht meiner Studie erklärt. Die Studierenden zeigten sich offen und interessiert und waren für die Gruppendiskussion und die Interviews schnell zu gewinnen.

8.1.1   Interviews mit Frau Dahl (S, GrS) und mit Frau Schmidt (S, GrS)

Frau Dahl ist die jüngste der beforschten Studentinnen. Sie hat WeLL in ihrer Praktikumsklasse umgesetzt. In ihrer durchgeführten Unterrichtssequenz führte sie das Partnerpuzzle zum Thema „Tangram" in einem 4. Schuljahr durch. Ihr selbst gewählter Beobachtungsschwerpunkt war die soziale Interaktion.

Frau Schmidt ist ca. 22 Jahre älter als der Altersdurchschnitt der anderen Studierenden. Sie hat eine Berufsausbildung gemacht, einige Jahre in ihrem Beruf gearbeitet, zwei Kinder großgezogen und sich dann zum Studium des Lehramts für Grundschule ent-

---

167   Unter dem Begriff Bezugssysteme werden in dieser Arbeit die drei Lehramtsstudiengänge L1, L2, L5 (vgl. SPoL 2005) in den Bildungsinstitutionen der Universität bzw. Hochschule und des Studienseminars als auch die dazugehörigen Schulformtypen der Grundschule und der weiterführende Schule respektive der IGS und der Schule mit Förderschwerpunkt Sprachheilförderung verstanden. Es werden nur die in meinem Sample vertretenen Schulformen berücksichtigt.

schlossen. Des Weiteren hatte *Frau Schmidt* nach ihrer Aussage zum Zeitpunkt des Interviews ca. 320 Vertretungsstunden in einem Zeitraum von ca. 2,5 Jahren an verschiedenen Schulen im Rahmen von „Unterrichtsgarantie-Plus"[168] gegeben. In ihrer Unterrichtssequenz setzte sie das Partnerpuzzle zum Thema „Bewegung auf der Hundertertafel mit Hilfe von Operatoren" in einem 2. Schuljahr um. Ihre selbst gewählten Beobachtungsschwerpunkte waren fachliches und soziales Lernen.

Im Gegensatz zu *Frau Dahl* verfügt *Frau Schmidt* über Erfahrungen hinsichtlich längerfristiger Vertretungstätigkeiten. In beiden Fällen lassen sich gemeinsame und unterschiedliche Orientierungen herausarbeiten, welche sich an den Erfahrungsraum der ersten Phase (Studium und Praktika) als auch an die Dimension des unterrichtlichen Erfahrungswissens und seiner reflexiven Verarbeitung rückbinden lassen.

8.1.1.1   Individuelle Orientierungen von Frau Dahl und Frau Schmidt

Zunächst werden die Ergebnisse der beiden Interviews mit *Frau Dahl* und *Frau Schmidt* gemeinsam dargestellt und fallvergleichend interpretiert. Die Strukturierung der Fallanalysen ergibt sich aus den drei Schwerpunkten, den Basistypiken.

Planung, Vorbereitung und Umsetzung

Nach der Eingangsfrage, welche sich auf das Verständnis des WeLL bezog, knüpft die Forscherin mit einer exmanenten Frage nach Planung, Vorbereitung und Umsetzung des WeLL an.

Frau Dahl (S, GrS): Planung, Vorbereitung und Umsetzung

22 D:	Ja also ich hab besonders darauf geachtet, dass das eben gut strukturiert ist, dass mir
23	klar ist: Was will ich in der Stunde erreichen/, wie kann ich das am besten umsetzen/?
24	Und hab mir dann eben den Plan auch wirklich Schritt für Schritt so aufge- äh
25	aufgeschrieben, wie ich den dann auch machen will/, dann hab ich eben besonders
26	darauf geachtet, wie erklär ich das den Kindern zu Anfang, also wie steig ich in die neue
27	Arbeitsmethode ein, wie kann ich den Kindern das begreiflich machen, was ich jetzt mit
28	ihnen vorhab/, und eben auch so Anschaulichkeiten und (.) detaillierte Erklärungen für
29	einzelne, Stationen während des Arbeitsablaufs, dass ich die eben vorher schon
30	vorbereitet hab, und die dann für die Kinder praktisch zusätzliche Hilfestellungen oder,
31	am Anfang eben für die Instruktion, mehr Anschaulichkeit dabei hatte\, also darauf hab
32	ich auch geachtet\. <00:02:22>
33 I:	Noch was darüber hinaus/? Wenn Sie jetzt nochmal zurückblicken/? <00:02:29>l
34 D:	@(.)@ Ja also eben auch w- äh was, also was soll am Ende der Stunde dabei
35	rauskommen, welches Lernziel hab ich, und (.) auf also auf welche Sachen möchte ich
36	eben besonderen Hauptaugenmerk legen, und ja auch, wie kann ich eben meine
37	Ergebnisse am Ende für die Kinder sichern/? Und dann hab ich das eben in=ner Form
38	von=nem Arbeitsblatt gehabt, damit die Kinder was in der Hand haben, was sie dann

---

168 „Unterrichtsgarantie-Plus" ist ein Aktionsprogramm des Hessischen Kultusministeriums (HKM) gegen den Unterrichtsausfall an hessischen Schulen. Es soll sicherstellen, dass für die SuS sowie die Eltern die Stundenpläne auch in der Umsetzung eingehalten werden. Wenn ein Lehrer krank wird oder aus anderen Gründen plötzlich ausfällt, muss spätestens am dritten Tag die Vertretung gesichert sein (vgl. Hessisches Kultusministerium 2006).

39   eben auch, in ihre Hefter tun können und, damit sie eben sehen, also was, was sie in
40   der Stunde eben gelernt haben und was sie, dann eben, gesichert haben sozusagen\.

Ein „Plan", an den man sich „Schritt für Schritt" halten kann, gibt *Frau Dahl* Sicherheit und nimmt die Angst vor ungeplanten Ereignissen *(positiver Horizont)*. Die Studentin hat nach wie vor eine wichtige Rolle inne, allerdings mehr im Hintergrund als auf der *Haupttribüne*. Sie ist es, die zum einen die Lernumgebung gedanklich vorbereitet, Lernziele festlegt, zum anderen muss sie den Kindern zunächst das Partnerpuzzle mittels „Instruktion" und „Anschaulichkeit" beibringen, damit diese damit arbeiten können. *Frau Dahls* Fokus liegt auf dem Vermittlungsaspekt (Erklären, Instruieren) hinsichtlich des „Arbeitsablaufs" der „Arbeitsmethode". Sie versucht, den Kindern das Partnerpuzzle auf deklarativ-begrifflicher Ebene begreiflich und anschaulich zu machen, in der Hoffnung, dass die Kinder dieses dann auch beherrschen. Da *Frau Dahl* nun nicht mehr die frontale Figur ist, die alleine Wissen vermittelt, befürchtet sie einen Kontrollverlust in der Hinsicht, dass die Kinder nicht genug lernen bzw. die Kinder die von ihr gesetzten Lernziele nicht erreichen *(negativer Horizont)*. Zum anderen muss sie ihre Rolle anders legitimieren, da sie nicht mehr alleinige Wissensvermittlerin ist. Das zeigt sich in der Art, dass nicht die Kinder ihre Ergebnisse sichern, sondern dass *Frau Dahl* ihre Ergebnisse für die Kinder in Form eines Arbeitsblattes sichern lässt, welches die Kinder dann abheften. Nach Meinung von *Frau Dahl* muss der Lernzuwachs sichtbar sein. Ein vorzeigbares Ergebnis in Form eines Arbeitsblattes gibt Sicherheit und legitimiert ihre veränderte Rolle.

Frau Dahl kann bei der Planung und Umsetzung des WeLL auf wenig bis kein unterrichtliches Erfahrungswissen zurückgreifen. Ein Plan, ein Konzept, eine Anleitung gibt der Studentin Sicherheit bzw. mindert die Angst vor ungeplanten Ereignissen. Ein Lernen am direkten Modell, an der Praxis macht immer ein Reagieren auf Unvorhergesehenes notwendig und das macht *Frau Dahl* Angst. Der Studentin fehlt das Erfahrungswissen, dass es nicht ausreicht, das Partnerpuzzle nur theoretisch verstanden zu haben, sondern dass die Kinder dafür praktische Erfahrungen machen müssen, dass und wie diese Methode *geht* und dass sie für das Einleben Zeit und Raum benötigen. Das muss ihnen auch ermöglicht werden.

Auch für *Frau Schmidt* spielt die Planung eine wichtige Rolle.

Frau Schmidt (S, GrS): Planung, Vorbereitung und Umsetzung
23 Sch: Ja, also die Planung war mir deswegen wichtig/, weil ich wollte auf jeden Fall, dass die
24   Kinder da einen Lernerfolg haben\, und ich finde die Planung (2) ist die Vorarbeit/, und
25   wenn es nicht gut geplant ist kann man=s auch nicht gut umsetzen besonders wenn
26   man vorher noch nie damit gearbeitet hat\, (1) es gab unheimlich viel zu bedenken/
27   dabei also jeder Aspekt musste bedacht werden was die Gruppeneinteilung betrifft was
28   jede Gelenkstelle an sich betrifft und man musste das aus verschiedenen Perspektiven
29   betrachten\, das war natürlich jetzt beim ersten Mal so beim zweiten oder dritten Mal
30   wird das anders/, und das war in der Planung halt für mich ganz besonders und
31   deswegen war=s auch relativ intensiv <00:02:25>
32 I: Können Sie nochmal sagen was Sie unter Gelenkstellen verstehen/ und dann
33   erzählen, wie Sie diese organisiert bzw. in Ihrem Lehrversuch umgesetzt haben/?
            <00:02:34>

34 Sch: Die Gelenkstellen waren für mich jeweils die Übergang=änge von der einen in die
35   andere Phase/, auch schon also ich hab das ja in nem anderen Raum hab ich so=ne
36   Einführung nochmal gehalten/, und auch schon wenn wir von dem einen Raum in den
37   anderen Raum gegangen sind\ um dann in die nächste Phase überzugehen\, das war
38   auch schon ne Gelenkstelle, wie ich das plane\, wie plane ich das, dass die Kinder sich
39   dann direkt an die Puzzleplätze setzen und nicht erst nochmal an die anderen\ das
40   muss alles bedacht werden und es muss immer ein Hinweis erfolgen\, und sofern war
41   jede Gelenkstelle für sich/, musste ich überlegen was denken jetzt vielleicht die Kinder/,
42   wie könnten die das alternativ umsetzen was könnte dabei schief gehen\, und ja das ich
43   hab nicht alles formuliert und auch nicht alles, verschriftlicht/, aber ich hab halt drüber
44   nachgedacht\ <00:03:30>

Das Umsetzen einer neuen Methode passiert nicht einfach von selbst, sondern bedeutet für *Frau Schmidt* eine intensive Vorbereitung insbesondere deshalb, weil sie hinsichtlich der Umsetzung des Partnerpuzzles auf kein unterrichtliches Erfahrungswissen zurückgreifen kann, „noch nie damit gearbeitet hat", es zum ersten Mal macht und den Kindern darüber hinaus einen Lernerfolg ermöglichen will. *Frau Schmidt* sieht sich hinsichtlich der Einführung dieser Methode in einem Lernprozess. Eine intensive Vorbereitung ist nach ihrer Meinung Grundlage, um den Kindern einen Lernerfolg zu ermöglichen. Auch *Frau Schmidt* plant entlang der Phasen und Gelenkstellen, allerdings nicht nur aus ihrer Perspektive, sondern auch aus der Sicht der Kinder. Hier dokumentiert sich eine gewisse Flexibilität in Bezug auf Unterrichtsplanung allgemein, allerdings noch nicht hinsichtlich der Planung des Partnerpuzzles. Weniger bedeutsam ist es für *Frau Schmidt*, sich alles aufzuschreiben und bei der Umsetzung des Partnerpuzzles nach Anleitung vorzugehen.

Zusammenfassend lässt sich festhalten, dass sich sowohl bei *Frau Schmidt* als auch bei *Frau Dahl* eine Orientierung an einer rezeptologischen[169] Planung herausarbeiten lässt, welche ihnen Sicherheit bei der Umsetzung des Partnerpuzzles gibt. Ebenso wie *Frau Dahl* orientiert sich auch *Frau Schmidt* an dem vorgegebenen Ablauf bzw. der Struktur der Methoden des WeLL, allerdings nicht ausschließlich auf theoretischer Ebene wie *Frau Dahl*, sondern ihr unterrichtliches Erfahrungswissen integrierend und verschiedene Perspektiven berücksichtigend. Unterschiede werden ebenso hinsichtlich der Umsetzung der Planung sichtbar. In weiteren Transkriptausschnitten lässt sich herausarbeiten, dass *Frau Schmidt* die Planung als Orientierung nutzt, in ihrer Umsetzung des Partnerpuzzles aber flexibel bleibt. Die **gemeinsame Orientierung** von *Frau Schmidt* und *Frau Dahl* besteht also hinsichtlich einer **rezeptologisch orientierten Planung** im Vorfeld.

Eine Orientierung an einer rezeptologisch orientierten Planung lässt sich neben dem Interview mit *Frau Dahl* (S) auch in den Interviews mit *Frau Lang* (S) und *Herrn Kahn* (S) rekonstruieren[170] (s. Kapitel 10 *Eine Typologie von handlungsleitenden Orientie-*

---

169 Rezeptologisch ist ein von der Forscherin verwendeter Ausdruck mit Interpretationscharakter und meint in dieser Arbeit eine programmatische Anleitung zur Planung und Umsetzung des WeLL. Frau Dahl verwendet in diesem Zusammenhang den Ausdruck „Schritt für Schritt" (s. Zeile 24 im Transkriptausschnitt mit Frau Dahl).

170 Die Orientierung an einer rezeptologisch orientierten Planung und Umsetzung kann auch in der Gruppendiskussion mit den Studierenden rekonstruiert werden. Neben dieser Orientie-

rungen). Bei *Frau Schmidt* (S) allerdings kommt es bei der **Umsetzung** des WeLL zu einer **Überlagerung** des Erfahrungsraums der ersten Phase der Lehrerbildung und der Dimension ihres unterrichtlichen Erfahrungswissens.

Rollenverständnis als Lehrkraft

Anknüpfend an die bereits in Ansätzen beschriebene Rolle der Lehrkraft bei *Frau Dahl* bzw. an die dargestellte Rolle der SuS bei *Frau Schmidt* knüpft die Forscherin mit einer immanenten Frage nach der Rolle der Lehrkraft an.

Frau Dahl (S, GrS): Rollenverständnis als Lehrkraft

44 D: Also, ich hab mich eben ganz stark als (.) Instruiererin @(.)@ gefühlt, weil ich eben am
45   Anfang so das Gefühl hatte, dass es den Kindern schwer fällt, erst mal zu begreifen, was
46   will die Lehrerin jetzt von mir, warum soll ich das jetzt so machen und nicht, wie wir=s
47   bisher gemacht haben/, und deswegen hab ich halt auch ziemlich lang ich glaub acht
48   Minuten ungefähr hab ich eben das genau erklärt hab auch an=nem Beispiel noch mal,
49   erklärt, wie sie sich das vorzustellen haben, dann haben sie=s dann auch verstanden,
50   und während der Arbeitsphase hab ich dann eben eher Hilfestellung gegeben/ und, hab
51   versucht, wenn irgendwo Unstimmigkeiten oder Streitigkeiten oder es zu laut wurde
52   eben zu schlichten, und ja, also es waren halt es waren 20 Kinder in der Klasse, und die
53   he- saßen dann an so Gruppentischen/, und dann bin ich halt praktisch immer so
54   rotiert\, immer geguckt, wie kommen die voran, was=was läuft da schief oder was läuft
55   da gut/, und (.) ja dann am Ende war ich halt wieder diejenige, wo das Wissen praktisch
56   nochmal abgefragt wurde, und wo das dann gespeichert wurde, also wo sie mir noch-
57   mal sagen sollten explizit: Was hab ich jetzt hier gelernt, was hab ich mitgenommen?

Frau Dahl ist bewusst, dass WeLL etwas Neues für die Kinder ist. Sie sieht die Kinder in einem Erfahrungslernprozess. Um den Kindern WeLL nahe zu bringen, instruiert sie ganz genau über einen Zeitraum von acht Minuten. Dass sie das erinnert, ist ein Zeichen einer genauen Vorabplanung. *Instruktionen* und ‚Beispiele‘ können im Vorfeld geplant werden, erfordern also kein spontanes Reagieren, wie das beim Ausprobieren in der Praxis erforderlich ist. Durch klare Instruktionen versucht *Frau Dahl*, ungeplante Ereignisse zu vermeiden. Das ist in Bezug auf die Planung, aber nicht hinsichtlich der Umsetzung möglich. Während der Umsetzung versucht die Studentin das zu kontrollieren und in den Griff zu bekommen, was sie nicht im Vorfeld planen konnte wie „Unstimmigkeiten“, „Streitigkeiten“ und die ‚Lautstärke‘. Um den Überblick zu behalten, geht sie von Tisch zu Tisch. Nicht die Kinder fordern sie bei Bedarf an, sondern sie geht zu den Kindern ohne Nachfrage. Dass es während der Umsetzung zu laut werden könnte und *Frau Dahl* damit möglicherweise die Kontrolle verliert, beschäftigt die Studentin.

Wichtig für *Frau Dahl* ist, dass die Kinder ‚vorankommen‘, dass die Kinder etwas ‚mitnehmen‘, dass sie genug lernen und ihre Lernziele erreichen. Die Aufmerksamkeit der Kinder durch eine Ergebnissicherung wieder auf sich selbst als Lehrende zurückführen zu können, ist für die Studentin von großer Bedeutung und gibt ihr Sicherheit. Auf der einen Seite will *Frau Dahl*, dass die Kinder selbständig arbeiten, auf der anderen Seite gibt sie den ‚Rahmen‘ vor, innerhalb dessen die Kinder nach ihren Instruktionen agieren

---

rung lässt sich in der Gruppendiskussion herausarbeiten, dass das Relevanzsystem der Studierenden die Auseinandersetzung mit dem Rollenverständnis als Lehrperson ist (s. Kapitel 10 *Eine Typologie von handlungsleitenden Orientierungen*).

dürfen. Ihre Rolle als verantwortliche Lehrperson sieht sie darin, dafür zu sorgen, dass es ‚läuft‘, dass ein vorzeigbares Ergebnis rauskommt. So fühlt sie auf der sicheren Seite, die Kontrolle nicht zu verlieren.

Zum kompetenten Umsetzen und Anwenden der Methoden durch die Kinder reicht es allerdings nicht aus, die Methoden nur zu erklären, sondern die Kinder müssen diese auch anwenden und im Zuge dessen lernen (Ebene der Performanz von Kompetenz[171]). Der Studentin fehlt die praktische Erfahrung, dass es nicht genügt, in ihrer Rolle als Lehrkraft die Methode ausschließlich zu erklären (das wäre die Kompetenz auf der Ebene der Disposition[172]). Das, was für die Studentin das Besondere des WeLL ist, nämlich, „dass die Kinder sich in der Teamfähigkeit erproben können und auch so eben das soziale Miteinander üben" (s. Kapitel 9 *Prozesse der Rezeption und Rekontextualisierung*) leitet ihr theoretisches Wissen. Die praktische Umsetzung allerdings erfordert unterrichtliches Erfahrungswissen, Übung und Reflexivität, über welche *Frau Dahl* noch nicht hinreichend verfügt. Die zur Umsetzung benötigte *veränderte Rolle*[173] der Lehrkraft ist eben nicht einfach vorhanden, sondern muss analog zu der neuen Rolle der Kinder auch von *Frau Dahl* erfahren, erlebt und gelernt werden. Einer Veränderung eines Rollenverständnisses geht voraus, dass überhaupt ein Verständnis der eigenen Rolle als Lehrkraft vorhanden ist, welches bei Frau Dahl noch nicht hinreichend entwickelt ist.

Bei Frau Schmidt zeigt sich ein vorhandenes Rollenverständnis als Lehrkraft, welches eher **pädagogisch orientiert** ist. Sie sieht sich selbst in einem ständigen Reflexionsprozess, ihr eigenes Handeln aus der Distanz betrachtend und weiterentwickelnd.

Insgesamt wird deutlich, dass die Umsetzung einer kooperativen Lehr-Lernmethode ein verändertes Rollenverständnis auf beiden Seiten (sowohl bei den Lehrpersonen als auch bei den SuS) erfordert, welches praktisch erfahren werden muss, in welches man sich einlebt, welches nicht einfach per se da ist.

Frau Schmidt (S, GrS): Rollenverständnis als Lehrkraft
71 Sch: Also meine Rolle hab ich eher gesehen als Moderatorin\, also ich hab den Kindern das
72   erklärt/, und dann muss ich halt sehen wo liegen die Schwierigkeiten bei den Kindern
73   und dann muss ich das irgendwie moderieren, und vielleicht auch mal eingreifen und
74   helfen und sagen hier es war eigentlich, jetzt gerade bei ersten Mal, es war so gedacht,
75   dass du jetzt sie fragst und du das ihr erklärst und nicht nur von den
76   Karten abliest, sondern deine eigene Worten, erfindest\ <00:06:06>

In diesem Ausschnitt wird eine Störung des reibungslosen Funktionierens der Methode thematisiert. Auch hier zeigt sich, dass die neuen Rollen eben erst erlernt werden müssen, damit die Kinder sich wirklich gegenseitig Inhalte vermitteln können. Es reicht

---

171   Zu den Begrifflichkeiten vgl. Nentwig-Gesemann et al. (2011, 23). Von Kompetenz und deren Erfassung kann nach den Autoren „ohne die Berücksichtigung von Performanz ebenso wenig gesprochen werden, wie ein kompetentes Handeln ohne eine entsprechende Disposition nicht möglich ist" (ebd., 23, im Anschluss an Ziener 2006).

172   S. Fußnote 171.

173   Darunter versteht die Analysandin ein Rollenverständnis, welches in einem für die Initiierung von lernerorientierten Lernprozessen (fachlicher und überfachlicher Art) notwendigen Maß Instruktionen beinhaltet und des Weiteren konstruierende Elemente der individuellen und gemeinsamen Auseinandersetzung ermöglicht und zulässt.

nicht aus, die Rollen nur auf einer deklarativ-begrifflichen Ebene zu erklären, sondern sie müssen von den Kindern als den Hauptakteuren ihres Lernens ausprobiert, angewendet und im Zuge dessen erlernt werden. *Frau Schmidt* ist nicht mehr primär Wissensvermittlerin und Instruiererin, sie ,moderiert', ,greift ein' und unterstützt die Kinder bei ihrem Lernprozess.

Die Forscherin schließt mit einer immanenten Nachfrage nach weiteren Rollen vor und nach der Umsetzung des WeLL an.

Frau Schmidt (S, GrS): Rollenverständnis als Lehrkraft

80 Sch: Naja im Vorfeld habe ich die Stunde vorbereitet/, aber das habe ich auch bei anderen
81   Stunden\ <00:06:26>
82 I: (.) Hm. <00:06:28>
83 Sch: ist halt nur ne andere Art die ich vorbereitet hab ne andere Art der Methode von
84   Unterrichtmethode und hinterher/ (2) musste ich mehr reflektieren eigentlich als sonst,
85   also die Reflektionsarbeit hinterher war, deutlich höher als sonst/, weil ich ja einmal
86   selber das neue Konzept reflektieren musste/, und ich hab auch versucht zu reflektieren
87   so=n bisschen aus der Sicht der Kinder\, weil ich finde für die Kinder ist das schon ein
88   Unterschied was sie da gemacht haben zu normalem Unterricht\, und es ist ja für mich
89   wichtig haben sie denn auch den Unterschied verstanden worauf ich da überhaupt
90   hinaus wollte\, und deswegen musste ich schon ziemlich viel darüber nachdenken
91   hinterher\ <00:07:11>

Die Vorarbeit unterscheidet sich nach *Frau Schmidt* im Vergleich zur Vorbereitung anderer Unterrichtsmethoden nicht gravierend. Der Unterschied besteht nach Ansicht der Studentin in der ,erhöhten' „Reflexionsarbeit". Hier zeigt sich erneut, dass *Frau Schmidt* sich selbst als auch die Kinder in einem Erfahrungslernprozess sieht. Nicht nur die nicht sichtbare, vorbereitende, denkende Arbeit im Unterricht ist ihr wichtig, sondern auch die reflexive Auswertung des unterrichtlichen Handelns im Nachhinein aus der Distanz. *Frau Schmidt* sieht ihre Rolle nicht primär in der Vorbereitung und Planung. Neben einer intensiven Planung im Vorfeld ist für sie die Reflexion über ihr eigenes Handeln und auch das der Kinder bei der Umsetzung von Bedeutung. Es ist ihr also wichtig, ob die Kinder ihre veränderten Rollen verstanden haben und ihre neuen Aufgaben auch umsetzen können. In dieser konkreten Situation zeigt sich eine erfahrungsbasierte reflexive Beziehung zwischen Vorgaben und dem, was *Frau Schmidt* in der Praxis umgesetzt hat. *Frau Schmidt* gestaltet ihren und den Lernprozess der Kinder weitgehend selbstbestimmt auf Grundlage von Reflexionsprozessen, theoretisches Wissen und Handlungswissen einbeziehend.

Während *Frau Dahl* im Vorfeld durch eine rezeptologisch orientierte Planung und schrittweise Umsetzung versucht, die Kinder genau zu instruieren, um unvorhergesehene Ereignisse zu umgehen und ihrem Unterrichtsplan folgen zu können, gehören für *Frau Schmidt* eine intensive Planung und eine nachträgliche Reflexion über das Handeln der Kinder und ihr eigenes Handeln zusammen, um so mögliche Handlungsalternativen entwickeln zu können.

Zusammenfassend lässt sich festhalten, dass Frau *Dahl* auf wenig unterrichtliches Erfahrungswissen zurückgreifen kann. Sie sucht nach einer Rolle, in der sie die zentrale pädagogische Akteurin bleibt und die Kontrolle behält, so dass die Kinder ihrer Meinung nach genug lernen bzw. die Lernziele erreichen. Auf der anderen Seite versucht sie, den Kindern auch Verantwortung und Selbstorganisation zuzutrauen. *Frau Schmidt* dagegen hat ein Rollenverständnis als Lehrkraft entwickeln können, welches sie bei der Umsetzung des Partnerpuzzles selbstbestimmt gestaltet und das eine eher **pädagogische Orientierung** aufzeigt, in welcher die Kinder als Hauptakteure ihres eigenen Lernens im Mittelpunkt stehen. Ein (verändertes) Rollenverständnis kann sich eben nur durch unterrichtliches Erfahrungswissen entwickeln, wenn dieses auch reflektiert wird (s. dazu Kapitel 10.1.4 *Reflexion des Handelns – eine grundlegende Kompetenz*).

Wahrnehmung von und Umgang mit Unsicherheiten, Störungen, Hindernissen

Anknüpfend an die Rolle der Lehrkraft fragt die Forscherin beide Studentinnen nach der Auswahl der verwendeten Methode des WeLL. In dem ersten ausgewählten Transkriptauszug kann *Frau Dahls* Verortung zwischen normativem Kontext, konzeptuellen Vorgaben und Selbstbestimmung herausgearbeitet werden.

Frau Dahl (S, GrS): Wahrnehmung von und Umgang mit Unsicherheiten, Störungen, Hindernissen und Verortung zwischen normativem Kontext, konzeptuellen Vorgaben und Selbstbestimmung

74 D: Also ich hab die Form des Partnerpuzzles benutzt/ bei meinem Lehrversuch/, und fand
75   die eigentlich auch ziemlich geeignet für diese Altersstufe, weil=s eben nicht so viele
76   Kinder sind, die gemeinsam miteinander arbeiten, sondern, immer eigentlich nur zwei
77   Personen, die zu einem bestimmten Zeitpunkt aufeinander fixiert sind, und dann
78   wechselt das eben/, und ich glaub das war gerade noch so angemessen, also damit das
79   nicht zu laut wird. Und wir haben ja noch ne Methode ele=kennengelernt, dieses
80   Lerntempoduett, was so ähnlich abläuft, was ich wahrscheinlich sogar noch ein Stück
81   weit besser find, weil eben die Kinder in ihrem eigenen Lerntempo dann, arbeiten
82   können und sich denjenigen suchen, der dann eben das selbe Lernta- äh Lerntempo
83   hat\. Also diese Form find ich geeignet/ und die Gruppenpuzzlemethode würde ich als
84   eher schwierig einschätzen, weil ich eben die=den Verdacht hab, dass es dann eben zu
85   laut wird, weil=s zu viele Kinder sind, dass es vielleicht auch, zu viele Unstimmigkeiten
86   geben könnte, zu viele Meinungen, die aufeinander treffen, und, ich hab zwar noch
87   keine Erfahrung mit der Gruppenpuzzlemethode gemacht, aber so würde ich das
88   einschätzen in der Grundschule\, dass es da eher schwierig ist, je mehr Kinder da
89   zusammen arbeiten müssen\. <00:07:02>

Zum einen begründet *Frau Dahl* die Wahl des Partnerpuzzles didaktisch, nämlich, dass diese Methode „ziemlich geeignet für diese Altersstufe" ist, zum anderen normativ, „damit das nicht zu laut wird". Die Umsetzung der Methoden des WeLL verbindet sie also u.a. mit lauter werden, was im Umkehrschluss bedeutet, dass es im normalen Unterricht leiser ist. Eine angemessene Lautstärke ist für *Frau Dahl* von Bedeutung. Mit der Wahl der entsprechenden Methode wird auch die Lautstärke planbar. Das gibt ihr als Studentin Sicherheit. Hier wird also eine Entscheidung in Bezug auf die Wahl der Methode sowohl aus didaktischer als auch aus normativer Sicht getroffen. Es dokumentiert sich, dass *Frau Dahl* bei der Umsetzung kooperativer Lehr-Lernformen weiterhin am traditionellen Unterricht orientiert ist, der für sie einschätzbar und planbar ist. Mit dem Anspruch, dass es nicht zu laut sein darf, lässt die Studentin Kooperation und Kommunikation (nur) in einem gewissen ‚Rahmen' zu. Dieser ‚Rahmen' kann allerdings von *Frau Dahl* geplant werden, so dass die Angst vor Abgabe der Verantwortung und der Kontrolle gemindert wird. Unterricht, der nicht so verläuft, wie das normativ und konzeptuell vorgesehen ist und wie sie diesen im Vorfeld geplant hat, steht im *negativen Horizont*. Im Unterricht darf es kein ‚zu viel' von etwas geben, wie „zu laut" sein und „zu viele Kinder", die zusammen arbeiten. Als Konsequenz dessen könnten möglicherweise „zu viele Unstimmigkeiten" erzeugt werden. Im *positiven Horizont* steht traditioneller Unterricht, dessen Verlauf einschätzbar ist, der ruhig verläuft und kein spontanes Agieren der Lehrkraft erfordert. Da die Studentin auf wenig **unterrichtliches Erfahrungswissen** zurückgreifen kann, zieht sie ihre im Seminar erworbenen theoretischen Kenntnisse hinsichtlich der Methoden des WeLL und in dieser konkreten Situation zudem Erfahrungswissen heran, welches möglicherweise auf ihrer eigenen Schulbiografie[174] beruht. Da ein Lernen am direkten Modell, an der Praxis, immer auch ein Reagieren auf Unvorhergesehenes bedeutet, ist es nach Meinung von *Frau Dahl* besser, die *einschätzbare Variante* zu wählen, indem gewisse Methoden und mögliche Hürden von vornherein ausgeschlossen werden. Es geht also nicht darum, selber Erfahrungen zu sammeln und zu schauen, ob und wie die Umsetzung des WeLL möglich ist, d.h. Lernen am direkten Modell, sondern um eine Orientierung an konzeptuellen Vorgaben bei der Planung und Umsetzung. In dieser konkreten Situation zeigt sich erneut die Angst vor unvorhersehbaren Situationen und einer möglichen Überforderung, mit diesen umzugehen. Wenn Unterricht dann doch nicht so verläuft, wie das die Planung der Studentin vorsieht, muss noch genauer geplant und **noch mehr instruiert** werden, um Abweichungen von der Planung und somit alternatives spontanes Reagieren zu vermeiden. Das zeigt sich im folgenden Ausschnitt.

Frau Dahl (S, GrS): Wahrnehmung von und Umgang mit Unsicherheiten, Störungen, Hindernissen

154 D:	Also bei, ich hab ja die Tangramme verwendet in meiner Stunde, und da hab ich mich
155	etwas verschätzt mit der Zeit ich hab eigentlich gedacht sie brauchen länger/, und war
156	dann am Ende 10 Minuten eher fertig mit meiner Unterrichtseinheit\. Und ich kann mir
157	aber vorstellen, wenn ich jetzt ne andere Aufgabe gehabt hätte, wo eben mehr Wissen
158	zu vermitteln gewesen wäre, dass man eigentlich zwei Stunden hätte nehmen können,
159	dass man eben in der ersten Stunde, genau instruiert, sich auch länger Zeit nehmen
160	kann dafür, wie das abläuft, mehr Beispiele bringen/, und auch mehr Anschaulichkeit
161	vielleicht auch an die Tafel, (unverständliches Wort) die sie dann ständig haben,
162	während der Arbeit auch, damit sie immer gucken können: Was muss ich beachten/?

Erklärungen können vorbereitet werden. Sich an diese halten zu können, mindert die Angst vor ungeplanten Ereignissen. Sich sicher sein, dass die Kinder es verstanden haben, ist von großer Bedeutung für *Frau Dahl*. Dafür muss sie ein ‚mehr' von etwas reingeben, wie „mehr Anschaulichkeit", mehr Beispiele, Aufgaben mit „mehr Wissen", „länger Zeit nehmen" für den Ablauf und ‚genau instruieren'. Die Kinder erhalten auf deklarativ-begrifflicher Ebene eine Vielzahl von Handlungsanweisungen. Wenn die Kinder diese verstanden haben und sich dann genau an Erklärungen halten und Vorgaben „beachten", läuft der Unterricht nach Plan *(positiver Horizont)*. Erneut zeigt sich,

---

174 S. dazu auch Interview mit *Frau Lang* (S) und Gruppendiskussion mit den Studentinnen im Gliederungspunkt 10.2.2 *Entwickeltes Rollenverständnis als Destillat unterrichtlichen Erfahrungswissens und reflexiver Verarbeitung versus Suche nach einem Rollenverständnis als Lehrkraft*. Auch diese Studierenden orientieren sich noch an der eigenen Lernbiografie als SuS.

dass *Frau Dahl* noch nicht auf ein hinreichend vorhandenes unterrichtliches und reflek-
tiertes Erfahrungswissen mit der Möglichkeit der Entwicklung eines Handlungsrepertoires zurückgreifen kann. Wenn der Unterricht dann immer noch nicht läuft wie geplant, führt die Studentin externe Gründe als Legitimation des *Nicht-Funktionierens*
an, wie im folgenden Transkriptausschnitt deutlich wird.

Frau Dahl (S, GrS): Wahrnehmung von und Umgang mit Unsicherheiten, Störungen, Hindernissen

215 D: [...\, aber in der vierten Klasse sind die halt schon so bisschen
216   frühpubertär, dass sie dann eben alles gleich ausreizen müssen\. Ja das war so das,
217   und man merkt vielleicht auch, wenn man dann so lange Arbeitsphasen hat, dass die
218   Kinder noch, nicht so viel an Konzentration haben, dass sie dann eben bei manchen
219   Kindern, so=n kleines Motivationsloch aufgekommen ist, weil sie halt nicht weiter
220   gekommen sind mit ihrem Tangram, und dass ich dann halt als Lehrperson versuchen
221   musste irgendwie die Motivation wieder hochzuholen, und deswegen hab ich dann halt
222   den Kindern, die gar nicht mehr weiter gekommen sind, ein Teil vorgegeben, sodass sie
223   dann eben an dem Teil ihre gesamte Figur dranlegen konnten\, und dann ging das auch
224   wieder\. <00:17:10>

Wenn der Unterricht anders verläuft als geplant, sind die Kinder dafür verantwortlich.
Sie bringen eben noch nicht die notwendigen Voraussetzungen mit, sie sind „frühpubertär" und ihnen fehlen Konzentration und Motivation. Ihr bisher erworbenes Handlungsrepertoire ermöglicht der Studentin noch nicht, den Kindern unterstützende Maßnahmen
anbieten zu können. *Frau Dahl* hat keine Hilfen und Tipps parat, die den Kindern auf
fachlicher und fachdidaktischer Ebene helfen würden, in ihrem mathematischen Lernprozess weiter zu kommen. Eine Reflexion ihrer eigenen Rolle erfolgt in dieser konkreten Situation nicht. *Frau Dahl* sieht zwar die Kinder in einem Lernprozess, sich selber
aber nicht. Ihre Konzentration liegt auf dem Vermittlungsaspekt, so dass der Inhaltsaspekt wenig bis kaum Beachtung findet. Eigene Anteile können in dieser konkreten Situation aufgrund kaum vorhandener Reflexionsfähigkeit nur in Ansätzen gesehen werden.
Frau Dahl greift auf Legitimierungen externaler Art zurück. Auch eine gewisse Reflexionsfähigkeit ist eine Kompetenz, die erst erlernt werden muss wie auch unterrichtliches Erfahrungswissen gewöhnlich erst in einem längeren Prozess erworben werden
kann. Ein anderer Umgang mit Störungen lässt sich bei *Frau Schmidt* rekonstruieren.

Frau Schmidt (S, GrS): Wahrnehmung von und Umgang mit Unsicherheiten, Störungen, Hindernissen

146 Sch:Es gab da [hustet] es gab das Problem, dass manche Kinder besser und schneller lesen
147   können als andere\ das ist ganz klar\ (3) es gab das es gab überhaupt das Problem, dass
148   eben manche Kinder schneller waren als andere das ist eben in einer heterogenen
149   Klassen ist das immer so\, und ich hab versucht jetzt auf die Heterogenität einzugehen,
150   indem ich Differenzierungsaufgaben gestellt hab\, wenn ich <00:11:57>
151 I: Können Sie genauer erzählen, damit wir uns drunter (unverständliche Phrase)
         <00:11:59>
152 Sch:Die Differen- also, wenn jetzt zum Beispiel Kinder mit ihren Blättern sehr schnell fertig
153   waren/, gab es eben ein bisschen komplizierteres Blatt\, es gab für Kinder, die sich
154   interessiert haben dafür ein Lösungsblatt, das hinter die Tafel gehängt wurde\, es hat
155   sich nicht jeder für die Lösung interessiert, für die Kinder die jetzt zum Beispiel wo ich,

156   ich hab gemerkt die können das nicht richtig lesen\, dann bin ich schon auch mal
157   hingegangen und habe das mit denen zusammen gemacht den ein oder anderen Satz,
158   oder ich hab was erklärt und diese Sachen halt\, aber Hauptaugenmerk war eigentlich
159   die Differenzierungsarbeit, weil es ga- es gab wirklich Kinder die superschnell fertig
160   waren, und welche die nicht so schnell fertig waren\ <00:12:47>

Nach Meinung von *Frau Schmidt* ist die „Heterogenität" ein ganz natürlicher Sachverhalt und keine spezifische Problematik des WeLL. Ihre Aufgabe sieht sie darin, sich auf die „Heterogenität" einzustellen und dementsprechend sowohl bei der Planung als auch bei der Umsetzung zu berücksichtigen. Es kann also bereits im Vorfeld durch eine intensive Planung auf die Heterogenität eingegangen werden, indem „Differenzierungsaufgaben gestellt" werden. Dennoch wird hier an dem auf konkreten Erfahrungen beruhenden Beispiel deutlich, dass *Frau Schmidt* während der Umsetzung trotz intensiver Vorbereitung im Vorfeld situativ und spontan reagiert und ihr Handeln in dieser unvorhergesehenen Situation anders definieren muss. WeLL bedeutet für *Frau Schmidt* ein Bereitstellen von Lerngelegenheiten, welche sich an den Kindern orientieren, Kontrollabgabe und Vertrauen in die Kinder und je nach Bedarf die Unterstützung ihrer Lernprozesse. Das benennt sie mit „Differenzierungsarbeit". Hier zeigt sich, dass *Frau Schmidt* in der Lage ist, während des Handelns eine unvorhergesehene Situation anders zu interpretieren und darauf mit veränderten Handlungsschritten zu reagieren.

Auf die immanente Nachfrage der Forscherin nach weiterer Unterstützung schließt *Frau Schmidt* mit einer kurzen Erzählung an.

Frau Schmidt (S, GrS): Wahrnehmung von und Umgang mit Unsicherheiten, Störungen, Hindernissen
168 Sch:Es war ein, ein Mädchen hat einen Migrationshintergrund und spricht nicht besonders
169   gut Deutsch/, und da war ich auch öfter, die hat schon Schwierigkeiten gehabt\, das
170   war aber (1) ja, nicht so gravierend, dass ich jetzt die ganze Zeit da bleiben musste oder
171   dass ich ganz komplett was anderes nehmen musste\, ich hab mich da auch vorher mit
172   der Lehrerin unterhalten drüber, ich kannte zwar die Kinder aber im Einzelnen,
173   die Kompetenzen kannte ich nicht\, und (1)die hat gesagt es ist eigentlich für das
174   Mädchen kein Problem, wenn man ihr ein bisschen beisteht und das hab ich getan
175   <00:13:49>

Frau Schmidt sieht es als ihre Aufgabe, sich im Vorfeld über die Kinder zu informieren. So war es ihr möglich, bei der Umsetzung auf einzelne Kinder reagieren und auf sie eingehen zu können. Es wird deutlich, dass denkende Vorarbeit und Planung zwar notwendig und hilfreich, allerdings nicht hinreichend für eine gelingende Durchführung sind und situatives und spontanes Handeln während der Umsetzung nicht ausschließen und überflüssig machen. Eine intensive Planung ist keine Garantie für eine erfolgreiche Umsetzung. *Frau Schmidt* plant ihren Unterricht im Vorfeld genau, kann aber auf veränderte Unterrichtssituationen mit möglichen Handlungsalternativen reagieren. Sie zeigt weder eine Distanzierung von den Methoden noch eine Legitimierung externaler Art, obwohl die Sprachkompetenz eines der Kinder nicht besonders gut zu sein scheint. Diese Orientierung lässt sich auch in dem folgenden Transkriptausschnitt rekonstruieren.

Frau Schmidt (S, GrS): Wahrnehmung von und Umgang mit Unsicherheiten, Störungen, Hindernissen

277 Sch: Ja, gut zur Partizipation klar, manche ham das mehr mitgemacht und manche weniger/,
278   wobei ein Junge nicht gut damit zurecht gekommen ist, der hat auch geweint/, weil er
279   sich übergangen gefühlt hat/, wobei dieser Junge sowieso Schwierigkeiten in
280   Mathematik hat/, und dann das Gefühl hatte er muss da zu kreativ sein und kann sich
281   nicht auf das verlassen was er kann\ <00:21:39>
282 I: Mmh, und dann? (unverständliche Phrase)<00:21:41>
283 Sch: Das hat ihn unter Druck gesetzt und ihn irritiert/, dass jetzt von ihm verlangt wurde w
284   wo er=s eigentlich ja gar nicht so gut kann, nem anderen was zu erklären\, und das war
285   für ihn ein bisschen schwierig\<00:21:50>
286 I: Mmh, aha,(.) und was war dann?<00:21:54>
287 Sch: Ähm <00:21:55>
288 I: Also wie war denn <00:21:55>
289 Sch: Naja ich hab <00:21:55>
290 I: diese Situation <00:21:56>
291 Sch: Ja es waren zwei Jungs dabei, die ihn auch ein bisschen übergangen haben/,
292   und dann hab ich denen das nochmal erklärt/, dass es hier auf jeden Einzelnen
293   ankommt/, und dass er wichtig ist für ihren Lernzuwachs und ähm dann ging es besser\,
294   aber er hat sich nicht besonders wohl gefühlt in dieser Situation\ ich würde das nächste
295   Mal vielleicht/, ihn mit einer anderen Gruppe zusammen tun\ ich würde das vielleicht
296   steuern mit wem er zusammen kommt\ <00:22:23>

In diesem Auszug wird eine individuelle Störung bei der Umsetzung der Methode thematisiert, die *Frau Schmidt* wahrnimmt, aber nicht selbst sanktioniert, sondern die von der Gruppe sanktioniert wird. Auch das ist eine Erfahrung, die die Kinder erst machen müssen. Nicht alle Kinder kommen mit den neuen Rollen (gegenseitiges ‚Erklären‘, Verantwortungsübernahme, „kreativ sein") sofort zurecht. Erneut zeigt sich, dass das Erlernen der neuen Rollen bei der Umsetzung des WeLL der Erfahrung und Übung der Kinder, des Weiteren der Unterstützung und ggfs. einer anfänglichen ‚Steuerung‘ durch die Lehrkraft bedarf, damit die Kinder sich selbst Wissen aneignen können. Störungen stellen für *Frau Schmidt* keine Legitimation dar, warum WeLL nicht umgesetzt wird. Vielmehr zeigt sich in dieser konkreten Situation, dass Hindernisse für *Frau Schmidt* zum Unterrichtsalltag dazu gehören, welche der Reflexion der eigenen Handlungsanteile bedürfen.

Zusammenfassend lässt sich festhalten, dass im Vergleich zu *Frau Dahl Frau Schmidt* ihre Rolle als Lehrkraft gefunden hat, die sich an einer Balance zwischen Instruktion und Konstruktion orientiert. WeLL bedeutet für sie (der Situation angemessen) Verantwortung und Kontrolle an die Kinder abzugeben und die Kinder dabei zu unterstützen, diese Rollen zu erlernen und auszufüllen. In Bezug auf die neuen Methoden sieht *Frau Schmidt* sich selbst wie auch die Kinder in einem Erfahrungslernprozess. Diese Tatsache wird expliziert, sie wird nicht verschwiegen, was zeigt, dass es für sie natürlich ist, Methoden nicht von vornherein professionell anwenden zu können, wenn sie sich nicht mit diesen auf theoretischer Ebene auseinandergesetzt und praktisch erfahren hat. Das, was sie sich selbst zugesteht, gesteht sie auch den Kindern zu. Erfahrungslernen bedeutet für sie auch, unvorhergesehene Ereignisse und Störungen als Alltäglichkeiten im Unterricht zu sehen, an denen die Kinder wachsen können. Trotzdem ist es für sie wichtig, den Unterricht intensiv zu planen, besonders dann, wenn Methoden für sie neu sind und sie hinsichtlich dieser auf wenig bis kein Erfahrungswissen zurückgreifen kann. Neben der Planung ist es für sie von Bedeutung, das Unterrichtsgeschehen aus der Distanz zu betrachten und mögliche Handlungsalternativen zu entwickeln. Weder fehlende Kompetenzen, der Umstand, dass es nicht ihre eigene Klasse ist, noch andere Gründe werden als Legitimation der Nichtumsetzung genannt. *Frau Schmidts* Beziehung zwischen normativen und konzeptuellen Vorgaben und selbstbestimmter Handlungspraxis ist reflexiv geprägt.

Als Konsequenz des noch nicht hinreichend entwickelten Rollenverständnisses von *Frau Dahl* ist selbstbestimmtes Handeln nicht möglich. Die Studentin befindet sich noch in einem Rollenfindungsprozess. Dabei pendeln ihre Handlungsorientierungen zwischen theoretischen Kenntnissen von den Methoden des WeLL, einem fragmentarisch unterrichtlichen Erfahrungswissen, normativen und konzeptuellen Vorgaben mit einem externen Legitimationsdruck und der Umsetzung einer kooperativen Lehr-Lernmethode, deren Planung, Umsetzung und Reflexion bewertet wird.

8.2   Zweite Phase der Lehrerbildung – Lehrkräfte im Vorbereitungsdienst

Die Organisation der Interviews und Gruppendiskussionen erfolgten über das von mir universitär angebotene Seminar und über die Betreuung der *Schriftlichen Arbeiten* der LiV am Studienseminar. Zwei Interviews wurden an den Schulen der LiV und drei Interviews am Studienseminar durchgeführt. Beide Gruppendiskussionen fanden an der Universität im Anschluss an das Seminar nach Abgabe der Examensarbeiten statt. Zum Zeitpunkt der Durchführung der Interviews hatten drei teilnehmende LiV ihre *Schriftliche Arbeit* abgegeben, eine LiV stand zu diesem Zeitpunkt kurz vor der Abgabe dieser und mit einer LiV führte ich das Interview während der Umsetzung des praktischen Teils der Arbeit. Alle LiV zeigten Interesse für mein Vorhaben und waren offen für die Teilnahme an Gruppendiskussionen und Interviews.

8.2.1   Interviews mit Frau Ehrler (LiV, GrS) und mit Frau Gerber (LiV, GrS)

Frau Ehrler kannte ich als Teilnehmende aus meinem Fachmodul in Mathematik am Studienseminar. Sofort erklärte sie sich für ein Interview und für die Teilnahme an der Gruppendiskussion bereit. Das Interview wurde nach Abgabe ihrer Arbeit am Studienseminar durchgeführt. Nach meiner Kenntnis hatte *Frau Ehrler* während ihres Studiums keine längerfristige Vertretungstätigkeit übernommen. In ihrer durchgeführten Unterrichtsreihe setzte sie das Lerntempoduett zum Aufgabenformat „Rechensterne" in einem 2. Schuljahr um. Ihr selbst gewählter Beobachtungsschwerpunkt war die Förderung der allgemeinen mathematischen Kompetenzen des Kommunizierens und Argumentierens.

Frau Gerber hatte neben dem Fachmodul Mathematik bereits in ihrem ersten Hauptsemester am Studienseminar ein Wahlpflichtmodul[175] mit dem Titel *Vom trägen Wissen zum kompetenten Handeln* bei der Forscherin besucht. Im Rahmen dieses Moduls lernte sie die Methoden des WeLL kennen und plante eine Musikstunde mit einer dieser Me-

---

175   Das seminarinterne Modul umfasste drei Termine mit jeweils ca. 3,5 Stunden Präsenzzeit.

thoden, welche sie sowohl mit ihrer Lerngruppe in der Schule als auch mit den Teilnehmenden des Moduls umsetzte. Interessiert daran, diese Methoden nicht nur im Musikunterricht, sondern auch im Mathematikunterricht anzuwenden, entschied sie sich, dies in einer Unterrichtsreihe im Rahmen ihrer *Schriftlichen Arbeit* auszuprobieren. Kurz vor Abgabe ihrer Examensarbeit fand das Interview an ihrer Schule statt. In ihrer Unterrichtsreihe setzte *Frau Gerber* das Gruppenpuzzle zum Thema „Geometrische Formen und Körper" in einer 3. Klasse um. Ihr selbst gewählter Beobachtungsschwerpunkt war die Förderung der allgemeinen mathematischen Kompetenzen des Kommunizierens und Argumentierens.

8.2.1.1   Individuelle Orientierungen von Frau Ehrler und Frau Gerber

Es folgt nun die Zusammenfassung der Interpretationen der beiden Interviews mit *Frau Ehrler* und *Frau Gerber*. Dabei ist die komparative Analyse mit den ersten beiden Interviews für die Theoriegenerierung von zentraler Bedeutung. Deren Interpretationen dienen als weitere kontrastierende Vergleichshorizonte für die Interpretation der nun folgenden Fälle. Beide interviewten LiV verfügen über ein etwa vergleichbares Maß an Unterrichtserfahrung und befinden sich zur Zeit der Interviews im letzten Drittel ihres Vorbereitungsdienstes. Ihre Orientierungen hinsichtlich des Verständnisses des WeLL weisen leichte Differenzen auf. Bezüglich ihres Rollenverständnisses und der Planung des WeLL zeigen sich ähnliche Orientierungen. In Bezug auf die Vorbereitungsarbeiten bei der Umsetzung des WeLL und den Umgang mit Störungen zeigen sich deutlichere Unterschiede. Bei *Frau Ehrler* lässt sich der hohe Vorbereitungsaufwand in der Umsetzung als ihr zentrales Relevanzsystem herausarbeiten, welches sie mehrere Male selbst initiierend in ausführlichen Beschreibungen und Erzählungen einbringt. Auch bei *Frau Gerber* lässt sich eine intensive Vorbereitung bei der Umsetzung rekonstruieren, allerdings nicht in der Intensität wie bei *Frau Ehrler*.

Planung, Vorbereitung und Umsetzung und Rollenverständnis als Lehrkraft

Die Basistypiken *Planung Vorbereitung und Umsetzung* und *Rollenverständnis als Lehrkraft* werden gemeinsam interpretiert, da diese sowohl bei *Frau Ehrler* als auch bei *Frau Gerber* in ihren Darstellungen und Erzählungen unmittelbar zusammenhängen. Auf die Frage der Forscherin, was für *Frau Ehrler* das Besondere des WeLL ist, nennt sie zunächst die selbständige Wissensaneignung und Wissensvermittlung der SuS. Auf meine immanente Nachfrage, was WeLL für sie selber ist, beschreibt *Frau Ehrler* den hohen Vorbereitungsaufwand in der Umsetzung, welcher für sie das zentrale Thema ist, wie sich in dem folgendem Transkriptauszug zeigt.

Frau Ehrler (LiV, GrS): Planung, Vorbereitung und Umsetzung und Rollenverständnis als Lehrkraft

12 I: Mh/ (2) Sie haben jetzt gesagt, das @war für meine Schülerinnen@ und Schüler
13   und was war es für Sie?/ @(.)@ <00:00:44>
14 E: @(.)@ Ja mich für selbst war=s natürlich der sehr hohe Vorbereitungsaufwand,
15   dadurch, dass ich mich, erst mal (.) natürlich über den Leistungsstand meiner
16   Schüler informieren musste und darauf aufbauend dann eben die
17   Unterrichtseinheit konzipieren/. Und natürlich jeden einzelnen Schritt beachten
18   musste, vorher schon überlegen musste: Wie kann ich ge=gewisse Phasen
19   durch Lernstrategien unterstützen? Welche Materialien setze ich ein? Welche

20   Rollenkärtchen zum Beispiel wähle ich? Wie kommen die Partner zustande? All
21   diese Dinge waren für mich sehr wichtig im Vorhinein.

Frau Ehrler entfaltet ihr eigenes Thema: den hohen „Vorbereitungsaufwand" in der Umsetzung. Dieser steht im *negativen Horizont*. Jeder ‚einzelne Schritt' muss ihrer Meinung nach bei der Vorbereitung beachtet werden. Alle Aspekte aufeinander abzustimmen („Leistungsstand" der Kinder, Einsatz von „Lernstrategien"[176], Einsatz der „Materialien" und „Rollenkärtchen", Gedanken zur Partnereinteilung usw.), ist für sie von großer Bedeutung. Die zentrale Aufgabe der Lehrkraft ist es also, die Lernumgebung vorzubereiten. Ein positiver Gegenhorizont entfaltet sich in Zeile 77.

Nachdem die Forscherin erneut nach der Bedeutung des WeLL für *Frau Ehrler* fragt, beschreibt sie knapp eine weitere wichtige Rolle der Lehrkraft.

Frau Ehrler (LiV, GrS): Rollenverständnis als Lehrkraft
35 E: Mh/. Ja an mir selbst natürlich, dass ich eben nicht mehr das Wissen vermittelt
36   habe und erst mal auch versucht habe, wenn die Kinder zu mir gekommen sind
37   und wissen wollten, ob sie was richtig gemacht haben, eben eine beratende
38   Funktion einzunehmen und eben nicht, zu sagen: Ja das ist erst mal richtig oder
39   falsch, sondern dass man sie eher unterstützt und eben nicht etwas vorgibt\.
         <00:02:19>

Das Besondere für *Frau Ehrler* ist die neue Rolle, also nicht nur eine neue Rolle für die SuS, sondern auch für sie selber, da sie sich mit dem Gedanken auseinandersetzen muss, dass sie jetzt nicht mehr die einzige ist, die Wissen vermittelt und über richtig und falsch entscheidet. Auch die „beratende" und ‚unterstützende' Rolle ist für sie von Bedeutung. Diese nimmt allerdings nicht den Stellenwert ein wie die Rolle der Vorbereitenden der Lerngelegenheiten. Das zeigt sich auch in dem folgenden Transkriptausschnitt.

Frau Ehrler (LiV, GrS): Planung, Vorbereitung und Umsetzung und Rollenverständnis als Lehrkraft
44 E: Also als erstes fallen mir immer die Unterrichtsmaterialien ein, wenn ich an
45   Unterricht denke. Da war natürlich zu bes- äh rücksichtigen, welche ja\,
46   Arbeitsblätter oder ob ich ein Heft gestalte/. Da hatte ich mich für ein Heft
47   entschieden, wo eben alle Arbeitsblätter, sozusagen d=rin waren und wo die
48   Schüler die ganze Zeit während der gesamten Unterrichtseinheit, eben d=ran
49   arbeiten konnten/.
50   Ja dann musste ich mir natürlich über die Lernstrategien Gedanken machen, die
51   eben auch da d=rin waren/. Da hatte ich mich ja für den Spickzettel
52   hauptsächlich entschieden, mit Fragen, die das Ganze unterstützen in der
53   Aneignungsphase/ und aber auch den Wortspeicher, der eben ja\ eigentlich für

---

176 Huber (2007, 124), Konrad & Bernhart (2007, 20) und Bernhart & Bernhart (2007, 27) sprechen von Lernstrategien. Wahl (2006a) spricht von Methoden (33), Lernhilfen (139) und von *thematischen und lernstrategischen Orientierungen* (103). Andere Autorinnen und Autoren verwenden die Begriffe Lerntechnik, Arbeitstechnik, Lernstrategie und Verfahren zum großen Teil synonym. Als Analysandin verwende ich den allgemeinen Begriff der *unterstützenden* bzw. *flankierenden Maßnahmen*. Diese können die Kinder dabei unterstützen, die an sie gestellten Anforderungen zu bewältigen.

54	die Aneignung, eigentlich für alle Phasen da war, dadurch, dass die Schüler ja
55	darauf zurückgreifen konnten/, mit dem Wortmaterial/. (2) Ja dann ganz
56	wichtig das Lerntagebuch/, was wir ja schon die ganze Zeit geführt haben in
57	einer bisschen anderen Art und Weise, dadurch dass, die Schüler immer
58	konkret auch die Aufgaben reingeschrieben haben und dann, dazu passend
59	eben Stellung genommen haben. Und jetzt in der Unterrichtseinheit war=s ja
60	so, dass sie eben nur ihren Kommentar reingeschrieben haben und den Rest im
61	Rechensterneheft hatten\. <00:03:44>
62 I:	Ahja, ok/. <00:03:45>
63 E:	(2) Genau\, dann hatte ich ja schon die Rollenkärtchen angesprochen/ <00:03:50>
64 I:	Mh/ <00:03:51>
65 E:	Also ich musste mir Gedanken vorher machen, wie kommen die Partner
66	zustande im (.) für die Ver=Vermittlungsphase/. Dazu hatte ich mich
67	entschieden, weil die zwei Rechensternekinder bei mir schon eingeführt waren,
68	und zwar hatte ich da zwei Puppen/ <00:04:05>
69 I:	Ahja\, mh/ <00:04:08>
70 E:	Und (1) dann konnten die Kinder eben sich immer, also die wurden einer Rolle
71	zugeordnet, entweder waren sie Etoile oder Melvin, so hießen die Kinder/. Und
72	die hatte ich eben dann auch auf Kärtchen vorbereitet und dadurch
73	wuss=wussten sie genau: Aha, Melvin erforscht heute Rechensternetyp zwei
74	und, Etoile dann eben den anderen Rechensternetyp. Und (.) diese Puppen
75	waren dann auch immer präsent im Unterricht/ und da konnten sie dann (.) mit
76	äh Namens-ähm Klammern sich d=ranheften und dadurch kamen eben dann
77	die Partner zustande\. Das hat auch sehr gut geklappt\. (1)
78	Was musste ich im Vorhinein noch bedenken? Auf jeden Fall die
79	Raumsituation/. <00:04:48>
80 I:	Ahja, aha. <00:04:49>
81 E:	Das war ganz wichtig bei mir, wir [räuspert sich], wir haben unseren Raum
82	sowieso sehr umgestaltet, also, alle Kinder sitzen nicht mit dem (.) äh mit
83	dem=mit der Sicht zur äh zur Tafel/, sondern eben entweder aus dem Fenster
84	raus oder, ja\ (.) eher in den Raum rein, aber eben nicht zur Tafel/, sodass der
85	Ar- das Arbeiten am Arbeitsplatz sehr viel ruhiger ist/, und dadurch man sich
86	auch im Vorhinein schon selber als Lehrer genau Gedanken machen muss, ja\
87	wie ich die Phasen gestalte\. Das heißt ich kann eben nicht mal so schnell sagen
88	jetzt kommen Partnerarbeiten zustande, sondern dadurch, dass sie ja (.) sehr
89	getrennt sind voneinander eher, beim Einzelarbeiten haben wir (.) Sitzmatten
90	eingeführt/ <00:05:33
91 I:	Mh/ <00:05:33>
92 E:	Und dadurch können die Kinder sich dann eben auf dem, Boden, da ist halt
93	dementsprechend auch mehr Platz/, können sie sich dann eben immer
94	zusammensetzen und dadurch eben dann ja an den Treffpunkten, so nennen
95	wir sie, können sie sich dann treffen\. (.) Ja dementsprechend muss natürlich
96	die Lernumgebung vorbereitet werden/. Da hatte ich ja dann auch (.) die
97	ganzen Materialien eben, meine Rechensterne @musste@ ich natürlich
98	@ausschneiden@, das war sehr viel Arbeit/. <00:05:58>
99 I:	Mmh, mmh. <00:05:59>

In diesem Transkriptausschnitt wird erneut der hohe Vorbereitungsaufwand hinsichtlich der Durchführung deutlich. Aufgabe der Lehrperson ist es nach *Frau Ehrler*, Materialien wie das „Lerntagebuch", das „Rechensterneheft", die „Rollenkärtchen" für die Gruppeneinteilung und die „Rechensterne" vorzubereiten, des Weiteren die den Lernprozess unterstützenden „Lernstrategien" wie den „Spickzettel", den „Wortspeicher" und das „Wortmaterial" anzufertigen. Neben der intensiven *Denkarbeit* und der Materialvorbereitung wird eine genaue und gründliche Planung bei der Durchführung deutlich: genaue Erläuterungen zum Ablauf, Rechensterneheft zum Notieren der Erkenntnisse, „Gedanken" zur Gestaltung der Sitzordnung, „sodass das Arbeiten sehr viel ruhiger ist", und der Einsatz von Rollenkarten, damit die Kinder nicht die gleichen Aufgaben bearbeiten. Der hohe Vorbereitungsaufwand bei der Durchführung ist der zentrale Dreh- und Angelpunkt bzw. das Relevanzsystem für *Frau Ehrler*. Im *positiven Horizont* steht für sie, dass aufgrund der intensiven Planung im Vorfeld die Partnerfindung „sehr gut geklappt" hat, dass der Unterricht läuft wie geplant und dass die intensive Planung sich also in dieser konkreten Situation bewährt hat. Hier zeigt sich, dass die Lehrkraft in ihrem Selbstverständnis daran orientiert ist, dass Unterrichtprozesse vollständig planbar sind. Auch bei *Frau Gerber* lässt sich eine intensive Vorbereitung im Vorfeld rekonstruieren.

Frau Gerber (LiV, GrS): Planung, Vorbereitung und Umsetzung und Rollenverständnis als Lehrkraft

44 G: Also\, da lag eben für mich/ war=war ganz wichtig, dass eben, die, die Themen/ klar
45   gegliedert waren/, die die Kinder beobachtet haben/, dass ich das möglichst
46   anschaulich/ für die Kinder gemacht hab, weil also\, ich hatte ja Thema Körper/,
47   geometrische Körper/, und hab die Kinder dann auch die Körper basteln lassen,
48   dass sie eben, Anschauungsmaterial haben, und sich das wirklich anhand dieser
49   Anschauungsmaterialien selbst erarbeiten konnten/. Ja, das war, war so das
50   inhaltliche/.
51   Dann war=s mir eben wichtig, dass=dass sie eben aber auch einen Überblick darüber
52   haben, in welcher, also ich hab anfangs die Stammgruppen eingeteilt/,hab die Kinder
53   per Farben zugeordnet/, und also sie hatten alle ein Kärtchen/, auf dem ein Körper
54   drauf war und das war dann nach Farbe sortiert/ und, ursprünglich waren eben die
55   Stammgruppen/ zusammen und dann, haben wir festgestellt: Was fällt euch denn
56   auf?/ Was habt ihr denn alle auf eurem Kärtchen? Und dann haben die Kinder eben
57   festgestellt sie haben alle verschiedene/ Körper, und das war so, so die Einführung
58   dann auch für sie, zu sehen: So kommt ihr nachher dann wieder zusammen/ und
59   jeder weiß was über seinen Körper/ und dass=dass diese Struktur ganz klar war\ für
60   die Kinder, das war mir wichtig\. Weil ich dachte, so wissen sie auch für wen (1)
61   mach, also natürlich mach ich das für mich/ und=und, eigne mir mein Expertenwissen
62   für mich an, aber auch irgendwo, dass sie dann auch wieder das Ziel vor Augen
63   hatten: Diesen Kindern muss ich das dann auch erklären. (1) Das war mir wichtig, im
64   Vorhinein.\ <00:05:02>

Für *Frau Gerber* ist die Hinführung der Kinder zum „Selbst-Erarbeiten" von Unterrichtsinhalten von Bedeutung. Auch ist ihr die Anbahnung und Weiterentwicklung von Verantwortungsbewusstsein der SuS wichtig. Diese sollen lernen, für ihren eigenen Lernprozess und den Lernprozess der anderen Kinder Verantwortung zu übernehmen. *Frau Gerber* ist nun nicht mehr primär Wissensvermittlerin, sondern übernimmt zunehmend Aufgaben im Hintergrund, um eine gelingende Umsetzung zu ermöglichen. Sie gestaltet die Lernumgebung, ermöglicht einen „Überblick", schafft „Struktur" bei der Gruppeneinteilung durch den Einsatz farblich unterschiedlicher Karten und stellt „Anschauungsmaterialien" zur Verfügung. *Frau Gerber* unterstützt also die Kinder dabei, über das Praktizieren und Nutzen von unterstützenden Maßnahmen, sich „selbst" mit der Methode des Gruppenpuzzles Wissen aneignen zu können, Verantwortung für ihren eigenen Lernprozess und den der anderen Kinder zu übernehmen und nicht nur für das Abfragen der Lehrkraft zu lernen. Auch hier dokumentiert sich eine intensive Vorbereitung.

Frau Gerber (LiV, GrS): Planung, Vorbereitung und Umsetzung und Rollenverständnis als Lehrkraft

73 G: Ja, also die Rolle der Lehrkraft ist ganz klar denk ich die des Planenden,
74   Strukturierenden/, also ich hab auch für mich gemerkt, dass es sehr viel Arbeit für
75   mich zu Hause war/, dass auch=auch vom Konzept her erst mal so die die Planung
76   über die ganze Einheit: Was will ich wann wie machen?/ Ja, und, und dann eben aber
77   auch so=so bis ins letzte Detail das zu Hause zu planen\, damit ich weiß ich hab das
78   wirklich für die Kinder gut aufbereitet/, dass, dass es da keine Schwierigkeiten gibt\.
79   Ja, also das=das ist mir schon im Vergleich zu=zu sonstigem Unterricht, wobei ich ja in
80   dieser Klasse nicht regulär Mathe unterrichte\, aber trotzdem auch so zu sonstigem
81   Unterricht ist mir das schon aufgefallen, weil manchmal, ist ja, macht man in der
82   Planung, überlegt man sich das schon zu Hause, aber nicht so nicht, so detailliert\,
83   also, das hab ich einfach an mir gemerkt, dass=dass ich wirklich wesentlich, ja noch
84   hinterfragt hab: Was ist, ist das, ist das richtig, können die Kinder damit was
85   anfangen\. Oder=oder muss ich das vielleicht noch eher runter brechen\. <00:07:01>
86 I: Mmh/ und während der Stunden, wie war das?/ <00:07:06>
87 G: Ja, da war ich eigentlich sehr im Hintergrund/, hab das, hab teilweise auch wirklich
88   Möglichkeiten gehabt zu beobachten/, die Kinder sind relativ schnell in diese Rollen
89   rein gewachsen und haben in der, in der Gruppe zusammen gearbeitet/, und haben
90   auch mich wirklich nur dann angesprochen, das hat dann mit der Zeit immer mehr
91   abgenommen\. Anfangs war da natürlich, kamen sie dann immer noch und haben
92   mich dann gefragt: Ja, dürfen wir das jetzt so machen oder sollen wir das so machen?
93   Und dann hab ich eben gesagt: Jetzt überlegt=s euch mal selber/, man, ja/, man,
94   die=die Kinder sind es ja auch gar nicht unbedingt gewöhnt, dass sie, so viel Freiheit
95   haben\. Und ja, (2) ja\. (2) Ja, und(1) da dadurch hatte ich eben auch manchmal
96   son=son bisschen Leerlauf/ sag ich jetzt mal/, wo ich eben auch mal Kindern,
97   einzelnen Kindern, über die Schulter gucken konnte. [laute Geräusche im
98   Hintergrund] Bei Kindern, wo ich weiß, die eventuell <00:08:15>
99[177] I: Entschuldigung?, Entschuldigung?/, entschuldigen Sie?/ [Die Geräusche stoppen],
100   hallo?/ Können Sie vielleicht in 20 Minuten nochmal wiederkommen, weil das wird
101   alles aufgenommen\. <00:08:24>
102 R: Ja (unverständliches Wort). Für wie viel Zeit (die) noch? <00:08:26>
103 I: 20 vor zwei/ <00:08:27>
104 G: L20 Minuten <00:08:27>

---

177 In dem folgenden Transkriptausschnitt (Zeilen 99-105) kommt es zu einer Unterbrechung durch Reinigungspersonal (R), so dass erst einmal geklärt werden musste, wann der Raum zur Reinigung freigegeben werden kann.

105 I: (2) Boa, das ist prima\, danke\
106 I: Jetzt waren wir bei der Rolle/, genau und Ihrem Leerlauf,
107   (nicht Leerlauf/,)auch dass Sie Zeit hatten sich (unverständliches Wort) <00:08:37>
108 G: L Ja und ich hatte auch Zeit eben zu gucken
109   bei=bei Kindern, von denen ich weiß, die vielleicht ein bisschen schwächer sind, wie
110   die so mitkommen, ja\, ob sich die anderen darum kümmern/ oder=oder, ich hab das
111   ja vorher nicht ganz so, also bewusst nicht angesprochen\ und hab gesagt: Du guckst
112   jetzt bitte, dass der auch mitkommt/, sondern, wollte das auch so=n bisschen
113   beobachten, ob die sich von selbst gegenseitig helfen die Kinder und\, ja\, also hab
114   da eigentlich, für viele verschiedene neue Rollen in meiner Situation entdeckt\.
115   Ja und die Kinder/, für die war das Ganze natürlich auch neu/, dadurch hat sich am
116   Anfang/ so=so, also die=dieses selbstbewusste\ Umgehen mit der Materie\, also
117   das=das hat sich immer weiter entwickelt\. Das, es war anfangs waren die Kinder
118   sehr zurückhaltend/ und, und haben dann aber wirklich mit im Laufe des dieser
119   Unterrichtseinheit, auch sich immer mehr getraut einfach von selbst mal was, was (1)
120   sich zu überlegen und=und das dann auch so zu formulieren/ und, ja\ <00:10:01>

Im *positiven Horizont* steht für *Frau Gerber*, dass die Umsetzung nach Plan verläuft. Das allerdings bedeutet eine intensive Vorbereitung („bis ins letzte Detail") im Vorfeld und „viel Arbeit". Das Gruppenpuzzle muss also gut geplant werden, damit es keine „Schwierigkeiten" gibt. Unterricht, der nicht so verläuft wie geplant, steht für *Frau Gerber* im *negativen Horizont*. Eine gute Planung bedeutet für sie, im Vorfeld schon mögliche Schwierigkeiten zu antizipieren und zu beseitigen (Orientierung an der vollständigen Planbarkeit von Lehr-Lernprozessen). Dann entfaltet *Frau Gerber* einen weiteren *positiven Horizont*: Zeit zu haben, die Kinder zu beobachten, wie sie lernen. Diese können nun auch differenziert von der Lehrkraft wahrgenommen werden. Der Schlüssel zum Erfolg der Methode liegt also nicht nur im möglichst reibungslosen Umsetzen der Methode, sondern zum einen darin, dass die Lehrkraft Verantwortung und Kontrolle abgibt, zum anderen, dass die Kinder Verantwortung für ihren Lernprozess übernehmen. Es folgt dann die Thematisierung einer Störung des *Nicht-Funktionierens* der Methode durch die Kinder. Bei ihnen zeigt sich eine anfängliche Irritation in Bezug auf die neue Rolle der Lehrkraft als auch auf ihre eigene Rolle. Es wird deutlich, dass die Kinder ihre neuen Rollen erst einmal erlernen und sich an das (zeitweise) Wegfallen einer Lehrerautorität, die Vorgaben macht und über falsch und richtig entscheidet und an ihre eigenen Freiräume gewöhnen müssen. Dafür allerdings müssen die Kinder praktische Erfahrung machen können, wie das *gehen* kann. Die LiV sieht ihre Rolle als Lehrkraft darin, den Kindern Zeit und Lerngelegenheiten bereit zu stellen und sie auf dem Weg des Lernens zu unterstützen. Sie sieht sich selbst wie auch die Kinder in einem Erfahrungslernprozess.

Frau Gerber (LiV, GrS): Planung, Vorbereitung und Umsetzung und Rollenverständnis als Lehrkraft

281 G: (…) so aufgebaut/ und, natürlich muss man als Lehrkraft eben ne Einleitung, ne
282   Einführung geben, gerade jetzt in diesem speziellen Fall, da es das erste Mal war/,
283   hab ich die erste Stunde fast ausschließlich darauf verwendet eben, zu erklären, wie
284   sind die Gruppeneinteilungen\, wie funktioniert das Ganze\, worauf kommt es an/
285   und die Kinder hatten auch sehr viele Fragen/, also immer noch mal so-so-so
286   rückversichernde Fragen\. So-so dieses: Ich will nichts verkehrt machen/, aber ich bin

287   nicht sicher, ob ich=s schon hundert Prozent verstanden habe\. Und, ja\, und dann

288   hab ich da wirklich ganz viel in, ja in die Erklärung der Methodik/ investiert und,

289   Ja, wie gesagt/ dann im Zwischenteil noch mal das war in der Stunde als es, in die

290   Vermittlungsphase ging/, als die Kinder sich gegenseitig ihr Expertenthema erklärt

291   haben/, da hab ich gemerkt, dass es da einfach, vom Umgangston relativ rau war\.

292   Dass also, dass wenn-wenn, also gerade-gerade sie starken Schüler waren da, sehr

293   ungeduldig\, wenn-wenn ein etwas langsameres Kind vielleicht nicht direkt auf den

294   Punkt gekommen ist\, sondern sehr lange gebraucht hat. <00:24:00>

295 I: Mmh, wie war das dann, was haben sie dann gemacht,

296   wie ging=s weiter/? <00:24:04>

297 G: Also ich-ich bin dann ich hab das natürlich beobachtet und hab dann auch gesehen,

298   dass da der Ton sehr harsch wurde, und bin dann auch immer mal dazwischen

299   gegangen und hab dann gesagt: Hier, macht mal ein bisschen langsam/, vielleicht

300   braucht der einfach ein bisschen länger/ und es ist aber er erklärt euch ja nichts

301   falsches/, und an der Stelle war auch wichtig, da haben manche Kinder glaub ich

302   einfach überhaupt nicht, mitgedacht/, sondern einfach das so <00:24:34>

303 I: Mmh, hingenommen (unverständliches Wort) <00:24:36>

304 G: ᴸRezipiert\ <00:24:36>

305 I: Ah ja <00:24:336>

306 G: Was=was das andere Kind so erzählt hat, die hätten denen erzählen können

       <00:24:41>

307 I: Ah ja <00:24:42>

308 G: Das Pferd da draußen ist blau/ und der Himmel ist grün/, mhhh/, und, wo ich dann

309   aber auch noch mal, ver-, also eingegriffen habe und gesagt hab: Ihr müsst aber auch

310   gucken/, lasst es euch zeigen/, und nicht einfach alles so glauben, sondern auch

311   wirklich mitdenken\, weil ich denk das ist auch für, für=s Lernen/, für=s eigene

312   Lernen ganz wichtig\. Man, ich glaub man lernt auch besser/, wenn, oder was heißt

313   ich glaube, mit Sicherheit lernt man besser, wenn man das Ganze eben noch mal,

314   also an nem Beispiel/ oder, oder selbst eben nachvollzogen hat und nicht einfach

315   aufgeschrieben, Schublade\. <00:25:23>

In diesem Auszug geht es um die Erfahrung, dass trotz einer ausführlichen Einführung mit vielen Erklärungen Unterrichtssituationen nie vollständig planbar und vorhersehbar sind und Störungen auftreten können, auf die *Frau Gerber* in der Lage ist, mittels ihres vorhandenen Handlungsrepertoires flexibel und situativ zu reagieren. Des Weiteren wird erneut die Irritation der Kinder hinsichtlich ihrer neuen Rolle bei der Umsetzung einer kooperativen Lehr-Lernmethode thematisiert, welche eben erst einmal erlernt werden muss. Die Kinder müssen sich daran gewöhnen, dass sie nun diejenigen sind, die Verantwortung für sich und die anderen übernehmen, dass sie ihre angeeigneten Wissensbestände weitergeben und auch Wissen vermittelt bekommen. Das allerdings müssen sie erst einmal praktisch erfahren und ausprobieren können, wozu die Lehrkraft die Kinder motiviert und unterstützt, damit diese in ihre Rollen *hineinwachsen* können.

Zusammenfassend lässt sich festhalten, dass sowohl bei *Frau Ehrler* als auch bei *Frau Gerber* deutlich wird, dass das Anregen von Selbst-Bildungsprozessen von Kindern eine höchst anspruchsvolle Aufgabe ist und zu einer intensiven Auseinandersetzung mit dem eigenen Rollenverständnis und dem der Kinder führt.

Im Vergleich zu *Frau Dahl* (S) lässt sich bei *Frau Schmidt* (S) als auch bei den beiden LiV *Frau Ehrler* und *Frau Gerber* ein eher **konstruktivistisch orientiertes Rollenverständnis** rekonstruieren. Sie sehen die Kinder als Hauptakteure ihres Handelns, sich selber als diejenigen, die die Planungsarbeit im Vorfeld leisten, Lerngelegenheiten zur Verfügung stellen und die Kinder bei der Umsetzung in ihrem Lernprozess unterstützen. Während *Frau Dahl* (S) noch zwischen einem tradierten Unterrichtsverständnis, konzeptuellen Vorgaben und Verantwortungs- und Kontrollabgabe hin und her pendelt, lassen sich bei den anderen drei Lehrenden (*Frau Schmidt* (S) und die beiden LiV *Frau Ehrler* und *Frau Gerber*) die Bereitschaft und ein Zulassen der Verantwortungs- und Kontrollabgabe herausarbeiten. Alle vier Lehrpersonen setzen sich damit auseinander, einen Weg für sich zu finden, um mit den Methoden des WeLL, welche den SuS mehr Freiräume und Gestaltungsmöglichkeiten einräumen, umzugehen. *Frau Dahl* (S) und *Frau Schmidt* (S) gewinnen Sicherheit durch eine eher rezeptologisch orientierte Planung, wobei *Frau Schmidt* (S) im Vergleich zu *Frau Dahl* (S) in der Lage ist, bei der Umsetzung von ihrer Planung abzuweichen. *Frau Ehrler* (LiV) und *Frau Gerber* (LiV) halten trotz einer kooperativen Lehr-Lernform an der Orientierung der vollständigen Planbarkeit von Unterricht fest und *versprechen* sich davon, sogar mögliche Störungen im Vorfeld antizipieren zu können. Der große Vorbereitungsaufwand für die Durchführung ist das relevante Thema für *Frau Ehrler* (LiV). Eine intensive Vorbereitung zeigt sich auch bei den drei anderen Lehrenden, allerdings nicht in dieser Ausprägung. Alle vier Lehrpersonen machen die Erfahrung, dass trotz intensiver Vorbereitung Unterricht anders verlaufen kann als geplant. Das zeigt sich auch in den folgenden Transkriptausschnitten der Interviews mit *Frau Ehrler* (LiV) und *Frau Gerber* (LiV).

Wahrnehmung von und Umgang mit Unsicherheiten, Störungen, Hindernissen und Verortung zwischen Fremd- und Selbstbestimmung

Nachdem *Frau Ehrler* den Vorbereitungsaufwand für die Durchführung im Vorfeld ausführlich erläutert hat, beschreibt sie die Umsetzung des Lerntempoduetts durch fragmentarische Erzählungen, welche sie argumentativ untermauert. Es wird deutlich, dass sie sich bei der Umsetzung des WeLL hinsichtlich normativer und konzeptueller Vorgaben in einem reflexiven Entwicklungsprozess befindet, auf dem Weg, sich bei der Umsetzung situativ von Vorgaben zu lösen, um selbstbestimmter handeln zu können.

Frau Ehrler (LiV, GrS): Wahrnehmung von und Umgang mit Unsicherheiten, Störungen, Hindernissen und Verortung zwischen Fremd- und Selbstbestimmung

136 E: (1) Ja während der Arbeit selber habe ich dann wahrgenommen, dass die
137   Kinder mich doch sehr in Anspruch genommen haben/, weil sie eben diese
138   Rückversicherung von mir brauchten: Ist das jetzt richtig, was soll ich denn da
139   machen/, was soll ich denn da reinschreiben. Das war besonders gegeben, noch
140   beim Spickzettel, gerade bei den ersten beiden Fragen, die zielten nämlich eher
141   so auf ne allgemeiner Basis ab, so: Was ist denn da bei den Sternen überhaupt
142   los, den Stern- diesen Typ auf ner allgemeinen Basis zu erklären, ich sehe zum
143   Beispiel zwei Innenzahlen und eine Außenzahl, deshalb muss ich, da, weiß ich
144   nicht, zwei Multiplikations- und eine Divisionsaufgabe lösen oder so. Das ist
145   ihnen am Anfang schwer gefallen, zum Schluss war=s dann natürlich,
146   einfacher\.
147   (3) Ja während dem Vermitteln/ ist mir dann aufgefallen @(.)@ das war sehr
148   lustig, da kann ich eine Anekdote @mal@ erzählen <00:08:49>

149 I: @(.)@ (unverständliche Phrase) <00:08:49>
150 E: Als die Studentinnen da waren, haben sie ja auch gerade diese
151   Vermittlungsphase gefilmt, und s=si=b=die beiden waren auch im Nachhinein,
152   wir haben ja dann gesprochen, der Meinung, dass zwei Schüler von mir gerade
153   eine tolle, gerade super erklärt haben <00:09:05>
154 I: Ja @(.)@ <00:09:06>
155 E: Also die zwei standen ja auch wirklich nur zwei Meter weit entfernt. Ja dann
156   haben wir uns das Video @angeguckt@ <00:09:10>
157 I: Ja @(.)@ <00:09:11>
158 E: Und dann wurde sich unterhalten über Chicken Döner/ @(.)@ und <00:09:14>
159 I: Ahaa, ok/ <00:09:16>
160 E: um eben deren Großmütter/, ähm also auf jeden Fall kaum über den
161   Unterrichtsinhalt. Und da muss ich halt sagen, das war jetzt die Ausnahme,
162   aber man muss sich halt wirklich auf seine Schüler verlassen können, dass das
163   gerade da läuft. Und das waren auch zwei Schüler, da wusste ich vorher: Wenn
164   die zwei zusammen arbeiten, kann=s Probleme geben, das ist natürlich beim
165   Lerntempoduett, das kann man eben da, nicht so steuern\. Kann ich ja nicht
166   verbieten, dass ihr zwei zusammen arbeitet, wenn ihr gleichzeitig fertig seid\.
167   Aber das war jetzt das eine Mal <00:09:45>
168 I: ᴸAhja, mh, okay. <00:09:46>
169 E: Ist zu verschmerzen, denke ich @(.)@ <00:09:50>
170 I: ᴸHm. <00:09:50>
171 E: (2) Ja da ist mir eben auch aufgefallen, allgemein in der
172   Vermittlungsphase, dass es, dass die Kinder am Anfang sehr oft noch auch
173   einfach ihren Spickzettel vorgelesen haben, dafür war er natürlich auch da, die
174   Lernstrategie, das zu unterstützen/. Viele konnten sich dann auch davon ein
175   bisschen lösen und eben freier erzählen. Einige haben=s dann auch wieder soo
176   @(.)@ übertrieben sag ich mal, dass sie dann nur noch frei erzählt haben und
177   gar nicht mehr auf den Spickzettel geguckt haben. Das hatte dann den Nachteil,
178   dass sie teilweise Sachen, die sie wirklich gut erkannt haben in der
179   Aneignungsphase, dass sie die gar nicht, erzählt haben dann/. Ist natürlich dann
180   schade, dass der Partner das eben nicht mitgekriegt hat\, da musste man dann
181   halt nochmal, genauer besprechen und das auch in den Abschlussplenum
182   immer mal darauf hinweisen\. Das hab ich auch immer versucht, da ein
183   bisschen d=rauf einzugehen, was gerade, so präsent war, deshalb haben wir
184   auch, zum Beispiel nochmal die Merkmale einer guten Partnerarbeit
185   besprochen, eben auf einem Plakat z=zusammengefasst: Was sehe ich in einer
186   guten Partnerarbeit, zum Beispiel Kinder, die sich angucken, und Kinder, die
187   nicht rumzappeln. Einfach so grundlegende Dinge, die eigentlich klar sein
188   müssten, aber, den Kindern eben nochmal bewusst wurden/, dadurch und das
189   konnten sie gerade im Rollenspiel sehr gut erfahren, gerade wenn ich als
190   Lehrperson das, falsche @Verhalten@ nachgemacht habe <00:11:07>
191 I: Ahja <00:11:08>
192 E: Das war wichtig\.
193   Ja und genau bei der Vermittlungsphase war es dann eben so, dass die
194   Gesprächspartner, die eben gerade nur zuhören sollten in Anführungsstrichen,
195   eben (.) wenig nachgefragt haben/, ich weiß (.) ja\, (.) vielleicht war=s ihnen

196   wirklich klar/, weil danach konnten die meisten gut weiter arbeiten, aber
197   dadurch wurde eben (1) eher das Kommunizieren gefördert, als das
198   Argumentieren\, weil wenn ich etwas argumentieren muss, muss ich ja auch
199   beweisen und meinen Gesprächspartner davon überzeugen und das (1) war
200   dann so aber kam eben nicht solche Argumentationen auch im Sinne von
201   (unverständliches Wort) zum Beispiel zustande\. Das könnte man dann
202   eventuell noch durch Lernstrategien für die Gesprächspartner unterstützen,
203   eben dass man gewisse Fragen vorgibt, der Partner muss was aufschreiben
204   dann im Nachhinein, da gibt=s ja auch gewas=gewisse Artikel, die da (.) sich
205   dem widmen\.

Trotz dieser immensen Vorarbeit kann es zu Störungen des reibungslosen Funktionierens der Methode bzw. der sie flankierenden Maßnahmen kommen, d.h. zum einen
müssen die SuS (von der Lehrkraft) in die ‚Lernstrategien' (bspw. den Umgang mit dem
Spickzettel) und in die Umsetzung der Methode eingeführt werden und diese erlernen.
Zum anderen benötigen sie beim Erlernen überfachlicher Kompetenzen (wie Argumentieren und Nachfragen) weitere Unterstützung durch die Lehrkraft. Es zeigt sich hier die
Erfahrung von *Frau Ehrler*, dass anscheinend von den Kindern nicht erwartet werden
kann, dass diese in der Grundschule in formaler mathematischer Sprache ‚überzeugend'
argumentieren können. Vielmehr werden in der Kommunikation der Kinder Begründungen mitgeliefert, so dass das Argumentieren nicht als eigenständige Interaktionsform
auftritt. Das verunsichert die LiV, so dass sie darüber nachdenkt, den Kindern weitere
unterstützende Maßnahmen an die Hand zu geben. Des Weiteren zeigt sich erneut, dass
die Kinder sich an das (zeitweise) Wegfallen einer Lehrerautorität, die allein Vorgaben
macht, gewöhnen müssen. Zudem kann es immer wieder zu individuellen Störungen
kommen, die gar nicht unbedingt von der Lehrkraft wahrgenommen werden. Die Lehrperson hat also nach wie vor eine wichtige Rolle inne, allerdings ist sie nicht mehr die
frontale Figur (veränderte Rolle der Lehrkraft), die Wissen vermittelt, sondern die die
Kinder dabei unterstützt, über das Praktizieren und Einüben von „Lernstrategien" sich
selbst Wissen aneignen zu können *(positiver Horizont)*.

Spontan-Reagieren-Müssen steht allerdings nach wie vor bei *Frau Ehrler* im *negativen
Horizont*. Jetzt hat sie schon so viel im Vorfeld bedacht und dennoch kann es zu Störungen und Problemen kommen („das kann man eben da, nicht so steuern") oder auch
zu Abschweifungen vom Inhalt, die von ihr gar nicht bemerkt werden. Hier dokumentiert sich, dass die LiV in ihrem professionellen Selbstverständnis weiterhin daran orientiert ist, dass Unterricht vollständig planbar ist und nach dieser Planung verläuft *(positiver Horizont)*. *Frau Ehrler* greift die beobachteten Schwierigkeiten zwar auf, steht diesen jedoch ambivalent gegenüber und denkt, sie müsste noch mehr planen und noch
mehr unterstützende Maßnahmen zur Verfügung stellen, um eine gelingende Umsetzung zu gewährleisten. So gerät sie in den Strudel des nicht endenden Vorbereitens. An
dieser Stelle zeigt sich, dass sie sich in der Auseinandersetzung mit der unaufhebbaren
Widersprüchlichkeit zwischen Planbarkeit und Ungewissheit befindet und sie die Gründe für das *Nicht-Funktionieren* external legitimiert. Folgender Ausschnitt zeigt Tendenzen, sich von der Orientierung an der vollständigen Planbarkeit von Unterricht zu lösen
und nach einer veränderten Haltung mit daraus resultierenden möglichen Handlungsalternativen zu suchen.

Frau Ehrler (LiV, GrS): Wahrnehmung von und Umgang mit Unsicherheiten, Störungen, Hindernissen und Verortung zwischen Fremd- und Selbstbestimmung

417 E: Ja also ich hab das dann meistens, wenn ich gemerkt habe das bringt jetzt hier
418   nichts mehr, gemeinsam über ein Problem zu diskutieren, das eben auf den
419   nächsten Tag verschoben, und eben in=ner dem Ganzen ne ges=gesamte
420   Stunde oder so zu widmen\. Also dann hab ich mir dann auch die Freiheit
421   genommen, nicht meinem Plan folgend, irgendwas durchzuführen, sondern
422   eben <00:25:28>
423 I: Mh/ <00:25:29>
424 E: Das in der nächsten Stunde nochmal aufzugreifen\, wo die Kinder dann wieder
425   (.) mehr Konzentration mitgebracht haben. <00:25:34>

Erneut wird eine Störung thematisiert, nämlich das Nachlassen der Konzentration. Es
geht ein weiteres Mal um die Erfahrung, dass trotz intensiver Vorbereitung im Vorfeld
Unterrichtssituationen nie vollständig planbar und vorhersehbar sind *(negativer Horizont)*. Dennoch zeigen sich in dieser auf konkreten Erfahrungen aufruhenden Perspektive erste Tendenzen von Frau *Ehrler*, die für sie bedeutsame unaufhebbare Widersprüchlichkeit zwischen Planbarkeit und Ungewissheit aufzuweichen („nicht meinem Plan
folgend"), die Situation an den Kindern orientiert anders zu interpretieren und darauf zu
reagieren. Es zeigen sich also Anfänge einer gewissen Flexibilität trotz Planung, ein
Loslassen auf Grundlage reflexiven Erfahrungswissens. Das, was im *positiven Horizont*
steht, nämlich die gelingende Umsetzung von Unterricht, ist trotz intensiver Vorbereitung nicht garantiert. Frau *Ehrler* zeigt, dass sie bereit und fähig ist, ihr eigenes Handeln
zu reflektieren, ggfs. von ihrer Planung abzuweichen und situativ zu reagieren.

Auf die wenig erzählgenerierende Frage der Forscherin, ob für die Umsetzung des
WeLL Voraussetzungen notwendig sind, nennt *Frau Gerber* mögliche Störungsquellen
und Hindernisse im Allgemeinen, wie z.B. fehlende Kompetenzen, die dazu führen
könnten, dass die Umsetzung des WeLL nicht gelingt. Ihre Ausführungen beziehen sich
also eher auf ihr theoretisches Wissen bei der Umsetzung des WeLL. Im Anschluss
daran erzählt sie fragmentarisch von zwei Schwierigkeiten bei der Umsetzung des
Gruppenpuzzles, die in ihrer Lerngruppe aufgekommen sind und welche im Anschluss
mit den Kindern noch einmal thematisiert wurden.

Frau Gerber (LiV, GrS): Wahrnehmung von und Umgang mit Unsicherheiten, Störungen, Hindernissen und Verortung zwischen Fremd- und Selbstbestimmung

208 G: Ja, wichtig sind auf alle Fälle soziale Kompetenzen, die Kinder müssen in der Lage
209   sein, eben mit nem Partner oder in einer Gruppe zu arbeiten,(2) andere Kinder, also
210   Aussagen von anderen Kindern akzeptieren zu können, selbst auch reflektieren: Ist da
211   vielleicht was dran?/ Also, das ist ganz wichtig, aber auch eben, und das, das hab ich
212   in, in meiner Lerngruppe jetzt sehr stark gemerkt, dass es eben wichtig ist für die
213   Kinder zu wissen/, jeder/ aus der Gruppe ist verantwortlich, dass es den anderen in
214   der Gruppe gut geht\. Dass die Spaß am Arbeiten haben und, und dass sich niemand
215   irgendwie verletzt fühlt\. Und, dass eben auch Rückmeldung an Kinder, die vielleicht
216   was nicht ganz so gut gemacht haben, vielleicht als Tipps formuliert werden oder als
217   Fragen und, nicht wie in meiner Lerngruppe\: Da hast du mal total versagt\. @(.)@
218   Also, und das, das ist einfach, dass da obwohl diese Lerngruppe da ganz viel schon
219   mitgebracht hat, auch an=an Kompet-, also kooperativen Kompetenzen, da also
220   musste das dann wirklich trotzdem noch mal thematisiert werden, und ich denke da

221   sind auch für, und das ist das Schöne eigentlich an WeLL-Methoden, die Lernziele für
222   verschiedene Kinder einfach auch verschieden\. Also, ja, dass, dass eben für, für
223   manche die, also fachlich/ schon sehr starke Kinder, natürlich auch das, das Lernziel
224   ist, also dass es dann ein inhaltliches Lernziel gibt, aber das für die vielleicht auch
225   noch mal extra soziale Lernziele existieren also\, und, und das ist dann auch wirklich/,
226   also auch im Hinblick darauf: ich helfe nem andern Kind\. Und das ist natürlich was,
227   was bis zum gewissen Punkt mitgebracht werden muss, aber natürlich auch dann
228   noch mal erweitert werden kann genau\. <00:18:31>

Frau Gerber sieht in den auftretenden Schwierigkeiten und ihren pädagogischen Umgang mit diesen die Chance, die Kompetenzentwicklung der Kinder zu unterstützen. Sie bewertet also die Methoden trotz (noch) nicht vorhandener Kompetenzen bzw. trotz auftretender Störungen nicht als ungeeignet für eine Klasse, sondern sieht in diesen die Möglichkeit der Verantwortungsübernahme durch die Kinder, des Anbahnens einer wertschätzenden Feedback-Kultur als auch die Chance, *lernzieldifferent* zu arbeiten. So kann für das eine Kind ein soziales Lernziel und für das andere Kind ein inhaltliches Lernziel von Bedeutung sein, womit die LiV versucht, mittels des Einsatzes des Gruppenpuzzles der Verschiedenheit der Kinder gerecht zu werden. Die Möglichkeit der Differenzierung sieht sie als „das Schöne (…) an WeLL", welches nach *Frau Gerber* ein Lernen auf fachlicher und sozialer Ebene ermöglicht.

Frau Gerber (LiV, GrS): Wahrnehmung von und Umgang mit Unsicherheiten, Störungen, Hindernissen und Verortung zwischen Fremd- und Selbstbestimmung

338 G: Genau, genau\. (2)Ich hab in der, also bevor es dann in die Vertiefungsphase ging\,
339   hab ich noch mal, eine, eine, ja\ kurze Sequenz im Plenum eingeführt, weil ich weil=s
340   mir eben wichtig war an der Stelle, wenn die Kinder jetzt in den, in den
341   Stammgruppen arbeiten und sich in der Vertiefungsphase auch gegenseitig helfen
342   sollen noch mal, war=s mir eben wichtig, vorher noch mal anzusprechen, dass es
343   wichtig ist, dass sich alle Kinder wohl fühlen\ und dass ein Kind was vielleicht, das
344   inhaltlich schon sehr gut verstanden hat, eben nicht nur die Aufgabe hat für sich/,
345   eben seine Aufgaben zu lösen, sondern auch mit die Verantwortung für die anderen
346   Kinder hat, die (1) ja vielleicht noch ein bisschen Schwierigkeiten haben\. Und
347   nachdem ich das angesprochen hatte, hat das eigentlich, also ich hab dann
348   Arbeitsblätter rein gegeben, die die Kinder bearbeitet/ haben, und also da konnte ich
349   wirklich an, in einer Gruppe jetzt speziell dann noch mal beobachten, da hat ein
350   Mädchen dann so=n bisschen ein Problem gehabt, und die andere hat: Und ich hab=s
351   dir doch gesagt/. Und ist dann vom Ton/ so=n bisschen harsch geworden, und dann
352   bin ich zu ihr hin gegangen und hab gesagt: Was ist denn los?/ Und da: Ich hab=s ihr
353   jetzt schon drei Mal erklärt und sie hat=s nicht verstanden/. Und da hab ich gesagt:
354   Ja, aber vielleicht musst du=s einfach noch mal erklären\ und sie versteht=s bestimmt
355   nicht besser, wenn, wenn du, wenn du so ungeduldig bist/ sondern es ist jetzt deine
356   Aufgabe/, und wenn man das, ich hab das dann so hervor gehoben, dass es eben das
357   ihre Aufgabe ist und, und dann später in dieser Stunde saß sie dann auch bei den
358   anderen Kindern und, hat wirklich auch Tipps gegeben, wie sie darauf kommen, um
359   die Aufgabe zu lösen\. Hat also nicht einfach vorgesagt, wie das ja auch oft, der Fall
360   ist, sondern, sondern sie hat wirklich dann auch: Guck mal, da ist noch ein Tipp/ und
361   da so könntest du das raus finden, und, also das-das war wirklich dann, da war ich
362   dann ganz glücklich/, weil ich gedacht hab: Es ist was passiert\. Also\ <00:29:22>

Erneut stehen die Störungen des reibungslosen Funktionierens des Gruppenpuzzles im *negativen Horizont* (fehlende soziale Kompetenzen, inhaltliches Nachfragen, Ungeduld und harscher Ton beim gegenseitigen Erklären). Ab Zeile 358 entfaltet sich dann ein *positiver Horizont*. Nach einer gewissen Zeit des Einlebens der Kinder, des Sammelns von Erfahrungen, dass und wie WeLL *geht*, beginnen die Kinder sich gegenseitig in ihrem Lernprozess zu unterstützen. Es ist also „was passiert". Hier dokumentiert sich zum einen, dass die Einführung und die Umsetzung kooperativer Lehr-Lernmethoden nicht von *jetzt auf gleich* klappen, sondern dass die Kinder sich erst einleben und an ihre veränderte Rolle gewöhnen müssen. Das allerdings ist eine anspruchsvolle Aufgabe, da auch eine gewisse Haltung und ein selbstbestimmtes Handeln der Lehrkraft notwendig sind, um *Durststrecken* auszuhalten. Zum anderen zeigt sich erneut *Frau Gerbers* pädagogischer Umgang mit Störungen als Unterstützung der Kompetenzentwicklung der Kinder. Sie ist bereit und in der Lage, diese anspruchsvolle Aufgabe umzusetzen.

Zusammenfassend lässt sich festhalten, dass im Vergleich zu *Frau Ehrler* (LiV), *Frau Schmidt* (S) und *Frau Gerber* (LiV) einen pädagogischen Umgang gefunden haben, um mit Störungen konstruktiv umzugehen und diese im Sinne der Kompetenzentwicklung der Kinder zu werten und zu nutzen. Beide sind in der Lage, unvorhergesehene Situationen während des Handelns anders zu interpretieren und darauf zu reagieren. Insbesondere bei *Frau Schmidt* (S) zeigt sich die Fähigkeit, ihr Handeln auch im Nachhinein zu reflektieren. Bei *Frau Ehrler* (LiV) wird deutlich, dass sie sich intensiv mit der unaufhebbaren Widersprüchlichkeit zwischen Planbarkeit und Ungewissheit auseinandersetzt. Sich im Erfahrungslernprozess befindend zeigen sich bei ihr deutliche Tendenzen, sich von der Orientierung an der vollständigen Planbarkeit von Unterricht zu lösen, Hindernisse als Chance zu sehen und zu nutzen und Handlungsalternativen im Umgang mit unvorhergesehenen Ereignissen zu entwickeln. *Frau Dahl* (S) kann im Umgang mit Störungen weder auf hinreichend unterrichtliches Erfahrungswissen noch auf ein entwickeltes Handlungsrepertoire zurückgreifen. Eine eher rezeptologische Planung, orientiert an etwas Theoretischem und Konzeptuellem, gibt ihr Sicherheit im Vorfeld. In der Umsetzung selber greift sie bei Nichtgelingen auf Legitimierungen externaler und internaler Art zurück, wohingegen *Frau Ehrler* (LiV) im Vorfeld noch mehr und intensiver plant.

8.2.2   Das Interview mit Frau Weber (LiV, SSH)

Frau Weber hat das Partnerpuzzle in einem 6. Schuljahr zum Thema Bruchrechnung an einer Schule mit Förderschwerpunkt Sprachheilförderung umgesetzt. Bereits einige Zeit vor Anfertigung ihrer *Schriftlichen Arbeit* sprach mich *Frau Weber* hinsichtlich der Betreuung ihrer Examensarbeit an. Sie zeigte großes Interesse daran, ausgewählte Formen des kooperativen Lernens in ihrer Klasse auszuprobieren. *Frau Weber* hatte nach ihren Auskünften im letzten Semester ihres Studiums eine Vertretungstätigkeit mit ca. acht Schulstunden pro Woche übernommen. Des Weiteren hat sie während ihres Studiums am Institut für Sonderpädagogische Psychologie gearbeitet. Ihre Aufgaben beinhalteten nach ihren Informationen die „Lehre" von Studierenden (Tutorium und Repetitorium vorbereiten und durchführen) und die Betreuung und Beratung von Grundschullehrkräften im Hinblick auf Diagnostik und Förderung (Schuleingangs- und Schulleistungstests durchführen und auswerten, Förderempfehlungen geben und selbst eine Fördergruppe leiten). In ihrer Unterrichtssequenz setzte sie das Partnerpuzzle zum

Thema „Bruchrechnung" in einem 6. Schuljahr um. Ihre selbst gewählten Beobachtungsschwerpunkte waren die Anbahnung sozialer Teilkompetenzen und die Förderung der Lernmotivation.

8.2.2.1 Individuelle Orientierungen von Frau Weber

Den Abschluss der zweiten Phase der Lehrerbildung bildet die Interpretation des Interviews mit *Frau Weber*. Die komparative Analyse mit den Interpretationen der Interviews mit *Frau Ehrler* (LiV) und *Frau Gerber* (LiV) als auch mit den Interpretationen der Interviews mit *Frau Schmidt* (S) und *Frau Dahl* (S) sind dabei für die Theoriegenerierung von zentraler Bedeutung.

Planung, Vorbereitung und Umsetzung

Nach der Einstiegsfrage nach dem Verständnis des WeLL (s. Kapitel 9 *Prozesse der Rezeption und Rekontextualisierung*) bittet die Forscherin *Frau Weber*, ein wenig von ihrer Planung zu erzählen.

Frau Weber (LiV, SSH): Planung, Vorbereitung und Umsetzung
30 W: Ja, also zunächst war mir natürlich am allerwichtigsten: Wie kann ich das Konzept an
31   meine Lerngruppe anpassen\? Und nicht anders rum meine Lerngruppe an das
32   Konzept\. Und dann hab ich mir natürlich erst mal überlegt, welche Methode sich
33   dann für meine Lerngruppe eignet und da ist, hat sich recht schnell heraus
34   kristallisiert, dass eben, das Partnerpuzzle die einzige Methode ist, die ich in meiner
35   um- Lerngruppe umsetzen kann oder mir vorstellen kann umzusetzen/. Und ja\, dann
36   hab ich natürlich überlegt, (2) wie muss ich jetzt Lernstrategien zur Verfügung stellen
37   und auch das Partnerpuzzle, so aufbereiten, damit eben ja, das auf meine Lerngruppe
38   passt\. <00:02:45>

Aufgabe der Lehrkraft ist es, in der Planung eine ‚passende' Methode und ‚passende' „Lernstrategien" zu finden. Hier geht es nicht darum, dass erst im Prozess ein Passungsverhältnis hergestellt und gefunden werden kann, sondern dass im Vorfeld alles passend für die Lerngruppe als *Ganzes* gemacht wird (Orientierung an der vollständigen Planbarkeit von Lehr-Lernprozessen). Es dokumentiert sich ein spezifischer Blick von *Frau Weber* auf die Lerngruppe als vermeintlich homogenes Ganzes. Es geht nicht um die individuelle Schülerin oder den individuellen Schüler, sondern um eine Lerngruppe, auf die sich die Lehrkraft einstellen muss. Die Lehr-Lernmethoden müssen in dieser Perspektive nicht zum einzelnen Kind, sondern zu einer Lerngruppe ‚passen'.

Der folgende Transkriptausschnitt stammt aus dem letzten Drittel des Interviews. Die Forscherin hat *Frau Weber* darum gebeten, noch einmal auf die Umsetzung des Partnerpuzzles zurückzublicken und von der einen oder anderen Erfahrung, die ihr dabei besonders in Erinnerung geblieben ist, zu erzählen. *Frau Weber* beginnt mit einem negativen Aspekt, den sie selber so benennt und schließt dann mit einer positiven Erfahrung in Zeile 324 an, nämlich Zeit für die SuS zu haben.

Frau Weber (LiV, SSH): Planung, Vorbereitung und Umsetzung
317 W: (1) Es ist ein hoher (1) Organisationsaufwand im Vorfeld\. Und/, was mir gerade
318   in der Bruchrechnung ein bisschen schwer gefallen ist, immer den Lernstoff in zwei
319   gleichwertige Teile zu teilen\. Also das, war in der letzten Unterrichtseinheit ein
320   bisschen einfacher gewesen/, da hatte sich das auch schon aus dem Thema heraus

321   ergeben/, und jetzt bei der Bruchrechnung musste man dann ja einfach lange hin und
322   her überlegen und, es hat jetzt auch geklappt/, aber es sind einfach viele
323   Überlegungen und viel Vorbereitung im Vorfeld\. Das Positive ist dann trotzdem
324   wiederum, dass man in den Arbeitsphasen der Schüler halt wirklich viel Zeit für die
325   Schüler hat\. <00:24:09>
326 I: Die Sie dann nutzen?/ <00:24:13>
327 W: Genau <00:24:13>
328 I: Für/? <00:24:13>
329 W: Um die Schüler zu beraten, um, ja sie zu, zu lenken, ein Stück weit zu strukturieren
330   und oder auch einfach nur zu beobachten. Ja<00:24:26>

Hier geht es um die Erfahrung, dass die Umsetzung des WeLL nach *Frau Weber* einen
,hohen' „Organisationsaufwand" bedeutet, des Weiteren „viele Überlegungen und viel
Vorbereitung im Vorfeld" notwendig sind. Das hängt nach Meinung der LiV damit
zusammen, dass es beim Partnerpuzzle schwierig ist, das Thema der Bruchrechnung in
zwei gleichwertige Teile zu teilen. Die Umsetzung bedarf also nicht nur eines hohen
Vorbereitungsaufwandes im Vorfeld, sondern auch zahlreicher Überlegungen in Bezug
auf das mathematische Thema. Die inhaltlichen Überlegungen und der hohe Organisationsaufwand stehen hier im *negativen Horizont*. Das Gelingen bzw. Funktionieren der
Methode hängt also von der Planung der Lehrkraft als auch vom mathematischen Thema ab. Ab Zeile 323 entfaltet sich ein *positiver Horizont*: Zeit zu haben für die SuS,
welche dann auch differenziert wahrgenommen werden können und nicht nur als ganze
Lerngruppe. Diese Zeit verwendet *Frau Weber*, um zu „beraten", zu „lenken" und zu
„strukturieren". Das „Beobachten" wird an letzter Stelle genannt. Auch in dieser Phase
hat die Lehrkraft eine wichtige Rolle. Sie behält hinsichtlich des Lernprozesses einen
Teil der Verantwortung und Kontrolle. Hier zeigt sich das Dilemma der LiV zwischen
dem Festhalten an einem eher instruktivistisch orientierten Rollenverständnis mit ,Len-
kung' und ,Strukturierung' und einem verstärkten *Loslassen-Wollen* im Sinne von Ver-
antwortungs- und Kontrollabgabe. Die Freiräume der SuS werden nach wie vor von
Frau Weber als letzte Entscheidungsinstanz ,gelenkt' und ,strukturiert'. Dieses Dilemma zwischen dem Festhalten an Verantwortung und Kontrolle und dem Loslassen wird
auch in dem folgenden Transkriptausschnitt deutlich.

Rollenverständnis als Lehrkraft

Die Forscherin fragt nach den Rollen der Lehrkraft bei der Planung und Umsetzung.

Frau Weber (LiV, SSH): Rollenverständnis als Lehrkraft
50 W: In meinem Unterricht\, genau\. Also ich, ich finde sie sehr wechselseitig diese
51   Position\. Also zum einen gibt=s ja die strukturierenden und frontalen Gelenkstellen/,
52   und zum anderen eben diese schüleraktiven Phasen/, und ich habe die Erfahrung
53   gemacht, dass es auch sehr vom Thema abhängt/, inwieweit ich mich in
54   den schüleraktiven Phasen zurück lehnen kann/ und wirklich den Beobachter und
55   Berater spielen kann, oder inwieweit ich auch noch da aktiv mit eingreifen muss\.
56   Also das hat sich gezeigt in der letzten Unterrichteinheit bei Teiler und Vielfachen,
57   konnte ich mich mehr zurück nehmen/, weil das Thema für die Schüler leichter zu
58   erfassen war/, und jetzt aktuell in der Bruchrechnung/, muss ich doch mehr
59   eingreifen als ich das gedacht habe und eigentlich auch erhofft habe\. <00:04:09>

Mit „wechselseitig" greift *Frau Weber* die beiden Akteursrollen auf, die des Lehrenden und des Beobachtenden, Beratenden. Das stellt sich hier für die LiV als eine Schwierigkeit dar. Auf der einen Seite gibt es die Rollen des Zurücklehnens, Beratens und Beobachtens, welche von *Frau Weber* ‚gespielt' werden können, also eher *virtueller* Art sind, auf der anderen Seite die *reale* Rolle des ‚Eingreifen-Müssens'. Die einzunehmende Rolle bzw. das Maß des Aktivseins führt *Frau Weber* in dieser auf konkreten Erfahrungen aufruhenden Perspektive in erster Linie auf den Schwierigkeitsgrad des Themas in Bezug auf die vorhandenen Kompetenzen der SuS zurück. Hier wird also die Störung des reibungslosen Funktionierens der Methode trotz Planung im Vorfeld thematisiert. Es dokumentiert sich, dass die Lehrkraft in ihrem professionellen Rollenverständnis weiterhin daran orientiert ist, dass Unterricht vollständig planbar ist. Das Gelingen hängt also nicht nur von der Rolle der Lehrkraft, ihrer intensiven Planung und Vorbereitung und der Eignung der Thematik ab, sondern ebenso von den vorhandenen Kompetenzen der SuS.

Spontan-Reagieren-Müssen steht bei *Frau Weber* im *negativen Horizont*. Ein Unterricht, der so verläuft wie geplant, steht deutlich im *positiven Horizont*. Hier geht es um die Erfahrung, dass trotz Planung im Vorfeld eine Unterrichtssituation nie vollständig planbar und vorhersehbar ist. Damit laufen Situationen möglicherweise anders als geplant und die Lehrkraft muss im Unterricht „aktiv mit eingreifen", mehr als sie dies im Vorfeld geplant hatte. Wie das aktive Eingreifen gestaltet wird, dokumentiert sich in den folgenden Zeilen 193-198.

Frau Weber (LiV, SSH): Rollenverständnis als Lehrkraft

193 W: Mh/ Ja, da sind wir einfach nochmal bei dem Punkt mit den sprachlichen
194   Kompetenzen. (3) Es ist schon so, dass die Schüler einfach mehr Hilfestellungen
195   brauchen\. Also sie müssen unterstützt werden durch die Lernstrategien, also es (ist)
196   das a und o und sie brauchen auch mehr Lenkung durch den Lehrer/, und sie
197   brauchen auch, ich sag mal die Anregung durch den Lehrer\, also es ist selten so, dass
198   sie sich ein Thema wirklich komplett eigenständig erarbeiten können\. <00:14:49>
199 I: Meinen Sie unterstützenden Maßnahmen <00:14:54>
200 W: Genau\, ja. Also die Rolle des Lehrers ist einfach, aktiver als es in den WeLL-
201   Methoden beschrieben ist\. <00:15:01>
202 I: Noch irgendwas darüber hinaus/? <00:15:04>
203 W: (3) Na gut-man muss natürlich bei der Auswahl der Themen/, muss man das schon
204   auch einfach die ein Stück weit reduzieren/, oder eben das sprachliche Niveau
205   reduzieren\. <00:15:19>
206 I: Mh. <00:15:20>
207 W: Ja\. Immer aufbereiten\. <00:15:21>
208 I: Mh.<00:15:22>
209 W: Wichtig <00:15:22>
210 I: (2) Ein bisschen haben Sie schon dazu etwas erzählt. Mich würd noch ein wenig
212   genauer interessieren, wie Sie das gemacht haben, vielleicht können
213   Sie nochmal (unverständliches Wort) erzählen, was Sie das gemacht haben, wie Sie=s
214   umgesetzt haben, eben davon, was Ihrer Erfahrung nach für Ihre Lerngruppe.
215   besonders hilfreich war\. <00:15:53>
216 W: Mh/. Also was sich se- als gut erwiesen hat waren klare Aufgabenstellungen\. Dass
217   die Schüler genau wussten/, ja\, was sie machen mussten/ und das auch in eigenen

218   Worten nochmal wiedergeben mussten/. Dann hat sich als positiv erwiesen, dass die
219   Schüler sich selber ein Ziel setzen, an dem sie arbeiten/. Und das Ziel auch
220   regelmäßig reflektiert wird/. Und eben dann bei Bedarf auch, weitergeführt wird also
          <00:16:25>
221 I: Können Sie ein wenig ausführen, wie Sie das gemacht haben mit dem Ziel/? Dass ich
222   mir das so vorstellen kann/ <00:16:30>
223 W: Genau\. Also wir haben im Sitzkreis, also es gab diese vier Teilkompetenzen, von
224   denen ich vorhin schon gesprochen hab, die gab=s zur Auswahl/, die sind eben aus
225   der Lerngruppe heraus entstanden/, und jeder Schüler sollte sich ein Ziel
226   heraussuchen/ und auch begründen, warum dieses Ziel für ihn besonders wichtig ist\.
227   Und dann auf nem kleinen Zettel auch festhalten/ und auch welche Maßnahmen es
228   gibt, um das Ziel zu erreichen\. Also viele Schüler haben sich einen kleinen
229   Merkzettel, auf=n Platz geschrieben oder, wollten durch ihre Lernpartner erinnert
230   werden an ihr Ziel, das waren so die gängigsten Hilfsmittel\. <00:17:07>

Nach Meinung von *Frau Weber*, die in einer Schule mit Förderschwerpunkt Sprachheil-förderung mit SuS eines 6. Schuljahres arbeitet, verfügen diese über geringe sprachliche Kompetenzen. Was muss die Lehrkraft nach dem Verständnis von *Frau Weber* tun, damit diese sich mit der Methode „eigenständig" ein Thema erschließen, also Wissen aneignen können? Um mit dem Partnerpuzzle arbeiten zu können, bedarf es nach Meinung von Frau Weber des Einsatzes von „Lernstrategien", welche die SuS in ihrem Lernprozess neben der Lenkung und der Strukturierung der Lehrkraft unterstützen. Damit das Partnerpuzzle funktioniert, reicht es nach *Frau Weber* nicht nur aus, während der Umsetzung „mehr" zu ‚lenken' und den SuS „mehr Hilfestellungen" und ‚Anre-gung' zu geben, sondern wichtig ist ihr darüber hinaus, in der Planung im Vorfeld die Thematik und den Schwierigkeitsgrad den Lernvoraussetzungen der Lerngruppe ent-sprechend zu reduzieren und ‚aufzubereiten'.

Die SuS sollen im Grunde mittels der Methode, ‚klarer' „Aufgabenstellungen", An-schauungsmaterialien und mittels der von der Lehrkraft vorgegebenen „Lernstrategien" durch einen Lernprozess geleitet bzw. zu diesem angeleitet werden, wie dies sonst die Lehrkraft gemacht hat. Die Lehrkraft hat also nach wie vor eine wichtige Bedeutung für die Gestaltung des Lernprozesses und das Erreichen von (Lern-),Zielen'. Diese sorgt für Anleitung, Lenkung und Anregung, damit die SuS „eigenständig" ein Thema erarbeiten können. Sie muss geeignete Themen auswählen, diese und das „sprachliche Niveau reduzieren" und an die SuS anpassen. Die unterstützenden Maßnahmen ermöglichen dann den SuS eine Art Selbsteinschätzung ihrer Kompetenzen: Wo bin ich, was ist mein Ziel, wie kann ich es erreichen? Im *positiven Horizont* steht also, dass die Lehrkraft weiterhin eine zentrale Rolle hat, dass sie dennoch nicht mehr allein verantwortlich ist für den Lernprozess, nicht mehr allein Wissen abprüft und bewertet, ob es vorhanden ist oder nicht, sondern dass jede Schülerin und jeder Schüler ein Stück weit autonom und selbst verantwortlich für die eigene individuelle Lernentwicklung ist. Die Methode funktioniert aber eben nach Meinung von *Frau Weber* nur dann, wenn die SuS auch sprachlich in der Lage sind, die ihnen an die Hand gegebenen „Lernstrategien" umzu-setzen. Dazu brauchen die SuS Hilfe, ‚Lenkung' und ‚Strukturierung' durch die Lehr-person.

Trotz der in Anfängen rekonstruierten Orientierung, die Kontrolle und die Verantwor-tung ein Stück weit an die SuS abzugeben, hält Frau Weber weiterhin an einem eher traditionellen Rollenverständnis fest. Unvorhergesehene Situationen, ein abweichender Verlauf von der Planung und die verstärkte Aktivität der Lehrkraft stehen bei *Frau Weber* bei der Umsetzung des Partnerpuzzles im *negativen Horizont*. Die Orientierung der LiV an der vollständigen Planbarkeit von Unterricht und an der Bedeutung der Rolle der Lehrkraft für den Lernprozess der SuS und dem Arbeiten an Zielen lässt sich auch im folgenden Transkriptausschnitt rekonstruieren.

Frau Weber (LiV, SSH): Rollenverständnis als Lehrkraft

238 W: ᴸJa ich hatte vorhin noch was, ich muss ganz kurz überlegen, genau es waren

239   auf jeden Fall die klaren Aufgabenstellungen/, dann dass sie an Zielen arbeiten/, mm
           <00:17:31>

240 I: (unverständliche Phrase) Sie können denken\ <00:17:33>

241 W: Ja/, ich weiß es war auf jeden Fall noch eine Sache, die, die ich hatte. Genau\. Was

242   meine Schüler in ihrem Lernprozess unterstützt hat, waren jetzt in der

243   Bruchrechnung [räuspert sich] Anschauungsmaterialien\. [räuspert sich] Die waren,

244   unumgänglich und waren eigentlich die Basis für alles\. <00:17:51>

245 I: Auf ikonischer Ebene dann noch mal?

246   (unverständliche Phrase) <00:17:56>

247 W: ᴸNe sogar auf enaktiver Ebene\. Ja, also wir haben für jedes Pärchen haben

248   wir ein Brüchelabor, wo sie wirklich mit den Brüchen handeln können und, Aufgaben

249   daran erklären können, man musste sie am Anfang zwar oft auch hinweisen: Erklär=s

250   direkt an dem Brüchelabor, aber das ihnen unheimlich viel geholfen ja\, also die

251   Anschauungsmaterialien auf enaktiver und auch ikonischer Ebene waren, ja mit ein

252   Fundament\. <00:18:24>

Erneut zeigt sich die große Bedeutung der Lehrkraft für die Gestaltung des Lernprozesses und das Erreichen von (Lern-),Zielen'. Diese sorgt für klare Aufgabenstellungen und stellt „Anschauungsmaterialien" zur Verfügung, damit die SuS an den „Zielen arbeiten" können (Zielorientierung).

Darüber hinaus zeigt sich auch, dass *Frau Weber* grundlegende mathematikdidaktische Prinzipien kennt und diese auf Grundlage ihrer Beobachtungen in Form der Bereitstellung von „Anschauungsmaterialien" zu nutzen weiß.

Wahrnehmung von und Umgang mit Unsicherheiten, Störungen, Hindernissen

Rekurrierend auf eine Äußerung von *Frau Weber*, dass für ihre Lerngruppe nur das Partnerpuzzle geeignet sei, fragt die Forscherin nach ihrer Entscheidung.

Frau Weber (LiV, SSH): Wahrnehmung von und Umgang mit Unsicherheiten, Störungen, Hindernissen

100 W: Mh/ warum das Partnerpuzzle, also ich hab mich für das Partnerpuzzle entschieden,

101   weil meine Lerngruppe wenig erfahren war zu dem Zeitpunkt in kooperativen

102   Lernformen/, und es auch in Partnerarbeit einige Konflikte gab/, von daher

103   war für mich klar die Partnerarbeit muss erst mal etabliert

104   werden/, und dann sind ja viele Methoden schon raus gefallen, also es blieb dann nur

105   noch das Partnerpuzzle und das Lerntempoduett/. Und ich habe mich dann für das

106   Partnerpuzzle entschieden/, weil ich auch in Unterrichtbeobachtungen festgestellt

107   habe, dass einige Konstellationen nicht gut funktioniert haben\. Also, es gab

108   Konstellationen, die vom Verhalten auffällig waren und dann halt sich mit allem

109   anderen beschäftigt haben außer mit @dem Unterrichtsinhalt@/. Es gab

110   Konstellationen, die beide sehr geträumt haben/ und dann auch zu keinen
111   Ergebnissen gekommen sind. Und es gab auch Konstellationen, die sich beide, die
112   beide sehr schüchtern sind und sich zurück gehalten haben, sodass die Partnerarbeit
113   nicht vorangetrieben wurde\. Und beim Lerntempoduett hätte ich dann wieder
114   das=die Schwierigkeit gehabt, das genau diese Konstellationen zusammen
115   gekommen wären/, weil die Schnellen, Fitten sind auch die, die dann eben im
116   Verhalten Probleme haben bei uns ja @(.)@. Und das wollte ich einfach umgehen\.
117   Und deswegen fiel die Wahl auf das Partnerpuzzle\. <00:08:36>
118 I: Wenn ich das richtig verstanden habe, haben Sie dann erst mal die Gruppen
119   eingeteilt haben/? (1) die Partnergruppen/? <00:08:46>
120 W: Nein/, wir haben nur gewisse Konstellationen ausgeschlossen\. <00:08:52>
121 I: Ahja, mh.<00:08:53>
122 W: Ja, genau\ <00:08:53>
123 I: Und, hat sich das jetzt schon ein bisschen eingespielt, dass man da jetzt schon
124   was bemerken kann oder ist das eher gleichbleibend geblieben\ <00:09:00>
125 W: Das ist gleichbleibend geblieben/, also die=die Konstellationen dürfen auch weiterhin
126   nicht so bestehen/, und bisher hatte sich das auch jetzt ganz gut eingeschliffen, dass
127   die immer wechselnde Partner hatten und aber das es auch Konstellationen gab, die
128   oft zusammen gemacht haben, wobei, heute, die Stunde nehmen wir mal schnell
129   raus aus der Überlegung @(.)@. Heute sind wir mal wieder zurück gefallen, dass sich
130   beschwert wurde über Partnerkonstellationen, was wir jetzt schon lange nicht mehr
131   hatten, wo ich eigentlich dachte, jetzt hat sich=s eingeschliffen, jeder akzeptiert auch
132   mal mit nem anderen Partner arbeiten zu müssen, den man nicht so mag. Ja und ich
133   weiß nicht, was heute im Tee war, oder wie der Schlaf von den Schülern war,
134   plötzlich <00:09:45>

Das Funktionieren der Methoden des WeLL hängt also nicht nur von den Fähigkeiten der Lehrkraft ab, diese gut einzuführen und den SuS zu vermitteln. Auch sind zur Umsetzung bestimmte Kompetenzen (förderliches Klassenklima, ein gewisses Maß an Sozialkompetenz, zielgerichtetes Arbeiten, Kooperationsfähigkeit und funktionierende Partnerarbeit) bei den SuS erforderlich. Somit sind für das *Nicht-Funktionieren* der Methode implizit auch die SuS mitverantwortlich. Da nach Meinung von *Frau Weber* die Lerngruppe als homogenes Ganzes „wenig erfahren" ist „in kooperativen Lernformen", des Weiteren soziale Kompetenzen fehlen, Konflikte in der Partnerarbeit und ungünstige Partnerkonstellationen auftreten können, ist es ihrer Meinung nach notwendig, von vornherein das Entstehen dieser Situationen und daraus resultierende Probleme durch eine gute Planung im Vorfeld und durch Struktur und Lenkung während der Umsetzung zu „umgehen". Hier geht es nicht darum, dass erst im Prozess, also die Reaktionen, Bedarfe und Bedürfnisse der SuS einbeziehend, ein Passungsverhältnis gefunden und hergestellt wird. Die Methoden des WeLL müssen sich nach dem Verständnis von *Frau Weber* „eingespielt" und „eingeschliffen" haben, d.h. automatisiert sein. Das Funktionieren wird daran festgemacht, ob die Partnerarbeit „vorangetrieben" wird und ein ‚Ergebnis' herauskommt. Oberstes Ziel ist also der Lernzuwachs zum Thema, dem die Methodik dienen muss. Nachrangig ist der Kooperationszuwachs. Das Partnerpuzzle wird von *Frau Weber* als Methode gerahmt, welche angewendet wird, damit die SuS an „Unterrichtsinhalten" arbeiten. Im *negativen Horizont* steht, dass die fehlenden Kompetenzen der Lerngruppe dazu führen, dass die Lehrkraft trotz ihrer Bemühungen um

Passgenauigkeit und Training diese nicht störungsfrei umsetzen kann. Umso mehr muss die Lehrkraft im Vorfeld mögliche Schwierigkeiten antizipieren und die Planung, die Wahl der Methode und die Umsetzung danach ausrichten, so dass es erst gar nicht zu Schwierigkeiten kommt. Kommt es dennoch zu Problemen, wie in dieser auf konkreten Erfahrungen aufruhenden Situation, wird dies den SuS als Problem zugeschrieben. Sie können nicht miteinander arbeiten und akzeptieren gewisse Partnerkonstellationen nicht. Das heißt, dass die Methode nur dann funktioniert, wenn die SuS alle diese Kompetenzen schon mitbringen. Somit werden bestimmte Methoden des WeLL von vornherein als ungeeignet für eine Klasse eingestuft.

Erneut dokumentiert sich, dass *Frau Weber* in ihrem professionellen Rollenverständnis daran orientiert ist, dass Unterricht vollständig planbar ist. Ihr Rollenverständnis bei der Umsetzung des Partnerpuzzles ist eher **instruktivistisch** orientiert. Das Arbeiten an Unterrichtsinhalten und das Erreichen der Lernziele stehen bei *Frau Weber* im Vordergrund. Es zeigt sich eine eher **fachliche Orientierung**.

Verortung zwischen Fremd- und Selbstbestimmung

Zum Abschluss des Interviews bittet die Forscherin *Frau Weber* um einen Ausblick, wie es mit den Methoden des WeLL in ihrem Unterricht weiter geht. Es dokumentiert sich zum einen erneut eine Orientierung an dem Lernzuwachs, zum anderen lässt sich rekonstruieren, dass *Frau Weber* unter einem gewisser Zeitdruck steht.

Frau Weber (LiV, SSH): Verortung zwischen Fremd- und Selbstbestimmung
399 W: Das kommt halt immer drauf an. Also weil die=die, jetzt kennen die Schüler die=die
400   Partnerpuzzlemethode und ich könnte da wirklich an Inhalten arbeiten\. Sobald ich
401   ne neue Methode einführe, steht halt die Methode wieder im Vordergrund und die
402   Inhalte stehen dann eben nachgeordnet\. Und ich kann das so partout jetzt nicht
403   sagen, meine Schüler sind halt wenig erfahren in Gruppenarbeit\. Also denen fällt die
404   Partnerarbeit schon schwer, auch jetzt wenn=s geübt haben, und ich würde dann
405   eher ne traditionelle Gruppenarbeit erst mal beginnen/ mit drei Schülern, und wenn
406   sich das so=n bisschen etabliert habe könnte ich mir schon vorstellen, das auf=s
407   Gruppenpuzzle auszudehnen, aber, ja das müsste halt einfach auch die Zeit zeigen
408   und, die Schüler sind ja nach diesem Schuljahr auch weg, das ist halt immer, wir
409   haben die ja nur zwei Jahre und in den zwei Jahren das aufzubauen, muss man halt
410   ein bisschen behutsam sein und das wirklich anbahnen. <00:30:08>

Erneut zeigt sich, dass *Frau Weber* das Partnerpuzzle als Methode rahmt, damit die SuS „wirklich an Inhalten" arbeiten können, sich Fachwissen aneignen und die Lernziele erreichen. Im Vordergrund steht bei ihr der inhaltliche Lernzuwachs. Jede neue Methode des WeLL muss nach Meinung von *Frau Weber* von den SuS zunächst erlernt werden, bevor damit Inhalte erarbeitet werden können. Die Methode hat dem Lernzuwachs zu dienen. Das wäre bei der Einführung einer weiteren Methode des WeLL nach *Frau Weber* anfänglich nicht gegeben, da erneut die Methode „im Vordergrund" und die Inhalte „eben nachgeordnet" wären. Weitere Gründe zur Legitimierung der Nichtumsetzung einer weiteren Form des WeLL werden angeführt. Erneut werden fehlenden Erfahrungen und Kompetenzen der SuS bei der Umsetzung von Gruppen- und Partnerarbeit genannt. Das Dilemma ist nun, dass diese Kompetenzen, die ja in einem gewissen Maß Voraussetzung sind, dass WeLL funktioniert, nicht einfach vorhanden sind, sondern dass die SuS für den Erwerb dieser praktische Erfahrungen machen müssen, dass und wie kooperatives Lernen *geht* und dass dafür Raum und Zeit eingeräumt werden müssen. Das nach Meinung von *Frau Weber* nicht vorhandene Zeitkontingent stellt sich für sie in ihrer Situation als Lehrkraft eines 6. Schuljahres als Problem dar, da die SuS nach der 6. Klasse die Schule verlassen und andere Schulen besuchen werden, worauf sie diese vorbereiten muss. Da ihres Erachtens weder Zeit noch notwendige Kompetenzen bei den SuS vorhanden sind, distanziert sie sich in dieser konkreten Situation von der Einführung einer weiteren Methode des WeLL.

Zusammenfassend lässt sich festhalten, dass *Frau Weber* (LiV) zum *Funktionieren* des Partnerpuzzles vorgegebenes Anschauungsmaterial zur Verfügung stellt, dessen richtiger Umgang ihrer Meinung nach allerdings erst einmal von ihr als Lehrkraft vermittelt werden muss, damit das Material von den SuS auch *zielführend* angewandt werden kann. Die SuS sind also auf ihre Instruktionen angewiesen. Die von ihr anfänglich gegebenen Freiräume der SuS werden durch weitere Lenkung und Strukturierung bei der Umsetzung wieder eingeschränkt. Gesetzte Lernziele und fachliche Inhalte haben Priorität. Im Vergleich zu *Frau Schmidt* (S), *Frau Ehrler* (LiV) und *Frau Gerber* (LiV) mit einem eher **konstruktivistisch orientierten Rollenverständnis** bei der Umsetzung des WeLL zeigt *Frau Weber* (LiV) eine eher **fachliche Orientierung** und ein eher **instruktivistisch orientiertes Verständnis** ihrer Rolle als Lehrkraft. Da bei auftretenden Störungen und Hindernissen in Unterrichtssituationen nicht gewährleistet ist, dass inhaltlich gearbeitet wird, kann *Frau Weber* (LiV) diese nicht als positiv werten. Die Chancen, die diese Situationen möglicherweise für die Selbstständigkeit und für die Entwicklung der sozialen und kommunikativen Kompetenzen der SuS bieten, bleiben somit ungenutzt. Diese sind dem inhaltlichen Lernzuwachs nachgeordnet. Die enge Verknüpfung zwischen dem inhaltlichem Lernen und der Entwicklung überfachlicher Kompetenzen wird in dieser konkreten Situation von ihr nicht aufgegriffen.

Die institutionelle Vorgabe, dass die SuS nach dem 6. Schuljahr die Schule verlassen, trägt bei *Frau Weber* zu einer Forcierung der Inhalts- und Lernzielorientierung bei. Möglicherweise lässt sich die genaue Analyse der Lernvoraussetzungen und des Lernstandes ihrer Lerngruppe, an welche sich *Frau Webers* Planung und Umsetzung orientiert, auch auf ihre außerhalb des Studienseminars erworbenen Erfahrungen hinsichtlich ihrer Tätigkeiten im Bereich der Diagnostik und Förderung zurückführen. Empirisch absichern lässt sich diese Vermutung nicht.

Insgesamt zeigt sich, dass *Frau Weber* (LiV), *Frau Gerber* (LiV) und *Frau Ehrler* (LiV) an der vollständigen Planbarkeit von Unterricht orientiert sind. Alle drei LiV teilen in der zweiten Phase der Lehrerbildung den gemeinsamen Erfahrungsraum des Studienseminars, welches sich an dieser Stelle als Bildungsinstitution zeigt, in welcher die LiV lernen, Unterricht nach Kriterien zu gestalten, um Lehr-Lernprozesse durch eine gründliche (Unterrichts-)Planung *steuerbar* zu machen.

8.3 Dritte Phase der Lehrerbildung – aktive Lehrkräfte im Beruf

Die Kontaktaufnahme zu den Lehrkräften erfolgte zum Teil über die teilnehmenden LiV, zum Teil über einen Kollegen und letztendlich durch direkte Erstkontaktaufnahme meinerseits. Zwei der in das Sample integrierten Interviews und die Mini-

Gruppendiskussion fanden in den Schulen der Lehrkräfte statt, ein Interview wurde an der Universität durchgeführt.

8.3.1 Die Mini-Gruppendiskussion mit Frau Salzner und Frau Marten, das Interview mit Frau Fürch

Im Rahmen meiner Datennacherhebung fragte ich in meinem Kollegiumskreis nach Lehrkräften für die Teilnahme an einem Interview, welche Methoden des kooperativen Lernens in ihrem Unterricht umsetzen. Ein Kollege vermittelte mir zwei Lehrkräfte und stellte den ersten Kontakt her. Nach weiteren direkten Absprachen zwischen *Frau Salzner* und mir fand eine Mini-Gruppendiskussion mit einer weiteren Kollegin, *Frau Marten*, an der Stammschule von *Frau Salzner* statt.

Frau Marten ist eine ehemalige Referendarin von *Frau Salzner*. Nach dem Referendariat nahm *Frau Marten* eine Festanstellung an einer anderen Schule an. Trotz unterschiedlicher Stammschulen kooperieren beide Kolleginnen beruflich nach wie vor. Zum Zeitpunkt der Datenerhebung haben beide Lehrerinnen an einer Ausbildung zur Multiplikatorin für *Kooperatives Lernen*[178] mit Präsenz- und Transferphasen teilgenommen. Zum Schuljahr 2012/2013 wurde *Frau Marten* an ihre ehemalige Ausbildungsschule versetzt, so dass beide Kolleginnen nun ihre schulische Kooperation an ein und derselben Schule fortsetzen können. *Frau Salzner* arbeitet seit 30 Jahren als Lehrerin, *Frau Marten* seit ca. 4 Jahren. Letztere befindet sich somit noch in der sogenannten Berufseinstiegsphase.

Frau Fürch kannte ich bereits aus ihrer Ausbildung am Studienseminar in den Jahren 2009/2010. In der Anfangszeit ihrer Ausbildung besuchte sie bei der Autorin zwei allgemeinpädagogische Module[179], welche diese jeweils mit einer anderen Kollegin leitete. Schon damals zeigte *Frau Fürch* großes Interesse an der Umsetzung kooperativen Lernens. Bei einer Prüfung an der Stammschule von *Frau Fürch*, bei welcher die Autorin beteiligt war, ergab sich unter den Beteiligten der Prüfungskommission ein Gespräch über kooperatives Lernen. Der anwesende Schulleiter berichtete davon, wie dieses an seiner Schule praktiziert wird. So wurde u.a. der Name von *Frau Fürch* genannt. Als meine Analysen bald darauf eine Nacherhebung notwendig machten, kontaktierte ich *Frau Fürch* per Telefon, um sie für ein Interview zu gewinnen. Als ich sie im Vorfeld fragte, ob sie die Methoden des WeLL kenne und umsetze, bejahte sie, diese Methoden zu kennen. Hinsichtlich der Umsetzung äußerte *Frau Fürch*, dass sie in ihrem Unterricht allerdings kooperatives Lernen als grundsätzliches **Unterrichtsprinzip** und nicht nur als **Methode** umsetze. Dabei könnten auch kooperative Methoden wie das Partner- oder Gruppenpuzzle zum Einsatz kommen. *Frau Fürch* erklärte sich für ein Interview bereit, so dass wir einen Termin vereinbarten und das Interview an einem Nachmittag in einem Seminarraum der Universität durchgeführt wurde. Im Interview erfuhr ich, dass *Frau Fürch* sich in ihrer *Schriftlichen Arbeit* mit kooperativer Gruppenarbeit und selbst-

---

178 In der Gruppendiskussion werden von den Lehrkräften Methoden des kooperativen Lernens nach dem Grundprinzip des *Think-Pair-(Share)* genannt und umgesetzt. Weitere Ausführungen dazu vgl. Brüning & Saum (2006, 16, ff.) und Green & Green (2007, 130).

179 Die Bezeichnungen der allgemeinpädagogischen Module waren „Erziehen, Beraten, Betreuen" und „Lernen lernen", ein Methoden- und Medienseminar. In beiden Modulen wurde kooperatives Lernen neben weiteren Inhalten thematisiert.

regulierender Einzelarbeit auseinandergesetzt hatte. Das Angebot, mir ihre Examensarbeit zum Lesen auszuleihen, nahm ich gerne an. *Frau Fürch* war zum Zeitpunkt der Datenerhebung ca. 1,5 Jahre als Lehrerin tätig. Sie befindet sich ebenso wie *Frau Marten* noch in der Berufseinstiegsphase.

8.3.1.1 Kollektive Orientierungen von Frau Salzner und Frau Marten, individuelle Orientierungen von Frau Fürch

Im Folgenden wird die Mini-Gruppendiskussion mit *Frau Marten* und *Frau Salzner* fallvergleichend mit dem Interview von *Frau Fürch* dargestellt. Die vorhergehenden Interpretationen dienen als Kontrastfolien.

Planung, Vorbereitung und Umsetzung und Rollenverständnis als Lehrkraft

In den Darstellungen der Interpretationen werden die zwei Basistypiken *Planung, Vorbereitung und Umsetzung* und *Rollenverständnis als Lehrkraft* zusammen gefasst, um Redundanzen zu vermeiden, die möglicherweise bei einer getrennten Betrachtung und Interpretation dieser beiden grundlegenden Orientierungen entstehen würden.

In den Zeilen 84-87 bittet die Forscherin die beiden Lehrkräfte von ihren Unterrichtserfahrungen zum kooperativen Lernen zu erzählen. Es entfaltet sich ein selbstläufiger Diskurs, in welchem die Lehrkräfte von der Erarbeitung eines Sachtextes mittels Lerntempoduett erzählen und die Kinder als unterstützende Maßnahme eine Stichpunktsammlung genutzt haben. Aus diesem Diskurs wurde ein Ausschnitt[180] ausgewählt, indem sich rekonstruieren lässt, dass die beiden Lehrkräfte die Methoden des WeLL unter kooperative Lehr-Lernmethoden verorten, des Weiteren, dass beide Unterricht gründlich planen, aber nach wie vor offen sind für Veränderungen im Unterrichtsprozess. Damit zusammenhängend lässt sich bei beiden Lehrenden ein **ko**-konstruktivistisch orientiertes Rollenverständnis[181] herausarbeiten.

Mini-Gruppendiskussion (Lk, GrS): Planung, Vorbereitung, Umsetzung und Rollenverständnis als Lehrkraft

349 I: Mmh/ <00:18:44>
350 S: Ja und das würde ja dann im Gruppenpuzzle münden, wo eben jedes Kind sich
351   selber den Text erschließt mithilfe von anderen Kindern und anderen
352   wiederum beibringt\. <00:18:52>
353 I: Jaa <00:18:52>
354 M: Genau, und was wir noch gemacht hatten zur Gedankenkarte/. Wir sind dann
355   umher gelaufen und jedes Kind so=ne Art Museumsrunde und jedes Kind
356   konnte mal die Gedankenkarten der anderen sich anschauen. <00:19:02>
357 I: Jaaa <00:03>
358 M: Und das war auch sehr interessant, weil ein Kind kam nämlich auf die Idee/ (.)
359   also ich hab=s erstmal einfach so probiert\ und dann stellte sich heraus: Ok, es
360   ist für die Kinder relativ schwierig, so=ne Gedankenkarte zuuu (1) schreiben\,

---

180 Das Transkript, aus dem der Ausschnitt ausgewählt wurde, ist in dieser Arbeit nicht im Original angegeben.

181 Unter einem *ko-konstruktivistischen Rollenverständnis* der Lehrkraft wird in dieser Arbeit die aktive Mitgestaltung der Kinder an ihrem Lernprozess (vgl. Hessisches Sozialministerium & Hessisches Kultusministerium 2007) auf inhaltlicher und organisatorischer Ebene verstanden.

361   die auch irgend=ne Struktur hat\. Und dann haben wir einfach mal gesagt: Was
362   habt ihr denn für Wörter gehabt/, die euch wichtig waren? Dann haben wir die
363   auf Plak- auf große Zettel geschrieben und die entsprechend dann an der Tafel
364   versucht mal zu sortieren\. Und dann sind wir dazu übergekommen, dass man
365[182] sagte man kann da [Durchsage, dass mehrfach Probealarme ausgelöst werden]
366   Aha, ok.
367 S: (unverständliche Phrase) (Müssen wir doch ins Café gehen) (unverständliche
368   Phrase) <00:19:42>
369 I: Gut, es geht weiter/. <00:19:44>
370 M: Ja, ich hatte wegen der Mindmap das gesagt
371 I: Ja <00:19:46>
372 M: Uuund, dann hatten sie schon so=ne Idee, dass man sagen kann: Ah, man kann
373   vielleicht auch so=n bisschen Oberbegriffe/ für irgendetwas finden/. Uuund ein
374   Kind war dann auf die Idee gekommen (.) schon bei seiner Mindmap, die er
375   beim nächsten Mal gemacht hat, er hat angefangen, das farbig zu markieren\.
376   Alles, was zusammengehört wurde dann mit blauem Textmarker und, und dann
377   sind die Kinder halt beim Rumlaufen haben sie das gesehen/, dachten: Oh das
378   ist ja toll, sieht natürlich auch schön aus und man kann dann schön die Stifte
379   verwenden/. Und dann haben sich relativ viele da (.) d=ran gehängt\, das so zu
380   sortieren, was ich dann eben auch wieder schön fand, weil auf die Idee wa- bin
381   ich ja auch nicht gekommen, jaaa, kamen die Kinder d=rauf und fanden=s gut.
       <00:20:26>
382 S: Genau. <00:20:27>
383 M: Ja <00:20:27>
384 I: Mh. <00:20:27>
385 M: Und die haben das wirklich (2) gerne gemacht, motiviert gemacht, es fällt ihnen
386   wirklich auf, weil glaub ich so wie du eingangs sagtest: <00:20:34>
387 S: ˪Ja-ja <00:20:34>
388 M: Es ist eben wichtig, was sie sagen, es zählt/. Es ist jetzt nicht so, dass ich was
389   vorgefertigt habe und das (.) nehmen sie jetzt einfach auf, sondern das kann
390   sich auch einfach ändern, wenn sie nen Beitrag bringen/, und ich hatte schon
391   den Eindruck, dass sie sich, hier ging=s nämlich um die Grippe, wie die Grippe
392   entsteht, dass sie sich das wirklich durch diese Art der Texterarbeitung wirklich
393   gut behalten konnten, zumal sie=s ja immer lieber jemandem erklären,
394   der dann auch mal sagt: Oh, ich hab das aber anders verstanden, und dann sind
395   sie am Diskutieren\. <00:21:02>
396 I: Jaa <00:21:03>
397 S: Genau\ und wir hatten ja auch vorher zu dem Thema Tiere schon ganz
398   unterschiedliche Sachen gemacht und haben schon mal Fragen gesammelt zu
399   dem Thema\. <00:21:10>

Es handelt sich um einen parallelen Diskursmodus.[183] *Frau Marten* eröffnet eine Proposition, in der sich dokumentiert, dass unterstützende Maßnahmen kein Selbstläufer sind

---

182   Aufgrund eines Probealarms in der Schule kommt es in den Zeilen 365-369 zu einer Unter-
      brechung von kurzer Dauer.
183   Ein paralleler Diskursmodus basiert auf strukturidentischen Erfahrungen der an dem Dis-
      kurs beteiligten Personen.

und von den Kindern erst einmal mit Hilfe der Lehrkraft erlernt werden müssen. Die Lehrkräfte geben den Kindern also Hilfen an die Hand, welche diese dann mit ihrer Unterstützung möglichst selbständig umsetzen sollen. *Frau Marten* schließt mit einem erweiterten Orientierungsgehalt an, in dem es darum geht, dass die von der Lehrkraft vorgegebenen unterstützenden Maßnahmen nicht *absolut* gesetzt werden und dass diese veränderbar sind. Dies wird von *Frau Salzner* validiert. Es zeigt sich, dass die Ideen der SuS in den Prozess der Weiterentwicklung von unterstützenden Maßnahmen im Sinne eines ko-konstruktivistisch orientierten Rollenverständnisses integriert und durch selbst entwickelte Ideen der Kinder ergänzt werden. *Frau Marten* greift den Aspekt der Beteiligung der Kinder erneut auf und bringt dies mit einer sichtbaren Motivation der SuS in Zusammenhang. Selbst aktiv an der Mitgestaltung des eigenen Lernprozesses beteiligt zu sein, zu erfahren, dass das, was selbst eingebracht wird, zählt, steigert nach Meinung von *Frau Marten* und *Frau Salzner* die Motivation der Kinder und führt zu einem besseren Behalten. Hier zeigt sich, dass die beiden Lehrkräfte daran orientiert sind, trotz Planung im Vorfeld und einer gewissen Vorgabe von Strukturen Raum für Offenheit und Veränderung für alle am Lernprozess beteiligten Personen zu ermöglichen. Das bedeutet im Umkehrschluss, dass ein spontanes Reagieren auf Unvorhergesehenes und auf Abweichungen, das Entwickeln von Alternativen und Änderungen und das Integrieren der Ideen und ‚Beiträge' der Kinder zum Unterricht dazu gehören. Die Lehrkräfte bewerten ihren pädagogischen Umgang mit Abweichungen damit als Unterstützung der Kompetenzentwicklung der Kinder. Hier zeigt sich, dass eine gelingende Umsetzung kooperativen Lernens nicht nur von einer *ordentlichen* Planung von Unterricht im Vorfeld bzw. von (durch die Lehrkraft) vorgegebenen unterstützenden Maßnahmen und den alleinigen Instruktionen der Lehrkraft abhängt, sondern von der Mitbeteiligung der Kinder an der Gestaltung ihres eigenen Lernprozesses im Sinne eines *konstruktivistischen Miteinanders*. Der Lernprozess der Kinder steht für *Frau Marten* und *Frau Salzner* im Mittelpunkt. Die Lehrerinnen verstehen sich als Lernbegleiterinnen und Organisatorinnen der Lernumgebung, als Moderatorinnen und Helferinnen während des Lernprozesses und nicht primär als Wissensvermittlerinnen. Dieses Rollenverständnis, welches sich auch in der Vor- und Nachbereitung von Unterricht zeigt, lässt sich ebenso im folgenden Transkriptausschnitt rekonstruieren.

Mini-Gruppendiskussion (Lk, GrS): Planung, Vorbereitung, Umsetzung und Rollenverständnis als Lehrkraft

535 S: Ich glaube auch, also was eine wichtige Sache ist beim kooperativen Lernen,
536   dass wir=s als Lehrer natürlich nicht im Griff haben, auch nicht alles
537   kontrollieren können und dieses Blatt, was wir da zur Rechtschreibung gemacht
538   haben, da werden eben nur acht Wörter, von jedem Kind reflektiert und alle
539   anderen fallen unter den Tisch und wir machen ja auch die pädagogischen Tage
540   und dann sagen die Leute: „Ja aber die anderen sind doch alle noch falsch"
541   oder so ne? Also ich denke man muss einfach d=rauf vertrauen, dass jedes Kind
542   @schon@ seinen Weg gut gehen kann und dass es in erster Linie d=rauf
543   ankommt, dass die Motivation da ist, alles so richtig wie möglich zu machen
544   und dass wir aber nicht alles unter Kontrolle haben müssen\. <00:28:47>
545 I: Mmh, ahaa/.<00:28:48>
545 M: Ja genau, also ich denke mal, was ja schon, was wir auch ganz eingangs sagten war,
555   ich glaube, man muss es eben schon ordentlich vorbereiten\. Und man muss

556   sich auch sehr genau überlegen, was funktioniert und was funktioniert nicht/
           <00:29:27>
557 I: Aha <00:29:28>
558 M: Und ich denke in der Anfangszeit, ist es schon so, dass eben in der Vor- und vor
559   allen Dingen in der Nachbereitung ein ganz großer Teil liegt, dass man einfach
560   sagt: Daran hat=s gehangen während der Stunde, da ist es glaub ich ein ganz
561   starker, beobachtender Moment, dass man merkt: Das läuft, das läuft nicht/,
562   da haben die Kinder Schwierigkeiten, diese Fragestellung verstehen sie nicht,
563   diesen Ablauf verstehen sie nicht, der läuft nicht rund. Dass man das sag ich
564   mal ausdifferenziert und versucht zu optimieren/.
565   Auch im Gespräch mit der Klasse, dass man mal fragt: Wie ging=s euch denn
566   dabei, macht das Sinn? Dergleichen, dass man sie da mit einbezieht/
           <00:29:59>
567 I :   Aja <00:29:59>
568 M: Jaa, und dann, wenn man ein Konzept hat, von dem man sagt das läuft, also
569   zum Beispiel dieses Stopplesen, dann sitzt man ja tatsächlich in
570   Anführungsstrichen nur rum/, es ist auch jetzt nicht so, dass ich, oder ich
571   glaube du auch nicht, also wir laufen da nicht ständig durch die Gegend/
           <00:30:17>
572 S: ⌐M-m\ <00:30:15>
573 M: Sondern wir sitzen halt einfach und sagen: Wenn ihr irgendwo ein Problem
574   habt, irgendwo hängt und kriegt das nicht alleine oder mit nem Partner gelöst,
575   dann kommt und fragt. Und wenn=s eben doch (.) klar, wenn ich zum Beispiel
576   merke, da haben Kinder, und das ist natürlich auch oft genug der Fall, sozial
577   miteinander zu rangeln, dann geht man halt schon auch mal hin\, und=und
578   fragt: Was ist denn eben das Problem, was kann man machen. Und, also ich sag
579   immer so, das erzähl ich auch immer wieder die Geschichte, in der
580   Referendariatsklasse war einfach eine, ja ich weiß nicht die (.) da funktionierte
581   einfach alles\. Wir haben das gemacht, die war vom Sozialgefüge her,
582   unheimlich (.) ja sicher oder stabilisiert, da waren viele sozial kompetente
583   Kinder d=rinne, da konnten wir das einfach ausprobieren und alles war super
584   und die fanden das auch eigentlich mehr oder weniger alle prima. Und dann
585   hab ich ja gewechselt die Schule und hab dort ein erstes Schuljahr bekommen/,
586   und ich denke deswegen ist es ganz wichtig, wenn man das kooperative Lernen
587   (1) in der Schule einsetzen will, dann muss es eben mehr für einen sein, als nur
588   ne Methode\. <00:31:18>
589 I: Ah, aha <00:31:19>
590 M: Ja ich glaube da muss man wirklich davon überzeugt sein, und das geht ja auch
591   so=n bisschen in diese Richtung, die Kinder am Lernprozess zu beteiligen, eben
592   nicht so: Ach das war mal schön, wir machen heut mal ne Partnerarbeit, wir
593   machen heut mal ein Gruppenpuzzle, sondern da muss man schon ne,
594   grundlegendere Überzeugung davon haben, dass man seinen Unterricht so
595   gestalten (.) möchte/. <00:31:34>
596 S: ⌐M-m, genau. <00:31:34>

Der parallele Diskurs wird durch eine Proposition von *Frau Salzner* eingeleitet. Das
Gelingen kooperativen Lernens hängt nach Meinung der Lehrkraft nicht von der
100%igen ‚Kontrolle' durch die Lehrkraft ab, auch wenn sie die Erfahrung gemacht hat,

dass dann nicht alle Kinder unbedingt alles korrekt schreiben können, sondern eben nur ausgewählte Wörter (*negativer Horizont*). Vielmehr ist es ihrer Meinung nach von Bedeutung, ob die Lehrkraft in der Lage ist, Verantwortung und Kontrolle abzugeben und auf die Kinder als aktive Akteure ihres eigenen Lernens zu vertrauen, so dass diese weiterhin motiviert beim (kooperativen) Lernen dabei sind (*positiver Horizont*). Nicht mehr allein die Lehrkraft prüft also Wissen ab und kontrolliert, ob alles gekonnt wird oder nicht, sondern jedes Kind ist hier ein Stück weit autonom und selbst verantwortlich für seine Lernentwicklung. Der Erfolg der Methode hängt also auch von einem veränderten professionellen Rollenverständnis der Lehrkraft ab. Wenn die Lehrkraft nicht mehr die frontale Figur ist, die Wissen übermittelt, alleinig Wissen kontrolliert und abfragt und dann die Reproduktion von Wissen benotet, findet ihre Hauptarbeit nicht mehr auf der *Haupttribüne* statt, sondern besteht zu weiten Teilen aus Hintergrundarbeit. *Frau Marten* greift diese Orientierung validierend auf und schließt mit einem erweiterten Orientierungsgehalt an. Die Aufgaben der Lehrkraft liegen nach *Frau Marten* nach wie vor in einer ‚ordentlichen' Vorbereitung und darüber hinaus auch in der Nachbereitung. Handlungen werden auf Grundlage von Beobachtungen reflektiert und evaluiert, so dass erneut unter Einbezug der gewonnenen Erkenntnisse geplant werden kann, um den Kindern kompetentes Handeln zu ermöglichen. Die Kinder sind also die Hauptakteure ihres eigenen Lernens. Im Sinne ihres ko-konstruktivistisch orientierten Rollenverständnisses ist es Aufgabe der Lehrkraft, gemeinsam mit den SuS über ihren Lernprozess zu sprechen und die Kinder daran aktiv zu beteiligen. Die Lehrkraft tut also nicht nichts, sie gibt lediglich (zeitweise) ihre unmittelbar führende und die Gesamtgruppe (an-)leitende Position auf. Die sichtbare Arbeit der Lehrkraft nimmt ab, die nicht sichtbare, vorbereitende, denkende Arbeit der Lehrkraft im Hintergrund nimmt zu. Die Lehrkräfte initiieren die Lerngelegenheiten, ziehen sich dann zurück, sind aber dennoch jederzeit ansprechbar und müssen ggfs. auf Grundlage ihrer Beobachtungen situativ auf unvorhergesehene Ereignisse reagieren. *Frau Marten* und *Frau Salzner* verfügen über ein Handlungsrepertoire und eine Reflexivität, welche ihnen sowohl ermöglichen, Fähigkeiten und Handlungen im Nachhinein zu reflektieren als auch unvorhergesehene Situationen während des Handelns anders zu interpretieren und darauf einzugehen.

Die Kinder sollen also im Grunde durch die Methode durch einen Lernprozess geleitet werden, wie dies sonst die Lehrkraft gemacht hat. Die Lehrkräfte müssen die Unterrichtssituation und die Kinder nach wie vor im Blick haben und ggfs. situativ reagieren. Sie sind allerdings (zeitweise) entlastet durch die kooperativen Methoden, die den Kindern ermöglichen ihren eigenen „Weg" zu gehen. In der Situation könnte man sich dann zurückhalten, wenn man sich „ordentlich" vorbereitet habe. Es besteht allerdings keine Garantie, dass die kooperativen Methoden trotz guter Vor- und Nachbereitung und eines vorhandenen Handlungsrepertoires wie genaues Beobachten usw. in jeder Schule, in jeder Klasse reibungslos funktionieren.

Frau Marten schließt mit einer weiteren Proposition an. Ihrer Meinung nach hängt das Gelingen der Umsetzung auch von der Haltung, der inneren Einstellung und der „Überzeugung" der Lehrkraft zum kooperativen Lernen ab. Ohne ein wirklich überzeugtes Dahinterstehen wird ihres Erachtens kooperatives Lernen nur eine einmalig eingesetzte Methode bleiben. Erneut stehen die Rolle der Lehrkraft und darüber hinaus ihre Persönlichkeit mit ihren Haltungen und Überzeugungen im Mittelpunkt der Auseinandersetzung. Sind Denken und Handeln der Lehrkraft nicht kongruent, wird die Umsetzung nach Meinung von *Frau Marten* weniger überzeugend sein. *Frau Salzner* schließt sich dieser Orientierung validierend an. Die Lehrkraft muss also die eigene berufliche Rolle, ihre Fähigkeiten und ihr pädagogisches Handeln immer wieder hinterfragen und reflektieren. Die Einführung und Umsetzung von kooperativen Lehr-Lernmethoden erfordert also stets aufs Neue eine intensive Auseinandersetzung mit der eigenen Rolle als Lehrkraft und dem Umgang mit ungewissen Situationen.

Bei *Frau Fürch* lässt sich ein anders gelagertes Rollenverständnis rekonstruieren. Einer Verfahrenstechnik[184] ähnlich beginnt *Frau Fürch* die Umsetzung kooperativer Lehr-Lernmethoden mit der Gruppenzusammensetzung und fährt dann mit der Gestaltung der Gruppenmappe fort.

Frau Fürch (Lk, IGS): Planung, Vorbereitung, Umsetzung und Rollenverständnis als Lehrkraft

25 F:	J=ja\. Also erst, wenn ich die Klasse noch nicht kenn, also die
26	Lernvoraussetzungen, oder sagen wir, ich kenne die Klasse ein bisschen, dann
27	dürfen sich jeweils also ist ne Vierergruppe, die sitzen zu viert, nicht zu sechst,
28	weil es sind zu viele, dann kann man nicht mehr so gut miteinander
29	und auch nicht zu zweit, weil das einfach keine Gruppe ist\. (2)
30	Die Gruppe wird zusammengesetzt, indem sie sich erstmal, einen Partner
31	suchen/, weil selbst, w=wenn i, w=wenn ich mich anschaue, ich arbeite immer
32	(.) lieber und produktiver, wenn ich jemanden, ne Freundin, einen Bekannten,
33	mit dem ich gerne arbeite, schon im Boot habe/. <00:02:14>
34 I:	Mh/ <00:02:15>
35 F:	Im Gegensatz zu ner Unbekannten. Und dann die zweite Wahl, ist meine Wahl,
36	also die der Lehrkraft\. <00:02:22>
37 I:	Ahja. <00:02:22>
38 F:	Das heißt, weil ich (.) heterogene Gruppen haben möchte\, weil jeder
39	Fähigkeiten hat, und irgendwann lernt man die Lerngruppe so gut kennen, dass
40	man weiß: Die kann gut zeichnen, er ist gut in Mathe, sie kann gut lesen <00:02:35>
41 I:	Ahja, aha/ <00:02:25>
42 F:	soo\, und dass die Gruppen dann zusammen kommen\. Pro Unterrichtseinheit,
43	habe ich dann eine Gruppe zusammengesetzt, also mit dem Verfahren, und die
44	haben dann komplett zusammen gesessen\. Oft haben die anderen
45	Kl=Fachlehrer und auch der Klassenlehrer, ich hab dann immer
46	ab=abgesprochen mit den Klassenlehrern, ob die so sitzen bleiben dürfen, und
47	haben meistens die Fachlehrer und die Klassenlehrer, die Sitzgruppen
48	beibehalten, haben=s aber nicht angewendet\. Aber die haben die Gr=Gruppen
49	so beibehalten\, weil es schwer für die Kinder ist, dann doch (1) ei=ne andere
50	Sitzordnung zu haben\. (2)
51	Im Laufe der Zeit war das dann so, dass die Klassenlehrerin gesagt hat: Das
52	und das darf überhaupt nicht gehen\. Also selbst als, die dürfen überhaupt
53	nicht zusammen sitzen\. Das wurde dann auch formuliert/: Eine Pranka und ein
54	David dürfen nicht sich als Paar zusammenfinden, aus eben den Gründen\.
55	Gut\. (…)

---

184 Darunter wird in dieser Arbeit ein geregelter, in Verfahrensschritte zerlegbarer, nachvollziehbarer und wiederholbarer Ablauf verstanden, in dessen Mittelpunkt eine rationale, effektive Planung und Durchführung zielorientierter Vorhaben steht.

Die Mit- und Selbstbestimmung der SuS wird hier gerahmt durch Entscheidungen der Lehrkraft. *Frau Fürch* bestimmt das eigene Erfahrungswissen der Schüler, steuert dieses ihrer Meinung nach begründet und gibt den Unterrichtsprozess nicht aus der Hand. Die Lehrerin ist bei der Gruppenzusammensetzung die letzte Entscheidungsinstanz. Sie ist nicht nur bei der Gruppenzusammensetzung die letzte Entscheidungsinstanz, sondern auch bei der Sitzordnung, welche von ihr festgelegt wird und sich an der von ihr bestimmten Gruppenzusammensetzung ausrichtet. Es ist von Bedeutung für *Frau Fürch*, dass Kooperation nicht nur punktuell stattfindet, sondern „komplett" durchgängig kooperativ gearbeitet wird. Im *negativen Horizont* steht allerdings, dass die anderen Lehrerinnen ihre Gründe haben, sich gar nicht auf ihre Unterrichtsmethodik einzulassen. Hier zeigt sich eine völlige Inkompatibilität von zwei grundlegenden Prinzipien.[185] Mit dem Verständnis kooperativen Lernens als durchgängiges Unterrichtsprinzip von *Frau Fürch*, also einer völlig anderen Rahmung von Unterricht, stehen sich unverstandene Begründungen zweier Unterrichtsmethodiken gegenüber. Die Darstellung dieser Problematik wird mit einem „Gut" von Seiten der Interviewten im Modus einer rituellen Konklusion[186] beendet und sozusagen als nicht lösbar ausgeklammert. Ein reflexives Hinterfragen der eigenen und der anderen Perspektive lässt sich (an dieser Stelle) nicht rekonstruieren. Selbstbestimmt handelnd setzt *Frau Fürch* ihr Prinzip weiter um.

Das Verfahren wird nun mit der Einführung der Gruppenmappe fortgesetzt.

Frau Fürch (Lk, IGS): Planung, Vorbereitung, Umsetzung und Rollenverständnis als Lehrkraft

55 F: Gut\. Dann begann der Unterricht eigentlich immer mit einer, mit der
56   Gestaltung der Gruppenmappe/, und dies also Gestaltung der Gruppenmappe
57   diente auch immer zur Analyse: Wo steht diese Gruppe\? Das heißt, wenn es
58   um Bruchrechnung geht, oder (.) oder in der Geometrie um Figuren, haben sie
59   schon eine Aufgabe zu Figuren gemacht, um die eigene Mappe zu gestalten\.
             <00:03:55>
60 I: Mh/ <00:03:56>
61 F   Und um zu sehen, was sie in der Grundschule schon gelernt haben\ <00:03:58>
62 I: Jaa, ich frag jetzt da mal nach <00:04:00>
63 F: ˪Ja <00:04:00>
64 I: Was ist denn in der Mappe\? Ist die (unverständliches Wort) <00:04:03>
65 F: ˪In der Mappe, genau\. Erst
66   gestalten sie die Außenseite, in der Mappe ist zum einen ein Zettel,
67   wo (1) die Schüler unterschreiben einen Vertrag, welche soziale (3)
68   Abhängigkeit sie in der Gruppe oder welche soziale, also das heißt, da gibt=s
69   den Materialhüter, den Zeitstopper, Lärmwächter und Reporter\. Der
70   Materialhüter ist der, der immer d=rauf achten muss, dass die, die Mappe da
71   ist, der Zeitwächter guckt auf die Uhr, der Lärmwächter wenn=s zu laut ist,
72   muss er seine Gruppe regulieren, und der Reporter ist immer derjenige, der
73   alles im Blick haben muss, wie weit sind wir\. Also er, der Reporter ist mein
74   Ansprechpartner, um mir zu sagen: Wo hapert=s noch, wer kann es nicht, wer
75   kann es gut, wie weit sind wir\. Uund diese Rollen/, diese sozialen Rollen, sind

---

185 Darunter wird in dieser Arbeit ein Grundsatz, eine Richtlinie, eine Gesetzmäßigkeit verstanden.

186 Rituelle Konklusionen provozieren einen Themenwechsel. Sie schließen oppositionelle Bezugnahmen ab (vgl. Przyborski 2004, 74).

76   wöchentlich ä=ändern die Schüler das\, also automatisch, läuft das dann
77   irgendwann, dass sie montags in der ersten Stunde gleich unterschreiben: Ich
78   bin der und der\. <00:05:08>
79 I: Ahja, ok\. <00:05:09>

Die SuS unterschreiben einen „Vertrag" über die „soziale Abhängigkeit (...) in der Gruppe". Kooperatives Lernen bedeutet nicht, dass *Frau Fürch* ihre Kontrolle abgibt, sondern dass sie die Kooperation kontrolliert, reguliert und Kontrollmechanismen delegiert. In dem Vertrag und der dadurch geschaffenen sozialen Abhängigkeit zeigt sich ihre starke Orientierung an Kontrolle, Verbindlichkeit und Sicherheit. Die SuS selbst übernehmen die Kontrolle der Normeinhaltung, stellvertretend für die Lehrkraft. Die Mitschülerinnen und Mitschüler sind also diejenigen, die einschätzen, was die anderen können bzw. nicht können. Nun bestimmen sie stellvertretend für *Frau Fürch* das Erfahrungswissen der anderen. *Frau Fürch* behält die *Oberkontrolle, Unterkontrolleure* einsetzend. Durch die Unterschrift wird gesichert, dass die SuS nicht aus ihrer Rolle fallen, da dies sonst von der Gruppe und als letzte Instanz von *Frau Fürch* sanktioniert wird. Durch den Einsatz eines Vertrages bei der Umsetzung kooperativen Lernens kann *Frau Fürch* ihre *Führung* behalten. Hier zeigt sich der grundlegende professionelle Habitus von *Frau Fürch*. Der folgende Ausschnitt untermauert dieses Rollenverständnis.

Frau Fürch (Lk, IGS): Planung, Vorbereitung, Umsetzung und Rollenverständnis als Lehrkraft
156 F: Ähm dann (2) ähm ja, ähm sehr viele Plakate haben sie auch als
157   Ergebnissicherung, gezeichnet, und da wer=wird farblich unterschieden, damit
158   ich dann nachvollziehen kann, wer was geleistet hat\. <00:10:06>
159 I: Aaha, aha <00:10:07>
160 F: Weil ganz oft gibt=s einen Zeichner <00:10:09>
161 I: Jaaa <00:10:09>
162 F: Und die anderen sitzen einfach nur rum\. Ähm, ja, 00:10:11>
163 I: Mh/ Das heißt jeder hat eine Farbe/? <00:10:17>
164 F: Exakt\. Und die müssen die ganze Zeit gemeinsam er=an diesem Plakat
165   arbeiten\. (2)
166   Dann die Sachen ähm, ein Arbeitsblatt\. Man muss nicht immer selbst Sachen
167   erstellen, ein ganz normales Arbeitsblatt, haben die im Tandem bekommen/.
168   Zwei verschiedene Farben/, der eine (.) l=liest die Aufgabe vor, erklärt sie in
169   eigenen Worten, wie ich jetzt addieren, schriftlich, wie das schriftliche Addieren
170   funktioniert, und der andere muss das rechnen\. Zwei also Person eins und
171   zwei\. <00:10:53>
172 I: Jaaa. <00:10:53>
173 F: Person eins erklärt/, Person zwei muss rechnen/, und Per=Person eins
174   kontrolliert\. An auf einem Blatt\. Und da so sieht man, wer hat=s gerechnet/,
175   und wer hat=s kontrolliert, weil es zwei verschiedene Farben\, die müssen dann
176   immer einen Haken machen\. <00:11:08>
177 I: Jaaa. <00:11:08>
178 F: Wenn das erledigt ist, tauschen die zwei Tandems wieder aus innerhalb der
179   Gruppe\. Und ja, wichtig ist nur gemeinsam sind wir stark, tatsächlich\. Wir
180   bekommen als Gruppe Punkte, wenn wir=s alle begriffen haben, wenn wir=s
181   alle können, können wir Punkte bekommen\. <00:11:25>

182 I: Jaa-jaa <00:11:25>

183 F: Ne gute Note\. Und ja, dadurch wer- also (1) Aber, also (.) ganz oft sagt man,

184   man möchte nicht einfach Schüler d=rannehmen\, aber ich mach dann immer

185   ne Ansage: Ihr habt jetzt, um eure eigenen Hausaufgaben gegenseitig zu

186   kontrollieren, das kann auch rotieren mit nem Haken und (.) dass sie dann

187   diskutieren, sag ich ihr habt jetzt zehn Minuten Zeit/, und dann pick ich

188   willkürlich, die Schüler sind nummeriert, eine Zahl heraus und diese Person

189   muss mir die Aufgabe erklären an der Tafel, am Platz, je nachdem, uund so

190   werden die Hausaufgaben zum Beispiel kontrolliert\. Und wenn die Aufgabe

191   richtig war, bekommt die ganze Gruppe einen Punkt\. <00:12:05>

192 I: Mh\. <00:12:05>

193 F: So\. Wenn man und peu à peu, wie gesagt, da hab ich schon begonnen, werden

194   dann Regeln eingeführt\, Schritt für Schritt, und wenn man merkt zum Beispiel,

195   dass die Hausaufgaben nicht regelmäßig gemacht werden\, (1) dann gibt=s die

196   Ansage am Anfang der Woche/: Ich, der Reporter sagt mir jede Stunde,

197   wer=wer die Hausaufgaben nicht gemacht hat/, oder beziehungsweise wer sie

198   gemacht hat, oder wie viele sie nicht gemacht haben, und die Gruppe, die alle

199   Hausaufgaben gemacht haben, bekommt zwei Punkte

Zum wiederholten Male bestimmt *Frau Fürch* das Erfahrungswissen der SuS, schreibt diesen eine Erfahrung vor und fordert *Zwang* zur Kooperation ein. Kann die Erfahrung „nur gemeinsam sind wir stark" vorgeschrieben werden? Fördert *Zwang* und ein externes Belohnungssystem Kooperation? Kooperieren die SuS, weil sie dann von der Lehrerin belohnt werden oder kooperieren sie, weil es ihnen Freude macht? Hier zeigt sich ein durchorganisiertes *Kontrollsystem*. *Frau Fürch* ist die *absolute* Entscheidungs- und Bewertungsinstanz. Es zeigt sich ein durchgängiges Arbeiten mit einem externen Gratifikationssystem wie Vergabe von Punkten, Süßigkeiten, gute Noten und Lob. Die Gruppe haftet für die Leistungen des Einzelnen. Wenn eine Person der Gruppe nicht dementsprechend arbeitet, wird auch die Gruppe negativ bewertet. Der Druck wird also dadurch erhöht, dass durch ein Fehlverhalten jedes Einzelnen die ganze Gruppe involviert ist. Die SuS dienen als Instrumente der Kontrolle. Sie sollen andere stellvertretend für die Lehrkraft *denunzieren*. Frau Fürch bleibt höchste Instanz.

Der zentrale *negative Horizont* für *Frau Fürch* ist der Verlust von Kontrolle, eine echte Selbst-Regulation durch die SuS, der Verlust von Bewertungshoheit, von unreguliertem und durch sie unentdecktem (Fehl-)Verhalten der SuS und die Angst, bei den SuS nicht anzukommen, wie der folgende Transkriptausschnitt zeigt.

Frau Fürch (Lk, IGS): Planung, Vorbereitung, Umsetzung und Rollenverständnis als Lehrkraft

221 I: Mich würd das wirklich sehr interessieren, was das ist, was Sie anscheinend,

222   ja, was Sie so fesselt daran, das kommt für mich so rüber. <00:13:54>

223 F: Ja das, (.) die Arbeitsblätter sind teilweise so aufgebaut, dass, es (.) kaum

224   frontalen Unterricht gibt, weil nicht jeder Le- äh Schüler mag mich/, nicht jede

225   Sch- jeder Schüler mag meine Stimme, kann mit meiner Gestik, kommt mit

226   meiner Gestik nicht klar, und (.) wenn man das kontinuierlich macht als

227   Unterrichtsprinzip, haben die Schüler es irgendwann (.) wirklich können sich so

228   formulieren, dass sie sich gegenseitig beibringen\. <00:14:22>

229 I: Ahja <00:14:23>

230 F: Und das ist fantastisch\. Und ich komm nicht bei diesen 28 Schülern an, fertig\,
231   ich komm da nicht an. <00:14:30>
232 I: Ahja <00:14:31>

Um dieser Erfahrung, bei den SuS nicht anzukommen, aus dem Weg zu gehen, installiert *Frau Fürch* ein gut funktionierendes *Kontrollsystem*, in welchem sie die Kontrolle an die SuS delegiert, die sich wiederum gegenseitig kontrollieren.

Zum Abschluss fragt die Forscherin danach, ob *Frau Fürch* noch etwas zum kooperativen Lernen oder auch darüber hinaus sagen möchte.

Frau Fürch (GrS, IGS): Planung, Vorbereitung, Umsetzung und Rollenverständnis als Lehrkraft
591 F: (3) Hmm, kann ich jetzt nicht explizit, aber man sollte es mal ausprobieren.
592   Man denkt als Lehrer, dass es verdammt viel Vorarbeit ist. Wenn man das erst
593   mal d=rin hat, die Disziplin hat, läuft das von alleine\. Und es ist, (1) in den
594   Ferien oder recht viel Vorarbeit davor, aber dann kann man die ganze
595   Unterrichtseinheit, ist man entspannt und man kann tatsächlich auf die Schüler
596   eingehen\. Im Gegensatz, zu gucken: Was mach ich jetzt und was für
597   Arbeitsblätter und so weiter. Man kann auf die Schüler eingehen, die wirklich
598   noch Probleme haben\. <00:37:03>
599 I: Jaaa <00:37:04>
600 F: Und man ist viel entspannter. Es i=f=läuft für einen Lehrer (.) einfacher und ja\,
601   es i- es bedeutet viel Arbeit vorab, aber wenn man das erstmal, mit den
602   Schülern ritualisiert hat, dann läuft=s\. <00:37:21>

Hier wird noch einmal die Orientierung von *Frau Fürch* deutlich, dass kooperatives Lernen für sie ein durchgängiges Unterrichtsprinzip ist. Neben der Orientierung an Kontrolle, Sicherheit und Verbindlichkeit kommt nun noch die Orientierung von Frau Fürch an Disziplin und Ritualisierung hinzu. Trotz, dass es anfänglich „verdammt viel Vorarbeit" ist *(negativer Horizont)*, ist die Lehrkraft während des Unterrichts entlastet und kann auf die einzelnen SuS eingehen *(positiver Horizont)*. Zum ersten Mal wird von den SuS als Individuen gesprochen, welche ansonsten ihre Individualität in der Gruppe verlieren.

Kooperatives Lernen als Prinzip läuft nach einem festgelegten Verfahren ab, welches durch feste Strukturen, Regeln, Rituale und vorgegebene soziale und inhaltliche Rollen gekennzeichnet ist. Dieses Prinzip wird geübt, bis es verinnerlicht ist und selbstläufig funktioniert. Kontrolle und Sicherheit sind somit gewährleistet. Das Verfahren muss einmal etabliert werden und kann dann jedes Mal inhaltlich neu *(auf)gefüllt* werden. Die Gruppe ist austauschbar. Diese hat sich an die Gegebenheiten anzupassen hat, um nicht sanktioniert zu werden. Das Individuum wird sozusagen von der Gruppe *verschluckt* und eine Gruppenidentität entwickelt. Wenn das Gratifikationssystem erst einmal greift und Disziplin hergestellt wird, läuft es von alleine. Die Arbeit von *Frau Fürch* besteht also in der Etablierung dieses Prinzips.

Wahrnehmung von und Umgang mit Unsicherheiten, Störungen, Hindernissen und selbstbestimmtes Handeln

Rekurrierend auf die Schilderung von *Frau Marten* und *Frau Salzner*, dass sie während der Umsetzung entlastet seien, schließt die Forscherin mit einer immanenten Frage nach weiteren Rollen der Lehrkraft an.

Mini-Gruppendiskussion (Lk, GrS): Wahrnehmung von und Umgang mit Unsicherheiten, Störungen, Hindernissen und selbstbestimmtes Handeln

600 M: Aber bei mir war=s eben so, dass ich anfing und dachte wir machen jetzt alles ganz
601   toll kooperativ, also nicht alles, was sich eben anbot, und stellte sich heraus: Es ging
602   überhaupt nicht\. <00:31:54>
603 I: Ah, aha <00:31:55>
604 M: Also die Kinder waren, da waren so viele sozial verhaltensauffällige Kinder
605   d=rinne, dass eigentlich jedes Mal, wenn ich irgendwas Kooperatives gemacht
606   habe, aber auch irgendetwas anderes, also so ist das nicht, ja, es hat total den
607   Rahmen gesprengt\. Also die Kinder saßen unter=m Tisch, sind raus gerannt,
608   weil sie: Nöö, mit dem Partner nicht, Mädchen sind doof, den kann ich nicht
609   leiden, und dergleichen\. Und ich glaube aber, dass ich eben dadurch, dass ich
610   so davon überzeugt war, dass es eigentlich @schön@ ist und toll ist, dachte:
611   Das muss irgendwie gehen. Also ich hab dann nicht gesagt: Wir müssen das
612   kooperative Lernen bleiben lassen, es gibt ja auch so die Theorien, dass die,
613   entwicklungspsychologisch noch nicht weit genug sind, um mit=nem Partner zu
614   arbeiten, da gibt=s ja bestimmt auch Stufen und da ist bestimmt auch was
615   d=ran, aber es ist ja immer die Frage dessen, was ich e=erwarte von so=ner
616   Partnerarbeit\. Ich erwarte halt bei nem Erstklässler nicht so etwas, wie ich das
617   vom Viertklässler erwarte und wenn ich dann damit zufrieden bin, ist eben
618   auch gut. Und dann hab ich mir eben überlegt: Wir kann ich das (.)
619   runterbrechen/, um irgendetwas zu finden, sodass die Kinder miteinander
620   arbeiten können\? Weil es war, vorrangig eben das soziale Moment, weshalb
621   das gescheitert ist\. <00:32:58>
622 I: Ja-ja, aha <00:32:59>
623 M: Uund, wir war- hatten ja diese guten Erfahrungen gemacht mit den
624   Memory-Kärtchen, mit den Zufallspartnern/, und das war ja immer schon der
625   erste Punkt, wo=s krachte\. Und dann dachte ich mir: Ok, mit
626   Memory-Kärtchen kann ich das offensichtlich nicht mehr machen, und kam
627   dann eben zu dem Lerntempoduett/ <00:33:13>
628 I: Mh/ <00:33:14>
629 M: Weil sich nämlich dann herausstellte, dass die Kinder schummeln können\. Also
630   sie waren dann fertig/ und dann haben sie eben so vorsichtig mal hochgeguckt
631   und haben gesehen: Ok, da sitzt jemand, mit dem ich auf gar keinen Fall
632   arbeiten will, ich tue so, als wär ich noch nicht fertig\. Und dann haben sie sich
633   natürlich zunächst erst mal Gruppen gesucht, wo sie das Gefühl hatten, mit
634   dem geht das irgendwie/. Und dann (.) ist es aber auch stückchenweise
635   gelaufen\, ja\ und dann dachte ich eben: na das ist ja dann auch schön, dann ist
636   es gut so, dann können sie=s eben anders noch nicht, ja? Und war erst mal
637   glücklich, dass es irgendwie funktioniert/. Und dann im zweiten Schuljahr, da
638   musste ich auch dann wirklich lachen, das hab ich mir auch wirklich auch die
639   ganze Zeit gemerkt, meldete sich dann ein Kind, (.) gut ein sozial ganz starkes
640   Kind und sagte zu mir: Frau Marten /, wir haben das doch früher im ersten
641   Schuljahr immer mit diesen Memory-Kärtchen gemacht\. Wieso machen wir
642   das denn @eigentlich@ nicht mehr\? Dann sagte ich: Ich dachte ihr mögt das
643   nicht, weil ihr euch immer gestritten habt, je nachdem, wie=welchen Partner
644   ihr bekommen habt\. Und dann kam mehr oder weniger aus der ganzen Klasse:

645   Nein-nein, wir wollen das auf jeden Fall mit den Memory-Kärtchen machen\.
           <00:34:13>
646 I: @(.)@ <00:34:14>
647 M: Und dann dachte ich: Ok, dann machen wir=s beim nächsten Mal mit den
648   Memory-Kärtchen\. Dann waren sie wahrscheinlich einfach so herangereift,
649   dass es einfach in Ordnung war, auch mal mit so=nem Kind (.) zu arbeiten, was
650   vielleicht nicht mein bester Freund ist\. <00:34:25>
651S: Ja, genau.<00:34:25>
652 I: Mm <00:34:26>
653 M: Ja <00:34:26>
654 S: Aber ich glaub auch, wenn man=s vom ersten Tage an sehr überzeugt
655   rüberbringt <00:34:31>
656 M: Ja <00:34:31>
657 S: Dann ist es im Grunde überhaupt kein Thema und man darf=s natürlich auch
658   nicht übertreiben. Und das wichtigste ist glaube ich, dass die Aufgabenstellung
659   nicht zu schwer ist\. <00:34:38>
660 M: ⌐M-m <00:34:38>
661 I: Aja <00:34:39>
662 S: Die Aufgaben müssen sehr leicht sein, so dass jedes Kind wie gesagt dieses
663   Kompetenzgefühl hat, und das Gefühl hat: Ich kann ihm was sagen oder ich
664   kann mich mit ihm über irgendwas austauschen. Ich sag=s jetzt deshalb, weil
665   ich in der Vorklasse auch soziales Lernen mache, das heißt ich bin dann immer
666   eine Stunde dabei. Und da hab ich mit der letzten Vorklassenlehrerin auch
667   diese kooperativen Arbeitsformen angefangen\ und wir haben dann ganz
668   einfache Sachen gemacht, was kneten oder, zusammen ein=ein (.) Zaubertier
669   malen oder (.) ja Memory spielen oder so\. Also Sachen, wo sie sich sicher
670   gefühlt haben, und also ich denk wenn=wenn man=s einmal die Woche nicht zu
671   häufig und ein bisschen so nach dem Befindlichkeiten der Kinder ausrichtet,
672   dann ist es eigentlich gut zu machen und, was mich selber auch immer wieder
673   erstaunt, also jetzt in meiner Klasse, ich hab ein zweites Schuljahr, im Moment,
674   jetzt durch diese Sachen komme ich ja nicht so oft zu dem
675   Memory-Partner-Problem oder=oder zu dieser Me=Memory-Partner-Methode,
676   und wenn ich sie dann wieder mache, dann sind die immer total begeistert
           <00:35:39>
677 I: Ahja, aha <00:35:40>
678 S: Wen sie gerade erwischen <00:35:41>
679 I: Aha <00:35:41>
680 M: @(.)@ <00:35:41>

Frau Marten bringt eine Proposition im Modus einer Erzählung ein, welche nach Beenden ihrer Erzählung von *Frau Salzner* validiert wird. In dem Ausschnitt wird deutlich, dass kooperatives Lernen kein Selbstläufer, sondern eine pädagogisch höchst anspruchsvolle Aufgabe ist und der Anbahnung, der Strukturierung, der Rollenklärung, des flexiblen und situativen (Re-)Agierens und der kontinuierlichen (Selbst-)Reflexion der Lehrenden bedarf, insbesondere dann, wenn die Lehrkraft den SuS mehr Freiräume einräumt. Hier dokumentiert sich, dass *Frau Marten* sich trotz sozialer Schwierigkeiten bei der Umsetzung nicht vom kooperativen Lernen distanziert und die Nichtumsetzung mit fehlenden Sozialkompetenzen der Kinder legitimiert, sondern dass sie vielmehr versucht, die Störung als Chance für die Kompetenzentwicklung der Kinder zu nutzen und nach anderen, ,runtergebrochenen' Umsetzungsmöglichkeiten sucht. Erneut zeigt sich eine intensive Auseinandersetzung mit der eigenen Rolle als Lehrkraft, mit den Erwartungen und Ansprüchen, mit welchen *Frau Marten* den Kindern begegnet, mit den Lernvoraussetzungen der Kinder und mit entwicklungspsychologischen Theorien, die für sie in dieser konkreten Situation hilfreich, aber letztendlich nicht einzig ausschlaggebend sind. Theoretisches Wissen und Handlungswissen nutzend, orientiert sich *Frau Marten* an den Kindern und baut auf das auf, was die Kinder mitbringen, um so einen Anfang zum kooperativen Lernen mit ihnen zu finden. *Frau Marten* sieht sich selbst wie auch die Kinder in einem Erfahrungslernprozess, welchem Zeit eingeräumt werden muss, der nicht übers Knie gebrochen und nicht als Affront gegen die Lehrkraft aufgefasst werden darf. *Frau Salzner* stimmt validierend zu. Die Umsetzung kooperativer Lehr-Lernformen benötigt also Zeit, Raum und ein Vertrauen in die Kinder. Der parallele Diskurs wird von *Frau Salzner* fortgeführt. Den Aspekt des ,Runterbrechens' von *Frau Marten* validierend schließt sie mit einem erweiterten Orientierungsgehalt an. Kooperatives Lernen bedeutet für *Frau Salzner*, dass die Kinder mit ihren Fähigkeiten und Fertigkeiten im Mittelpunkt stehen. Im Sinne der Kompetenzentwicklung und der Kompetenzerfahrung der Kinder müssen die Aufgaben an die „Befindlichkeiten" dieser anknüpfen und für die Kinder zu bewältigen sein. Das Gelingen der Methode hängt also in großem Maße von der Rolle der SuS im Lernprozess ab. Wenn Kinder aktiv daran beteiligt sind und sich als selbstwirksam erfahren, dann ist die Umsetzung kooperativen Lernens gut möglich. Selbst im Unterricht aktiv handeln zu können und nicht passiv-rezeptiv zu sein, Verantwortung zu tragen, dass sie selbst und andere etwas lernen, steigert nach Meinung der Lehrkraft die Lernmotivation, den Spaß und das Interesse der Kinder an den Themen. Zum Abschluss der Passage wird ausgeführt, dass eine Methode, in dieser konkreten Situation die ,Memory-Partner-Methode', welche anfangs von den Kindern abgelehnt wurde, zu einem späteren Zeitpunkt große Akzeptanz durch die Kinder erfährt. Hier zeigt sich, dass Unterricht nicht vollständig planbar ist, sondern immer wieder die Fähigkeit zur Reflexion sowohl im Nachhinein als auch in der Situation selbst und ein Suchen nach veränderten Handlungsmöglichkeiten erfordert.

Auch im folgenden Ausschnitt zeigt sich bei der Umsetzung kooperativen Lernens ein eher konstruktivistisch orientierter Umgang der Lehrerinnen mit Störungen.

Mini-Gruppendiskussion (Lk, GrS): Wahrnehmung von und Umgang mit Unsicherheiten, Störungen, Hindernissen und selbstbestimmtes Handeln

1129 M: […] Oder was auch ein ganz großes Thema war
1130   bei mir in der Klasse, ich dachte halt nicht, dass das sein kann. Man ist dann
1131   überrascht, was alles nicht gehen kann\, ja/. Zum Beispiel gi=ging der Streit los
1132   darüber, wer jetzt zuerst sprechen darf\. <00:04:38>
1133 S: Genau <00:04:39>
1134 M: Und daran ist das Ganze schon gescheitert\. So. Dann haben wir eben gesagt:
1135   Ok, dann brauchen wir dafür ne Regelung\. Und dann hab ich das immer im
1136   Vorfeld gesagt\. Ok, heute fängt mal (.) der (.) Größere an\, heute fängt der an
1137   mit den längeren Haaren\, heute fängt der an, der früher aufgestanden ist\.
1138   Dann haben sie ganz kurz schon mal gesprochen/, bla-bla-bla/, das war schon
1139   lustig, das war schon nett, und irgendwann musste ich das nämlich nicht mehr
1140   machen, weil dann gab=s Gruppen, die einfach gesagt haben fang an, und

1141   andere gab=s, sagte: Komm, wir machen erstmal Schuhvergleich\, von sich aus,
1142   haben sich dann irgendwas rausgesucht\. Und dann, also wie gesagt man muss
1143   dann halt einfach glaube ich beobachten und ganz genau schauen und das geht
1144   halt wenn man zu zweit ist umso besser/ <00:05:17>
1145 I: Jaaa, ja klar <00:05:17>
1146 M: Weil in der Situation selbst ist man ja manchmal dann auch überfordert und
1147   denkt Oh-oh, da kracht=s jetzt gerade an allen Ecken/. Zu sehen, an welcher
1148   Stelle hat=s (.) Probleme gemacht\, jaa\ <00:05:29>
1149 I: Aha, mmh. <00:05:30>
1150 M: (2) Und, also wie gesagt, eineinhalb Jahre hat=s gedauert\ bei mir, also es war
1151   jeden Tag, dass ich dachte: Oh nein, schon @wieder nicht@, Oooh, schon
1152   wieder nicht geklappt, und wieder nicht\. Und so nach eineinhalb Jahren
1153   dachte ich: Aha/, da kam halt eben wahrscheinlich auch die Frage mit den
1154   Memory-Kärtchen irgendwann mal auf <00:05:47>
1155 S: M-m, genau.<00:05:47>

Frau Marten bringt in einer weiteren Proposition ein, dass für die Kinder beim gemeinsamen Arbeiten mit einem *peer* Sachen von Bedeutung sind, deren Wichtigkeit Erwachsene kaum nachvollziehen können. Diese *Sachen* können für die Kinder von so großer Bedeutung sein, dass es beim gemeinsamen Lernen unter ihnen zu Streitigkeiten kommen kann. Eine wichtige Aufgabe ist deshalb für *Frau Marten* das genaue Beobachten, um zu verstehen, was gerade passiert. Es reicht ihrer Meinung nicht nicht aus, Schwierigkeiten mit den Kindern nur zu besprechen, sondern diese müssen auf der Ebene der Performanz konkret angegangen werden. Dabei ist es ihr wichtig, aus der Perspektive der Kinder zu denken, um so ihre Probleme nicht leichtfertig als Banalitäten abzutun, sondern um so zu verstehen, wie sie denken und wodurch ihr Handeln geleitet wird. Es zeigt sich erneut, dass das Anregen von Selbst-Bildungsprozessen von Kindern eine pädagogisch höchst anspruchsvolle und länger andauernde Aufgabe ist, welche der ständigen Praxisreflexion der Lehrkraft bedarf. *Frau Salzner* stimmt dieser Orientierung von *Frau Marten* zweimal zu. Ein völlig anderer Umgang mit Störungen lässt sich bei *Frau Fürch* rekonstruieren.

Frau Fürch (Lk, IGS): Wahrnehmung von und Umgang mit Unsicherheiten, Störungen, Hindernissen und selbstbestimmtes Handeln

115 F: Dieses Think-Pair-Share ist ja immer wieder beim kooperativen, Lernen sehr
116   wichtig. Meine Erfahrung ist, und aber es gibt auch viele andere Erfahrungen,
117   dass ich die Think-Phase rausgelassen hab, weil die Kinder es nicht geschafft
118   haben, dann miteinander zu arbeiten\. <00:07:30>
119 I: Ahja, am Anfang\ <00:07:33>
120 F: Am Anfang, genau. Es gibt dann natürlich auch Phasen, wo sie ganz ruhig
121   arbeiten, auch in Einzelarbeit arbeiten, innerhalb der Gruppe, aber zu Beginn,
122   a- ich rede von zu Beginn nicht zwei Stunden, sondern wirklich ein halbes Jahr,
123   hab ich die Think-Phase fast nicht gehabt\. <00:07:51>
124 I: Können Sie mal vielleicht kurz schildern, wie sich das dargestellt hat, was die
125   Schüler da gemacht haben am Anfang, als Sie versucht haben, das zu machen
126   mit Think/? Einfach, dass sie mal so (.) so zurückdenken <00:08:01>
127 F: ᴸDa muss ich mal überlegen\ <00:08:01>
128 I: Hach stimmt, da hat vielleicht X das gemacht und hat es nicht <00:08:04>

129 F: Nee, die bleiben dann bei ihren Aufgaben\, die fangen nicht an zu

130   kommunizieren, die arbeiten nicht kooperativ, die machen dann ihr Ding

131   fertig\. <00:08:11>

132 I: Ach ja\ <00:08:12>

Hier zeigt sich, dass kooperatives Lernen kein Selbstläufer ist. Es passiert nicht einfach so, es klappt nicht innerhalb von zwei Stunden. Es kann beim kooperativen Lernen trotz Vorbereitung, Kontrolle, Vertrag, Regeln usw. zu Störungen kommen. Nach *Frau Fürch* fehlen den SuS die Kompetenzen, den Wechsel von der „Think-Phase" zur *Pair*- bzw. *Share-Phase* zu bewältigen. Das Problem umgeht sie, indem die „Think-Phase", die Einzelarbeitsphase, mit welcher die eigentliche Auseinandersetzung der SuS nach dem Grundprinzip des *Think-Pair-Share* beginnt, weggelassen wird.[187] Hier zeigt sich, dass *Frau Fürch* mit dieser Ungewissheit und Unsicherheit, die die Einzelphase mit sich bringt und in der die SuS nach Gewohnheit des traditionellen Unterrichts verharren, nicht umzugehen weiß. Zeigt sich hier möglicherweise, dass die SuS die Kooperation als von der Lehrkraft angeordnet empfinden und lieber alleine arbeiten? *Frau Fürch* kann in dieser Situation nicht auf ihr Kontrollsystem zurückgreifen, da es eine Einzelar- beitsphase ist. Um die Kontrolle dennoch zu behalten, verzichtet sie (zunächst) auf die gemeinsame Anbahnung dieser Phase und macht für das Nichtgelingen der „Think- Phase" die SuS verantwortlich, denen die Kompetenzen zum selbstständigen Phasen- wechsel fehlen. So behält die Lehrerin die Kontrolle. *Frau Fürch* vertraut in dieser auf konkreten Erfahrungen aufruhenden Situation nicht auf ihre SuS als Akteure ihres Er- fahrungslernprozesses auf dem Weg vom Novizen zum Experten. Das Problem wird selbstbestimmt umgangen, ausgeblendet, die kooperative Methode um eines ihrer we- sentlichen charakteristischen Elemente reduziert und wie gehabt fortgefahren. Eine Art Praxisreflexion lässt sich an dieser Stelle nicht rekonstruieren. Die Störung wird von *Frau Fürch* nicht im Sinne der Kompetenzentwicklung der SuS aufgegriffen und ge- meinsam bearbeitet. *Frau Fürch* behält erneut die Kontrolle als letzte Entscheidungs- instanz.

Dieselbe Orientierung zeigt *Frau Fürch* auch bei der Umsetzung des WeLL. Der Dar- stellung geht die Bitte der Forscherin voraus, von ihren Erfahrungen zur Umsetzung des WeLL als eine Form kooperativen Lernens zu erzählen.

Frau Fürch (Lk, IGS): Wahrnehmung von und Umgang mit Unsicherheiten, Störungen, Hinder- nissen und selbstbestimmtes Handeln

465 F: Also Gruppenpuzzle ist ja so, hab ich nicht verwendet, weil, es ist schon so

466   sowieso schon schwer für Kinder, oder auch für Erwachsene, zu viert

467   miteinander klar zu kommen, sich einzustimmen und dann auch noch

468   weiterzugehen\. <00:29:03>

469 I: Mmh\ <00:29:04>

470 F: Hab ich nicht, aber ich könnte mir gut vorstellen, dass man das so machen

471   könnte, tatsächlich in Mathe, vier verschiedene Themen, vier Gruppen oder

472   fünf Gruppen, und dann Gruppenpuzzle, aber im Endeffekt,(.) wenn ich Gruppe

---

187 Laut Brüning & Saum (2006) benötigt kooperatives Lernen, welches auf dem Grundprinzip des *Think-Pair-Share* beruht, das Element der Einzelarbeit. Auf Grundlage dieses Ver- ständnisses betonen die Autoren, dass es „keine Kooperation ohne vorherige Einzelarbeit" (ebd., 16) gibt.

473   eins drannehme/, die (1) mir das sagen kann, also erklären kann, Thema fünf,
474   v=von der Gruppe fünf, wenn die mir das alles erklären kann, dann kriegt
475   Gruppe fünf und Gruppe eins Punkte\. <00:29:32>
476 I: Mh/-mh/ <00:29.33>
477 F: So\. Das wär aber, das würde ich erst machen, ich persönlich, wenn sie stabil in
478   ihrem Gruppen sind\ und, dieses kooperative als Grundprinzip kennen\.
479   Ansonsten, phhh, wenn ich jetzt, gerade in höheren Kr=Klassen, da hab ich
480   Gruppenpuzzle angewendet\, aber nicht als Prinzip kooperatives Lernen.
481   Da-da-da finden die immer Wege, sich rauszunehmen\. <00:29:56>
482 I: Ahja, können Sie=s vielleicht nochmal so ganz, ein Beispiel nennen\, wie das da
483   so war, als da vielleicht einer ausgebüxt ist, oder\ <00:30:03>
484 F: (4) Mmmm (2) phh (3) Ja dass, da- dass sie=s dann doch nicht richtig begriffen
485   haben, sondern wirklich in, Worten, wiedergegeben haben, so wie sie=s gehört
486   haben\, sowas <00:30:25>
487 I: Ahja, mh-mh, Sie meinen dieses Vermitteln dann <00:30:28>
488 F: Ja genau\ <00:30:28>

Frau Fürch bestimmt auch hier eigenes Erfahrungswissen der SuS. Es zeigt sich erneut, dass letztendlich sie den Rahmen setzt. Ihres Erachtens kann die Umsetzung des Gruppenpuzzles als eine ausgewählte Form kooperativen Lernens nur gelingen, wenn auf Grundprinzipien des kooperativen Lernens zurückgegriffen werden kann. Das ist für sie von Bedeutung. Ebenso wird erneut deutlich, dass *Frau Fürch* unter kooperativem Lernen nicht versteht, ihre Kontrolle aufzugeben, sondern Kooperation zu kontrollieren. Die SuS haben der Lehrkraft ihr Wissen mitzuteilen und nicht wechselseitig unter ihresgleichen, wodurch sich WeLL auszeichnet. WeLL wird sozusagen seines Charakters entfremdet so wie auch das Grundprinzip des *Think-Pair-Share* angepasst wurde, damit der *Kontrollmechanismus* weiterhin funktioniert. Die starke Orientierung an Kontrolle, Sicherheit und Verbindlichkeit wird hier erneut deutlich. Die Lehrkraft bleibt in der Position derjenigen, die ‚rahmt', entscheidet und mittels eines Gratifikationssystems bewertet und belohnt. So kann sie sagen, dass das Gruppenpuzzle nur dann funktioniert, wenn die SuS die kooperativen Grundprinzipien kennen (Externalisierung). Da dies häufig nicht der Fall ist, wird die Methode von vornherein als ungeeignet für eine Klasse eingestuft. Ein pädagogischer Umgang mit Hindernissen im Sinne der Kompetenzentwicklung der SuS kann an dieser Stelle nicht rekonstruiert werden.

Zusammenfassend lässt sich festhalten, dass alle drei Lehrkräfte die Methoden des WeLL als Formen kooperativen Lernens verorten und kooperative Lehr-Lernmethoden in ihrem kontextuellen schulformspezifischen ‚Rahmen' selbstbestimmt umsetzen. Ebenso lässt sich herausarbeiten, dass die Umsetzung von kooperativen Lehr-Lernmethoden für alle Lehrerinnen einen nicht unerheblichen Vorbereitungsaufwand darstellt. Differenzen werden deutlich hinsichtlich der Umsetzung, des Rollenverständnisses und des Umgangs mit Störungen. Während sich bei *Frau Marten* (Lk) und bei *Frau Salzner* (Lk) ein eher **ko-konstruktivistisch orientiertes Rollenverständnis** zeigt, welches eher pädagogisch orientiert ist und die Lernprozesse der Kinder in den Mittelpunkt stellt, lässt sich bei *Frau Fürch* (Lk) ein **instruktivistisch orientiertes,** stark reglementierendes und kontrollierendes **Rollenverständnis** rekonstruieren. Die Zuteilung sozialer und inhaltlicher Rollen als *Zwangskonstrukte* sind Mittel zum Zweck, um an Inhalten arbeiten zu können. Diese Rollen werden installiert und dienen als *Kon-*

*trollsyste*m. Die Lebenswelt der SuS spielt bei *Frau Fürch* (Lk) eher keine Rolle, methodische und inhaltliche Erfahrungen der SuS werden aus der Perspektive der Lehrerin bestimmt. Falls das kooperative Lernen nicht funktioniert, werden die fehlenden Kompetenzen der SuS als Grund dafür angeführt (externale Legitimierung): Sie sind noch nicht in der Lage, selbständig den Phasenwechsel zu vollziehen, verstehen Inhalte nicht, können diese nicht vermitteln bzw. geben diese falsch weiter. Damit das kooperative Lernen funktioniert, werden Grundprinzipien und Methoden abgeändert bzw. nur die Methoden eingesetzt, die mit dem System der Kontrolle kompatibel sind. Störungen werden von der Gruppe sanktioniert.

Externale Legitimierungen bei *Nicht-Funktionieren* lassen sich auch bei *Frau Weber* (LiV) herausarbeiten, deren Rollenverständnis sich überwiegend als instruktivistisch orientiert herausarbeiten lässt. Auch sie zeigt Tendenzen bei *Nicht-Funktionieren* verstärkt zu lenken und zu strukturieren, allerdings nicht in der Intensität wie bei *Frau Fürch* (Lk) und auch nicht mittels eines Kontrollsystems. Die Hauptaufgabe von *Frau Fürch* (Lk) besteht in der Etablierung von Disziplin (mittels Regeln und Ritualen) und des kooperativen Lernens als Prinzip, welches gruppen- und individuumsunabhängig umgesetzt werden kann. Lediglich die Inhalte ändern sich. *Frau Marten* (Lk) und *Frau Salzner* (Lk) dagegen verstehen sich ebenso wie *Frau Ehrler* (LiV), *Frau Gerber* (LiV) und *Frau Schmidt* (S) als Lernbegleiterinnen der Kinder, den Lernprozess dieser moderierend. Neben einer ordentlichen Planung ist es für *Frau Marten* (Lk) und *Frau Salzner* (Lk) von Bedeutung, ihr Handeln aus der Distanz zu betrachten und ggfs. andere Handlungsmöglichkeiten zu entwickeln. Auch bei *Frau Schmidt* (S) lässt sich diese Orientierung rekonstruieren. Eine reflexive Beziehung zwischen den Vorgaben des kooperativen Lernens und der eigenen Handlungspraxis von *Frau Fürch* (Lk) lässt sich nicht herausarbeiten. Ebenso wie *Frau Schmidt* (S) und *Frau Gerber* (LiV) verstehen *Frau Salzner* (Lk) und *Frau Marten* (Lk) Störungen als Elemente, die zum Unterricht dazu gehören und versuchen, diese im Sinne der Kompetenzentwicklung der Kinder zu bewerten. In einem noch stärkeren Maße als die anderen Lehrenden in der Grundschule zeigen *Frau Salzner* (Lk) und *Frau Marten* (Lk) ein ko-konstruktivistisch orientiertes Rollenverständnis. Es lässt sich durchgängig rekonstruieren, dass die Kinder an der Gestaltung ihrer Lernprozesse beteiligt werden, nicht nur in dem Sinne, dass die SuS vorgegebene unterstützende Maßnahmen der Lehrkräfte auf ihrem Lernweg nutzen, sondern durch eigene Ideen ihre Lernprozesse mitgestalten und die Kinder sich dadurch als selbstwirksam erfahren können.

Zusammenfassend kann festgehalten werden, dass sich mittels komparativer Analyse folgende **Orientierungsrahmen** vom Einzelfall abstrahieren lassen:

- Fremdbestimmt orientiertes Handeln versus selbstbestimmt orientiertes Handeln
- Entwickeltes Rollenverständnis als Lehrkraft versus Suche nach einem Rollenverständnis als Lehrkraft
- Konstruktivistisch orientiertes Rollenverständnis versus instruktivistisch orientiertes Rollenverständnis

9   Prozesse der Rezeption und Rekontextualisierung

An dieser Stelle erfolgt eine Erweiterung der theoretischen Grundlagen, um das unterschiedliche Verständnis der Lehrenden in Bezug auf kooperative Lehr-Lernformen verstehen und nachvollziehen zu können. Nach einem kurzen theoretischen Exkurs zu Prozessen der Rezeption und Rekontextualisierung werden in diesem Kapitel grundlegende Einstellungen und Orientierungen der Beteiligten zum Verständnis von WeLL herausgearbeitet. Dabei wird zum einen deutlich, wie unterschiedlich die Lehrenden in ihrem Kontext kooperative Lehr-Lernformen auffassen, zum anderen, welche Bedeutungen die rekonstruierten Orientierungsrahmen für die Einführung bzw. Umsetzung einer kooperativen Form des Lehrens und Lernens haben.

Nach PLÖGER (2006) ist die Entwicklungskompetenz von Lehrkräften nur bedingt durch bildungspolitisch initiierte Reformprojekte steuerbar (vgl. ebd., 40ff.). Übertragen auf die Einführung innovativer Formen des Lehrens und Lernens bedeutet dies, dass weder die Vorgabe noch ausreichende theoretische Informationen zur Umsetzung dieser entscheidend sein müssen, um Entwicklungen anzustoßen und Veränderungen zu bewirken. VON FELTEN (2011) führt aus, dass es entscheidend ist, wie die Akteure geforderte „Handlungsmuster mit ihrem persönlichen, biographisch geprägten Selbstverständnis" (Dirks 1999, 38, zitiert nach von Felten 2011, 131) vereinbaren können.

FEND (2006) beschreibt die je eigene Interpretation der Beteiligten von bildungspolitischen Vorgaben und Maßnahmen im Bildungssystem mit der Theorie der Rekontextualisierung und erklärt diese auf Grundlage der Systemtheorie und der Theorie des Neo-Institutionalismus[188] (vgl. ebd. 2006, 175). Nach ihm ist die Theorie der Rekontextualisierung zentral für Veränderungsprozesse. Er führt aus, dass Vorgaben von Direktiven auf dem Weg von oben nach unten nicht nahtlos umgesetzt werden. Auf dem langen Weg der Veränderung der Institution Schule müssen nach FEND (2006) das *Mehrebenenmodell des Bildungssystems* (vgl. ebd., 173f.) und die Übersetzungsleistungen jedes einzelnen Akteurs berücksichtigt werden. Das Handeln der Akteure im Bildungswesen ist nach FEND (2006) kein schlichtes Auftragshandeln (vgl. ebd., 175). Zur Umsetzung des Alltagshandelns muss Anschlussfähigkeit hergestellt werden. Rekontextualisierung bedeutet im Sinne des Autors, dass Rahmenvorgaben auf die unterschiedlichen Handlungsbedingungen im Sinne von Umwelten adaptiert werden müssen. Neben den institutionellen Vorgaben ist diese Adaption „von reflexiven Prozessen der Fremd- und Selbstwahrnehmung, von Kompetenzen der Aufgabenerfüllung und von situativen Konstellationen beeinflusst" (ebd., 175). Das bedeutet, dass ein unmittelbares Einwirken der Bildungsadministration auf die Praxis der Einzelschule und auf die in ihr wirkenden Akteure nahezu unmöglich ist.

BOHNSACK (2011) beschreibt dieses Phänomen in der dokumentarischen Methode als Rezeptionsprozess (vgl. ebd., 120). Er unterscheidet innerhalb der Rezeptionsanalyse zwischen einem *interpretierenden*, also einem ausschließlich kognitiven Zugang, und einem *verstehenden* Zugang (vgl. ebd., 129). Bezogen auf die hier vorliegende Studie ist

---

188 Der Neo-Institutionalismus betont, dass die Akteurinnen und Akteure nur unzureichend beschrieben sind, wenn sie in ihrer Rolle als *Marionetten* (vgl. Fend 2006, 175) verstanden werden. Nach Fend (2006) erfordert ihr Handeln in Institutionen „ihre subjektive Beteiligung, ihre Wahrnehmungen, ihre Verantwortungsbereitschaft und ihre Fähigkeiten" (ebd., 175).

somit entscheidend, wie die Lehrpersonen kooperative Lehr-Lernmethoden verstehen und diese verarbeiten. Ausschlaggebend ist also, ob sich die kooperativen Lehr-Lernformen in die impliziten Wissensbestände, welche die Lehrenden in der eigenen Alltagspraxis *ge*- und *er*-lebt (vgl. ebd., 129) haben, integrieren lassen. Mannheim spricht in diesem Fall auch von einem „selbsterworbenen Wissen" (Mannheim 1964, 534, zitiert nach Bohnsack 2011, 129). Unter denjenigen, die dieses Erfahrungswissen miteinander verbindet, die also einen konjunktiven Erfahrungsraum miteinander teilen, ist im Unterschied zu einem *„Interpretieren"* ein (unmittelbares) *„Verstehen"* (ebd., 129) möglich. Letzteres ist Voraussetzung für Prozesse der Aneignung. Im Anschluss an Michel bezeichnet BOHNSACK (2011) die Rezeptionsforschung, welche die aneignende Rezeption in den Mittelpunkt stellt, im Gegensatz zur interpretierenden Rezeptionsforschung als „praxeologische Rezeptionsforschung" (Michel 2006, 394, zitiert nach Bohnsack 2011, 131). Allerdings führt nicht jedes Verstehen auch zur Aneignung. BOHNSACK (2011) differenziert zwischen zwei unterschiedlichen Wegen der Aneignung im Rezeptionsprozess. Bei der reproduktiven Aneignung werden implizite Wissensbestände in den Erfahrungsraum der Rezipierenden integriert und gewinnen somit eine *affirmative* Funktion (vgl. ebd., 130f.). Bei der produktiven Aneignung wird der Erfahrungsraum der Rezipierenden verändert und Entwicklungs- oder auch Bildungsprozesse angestoßen.

Im Folgenden wird dargestellt, wie die beteiligten Personen der drei Professionsgruppen strukturierte kooperative Lehr-Lernformen verstehen. Dadurch kann verdeutlicht werden, dass das Verständnis und die Umsetzung kooperativer Lehr-Lernformen von den rekonstruierten **handlungsleitenden Orientierungsrahmen** der Akteure (*Fremdbestimmt orientiertes Handeln versus selbstbestimmt orientiertes Handeln, konstruktivistisch orientiertes Rollenverständnis versus instruktivistisch orientiertes Rollenverständnis, entwickeltes Rollenverständnis versus Suche nach einem Rollenverständnis*) abhängig sind. Die Passung zwischen dem Verständnis (und der daraus resultierenden Zustimmung oder Ablehnung) der Methoden auf explizierter Ebene und ihren impliziten handlungsleitenden Orientierungen wird für die Integration der Methoden in die eigenen handlungsleitenden Wissensbestände der Rezipierenden von Bedeutung sein (vgl. Zeitler et al. 2012, 212f.).

In allen Interviews wird das Verständnis von WeLL von den Interviewten zum einen thematisch expliziert, zum anderen lässt es sich in den Fallanalysen aus den erfahrungsbasierten Schilderungen der Interviews und aus dem Diskurs der Gruppendiskussionen bei der Interpretation der Basistypiken rekonstruieren. Als allen Fällen gemeinsame Orientierung kann das Verständnis festgehalten werden, dass WeLL etwas anderes ist als Frontalunterricht, als normaler, konventioneller, traditioneller, herkömmlicher Unterricht. Bei der Interpretation wird deutlich, dass die Lehrenden WeLL in je spezifischer Art und Weise verstehen. Einige fassen die Formen des WeLL als Methoden kooperativen Lernens, andere als Rezept oder als Konzept oder als Arbeitsform auf, wiederum andere verstehen darunter eine Verfahrenstechnik oder eine in geregelte Verfahrensschritte zerlegbare Strategie.

Die konkreten Ausprägungen und Differenzen werden im Folgenden dargelegt. Die Darstellung der Interpretationen erfolgt ebenso wie bei den Fallanalysen entlang der Lehrerbildungsphasen. So können zum einen Zusammenhänge mit den Ergebnissen der Fallanalysen deutlich werden, zum anderen kann bereits mittels Komparation herausgearbeitet werden, ob in Bezug auf das Verständnis von WeLL eine Phasentypik vorliegt und/oder ob rekonstruierte Orientierungen auch aus anderen Erfahrungsräumen gespeist werden.

9.1   Verständnis von WeLL – erste Phase der Lehrerbildung

Zu Beginn der Interviews wurden die Teilnehmenden von mir aufgefordert zu erzählen, was für sie besonders an WeLL ist, was sie mit WeLL verbinden, was sie darunter verstehen.

Frau Dahl (S, GrS): Verständnis von WeLL auf explizierter Ebene

11 D:	(…). Und das Besondere daran finde ich is halt, dass
12	die Kinder sich in der Teamfähigkeit erproben können, und auch so eben das soziale
13	Miteinander üben, dass sie eben auch mal den anderen zu Wort kommen lassen,
14	und dass sie eben Wissen sich erst aneignen müssen/, um das dann selber, also sie
15	dürfen sozusagen mal in die Rolle des Lehrers schlüpfen, und erzählen das dann eben
16	ihrem Partner und auch umgekehrt\. Ich denk das ist ne ganz neue Erfahrung für die
17	Kinder, und die ist wahrscheinlich, also sicher w- auch sehr wertvoll, […]

Die SuS „schlüpfen" in eine Rolle, die sie normalerweise nicht einnehmen. Das bedeutet im Umkehrschluss, dass die SuS im normalen Unterricht eine andere Rolle einnehmen. Die Rolle von *Frau Dahl* ist durch WeLL nicht gefährdet, da die SuS ja lediglich in eine Rolle schlüpfen. *Frau Dahl* bleibt also nach wie vor die zentrale pädagogische Akteurin. Sie sieht die Kinder in einem Erfahrungslernprozess, die als Lernende ihre Rolle erproben und üben dürfen, nämlich sich „selber" Wissen anzueignen und im Team miteinander zu arbeiten. *Frau Dahl* versteht WeLL also als eine Methode nicht nur für die Aneignung von Wissen, sondern auch zur Förderung des sozialen Miteinanders. Auch für *Frau Schmidt* sind fachliche und überfachliche Kompetenzen von Bedeutung.

Frau Schmidt (S, GrS): Verständnis von WeLL auf explizierter Ebene

9 Sch:	Das Besondere an diesem Konzept finde ich/, ist, dass jeder gefragt ist als Lehrender
10	und als Lernender\, dass jeder in jeder Rolle gleichzeitig ist also nicht gleichzeitig oder
11	jeder in jeder Rolle/, sich mal befindet und ich finde, dass dadurch das Lernen, inten-
12	siver ist\, das finde ich das Besondere an diesem Konzept\ Gruppenarbeit an sich, kennt
13	jeder/ da erarbeitet die ganze Gruppe was, aber da kann sich einer auch schnell
14	verstecken und seine Unsicherheit wird nie aufhören\, aber durch dieses Konzept wird
15	er auch mal bestätigt\, weil, weil er einfach muss <00:01:07>
16 I:	Noch was darüber hinaus?/ <00:01:08>
17 Sch:	Für mich war=s besonders weil ich=s vorher nicht kannte und mich damit auch noch
18	nicht befasst hab\ <00:01:20>

WeLL bedeutet für *Frau Schmidt* ein intensiveres Lernen, da alle Kinder angesprochen sind. WeLL fordert ihrer Meinung nach heraus, dass jedes Kind gefragt ist und jedes Kind auch einmal in jeder Rolle ist und nicht nur einzelne SuS. Als Vergleich zieht sie die Gruppenarbeit heran, in der sich unsichere Kinder gut verstecken können. Gerade diese erfahren ihrer Meinung nach durch WeLL auch einmal eine Bestätigung. Im Umkehrschluss bedeutet dies, dass bei nicht kooperativen Lernformen genau die Kinder zum Zuge kommen, die ohnehin sicher genug sind. WeLL bedeutet für sie nicht nur ein intensiveres Lernen, sondern WeLL ermöglicht ihrer Meinung nach den Kindern darüber hinaus, sich als selbstwirksam zu erfahren und Bestätigung zu erhalten. Das ist *Frau Schmidt* wichtig. Für sie selber stellt WeLL etwas Neues dar. Sie sieht sich selbst in einer lernenden Rolle.

Im Vergleich zu *Frau Dahl* schlüpfen die Kinder nicht in eine Rolle, sondern sie befinden sich in dieser Rolle. Darin zeigt sich ein verändertes Rollenverständnis von *Frau Schmidt*, welche den Kindern in ihrer neuen Rolle einen Platz einräumt. Beide Studentinnen verbinden mit WeLL nicht nur den Erwerb fachlicher, sondern auch überfachlicher Kompetenzen wie Teamfähigkeit, Selbständigkeit und Selbstwirksamkeit.

Frau Dahl und *Frau Schmidt* teilen auf explizierter Ebene das Verständnis, dass WeLL etwas anderes ist als normaler, traditioneller bzw. herkömmlicher Unterricht: WeLL stellt für sie eine Möglichkeit dar, um sich Wissen aneignen zu können, dieses in Verantwortung für einen Lernprozess wechselseitig weiterzugeben und darüber hinaus überfachliche Kompetenzen zu erwerben.

Folgender Transkriptausschnitt des Interviews mit *Frau Dahl* dokumentiert, dass in der Umsetzung des Partnerpuzzles für sie ein Spannungsverhältnis zwischen normativen Vorgaben und ihrer eigenen Handlungsautonomie besteht.

Frau Dahl (S, GrS): Verständnis von WeLL auf konkreten Erfahrungen beruhend zwischen Fremd- und Selbstbestimmung

74 D:	Also ich hab die Form des Partnerpuzzles benutzt/ bei meinem Lehrversuch/, und fand
75	die eigentlich auch ziemlich geeignet für diese Altersstufe, weil=s eben nicht so viele
76	Kinder sind, die gemeinsam miteinander arbeiten, sondern, immer eigentlich nur zwei
77	Personen, die zu einem bestimmten Zeitpunkt aufeinander fixiert sind, und dann
78	wechselt das eben/, und ich glaub das war gerade noch so angemessen, also damit das
79	nicht zu laut wird. […]

Die Umsetzung des WeLL, insbesondere die kollektiven Phasen, verbindet *Frau Dahl* mit einer Zunahme der Lautstärke und als Folge dessen mit einem möglichen unvorhergesehenen Ereignis. Das bedeutet im Umkehrschluss, dass es für sie im normalen Unterricht leiser ist. Hier zeigen sich erneut Suchbewegungen von *Frau Dahl* zwischen theoretischen Kenntnissen von den Methoden des WeLL, fragmentarischem Erfahrungswissen, normativen und konzeptuellen Vorgaben und der Umsetzung einer kooperativen Lehr-Lernmethode, um ihre Rolle als Lehrkraft zu finden. Eine vergleichbare Fremdbestimmung bei der Umsetzung lässt sich in dem Interview mit *Frau Schmidt* nicht rekonstruieren.

9.2 Verständnis von WeLL – zweite Phase der Lehrerbildung

Auf explizierter Ebene verbindet *Frau Ehrler* WeLL mit dem Einsatz von „Lernstrategien", damit sich die Kinder intensiv mit der Materie auseinandersetzen, sich Fachwissen aneignen können und die Lernziele erreichen. Hier lässt sich zunächst eine Orientierung von *Frau Ehrler* an der Förderung fachlicher Kompetenzen bei der Umsetzung des Lerntempoduetts rekonstruieren.

Frau Ehrler (LiV, GrS): Verständnis von WeLL auf explizierter Ebene

259 E:	Also meine Rolle, natürlich vorbereitend für die Lernumgebung alles bereit
260	stellen, damit die Kinder eben selber aktiv werden können/. Im in den Stunden

261   selber im Unterricht selber sollten die Kinder sich dann das Wissen selber
262   aneignen/, ich habe sie unterstützt im Vorhinein durch die Lernstrategien/ (3)
263   Und dann waren die Schüler selber dazu aufgefordert, das Wissen
264   weiterzugeben/, daraufhin dieses Wissen, was sie ja dann auch wechselseitig
265   selber erfahren haben, eben auch nochmal auszuprobieren, ob ich das auch
266   verstanden habe und das Ganze, also diese zwei Themenbereiche dann, zu
267   vertiefen in der Vertiefungsphase/, und meine Rolle als Lehrperson war eben
268   die ganze Zeit eine unterstützende, eine beratende\. <00:15:53>

WeLL bedeutet für *Frau Ehrler* nicht mehr die frontale Figur zu sein, die „Wissen" vermittelt, sondern die die Kinder dabei unterstützt und berät, sich mittels „Lernstrategien" „Wissen" aneignen und einschätzen zu können, ob sie bereits etwas verstanden haben. Im Vordergrund der ersten Rahmung steht eine eher fachliche Orientierung. Einer konkreten Erfahrung aufruhend lässt sich ein Aufweichen der zunächst eher fachlichen Orientierung hin zu einer mehr pädagogischen Orientierung, wie Förderung der Selbständigkeit, Selbstwirksamkeit und Kommunikationsfähigkeit, rekonstruieren, welches Verständnis sich auch in weiteren Interviewpassagen herausarbeiten lässt.

Frau Ehrler (LiV, GrS): Verständnis von WeLL auf konkreten Erfahrungen beruhend
464 E: Die Kommunikation find ich passt sehr gut zur Partizipation, weil eben wirklich
465   ein v=v=v=viel aktiverer Part von den Kindern, von allen Kindern verlangt
466   wurde/, und dadurch, dass die Kommunikation ja auf jeden Fall verlangt wurde
467   in der Vermittlungs- und in der Vertiefungsphase, war das bei meinen Schülern
468   sehr wichtig, weil ich habe auch viele Schüler, die (1) zwar am Unterricht
469   teilnehmen, aber nicht unbedingt so viel sagen, oder sich auch vielleicht nicht
470   so viel trauen, in der Großgruppe zu sprechen, und dadurch, dass das ja in
471   diesem Konzept verlangt wird, dass die Kinder miteinander reden, ja\ war das
472   einfach gegeben, dass sie da reden mussten und das fand ich gut, weil eben
473   auch so viele gleichzeitig reden konnten\. <00:28:22>
474 I: Mh/ <00:28:22>
475 E: Was eben im normalen Unterricht, da redet Einer und alle anderen hören zu\.
476   Und in dieser Form können eben mehrere gleichzeitig reden, wenn man sich an
477   gewisse @Regeln@ hält, und eben auch aktiv gleich- auch gleichzeitig aktiv
478   werden\. <00:28:35>
479 I: Mh/ <00:28:35>
480 E: (2) Ja\. @(.)@ <00:28:38>

WeLL bedeutet für *Frau Ehrler* zum einen, dass sie als Lehrkraft Verantwortung und Kontrolle abgibt, zum anderen, dass die Kinder (z.B. die Zurückhaltenden) ihre Potentiale entfalten können, sich mehr zutrauen und sich an der Kommunikation verstärkt beteiligen. WeLL ermöglicht in ihrem Verständnis also nicht nur einen Wissenszuwachs, sondern auch die Förderung überfachlicher Kompetenzen. Als Vergleich zieht sie den „normalen Unterricht" heran. Dadurch wird noch einmal deutlich, dass WeLL für *Frau Ehrler* etwas anderes ist als traditioneller Unterricht. Ebenso wie *Frau Ehrler* rahmt *Frau Gerber* WeLL als Methode, damit die Kinder sich fachliche und überfachliche Kompetenzen aneignen können.

Frau Gerber (LiV, GrS): Verständnis von WeLL auf explizierter Ebene und auf konkreten Erfahrungen beruhend

25 G: Und, ja\, dann natürlich das Besondere daran ist, dass man eben auch die Erwartung
26   hat, dass es eben sich irgendwie, positiv auf kooperative Fähigkeiten auswirkt\, und,
27   das war auch für mich dann ganz spannend/ zu sehen: Wird es denn so, oder, ja,
28   vielleicht auch nicht und\, ja\, und, ja es war einfach ne=ne ganz neue Erfahrung/
29   von=von Unterricht/, weil also gerade Mathematikunterricht ist ja, also hab ich jetzt
30   hier auch an der Schule/ erlebt oft, schon dass es im, im Kreis/, im Gespräch/
31   entsteht/, aber oft in mit der ganzen Klasse\ und, oder dann eben in Einzelarbeit\,
32   dass=dass Kinder Arbeitsblätter bearbeiten und\, alleine eben ihre Schlüsse daraus
33   ziehen\. Und dass sich das jetzt so in der Gruppenarbeit irgendwie entwickelt hat,
34   das war glaub ich also auch für die Kinder neu\, und das war für mich ganz spannend,
35   das so zu beobachten dann\ <00:02:45>

Nicht nur der Erwerb fachlichen Wissens, sondern auch die Entwicklung kooperativer Fähigkeiten ist für *Frau Gerber* von Bedeutung. Sowohl für die Kinder neu als auch für *Frau Gerber* spannend war die Erfahrung, dass sich gerade im Mathematikunterricht ein gemeinsames Arbeiten in Gruppen entwickelt hat. Das bedeutet im Umkehrschluss, wie auch von *Frau Gerber* expliziert, dass sie im Mathematikunterricht an ihrer Schule eher die Erfahrung gemacht hat, dass Sachverhalte im Frontalunterricht bzw. Plenum erarbeitet werden, sich an die Erarbeitung eine Einzelarbeit anschließt und die Entwicklung kooperativer Fähigkeiten nachrangig ist. Hier wird noch einmal deutlich, dass WeLL in ihrem Verständnis etwas anderes ist als traditioneller Unterricht. Die Orientierung von *Frau Gerber* an der Förderung überfachlicher Kompetenzen und an einem veränderten professionellen Rollenverständnis bei der Umsetzung des WeLL lassen sich auch im folgenden Ausschnitt rekonstruieren.

Frau Gerber (LiV, GrS): Verständnis von WeLL auf konkreten Erfahrungen beruhend

426 G: Und, also das sind die eigentlichen beiden Fächer die ich unterrichte in der
427   Lerngruppe/, und ja\, sowohl Englisch als auch Musik sind ja zwei Fächer, die sehr
428   lehrerzentriert sind\. Einfach durch im Englischen dadurch, dass, man die Sprache
429   spricht und-und dass <00:32:23>
430 I: Hm/ < 00:33:24>
431 G: die Kinder das eben, ja genau, weil man=s vormacht ja\. Genau, und Musik ja im
432   Prinzip genauso/. Und also gerade im Englischunterricht erlebe ich dieses Kind als,
433   ja\, also er ist motiviert/ an sich/, kann sich aber oft nicht konzentrieren\, oder
434   unterhält sich mit anderen Kindern/, aber nicht, weil er=s jetzt, weil er keine Lust
435   hat/, sondern einfach, der merkt das dann gar nicht, und das hab ich auch beim
436   Hospitieren im Matheunterricht so erfahren\. Und gerade eben, in Situationen
437   wenn=s im Kreis/, wenn-wenn wir im Kreis sitzen, ist es mit der Konzentration ganz-
438   ganz schwierig\. Und, und dieses Kind hat sich so toll in diese Gruppe integriert\,
439   hat so konzentriert am Thema gearbeitet\, auch seine Selbsteinschätzungsbögen
440   waren hinsichtlich dessen, anfang-, also da kann man auch richtig die Entwicklung
441   sehen, und also dieses Kind habe ich wirklich sehr positiv wahrgenommen in seiner
442   Konzentrationsfähigkeit\. Und, auch die Klassenlehrerin, die ja hospitiert hat, die
443   ganze Zeit, sie ich mein das war für sie natürlich sowieso sie sagt: Die Kinder, man
444   sieht die Kinder einfach mal ganz anders\. Aber ja, und, und ich/ und ich hab das

445   dann auch so das Gefühl gehabt, dass ich das jetzt auch, weiterführend auf seine,
446   also we- also zumindest in Einzelarbeit\ <00:35:03>
447 I: Mh/, auf sein Arbeits- (unverständliches Wort) <00:35:04>
448 G: Auf sein/, auf sein/, ja Ziel eben\, erstreckt\, dass-dass er da konzentrierter arbeiten
449   kann\. Und dieses Kind hat auch wirklich ganz positive Rückmeldung eben zu der
450   Methode gegeben\. <00:35:18>

Die Lehrkraft stellt exemplarisch an einem Kind dar, dass die Methoden des WeLL die SuS aktivieren. Selbst im Unterricht aktiv handeln zu können, steigert nach Beobachtung von *Frau Gerber* die Konzentration, das Interesse an Themen, die Lernmotivation und die Selbstwirksamkeit. WeLL wird in dieser auf konkreten Erfahrungen aufruhenden Situation als Chance gesehen, lehrerzentrierten Unterricht und die vorrangig intendierte Förderung fachlicher Kompetenzen um eine kooperative Methode zu ergänzen, welche den Kindern eine Weiterentwicklung hinsichtlich überfachlicher Kompetenzen ermöglicht.

Im Vergleich zu *Frau Schmidt* (S), *Frau Dahl* (S), *Frau Ehrler* (LiV) und *Frau Gerber* (LiV) rahmt *Frau Weber* (LiV) die Formen des WeLL (in dieser konkreten Situation das Partnerpuzzle) als Methoden, um sich intensiv mit einem Thema auseinanderzusetzen. Ihrer Meinung nach eignet sich das Partnerpuzzle dafür, dass sich die Kinder „selbstständig" Fachwissen zu einem Thema aneignen und somit die Lernziele erreichen. Die Methode dient also dem Lernzuwachs.

Frau Weber (LiV, SSH, 6. Sj.): Verständnis von WeLL auf explizierter Ebene
13 W: Ähm, das Besondere ist, in meinen Augen, dass die Schüler sich wirklich
14   selbstständig Expertenwissen zu einem Thema aneignen\. Was in der normalen
15   Partnerarbeit oder auch im, Frontalunterricht halt nicht vorkommt/, und in offenen
16   Unterrichtformen, auch in der Art und Weise nicht erfolgt\. <00:01:20>

In einem weiteren Auszug lässt sich die Orientierung von *Frau Weber* an der Förderung fachlicher Kompetenzen bei der Umsetzung des Partnerpuzzles bestätigen.

Frau Weber (LiV, SSH, 6. Sj.): Verständnis von WeLL auf explizierter Ebene
80 W: Mh/. Ja also die Schüler haben ja auch ne wechselnde Rolle/ zunächst mal werden sie
81   selbst zu Experten und müssen sich dort aktiv und weitgehend eigenständig
82   Expertenwissen aneignen/ und dann in der nächsten Phase eben (1) ihr
83   Expertenwissen dann zu vermitteln, also sie schlüpfen dann in die Rolle des Lehrers
84   quasi, in die Rolle des Lehrenden\. Und aber auch des Zuhörers/, weil sie ja das
85   andere Themengebiet erklärt bekommen\. <00:06:03>
86 I: Noch irgend=ne Rolle, die die Schüler eingenommen haben/? Jetzt im Rahmen wie=s
87   aufbereitet worden? <00:06:11>
88 W: Ja natürlich sind sie dann auch in der Verarbeitungsphase wieder Lernende/, in dem
89   sie einfach den Lernstoff vertiefen, und auch ihr Wissen und ihre Kompetenzen
90   vertiefen\. <00:06:22>

Bei der Umsetzung des Partnerpuzzles stehen für *Frau Weber* die „eigenständige" Aneignung von „Expertenwissen", die Vermittlung von „Expertenwissen" und die Vertiefung ihres Wissens und ‚ihrer Kompetenzen' im Vordergrund. Ebenso wie bei *Frau Dahl* schlüpfen die SuS nur in die Rolle des Lehrenden, wodurch deutlich wird, dass die SuS normalerweise diese Rolle nicht einnehmen.

Das unmittelbare Erleben, das *Selbst-Erfahren* am direkten Modell, an der Praxis zeigen aber auch ein weiteres Verständnis von *Frau Weber*, welches zum Ende des Transkript-ausschnitts allerdings wieder relativiert und von der eher fachlichen Orientierung über-lagert wird.

Frau Weber (LiV, SSH, 6. Sj.): Verständnis von WeLL auf konkreten Erfahrungen beruhend

282	W:	Ja genau\. (2) Motivation, genau das untersuche ich ja auch jetzt in meiner
283		Examenseinheit/, die Ergebnisse kenne ich leider noch nicht sonst könnte ich jetzt
284		schon @davon berichten@, aber @(.)@ ich kann einfach mal so von meinen
285		Beobachtungen, die ich mache\, die Schüler sind während des Partnerpuzzles
286		motiviert\. Das macht denen einfach Spaß mit nem Partner zu arbeiten/, sich auch
287		wirklich da, weitgehend selbstständig Wissen anzueignen und das dann zu
288		vermitteln\. Also manche genießen auch diese, Lehrendenrolle\. Und die machen das
289		auch richtig gut, weil die übernehmen da richtig Verantwortung, was sich auch
290		wieder positiv auf ihr Verhalten auswirkt. Und (1) einige Schüler kommen ja jetzt
291		auch schon in die Pubertät bei mir/ und, ja\ zeigen des häufe ren, des häufigeren
292		Unlust und Demotivation @(.)@ und, die letzten Wochen jetzt in der Bruchrechnung
293		wo wir viel mit Partnerpuzzle gearbeitet haben, waren die wirklich motiviert\. Und da
294		kamen auch dann Aussagen wie: Können wir nicht noch weiter machen? Oder: Noch
295		ein Beispiel. Und, ja, also es waren auch wirklich richtig schöne Stunde gewesen,
296		dabei/ (3) nicht desto trotz gibt=s natürlich @ auch Stunden@ in denen dann wieder
297		die alte Motivation @hergestellt ist ja@. Aber bisher kann ich wirklich von vielen
298		positiven Entwicklungen berichten\. (1) Ja\. <00:22:08>

Selbst im Unterricht aktiv handeln zu können, Verantwortung für sich und die anderen SuS zu haben, steigert nach Meinung von *Frau Weber* die Motivation und hat eine ‚po-sitive' Wirkung auf das Sozialverhalten der SuS (*positiver Horizont*). Die Umsetzung des WeLL fordert nach *Frau Weber* das *Selber-Aktiv-Sein* der SuS heraus und fördert nicht nur die Wissensaneignung, sondern auch das soziale Miteinander, die Übernahme von Verantwortung und das Arbeitsverhalten der Kinder. Im *negativen Horizont* stehen dann wieder Stunden mit weniger Motivation der SuS. WeLL ist also keine Garantie für eine andauernde Motivation. Das Gelingen der Methode hängt in dieser auf konkreten Erfahrungen aufruhenden Perspektive in erster Linie von der Rolle der SuS und ihrer Aktivität im Lernprozess ab. Wenn die SuS aktiv Verantwortung dafür tragen, dass sie selbst und andere etwas lernen, dann lernen sie motivierter. WeLL fordert dies ganz offenbar heraus.

In dem nächsten Transkriptausschnitt mit *Frau Ehrler* dokumentiert sich, dass WeLL für sie ein Pendeln zwischen den Polen *Planbarkeit* und *Flexibilität*, eine Gratwande-rung zwischen Steuerbarkeit und einem flexiblen Reagieren auf unerwartete Unter-richtssituationen bedeutet.

Frau Ehrler (LiV, GrS): Verständnis von WeLL auf konkreten Erfahrungen beruhend zwischen Fremd- und Selbstbestimmung

417	E:	Ja also ich hab das dann meistens, wenn ich gemerkt habe das bringt jetzt hier
418		nichts mehr, gemeinsam über ein Problem zu diskutieren, das eben auf den
419		nächsten Tag verschoben, und eben in=ner dem Ganzen ne ges=gesamte
420		Stunde oder so zu widmen\. Also dann hab ich mir dann auch die Freiheit

421   genommen, nicht meinem Plan folgend, irgendwas durchzuführen, sondern
422   eben <00:25:28>
423 I: Mh/ <00:25:29>
424 E: Das in der nächsten Stunde nochmal aufzugreifen\, wo die Kinder dann wieder
425   (.) mehr Konzentration mitgebracht haben. <00:25:34>

Hier zeigt sich bei der Umsetzung des WeLL ein Aufweichen der Antinomie von Planbarkeit und Offenheit, ein allmähliches Ablösen von Vorgaben und ihrem eigenen
„Plan" und ein flexibles Reagieren auf unerwartete Unterrichtssituationen. Es entwickelt
sich ein Verständnis dafür, dass WeLL zwar geplant, die Umsetzung aber dennoch
anders verlaufen kann. Orientiert an der Unterrichtssituation und an den Kindern kann
WeLL ihrer Meinung nach situativ in einzelne Schritte zerlegt werden, deren Umset-
zung zeitlich versetzt stattfinden kann. Die veränderte Situation wird also während des
Unterrichts mittels Reflexion anders interpretiert[189] und darauf situativ mit veränderten
Handlungsschritten reagiert. Hier zeichnet sich eine professionelle Entwicklung von
Frau Ehrler ab.

Im nächsten Ausschnitt wird noch einmal die Orientierung von *Frau Weber* an der Förderung fachlicher Kompetenzen bei der Umsetzung des Partnerpuzzles deutlich.

Frau Weber (LiV, SSH, 6. Sj.): Verständnis von WeLL auf konkreten Erfahrungen beruhend
zwischen Fremd- und Selbstbestimmung
399 W: Das kommt halt immer drauf an. Also weil die=die, jetzt kennen die Schüler die=die
400   Partnerpuzzlemethode und ich könnte da wirklich an Inhalten arbeiten\. Sobald ich
401   ne neue Methode einführe, steht halt die Methode wieder im Vordergrund und die
402   Inhalte stehen dann eben nachgeordnet\. Und ich kann das so partout jetzt nicht
403   sagen, meine Schüler sind halt wenig erfahren in Gruppenarbeit\. Also denen fällt die
404   Partnerarbeit schon schwer, auch jetzt wenn=s geübt haben, und ich würde dann
405   eher ne traditionelle Gruppenarbeit erst mal beginnen/ mit drei Schülern, und wenn
406   sich das so=n bisschen etabliert habe könnte ich mir schon vorstellen, das auf=s
407   Gruppenpuzzle auszudehnen, aber, ja das müsste halt einfach auch die Zeit zeigen
408   und, die Schüler sind ja nach diesem Schuljahr auch weg, das ist halt immer, wir
409   haben die ja nur zwei Jahre und in den zwei Jahren das aufzubauen, muss man halt
410   ein bisschen behutsam sein und das wirklich anbahnen. <00:30:08>

Erneut zeigt sich, dass *Frau Weber* das Partnerpuzzle als Methode rahmt, die von ihr
angewendet wird, damit die SuS an Inhalten arbeiten können, sich Fachwissen aneignen
und die Lernziele erreichen. Im Vordergrund steht der ‚inhaltliche' Lernzuwachs. Jede
neue Methode muss von den SuS zunächst gelernt werden (Ebene der Performanz),
bevor damit inhaltlich gearbeitet werden kann. Die Methode hat nach *Frau Weber* dem
Lernzuwachs zu dienen. Weitere Gründe zur Legitimierung der Nichtumsetzung einer
weiteren Form des WeLL werden angeführt. Erneut werden die fehlenden Erfahrungen
und Kompetenzen der SuS bei der Umsetzung von Gruppen- und Partnerarbeit als Begründungen genannt, warum das Gruppenpuzzle ungeeignet für ihre Lerngruppe ist.
Eine weitere Begründung, das Gruppenpuzzle nicht umzusetzen, ist die wenige Zeit, die

---

189   S. dazu „reflection-in-action" in Kapitel 10.1.4 *Reflexion des Handelns – eine grundlegende*
      Kompetenz in Unterpunkt *Mittels Reflexion eigenes Handeln entwickeln.*

der Lerngruppe nach Meinung von *Frau Weber* zur Verfügung steht, da die SuS nach der 6. Klasse die Schule verlassen.

Zusammenfassend kann festgehalten werden, dass sich das Verständnis von WeLL bei Lehrenden in unterschiedlichen Schulformen unterscheidet. Während *Frau Weber* (LiV, SSH) das Partnerpuzzle als Methode versteht, welche angewendet wird, damit die SuS sich Fachwissen aneignen können, um somit die Lernziele zu erreichen (**eher fachliche Orientierung**), lässt sich bei *Frau Ehrler* (LiV, GrS), *Frau Gerber* (LiV, GrS), *Frau Dahl* (S, GrS) und *Frau Schmidt* (S, GrS) rekonstruieren, dass sie darüber hinaus in den Methoden des WeLL eine Möglichkeit sehen, neben der Erarbeitung von Inhalten die Entwicklung von personalen, kommunikativen und sozialen Kompetenzen zu entwickeln und zu fördern (**eher pädagogische Orientierung**).

9.3 Verständnis von WeLL und von kooperativem Lernen – dritte Phase der Lehrerbildung

Alle drei Lehrkräfte verstehen die Methoden des WeLL als Formen kooperativen Lernens. Die Methoden stehen also nicht isoliert für sich, sondern sie sind eingebettet in einen größeren Zusammenhang. In der Mini-Gruppendiskussion mit *Frau Marten* und *Frau Salzner* lässt sich ein Verständnis von WeLL und von kooperativen Lernen rekonstruieren, welches eher pädagogisch orientiert ist, bei *Frau Fürch* eher ein Verständnis fachlicher Orientierung.

Mini-Gruppendiskussion (Lk, GrS): Verständnis von kooperativen Lernen auf explizierter Ebene und auf konkreten Erfahrungen beruhend

8 S:	Also ich hab=s glaub ich einfach mal in=ner Zei- in=ner Zeitschrift gelesen\, in
9	der Pädagogik oder so\. Und was mich besonders immer noch da d=ran
10	fasziniert, ist, dass (1) die Schü- jeder Schüler redet in einer Unterrichtsstunde
11	mehr als der Lehrer\. Und das finde ich einfach immer f- total faszinierend, dass
12	so was möglich ist\. (.)
13	Und dann haben, hab ich=s ausprobiert, dann war Frau Marten bei mir
14	Referendarin, dann haben wir auch ziemlich viel ausprobiert/ <00:00:55>
15 I:	Ahaa <00:00:56>

In den Zeilen 16-28 erzählt *Frau Salzner*, dass *Frau Marten* und sie an einer Weiterbildung mit mehreren Präsenzphasen, welche über einen längeren Zeitraum verteilt stattfinden, teilnehmen, um sich als Multiplikatorinnen für kooperatives Lernen zu qualifizieren.

29 M:	Wobei, also wir hatten ja schon immer dieses so genannte Lerntraining\, das ist
30	ja zwar jetzt kein kooperatives Lernen, aber es geht schon auch so=n bisschen
31	in die Richtung eben die Kinder sehr viel mehr in den Lernprozess mit
32	einzubeziehen\, dass sie sich selbst entscheiden: Was möchte ich denn heute
33	üben? Möchte ich dafür mit nem Partner arbeiten, alleine arbeiten? Welches
34	Material möchte ich haben? Also insofern, war diese Richtung, so die Idee, die
35	Kinder mehr zu beteiligen ohnehin schon vorhanden/ und dann, ging=s eben
36	los und ich glaube das war auch so=n bisschen der Vorteil [räuspert sich], dass
37	man einfach im Referendariat (1) man hat zwar vielleicht ein bisschen mehr
38	Stress als im normalen Alltag, aber man hat eben doch mehr Zeit und man ist

39   mehr gezwungen, sich mit einer Sache wirklich intensiv auseinanderzusetzen\
40   und wir hatten damals (1), was war das ne erste Klasse/? <00:02:22>
41 S: Mh. <00:02:22>
42 M: (unverständliches Wort)/. Und so sind wir <00:02:24>
43 S: ⌊Zu dritt ne erste Klasse\. <00:02:25>
44 M: Zu dritt @ne erste @ Klasse, genau und so sind wir halt gestartet, dass wir
45   einfach verschiedene Sachen ausprobiert haben, gelesen, überlegt, was könnte
46   gehen, aber als, schon auch immer überlegt, ja so und so haben wir=s gelesen,
47   weil es ist ja viel Literatur zu den weiterführenden Schulen/ und eben nicht für
48   die Grundschule, geschaut: Wie können wir das runterbrechen? Und dann war
49   schon der große Vorteil, dass ich dann immer die Stunden gehalten habe und,
50   sie saß eben neben d=ran und hat mitgeschrieben: Ok, daran hat=s gegangen
51   und daran hat=s gegangen, weil es war definitiv so, haben wir schon die
52   Erfahrung gemacht, dass die ersten Stunden, wenn man irgendwie so=ne neue
53   Methode eingeführt hat, ziemlich chaotisch abgelaufen ist\. Und,
54   nichtsdestotrotz waren wir von Anfang an @überzeugt@ trotz Chaos, dass das
55   irgendwie toll ist, dass das den Kindern Freude macht und hat man=s ja auch
56   auf so=ne Ebene, geholt, dass wir mit den Kindern dann nochmal d=rüber
57   gesprochen haben: Wie war denn das für euch? War das gut? Was war daran
58   gut? Joo\, und ich glaube so ist das dann entstanden\. (1) Dass sich daraus dann
59   auch ergeben hat, dass das ja wirklich sehr-sehr gut ist und gut funktioniert\,
60   und allen Beteiligten eben Freude macht\. Jaa. <00:03:29>

Auf explizierter Ebene versteht *Frau Salzner* unter kooperativem Lernen die Möglichkeit der verstärkten Partizipation der SuS. Nicht die Lehrkraft mit einem großen Redeanteil steht im Vordergrund, sondern der erhöhte Redeanteil der SuS. Nach Verständnis
der Lehrkraft muss kooperatives Lernen einfach ausprobiert werden.

In Zeile 29 schließt *Frau Marten* mit einem erweiterten Orientierungsgehalt an. Nicht
nur der erhöhte Redeanteil der Kinder macht ihrer Meinung nach kooperatives Lernen
aus, sondern die insgesamt stärkere organisatorische und inhaltliche Beteiligung der
Kinder an der Gestaltung ihres Lernprozesses. *Frau Marten* validiert den Aspekt des
Ausprobierens. Hier wird eine Differenzierung eingebracht. Nicht nur das Ausprobieren
(Erfahrungswissen), sondern auch das Lesen von Literatur (theoretisches Wissen), gemeinsames Beobachten und Reflektieren, Anpassen der Unterrichtssituation an die
Kinder und erneutes Reflektieren gehören für *Frau Marten* zu einer gelingenden Umsetzung. Das, was vermittelt werden soll, wird selbst *gelebt* (pädagogischer
Doppeldecker). Dazu gehört auch ein ko-konstruktivistisch orientiertes Rollenverständnis[190] zwischen Lehrkraft und SuS. „Selbst" am Unterricht aktiv beteiligt zu sein, nicht
nur am eigentlichen Unterrichtsgeschehen, sondern auch in die Reflexion des Lernprozesses aktiv einbezogen zu werden, steigert nach Meinung der Lehrkraft die „Freude"
der Kinder. Dem *negativen Horizont* (anfängliches „Chaos") werden die Freude der
Kinder und das immer bessere Funktionieren kooperativer Methoden als *positiver Horizont* gegenübergestellt.

---

190 S. Fußnote 181. Darunter wird in dieser Arbeit die aktive Zusammenarbeit von Lehrkraft
     und Kindern auf inhaltlicher und organisatorischer Ebene verstanden.

Es kann festgehalten werden, dass für *Frau Salzner* und *Frau Marten* kooperatives Lernen bedeutet, dass sie Verantwortung und Kontrolle an die Kinder abgeben, dass die Kinder ihre Potentiale entfalten können und „Freude" am Lernen haben und dass sie die Kinder im Sinne eines ko-konstruktivistisch orientierten Rollenverständnisses an der Gestaltung ihrer Lernprozesse beteiligen. Die Kinder sollen sich mit kooperativen Methoden Wissen aneignen, dieses vertiefen und lernen, ihre Lernprozesse zu reflektieren. Kooperatives Lernen bedeutet also für die Lehrkräfte nicht nur die Möglichkeit der Aneignung von Fachwissen, sondern auch der Entwicklung der Selbst- bzw. Personalkompetenz und der Reflexionskompetenz.

Mini-Gruppendiskussion (Lk, GrS): Verständnis von WeLL und von kooperativen Methoden auf konkreten Erfahrungen beruhend

316 S: So und dann mit dem Lernpartner im Lerntempoduett, was ja auch ne sehr
317   bewährte Methode jetzt für die Grundschule ist, klären, was man nicht
318   verstanden hat und was man wichtig findet/. Und sich dann für die zehn
319   wichtigsten Stichpunkte <00:17:01>
320 I: Ahja, mh/ <00:17:02>
321 S: entscheidet oder Fachbegriffe/, und diese in die Tabelle einträgt\. Dann, das ist
322   wieder ne Think-, also alleine/ (2)Phase/, und dann sucht man sich wieder im
323   Lerntempoduett einen neuen Partner/ und erklärt sich gegenseitig die
324   Stichpunkte/, und überlegt dann: Wie gut konntest du es erklären? <00:17:23>
325 I: Ah und schreibt das (unverständliche Phrase) <00:17:25>
326 S: Und macht sich klar: Was weiß ich schon, was weiß ich noch nicht\. Soo\, und
327   mithilfe dieser Stichpunkte kommt dann wieder Think-Phase, also im Grunde
328   wechselt immer ab: Pair, Think, Pair, Think, und zwischendurch, also das kann
329   man natürlich nicht wie wir eben schon gesagt haben in einer Stunde
330   einführen, sondern das muss ja alles Stück für Stück aufeinander aufbauen.
331   Dann soll sich jedes Kind sozusagen ne Mindmap, ne Gedankenkarte\ zu dem
332   Text überlegen und diese Gedankenkarte wird wieder mit einem anderen
333   Partner besprochen/, (.) ja und dann am Schluss soll das Kind für sich selber die
334   wichtigsten fünf Informationen aufschreiben, die es sich=s behalten möchte:
335   Das habe ich gelernt\. (1) Ja und das=das ist wirklich ein ganz toller Aufbau und
336   ich habe jetzt gerade im zweiten Schuljahr das gemacht/ und hab hier nochmal
337   so=ne <00:18:12>
338 M: Das? <00:18:13>
339 S: Das, nicht den Text hier (.) hier zu dem Thema Zootiere. <00:18:18>
340 M: Genau, ok <00:18:18>
341 I: Mmh/ <00:18:19>
342 S: Hat jetzt nochmal ne s=so=ne vereinfachte (1) Möglichkeit, also einen Text, der
343   schon ein bisschen strukturiert war, den hab ich ihnen gegeben und die haben
344   dann selbst die Gedankenkarte gemacht und haben <00:18:30>
345 M: Ja, mmh/ <00:18:31>
346 S: Dann die fünf Giraffenkinder, die sich mit der Giraffe beschäftigt haben, haben
347   sich dann zusammengesetzt und haben ein Plakat gemacht und nen Vortrag\.
348   Das war einfach, also es ist einfach unglaublich, wie effektiv diese Methode ist\.
           <00:18:44>
349 I: Mmh/ <00:18:44>

350 S: Ja und das würde ja dann im Gruppenpuzzle münden, wo eben jedes Kind sich
351   selber den Text erschließt mithilfe von anderen Kindern und anderen wiederum
352   beibringt\. <00:18:52>
353 I: Aja <00:18:52>

Frau Salzner rahmt kooperatives Lernen als effektive Methoden, mittels derer sich die Kinder Wissen aneignen (*Think*)[191], sich mit einem anderen Kind über ihr erworbenes Wissen austauschen (*Pair*) und gemeinsam im Sinne einer Selbsteinschätzung darüber nachdenken, was sie schon können und woran sie noch arbeiten müssen. Kooperatives Lernen bedeutet also für sie nicht nur Wissensaneignung (auf der Ebene der Disposition), sondern auch Wissensaustausch und -weitergabe (Ebene der Performanz) und Wissensvertiefung. Darüber hinaus wird ihrer Ansicht nach die Entwicklung sozialer, kommunikativer und personaler Kompetenzen, wie z.B. die Selbsteinschätzung gefördert. Das Lerntempoduett als eine Methode kooperativen Lernens, welche nach Erfahrung von *Frau Salzner* „eine bewährte Methode (…) für die Grundschule ist", greift ihrer Meinung nach den Wechsel von individuellen Phasen und Phasen des Austausches auf und kann mehrmals durchlaufen werden. Für die Effektivität kooperativer Methoden stehen für *Frau Salzner* die beiden grundlegenden Elemente des *Think* und *Pair*. Gestartet wird nach Alter der Kinder mit einfachen Methoden, welche nicht *starr* nach Anleitung umgesetzt werden, sondern flexibel in dem Sinne, dass zunächst einzelne Elemente eingeführt und die Methoden später ausgebaut werden können. So kann dann nach gewisser Übung das Gruppenpuzzle, welches nach Ansicht von *Frau Salzner* eine anspruchsvollere kooperative Methode darstellt, im Sinne einer *methodischen Lernspirale*[192] umgesetzt werden. Damit die Kinder zunächst selbständig (*Think*) arbeiten können, bekommen sie eine unterstützende Maßnahme, in dieser konkreten Situation die Idee des Anfertigens einer „Gedankenkarte", an die Hand, auf welche sie dann im Austausch mit einem Partner (*Pair*) zurückgreifen. Beide Lehrkräfte rahmen kooperative Methoden als Möglichkeit, mit denen sich die Kinder „alleine" und gemeinsam mit einem „Partner" Fachwissen aneignen, lernen, sich gegenseitig zu kontrollieren, sich selber einzuschätzen und miteinander zu arbeiten und zu kommunizieren. Dieses Verständnis bestätigt sich im folgenden Transkriptausschnitt.

Mini-Gruppendiskussion (Lk, GrS): Verständnis kooperativen Lernens auf konkreten Erfahrungen beruhend
1290 M: Also ich=ich neige ja, neige ja nicht dazu, missionieren zu wollen\. Also ich
1289   glaube das war auch immer so=n bisschen das Problem, in der anderen Schule/.
1290   Ich arbeite sehr gerne mit anderen Leuten zusammen, die grundsätzlich die
1291   gleiche Schwerpunktsetzung haben, aber (2) weil ich eben denke, dass das
1292   kooperative Lernen ein bisschen mehr ist als ne Methode, mein ich, dass man
1293   irgendwie davon überzeugt sein muss, dass das funktioniert\. Was ich halt
1294   immer sage, wenn sowas gesagt wird, dass (.) dass man sich darüber bewusst
1295   sein muss, sagen wir auch auf den Fortbildungen, sowohl in Mathe als auch auf
1296   den anderen, dass es am Anfang durchaus erstmal, chaotisch sein kann, weil

---

191 Weitere Ausführungen zu *Think-Pair-Share* und *Pair-Check* vgl. Brüning & Saum (2006).
192 Unter *methodischer Lernspirale* versteht die Analysandin nach Klippert eine spiralförmig vertiefend angelegte Methodenerarbeitung (vgl. Klippert, Heinz (2007): Mathematik 3/4. Symmetrie. Geometrische Körper. Stuttgart: Ernst Klett Verlag).

1297   das vom Anspruch her das ist für die Kinder ganz schön schwer und ganz schön

1298   anstrengend dieses kooperative Lernen\. Und dass man da vielleicht am Anfang

1299   schon mal das Gefühl hat: Oooh, w=wär ich jetzt vielleicht @schneller@

1300   gewesen, hätte ich es ihnen einfach so <00:12:48>

1301 I: Aha, mh <00:12:48>

1302 M: verbraten\. <00:12:50>

1303 I: Jaa <00:12:50>

1304 M: Tjaa <00:12:51>

1305 S: Also in den Fortbildungen, also wir machen ja die pädagogischen Tage, und da

1306   gibt=s ja immer nen bestimmten Prozentsatz, der sowieso jenseits von Gut und

1307   Böse, sich befindet, und da haben wir aber jetzt hab ich jetzt irgendwie ein ganz

1308   gutes Gefühl, wir lassen sie natürlich immer alles ausprobieren/, und dadurch,

1309   dass wir zum Beispiel, das haben wir jetzt noch nicht gemacht, aber diese

1310   Sachtexte kooperativ dann auch nochmal ganz konkret in Bezug auf

1311   Schülerinhalte nochmal ausprobieren lassen\. Und dann ihre Erfahrung

1312   reflektieren lassen\. Und ich glaub das ist einfach der Dreh- und Angelpunkt,

1313   dass die Leute, dass die Lehrer Erfahrungen machen, was da alles d=rin steckt,

1314   denn das kann man überhaupt (.) das kann man überhaupt nicht alles (.)

1315   erklären, das muss man selber merken. Und=und wenn da jemand nichts merkt

1316   und dann wird er (das) auch nicht machen. Lernen ist ein Angebot @(2)@

In diesem Ausschnitt thematisiert *Frau Marten*, dass kooperatives Lernen nicht unbedingt von Anfang an funktioniert und dass ein anfängliches ‚Chaos' normal ist und ausgehalten werden muss. Es dokumentiert sich, dass das Anregen von Selbst-Bildungsprozessen eine herausfordernde Aufgabe darstellt. Um diese sowohl für die Kinder als auch für die Lehrkräfte anspruchsvolle Aufgabe umzusetzen, muss die Lehrkraft hinter dem kooperativen Lernen stehen und es auch wirklich selber umsetzen wollen. Es zeigt sich, dass nach Meinung von *Frau Marten* eine gewisse Überzeugung notwendig ist, um bei der Einführung und Umsetzung kooperativen Lernens *Durststrecken* auszuhalten und externem Druck standzuhalten und dass es hilfreich sein kann, wenn andere Kollegen ‚ähnliche Schwerpunkte' verfolgen. *Frau Salzner* greift diese Orientierung auf und führt sie weiter aus. Ihrer Erfahrung nach muss kooperatives Lernen selbst erfahren werden. Es reicht nicht aus, dieses auf rein deklarativ-begrifflicher Ebene zu vermitteln. *Frau Marten* verwendet hierfür den Begriff des ‚Missionierens'. Hier dokumentiert sich, wie wichtig für die Lehrkräfte das ‚Machen von Erfahrungen', das Erfahrungslernen in der Praxis und das Reflektieren dieser Erfahrungen sind. Es befinden sich also nicht nur die Kinder in einem anspruchsvollen Lernprozess, sondern auch die Lehrerinnen. Um eine eigene Position hinsichtlich kooperativen Lernens zu finden, muss man eben praktische Erfahrung machen, ob und wie die Umsetzung *geht*.

Zusammenfassend lässt sich festhalten, dass für *Frau Salzner* und *Frau Marten* kooperatives Lernen bedeutet, dass sie Verantwortung und Kontrolle an die Kinder abgeben, dass die Kinder ihre Potentiale entfalten können und Freude am Lernen haben (**eher pädagogische Orientierung**). Des Weiteren ist für die Lehrkräfte von Bedeutung, dass sie die Kinder im Sinne eines **ko-konstruktivistisch orientierten Rollenverständnisses** an der Gestaltung ihrer Lernprozesse beteiligen und dass diese in ihrem Lernprozess mittels begleitender Maßnahmen Unterstützung erfahren, sich selbst und gemeinsam Wissen aneignen zu können, dieses weiter zu geben und sich für ihren Lernprozess und den Lernprozess des Partners verantwortlich zu fühlen. Inhaltliche Strukturierung (z.B. die Gedankenkarte) und methodische Strukturierung (*Think* und *Pair*) ermöglichen den Kindern nach Meinung der Lehrkräfte Sicherheit beim Bearbeiten der Aufgaben. Selbst und gemeinsam (*Think* und *Pair*) im Unterricht aktiv handeln zu können, Lernprozesse zu gestalten und sich einzuschätzen, steigert nach Meinung von *Frau Marten* und *Frau Salzner* die Motivation, das Interesse und die Selbstkompetenz der Kinder. Kooperatives Lernen bedeutet also für die Lehrkräfte nicht nur die Möglichkeit zur Aneignung von Fachwissen, sondern auch eine Chance zur Entwicklung der Selbst- bzw. Personalkompetenz und der Reflexionskompetenz.

Bei *Frau Fürch* zeigt sich hinsichtlich kooperativen Lernens ein davon abweichendes Verständnis.

Frau Fürch (Lk, IGS, 5. Sj.): Verständnis kooperativen Lernens auf explizierter Ebene
10 F: Also das war tatsächlich im ersten Semester im Referendariat, bei einer
11   Kollegin, die selbst noch im Referendariat war\. Hat, ebenfalls, das kooperative
12   Lernen, als Unterrichtsbetr- äh Prinzip, genommen\, also nicht nur Teile,
13   sondern tatsächlich als Unterrichtsprinzip, uund im (GL)-Unterricht\ und (1)
14   viele M=Methoden davon, hab ich dann verwendet im Mathematikunterricht\.
15   Ein halbes Jahr später hab ich dann ne fünfte Klasse übernommen, in
16   Mathematik und hab das eingeführt\, Schritt für Schritt\. (2) Also ähm als
17   Grundprinzip\, was ich als Unter- Grundprinzip verstehe ist, dass man nicht nur
18   einzelne Elemente des kooperativen Lernens verwendet, sondern komplett,
19   durchgängig\ (1) in kooperativen Gruppen arbeitet\. Es beginnt mit der
20   Gruppenzusammenführung\. <00:01:30>

Frau Fürch rahmt kooperatives Lernen als ihre durchgehende Praxis, als eine Leitschnur, als „Prinzip" mit starker *handlungsleitender Kraft*. Im *positiven Horizont* steht für sie, nicht nur einzelne Methoden des kooperativen Lernens umzusetzen, sondern die Umsetzung kooperatives Lernen als Unterrichtsprinzip. Sie versteht kooperatives Lernen als eine Art *Unterrichtsphilosophie*. Methoden wendet man an, ein „Grundprinzip" lebt man „komplett, durchgängig". Der Unterricht erhält eine völlig andere Rahmung. Folgender Transkriptausschnitt bezieht sich auf ihr Verständnis des Gruppenpuzzles als eine Methode des WeLL.

Frau Fürch (Lk, IGS, 5. Sj.): Verständnis von WeLL auf explizierter Ebene und auf konkreten Erfahrungen beruhend
465 F: Also Gruppenpuzzle ist ja so, hab ich nicht verwendet, weil, es ist schon so
466   sowieso schon schwer für Kinder, oder auch für Erwachsene, zu viert
467   miteinander klar zu kommen, sich einzustimmen und dann auch noch
468   weiterzugehen\. <00:29:03>
469 I: Mh/ <00:29:04>
470 F: Hab ich nicht, aber ich könnte mir gut vorstellen, dass man das so machen
471   könnte, tatsächlich in Mathe, vier verschiedene Themen, vier Gruppen oder
472   fünf Gruppen, und dann Gruppenpuzzle, aber im Endeffekt,(.) wenn ich Gruppe
473   eins drannehme/, die (1) mir das sagen kann, also erklären kann, Thema fünf,
474   v=von der Gruppe fünf, wenn die mir das alles erklären kann, dann kriegt
475   Gruppe fünf und Gruppe eins Punkte\. <00:29:32>
476 I: Mh/-mh/ <00:29.33>

477 F: So\. Das wär aber, das würde ich erst machen, ich persönlich, wenn sie stabil in

478   ihrem Gruppen sind\ und, dieses kooperative als Grundprinzip kennen\.

479   Ansonsten, phhh, wenn ich jetzt, gerade in höheren Kr=Klassen, da hab ich

480   Gruppenpuzzle angewendet\, aber nicht als Prinzip kooperatives Lernen.

481   Da-da-da finden die immer Wege, sich rauszunehmen\. <00:29:56>

482 I: Ahja, können Sie=s vielleicht nochmal erzählen\, wie das da

483   so war, als sich einer rausgenommen hat.\ <00:30:03>

484 F: (4) Mmmm (2) phh (3) Ja dass, da- dass sie=s dann doch nicht richtig begriffen

485   haben, sondern wirklich in, Worten, wiedergegeben haben, so wie sie=s gehört

486   haben\, sowas <00:30:25>

Das Gruppenpuzzle bewertet *Frau Fürch* als anspruchsvolle kooperative Methode, welches sie selber in ihrer jetzigen Lerngruppe nicht umsetzt, weil den SuS nach ihren Erfahrungen prinzipiell die notwendigen Kompetenzen zur Umsetzung fehlen. Diese Erfahrung hat sie mit einer anderen Klasse gemacht, in welcher die SuS sich Wege gesucht haben, um sich aus der Verantwortungsübernahme ‚rauszunehmen'. Auf explizierter Ebene, nicht auf eigenen Erfahrungen beruhend, zeigt sich, dass *Frau Fürch* das Gruppenpuzzle an ihr Kontroll- und Bonuspunktesystem anpassen und den wechselseitigen Wissensaustausch so organisieren würde, dass die SuS sich ihr Wissen nicht gegenseitig, sondern ihr als Lehrerin mitzuteilen haben. Hier zeigt sich, wie bereits in den Fallanalysen im Kapitel 8.3.1.1 *Kollektive Orientierungen von Frau Salzner und Frau Marten, individuelle Orientierungen von Frau Fürch* deutlich wird, erneut die starke Orientierung von *Frau Fürch* an Kontrolle, Sicherheit und Verbindlichkeit, für sie wichtige Aspekte, welche ihr bei der Umsetzung von Methoden des WeLL möglicherweise entgleiten würden. Mit Anpassung der Methoden des WeLL an ihr Kontroll- und Bonuspunktesystem allerdings wäre die Kontrolle über den Wissenszuwachs erneut gewährleistet, mögliche Konflikte, Umwege und Hürden beseitigt und ein inhaltliches Arbeiten möglich.

Es lässt sich festhalten, dass *Frau Fürch* unter kooperativem Lernen versteht, ein *Kontrollsystem* im Modus einer Verfahrenstechnik mit der Vergabe inhaltlicher und sozialer Rollen zu etablieren. Wenn das Verfahren läuft, die SuS sich gegenseitig disziplinieren, kann an Inhalten gearbeitet werden. Durch Bonuspunkte wird das Funktionieren des *Kontrollsystems* am Laufen gehalten. Die SuS kooperieren miteinander, ob sie dies auf freiwilliger Basis tun oder nicht, ist zu hinterfragen. Der zentrale *negative Gegenhorizont* bei der Umsetzung kooperativen Lernens ist für *Frau Fürch* ein Kontrollverlust, eine Selbst-Regulation durch die SuS, der Verlust von Bewertungshoheit und von unreguliertem und durch sie unentdecktem (Fehl-)Verhalten der SuS. Kooperatives Lernen bedeutet für *Frau Fürch* also nicht die Abgabe von Kontrolle, sondern Kontrolle von Kooperation.

Es lässt sich **zusammenfassen**, dass sich bei allen Lehrkräften der dritten Phase ein Verständnis von Formen des WeLL als Methoden kooperativen Lernens rekonstruieren ließ. Für *Frau Fürch* steht bei der Umsetzung von strukturierten kooperativen Lehr-Lernformen eine eher **fachliche Orientierung** im Mittelpunkt. Die SuS eignen sich Fachwissen an, können Aufgaben lösen und erreichen somit die Lernziele. Für *Frau Marten* und *Frau Salzner* stehen die Förderung fachlicher und überfachlicher Kompetenzen (bspw. kooperative Fertigkeiten, Selbsteinschätzung, Reflexionsprozesse) gleichberechtigt nebeneinander (**eher pädagogische Orientierung**).

Insgesamt kann trotz der vielfältigen Ausprägungen festgehalten werden, dass sich je nach Schulform bzw. Schulstufe **zwei Ausrichtungen**, zum einen eine mehr **fachliche Orientierung** (Lehrende der Jahrgangsstufen 5 und 6), zum anderen eine eher **pädagogische Orientierung** (Lehrende der Klassen 1-4) zum Verständnis von WeLL bzw. von kooperativen Lehr-Lernformen rekonstruieren ließen. Diese Ausrichtungen schlagen sich in einem eher **instruktivistisch orientierten** Rollenverständnis mit vorrangig instruierenden und vermittelnden Elementen bzw. in einem mehr **konstruktivistisch orientierten** Rollenverständnis mit einer weitgehenden Ausgewogenheit von Phasen der Instruktion und Konstruktion nieder. Ein instruktivistisch orientiertes bzw. konstruktivistisch orientiertes Rollenverständnis lässt sich wiederum auf einen **schulformspezifischen Erfahrungsraum** (s. Kapitel 10 *Eine Typologie von handlungsleitenden Orientierungen)* zurückführen. Ebenso lässt sich im Kapitel 10 aufzeigen, dass eine Fremdbestimmung durch die Institution Schule eine größere Rolle bei den Lehrenden spielt, die eher instruktivistisch orientiert sind.

Des Weiteren gibt es einen Zusammenhang zwischen einer eher an den SuS ausgerichteten Orientierung (pädagogische Orientierung) und einem pädagogischen Umgang mit Störungen und Problemen bzw. im Umkehrschluss zwischen einer eher fachlichen Orientierung und einem als störend und hinderlich empfundenen Umgang mit Problemen und Hindernissen. Um diese Rückbindung zu untermauern, verweise ich auf den in Kapitel 10 *Eine Typologie von handlungsleitenden Orientierungen* dargestellten Interviewausschnitt mit *Frau Jakob*, einer Lehrkraft der Schule mit Förderschwerpunkt Sprachheilförderung. Des Weiteren möchte ich auf die ebenso in Kapitel 10 dargestellte Umsetzung strukturierter kooperativer Lehr-Lernformen zwischen institutionell gesetzten normativen Vorgaben der im Sample vertretenden weiterführenden Schulen und selbstbestimmten Handeln aufmerksam machen.

10 Eine Typologie von handlungsleitenden Orientierungen

Der Fokus dieses Kapitels liegt nun auf der Darstellung der geteilten Erfahrungen bzw. der strukturidentischen Erlebnisse der Lehrenden der drei Phasen. Hierbei handelt es sich nicht um neue Interpretationsergebnisse, sondern um eine zusammenfassende Darstellung der bereits mittels komparativer Analyse gewonnen Befunde der Fallanalysen unter Einbezug der Rekonstruktion der Rezeptionsprozesse der Lehrenden in Bezug auf ihr Verständnis von kooperativen Lehr-Lernmethoden. Um die rekonstruierten Ergebnisse bei der Umsetzung einer strukturierten kooperativen Lehr-Lernform zu erklären, erwiesen sich *Erfahrungen der Lehrerbildungsphasen, unterrichtliches Erfahrungswissen*[193] *und erfahrungsbasierte Reflexivität* als auch *der schulform- und schulstufenspezifische Erfahrungsraum* als bedeutsam. Die Analyseergebnisse sind stets auf dem Hin-

---

193 Helsper (2002b) subsumiert unter Erfahrungswissen praktisches Handlungswissen und Können hinsichtlich der Bewältigung konkreter Handlungsanforderungen (vgl. ebd., 68). Herzog (2011) vereint unter Erfahrungswissen Alltagswissen, Beobachtungswissen, Berufswissen und reflexive Kompetenz (vgl. ebd., 68). Im Anschluss an Bauer et al. (1996) möchte ich an dieser Stelle anmerken, dass in dieser Arbeit mit dem Begriff des unterrichtlichen Erfahrungswissens das Sammeln von Erfahrungen als ein aktiver Prozess der reflexiven Auseinandersetzung mit der Unterrichtspraxis gemeint ist (vgl. ebd., 231).

tergrund der Strukturen der Lehrerbildung zu betrachten (s. **Abbildung 5:** Aufbau und Struktur der Lehrerbildung und ihre Bezugssysteme). So lässt sich als zentrales Ergebnis aus dem empirischen Material folgende Typenbildung mit **drei Typiken** generieren:

- Fremdbestimmt orientiertes Handeln versus selbstbestimmt orientiertes Handeln im Erfahrungsraum der drei Phasen der Lehrerbildung und ihrer Bezugssysteme
- Entwickeltes Rollenverständnis als Lehrkraft als Destillat unterrichtlichen Erfahrungswissens und reflexiver Verarbeitung versus Suche nach einem Rollenverständnis als Lehrkraft als Destillat kaum vorhandenen unterrichtlichen Erfahrungswissens und reflexiver Verarbeitung
- Konstruktivistisch orientiertes Rollenverständnis versus instruktivistisch orientiertes Rollenverständnis im Erfahrungsraum unterschiedlicher Schulformen[194] bzw. Schulstufen und institutionell gesetzter invarianter Rahmenbedingungen durch die Bildungsadministration[195]

Zur besseren Nachvollziehbarkeit der Erfahrungs- und Erlebniszusammenhänge folgen im Kapitel 10.1 ergänzende Erläuterungen zu schulformspezifischen Erfahrungsräumen, zum Erfahrungsraum der Praxisphase der ersten Phase der Lehrerbildung, zum Aufbau und zum strukturelle Rahmen der Organisation der drei Phasen der Lehrerbildung und ihrer Bezugssysteme, gefolgt von einem Exkurs zur Reflexion des Handelns als eine grundlegende Kompetenz. Der Exkurs[196] soll beim Nachvollziehen der mehrdimensionalen Typenbildung helfen. Dieser kann aber auch zu einem späteren Zeitpunkt gelesen werden.

---

194 Mein Sample und meine Analysen lassen eine empirisch abgesicherte Grundschultypik zu, hinsichtlich der beiden anderen Schulformen können aufgrund der wenigen Fälle keine empirisch abgesicherten schulformspezifischen Aussagen getroffen werden. Allerdings lässt sich aufgrund der Ergebnisse rekonstruieren, dass sich Unterschiede in den Handlungsorientierungen der Lehrkräfte der verschiedenen Jahrgangsstufen (Jahrgangsstufen 1-4 bzw. Jahrgangsstufen 5 und 6) zuordnen lassen. Deshalb nehme ich bezogen auf die Jahrgangsstufen eine Einteilung in den Elementarstufenbereich und in den Sekundarstufenbereich vor und verwende diese Begriffe als Synonyme für die Jahrgangsstufen 1-4 der Grundschule bzw. für die Jahrgänge 5 und 6 der Integrierten Gesamtschule und der Schule mit Förderschwerpunkt Sprachheilförderung.
   In der Schule mit Förderschwerpunkt Sprachheilförderung werden SuS der ersten bis sechsten Jahrgangsstufe unterrichtet (s. Kapitel 10.1.1 *Schulformspezifische Erfahrungsräume*).

195 Damit sind bildungspolitische Traditionen und bildungspolitische Rahmenbedingungen wie z.B. das Kriterium der Schulform, des Schulprofils und der Jahrgangsklassen gemeint.

196 An dieser Stelle folgt die Autorin der Chronologie und Logik ihres Forschungsprozesses, welcher die Foscherin erst auf der Ebene der soziogentischen Typenbildung zu den hier erläuterten Erfahrungsräumen geführt hat.

10.1 Exkurs zum Verständnis rekonstruierter Erfahrungsräume und reflexiven Handelns als grundlegende Kompetenz

10.1.1 Schulformspezifische Erfahrungsräume

Meine Darstellungen beziehen sich auf die erwähnten Schulformen im Land Hessen, an denen die befragten Lehrpersonen (Studierende und LiV) ihre Lehrversuche umgesetzt haben bzw. an denen die aktiven Lehrkräfte tätig waren. Die Ausführungen stützen sich auf Informationen des Hessischen Kultusministeriums (vgl. ebd., 2012a, 2012b, 2013) zur Struktur der genannten Schulformen. Es handelt sich hierbei nicht um eine umfassende Beschreibung dieser Formen, sondern um ausgewählte Informationen, die die Erfahrungsräume der von mir befragten Lehrenden ausmachen.

Grundschulen

In der Grundschule werden SuS der ersten bis vierten Jahrgangsstufe unterrichtet. Die Jahrgangsstufen 1 und 2 sowie die Jahrgangsstufen 3 und 4 bilden jeweils eine pädagogische Einheit. In der Jahrgangsstufe 1 werden keine Ziffernnoten erteilt, die Eltern erhalten schriftliche Aussagen über den Leistungsstand ihrer Kinder.

Die Grundschule, welche die für alle Kinder gemeinsame Grundstufe des Bildungswesens ist, hat die Aufgabe, an die vorschulischen Erfahrungen der Kinder und an ihre unterschiedlichen Lernvoraussetzungen anzuknüpfen und sie zielgerichtet unter Beachtung ihrer Leistungsmöglichkeiten zu kindgemäßen Formen des Lernens zu führen. Neben der Entwicklung und Förderung geistiger, musischer und praktischer Fähigkeiten und Interessen aller SuS ist es Aufgabe der Grundschule, vielfältige soziale und emotionale Lernprozesse zu initiieren. Auf Grundlage dieses Fundaments kann der weitere Bildungsweg aufgebaut und dem Kind die Entwicklung zu einer selbständigen und eigenverantwortliche Persönlichkeit ermöglicht werden.

Kinder der Vorklasse, der Eingangsstufe und der Jahrgangsstufen 1 und 2 haben täglich vormittags vier Zeitstunden Unterricht, die tägliche Unterrichtszeit der Jahrgangsstufen 3 und 4 sollte vormittags fünf Zeitstunden betragen. Dabei hat die Schule in eigener Verantwortung dafür Sorge zu tragen, dass durch die Verteilung von Unterrichtsstunden, Phasen der Entspannung und Bewegungs- und Spielzeiten die Schulzeit verlässlich eingehalten wird. (Vgl. Hessisches Kultusministerium 2012a)

Schulen mit Förderschwerpunkt Sprachheilförderung

Die Schulen mit Förderschwerpunkt Sprachheilförderung und die Abteilungen mit Förderschwerpunkt Sprachheilförderung beschulen SuS, welche über eine normal entwickelte Lernfähigkeit verfügen, dennoch in verschiedenen Bereichen der Sprache so stark beeinträchtigt sind, dass ohne zusätzliche sprachliche Förderung ein erfolgreiches Durchlaufen der allgemeinen Schulen möglicherweise nicht erfolgreich sein würde. Schulen mit Förderschwerpunkt Sprachheilförderung sind Angebots- und Durchgangsschulen (in der Regel für zwei bis sechs Jahre), deren Aufgabe es ist, die SuS so zu fördern, dass diese sobald wie möglich an ihre zuständige Schule (Grundschule, weiterführende Schule, Förderschule mit Schwerpunkt Lernhilfe) wechseln können bzw. wieder zurückgeschult werden.

Die Förderung der Sprache ist durchgängiges Unterrichtsprinzip. Durch individuelle und differenzierte sonderpädagogische Maßnahmen kann in den kleinen Klassen (Vorklassen bis 8, sonstige Klassen bis 12 Schülerinnen und Schüler) ganz besonders auf die sprachlichen Schwierigkeiten der SuS eingegangen werden. Der Übergang aus der Schule mit Förderschwerpunkt Sprachheilförderung in die allgemeine Schule ist jederzeit möglich. Die pädagogisch sinnvollsten Übergangstermine allerdings sind nach den Jahrgangsstufen 2, 4 und 6. Die enge Zusammenarbeit der Schule mit Förderschwerpunkt Sprachheilförderung bzw. der Abteilung mit Förderschwerpunkt Sprachheilförderung mit den aufnehmenden Schulen ist wichtig, um einen erfolgreichen Übergang zu gewährleisten

Sprachheilschulen arbeiten **zielgleich**, d.h., dass die entsprechenden Vorgaben der Grundschule bzw. der weiterführenden Schulen der Sprachheilschule zugrunde liegen. Inhalte und Leistungen lassen sich mit diesen Schulen vergleichen. (Vgl. Hessisches Kultusministerium 2012b)

Integrierte Gesamtschulen

Schulen verschiedener Bildungsgänge können in Form von Gesamtschulen zusammengefasst werden. In dieser können alle Abschlüsse der in ihr zusammengefassten Bildungsgänge erworben werden. Unterschieden wird zwischen schulformbezogenen bzw. kooperativen Gesamtschulen und schulformübergreifenden bzw. integrierten Gesamtschulen. In der schulformbezogenen Gesamtschule werden die Bildungsgänge der Haupt-, der Realschule, der Sekundarstufe I und des Gymnasiums zusammengefasst. In der schulformübergreifenden Gesamtschule ist das Bildungsangebot der in ihr zusammengefassten Schulen integriert, so dass auch von integrierten Gesamtschulen gesprochen werden kann. Neben dem Unterricht in **gemeinsamen Kerngruppen** ermöglicht ein **Kurssystem** den SuS, ihre Neigungen und Begabungen gezielt weiterzuentwickeln. (Vgl. Hessisches Kultusministerium 2013)

10.1.2 Zum Erfahrungsraum der Praxisphasen der ersten Phase der Lehrerbildung

Folgende Darstellung zu den *Schulpraktischen Studien* (vgl. SPSO 2005) an der Goethe Universität Frankfurt beziehen sich auf Informationen der Goethe Universität Akademie für Bildungsforschung und Lehrerbildung (vgl. ebd., 2012a).

Schulpraktische Studien, Schulpraktika und weitere Praktika

In allen Lehramtsstudiengängen (L1-L5)[197] sind insgesamt vier Praxisphasen abzuleisten. Alle Studierenden, die ab dem Wintersemester 2005/2006 ein Lehramtsstudium neu begonnen haben, müssen ein **Orientierungspraktikum** und ein **Betriebspraktikum** absolvieren. Des Weiteren werden von der Universität **schulpraktische Studien** organisiert und in der Regel ab dem zweiten Semester durchgeführt. Die Lehrerausbildung endet mit dem **Referendariat**.

---

197 Folgende Lehramtsstudiengänge werden an der Goethe Universität angeboten. L1: Lehramt an Grundschulen; L2: Lehramt an Haupt- und Realschulen; L3: Lehramt an Gymnasien; L5: Lehramt an Förderschulen (vgl. SPoL 2005).

Das **Orientierungspraktikum** von vier Wochen sollte vor Studienbeginn liegen. Es ist kein Bestandteil des Studiums und wird nicht von der Universität betreut. Es dient zum Sammeln von Erfahrungen, insbesondere außerhalb der Schule, in pädagogischen Berufsfeldern der Arbeit mit Kindern und Jugendlichen. Das Orientierungspraktikum ist keine Zulassungsvoraussetzung zum Studium. Jedoch muss bei der Anmeldung zum ersten Modul *Schulpraktischen Studien* (SPS) dem Amt für Lehrerbildung eine Bestätigung über das Orientierungspraktikum vorgelegt werden. Wird dieses während des Studiums absolviert, kann es möglicherweise zu Studienzeitverlängerungen kommen.

Das **Betriebspraktikum** hingegen soll Einblicke in ein Berufsfeld außerhalb des pädagogischen Bereiches vermitteln. Es umfasst mindestens acht Wochen, ist kein Bestandteil des Studiums und wird nicht von der Universität betreut. Bei der Meldung zum Ersten Staatsexamen muss eine Anerkennung vom Amt für Lehrerbildung über das abgeleistete Betriebspraktikum vorgelegt werden.

Im Rahmen der beiden Module **Schulpraktische Studien** (SPS) werden zwei fünfwöchige **Blockpraktika** an einer Schule in zwei Schwerpunkten angeboten. Im Schwerpunkt 1 steht die Reflexion der praktischen Unterrichtsarbeit im Vordergrund. Das Praktikum im Schwerpunkt 2 ist forschungsbezogen. Beide Praktika sind regulärer Bestandteil der Lehramtsstudiengänge. Sie werden von der Universität betreut.

Nach dem Studium bzw. dem Ersten Staatsexamen schließt sich das **Referendariat** an einem Studienseminar und an Ausbildungsschulen an, welches mit dem zweiten Staatsexamen abschließt. Dieses berechtigt zum Eintritt in den Schuldienst. Ziel dieser zweiten (nichtuniversitären) Phase ist es, angehende Lehrkräfte auf die Tätigkeit in der Schule vorzubereiten. (Vgl. Goethe Universität Akademie für Bildungsforschung und Lehrerbildung 2012a; vgl. dazu auch HLbG 2004 und HLbG-UVO 2005).

Gestaltung des Schulpraktikums

Die folgende Übersicht zeigt den Ablauf der Schulpraktischen Studien am Beispiel des 1. Moduls (SPSO 2005) an der Goethe Universität Frankfurt:[198]

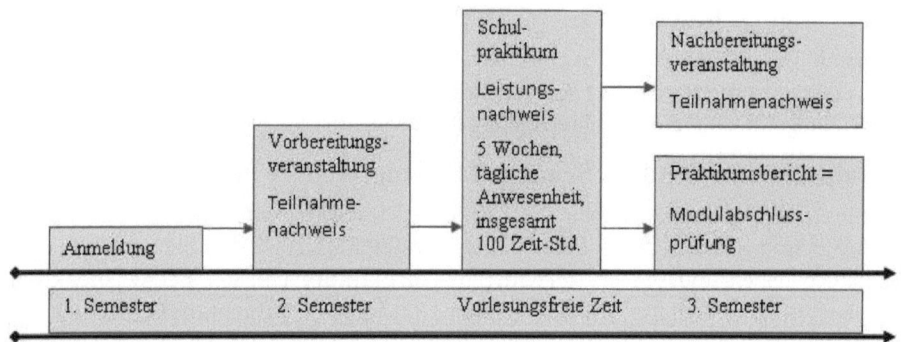

Abbildung 4: Ablauf der schulpraktischen Studien am Beispiel des 1. Moduls

Beide **Blockpraktika** dauern je **fünf Wochen**. Es besteht Anwesenheitspflicht an allen Schultagen. Insgesamt müssen **100 Präsenzstunden** absolviert werden, dabei handelt es

---

198   Alle Beforschten der ersten Phase sind bzw. waren Studierende der Goethe Universität.

sich um Zeitstunden von sechzig Minuten. Insgesamt werden achtzig **Stunden** eigenständige Vor- und Nachbereitung außerhalb der Schule vorausgesetzt. Bei Schwerpunkt 1 müssen mindestens acht, bei Schwerpunkt 2 **fünf bis acht Unterrichtsversuche** durchgeführt werden.

Während der Zeit in der Schule sollten sich die Studierenden Notizen für ihren Praktikumsbericht machen. Bei einem Praktikum des Schwerpunktes 1 ist mindestens ein Besuch des jeweiligen Praktikumsbeauftragten in der Schule vorgesehen. Das forschungsbezogene Praktikum im Schwerpunkt 2 wird primär von Dozentinnen und Dozenten der Erziehungs- und Gesellschaftswissenschaften angeboten. Ein Schulbesuch durch Dozentinnen und Dozenten erfolgt in diesem forschungsbezogenen Praktikum in der Regel nicht. Zum Abschluss der Schulpraktischen Studien findet eine Nachbereitungsveranstaltung statt. Die Studierenden müssen einen Praktikumsbericht erstellen, welcher die Abschlussprüfung des Moduls der *Schulpraktischen Studien* darstellt und benotet wird. (Vgl. Goethe Universität Akademie für Bildungsforschung und Lehrerbildung 2012b)

Im forschungsbezogenen Praktikum sind die zentralen Bestandteile des Praktikumsberichts das Protokoll bzw. das Transkript einer aufgezeichneten Unterrichtsstunde sowie eine kleine Fallstudie zu einem Teil des transkribierten Unterrichts. (Vgl. Goethe Universität Akademie für Bildungsforschung und Lehrerbildung 2012c)

10.1.3 Aufbau und Struktur der Lehrerbildung und ihre Bezugssysteme[199]

Von Bedeutung ist die Gliederung der Lehrerbildung in drei Phasen. Diese müssen grundsätzlich in einer festgelegten Reihenfolge durchlaufen werden. Erste und zweite Phase schließen jeweils mit einem Staatsexamen ab. Erst nach Nachweis des erfolgreichen Bestehens beider Staatsexamina ist es möglich, eine Festanstellung im Schuldienst als Lehrkraft im Beamtenstatus zu erhalten.[200]

Die folgende Übersicht zu *Aufbau und Struktur der Lehrerbildung und ihre Bezugssysteme* ist hilfreich, um in den weiteren Ausführungen dieses Kapitels die Zuordnung der in der Interpretation der Fallanalysen rekonstruierten Orientierungsrahmen zu Erfahrungsräumen und die in Kapitel 9 *Prozesse der Rezeption und Rekontextualisierung* dargelegten Rezeptionsprozesse nachvollziehen zu können. Es wird deutlich, dass Erfahrungsräume nicht trennscharf voneinander abgegrenzt werden können. So kommt es bei der Zuordnung der Ausprägungen und Differenzen zu Überschneidungen der Erfahrungsdimensionen.

---

199 Die folgenden Ausführungen beziehen sich auf das Land Hessen.
200 Vgl. Synopse – Hessisches Beamtengesetz (2009).

Studien- und Prüfungsordnung für die Lehramtsstudiengänge (SPoL 2005), Hessisches Lehrerbildungsgesetz (HLbG 2004) und seine Umsetzungsverordnung (HLbG-UVO 2005), Bildungs- und Erziehungsauftrag, curriculare Vorgaben, Bildungsstandards, institutionell gesetzte Rahmenvorgaben durch die Bildungsadministration,...

| Phasen der Lehrerbildung und ihre Abschlüsse | Bezugssysteme | | Weitere berufliche Aktivitäten, weitere Angebote der Lehrerbildung |
	Standbein 1 Bewertende Bildungsinstitution	Standbein 2	
Erste Phase	Studium 1.Staatsexamen	(Pflicht-)Module an der Universität/Hochschule	Praktikumsschule (GrS)	Vertretungsunterricht in Schulen Fortbildung
Zweite Phase	Referendariat 2.Staatsexamen	(Pflicht-)Module am Studienseminar	Ausbildungsschule (GrS, SSH)	Fortbildung
Dritte Phase	Berufsfeld Schule	–	Stammschulen (GrS, SSH, IGS)	Fortbildung, Weiterbildung

Abbildung 5: Aufbau und Struktur der Lehrerbildung und ihre Bezugssysteme

Der Abbildung kann die zu durchlaufende Reihenfolge (Erste Phase: Studium; Zweite Phase: Referendariat; Dritte Phase: Berufsfeld Schule) der Lehrerbildung entnommen werden. Unter dem Begriff Bezugssysteme werden in dieser Arbeit die drei Lehramtsstudiengänge L1, L2, L5 (vgl. SPoL 2005) in den Bildungsinstitutionen der *Universität* bzw. *Hochschule* und der *Studienseminare* als auch die dazugehörigen Schulformen der *Grundschule* und der weiterführende Schule respektive der *Integrierten Gesamtschule* und der *Schule mit Förderschwerpunkt Sprachheilförderung* verstanden. Es werden nur die in meinem Sample beteiligten Schulformen berücksichtigt. Die Bildungsinstitutionen (Universität/Hochschule, Studienseminar) bezeichne ich mit *Standbein 1*. Mit *Standbein 2* sind die jeweiligen Schulen gemeint, in denen die Praktika und die Ausbildung stattfinden bzw. in welchen die aktiven Lehrkräfte unterrichten.

10.1.4 Reflexion des Handelns – eine grundlegende Kompetenz

Mittels Reflexion eigenes Handeln entwickeln

Der Schulalltag erfordert zur erfolgreichen Bewältigung seiner zahlreichen Anforderungen, Aufgaben und Situationen „explizites Norm- und Regelwissen und implizites Wissen als praktisches Know-how" (Radtke 1996, 73f.). Letzteres ist nach NEUWEG (2002) von Bedeutung, da in der komplexen Praxis von Unterricht intuitiv oder routiniert gehandelt werden muss, „um dem hohen Interaktionstempo, der Eigendynamik und der situativen Komplexität gewachsen zu sein" (ebd., 12ff.).

Allerdings ist damit nicht garantiert, dass Handlungsroutinen[201] prinzipiell zum Erfolg führen. Nach VON FELTEN (2011) muss daher eine Lehrkraft die Fähigkeiten besitzen, eigenes Handeln zu reflektieren und ggfs. zu verändern (vgl. ebd., 126). PLÖGER (2006) begründet die Bedeutung der Reflexion unter Einbezug der Systemtheorie Luhmanns. Nach PLÖGER (2006) besteht durch die Komplexität von Unterricht die Notwendigkeit, Entscheidungen zu treffen, um handlungsfähig zu bleiben (vgl. ebd., 23f.). Der Autor führt weiter aus, dass das Ausbilden von Routinen ein „Resultat von Selektions- bzw. Reduktionsprozessen" (ebd., 24) ist. Handlungsroutinen allerdings bergen die Gefahr, sich der pädagogischen Reflexion zu entziehen (vgl. ebd., 26; von Felten 2011, 22ff.). Deshalb ist es von Bedeutung, dass sich die Lehrkraft der Vorläufigkeit pädagogischen Wissens und Könnens bewusst ist und Handlungsroutinen immer wieder in die pädagogische Reflexion einbezieht (vgl. von Felten 2011, 22ff.).

VON FELTEN (2011, 127) verweist auf Donald Schön, der sich in seinen Werken (1983, 1987) mit dem *Reflektierenden Praktiker* („The reflective Practitioner") beschäftigt hat und auf die Notwendigkeit hinweist, dass Lehrkräfte immer wieder ihr Handeln ohne Handlungsdruck aus der Distanz betrachten müssen. Schön unterscheidet dabei zwischen ‚reflection-on-action' und ‚reflection-in-action' (vgl. ebd., 127, im Anschluss an Schön). Erstere Reflexion bezeichnet die Analyse nach dem Unterricht mit dem Ziel, nach möglichen Handlungsalternativen zu suchen, diese erneut in der Praxis auszuprobieren und deren Wirkung zu überprüfen, um so eigenes Wissen erweitern und ausdifferenzieren zu können. Unter ‚reflection-in-action' wird die Fähigkeit verstanden, unvorhergesehene Situationen während des Handelns neu zu interpretieren und darauf im Sinne eines ‚Neurahmens' (‚reframing') weitere Handlungsschritte entwickeln und somit reagieren zu können (vgl. von Felten 2011, 127, im Anschluss an Schön 1983, 1987). VON FELTEN (2011) führt aus, dass es der Lehrkraft im Nachhinein nicht sofort gelingt, das Unterrichtsgeschehen zu erklären (vgl. ebd., 129f.). Nach DEWE et al. (1992a) bedeutet das nicht, dass das Wissen und Können von Lehrkräften irrational sei (vgl. ebd., 85). Um das Unterrichtsgeschehen klar fassen zu können, bedarf es daher Phasen der Rechenschaftsablegung (vgl. von Felten 2011, 128).

Subjektive Theorien von Unterricht: Chancen und Schwächen

Wenn angehende Lehrkräfte mit ihrer Ausbildung beginnen, verfügen sie bereits durch ihre eigene Schulbiografie über subjektive Theorien von Schule und Ausbildung. Diese gelten als tendenziell stabil, so dass die in der Ausbildung vermittelten wissenschaftlichen Theorien, welche sich für das einzelne Individuum als nicht anschlussfähig an eigene Vorstellungen erweisen, schwer integrierbar sind bzw. sogar ignoriert werden (vgl. von Felten 2011, 128). Das Zugreifen auf subjektive Theorien macht die Lehrkraft zum einen handlungsfähig, zum anderen kann es aber auch zu starren Handlungsroutinen kommen. Diese dann im Unterricht immer wiederkehrenden didaktischen Grundmuster[202] können nur sehr schwer aufgebrochen werden. VON FELTEN (2011) führt aus, dass dazu Räume wie z.B. Praktika benötigt werden, „in denen sich Mängel, Fehler, Blockierungen, Frustration etc. einstellen können" (Herzog 1996, 266, zitiert nach

---

201 Radtke (1996) versteht unter Handlungsroutinen Handlungen, die „ohne Bewußtsein des implizit verwendeten Wissens ausgeführt werden" (ebd., 74).

202 In diesem Zusammenhang sprechen Baumert und Kunter (2006) von Inszenierungsmustern.

von Felten 2011, 129). Vorschnelle Beurteilungen, Bewertungen, Ratschläge und Tipps sollten durch die Förderung der eigenen Reflexionsfähigkeit verhindert werden.

Bezogen auf die von den Studierenden zu absolvierenden Praktika an der Goethe Universität Frankfurt bedeutet dies, dass die Studentinnen und Studenten die Möglichkeit haben sollten, im ‚Rahmen' der schulpraktischen Studien unterrichtliche Erfahrungen mit den Praktikumsbetreuenden und den beteiligten Mentorinnen und Mentoren zu reflektieren (s. Kapitel 10.1.2 *Zum Erfahrungsraum der Praxisphasen der ersten Phase der Lehrerbildung*).

Entwicklung der Reflexivität von Lehrkräften

Die Entwicklung von Reflexivität und somit das Zulassen von Neuerungen setzt voraus, dass Lehrende sich ihrer Handlungsroutinen, die ineffektiv und widersprüchlich sein können, bewusst sind. Eine wesentliche Aufgabe der Lehrerausbildung und der Lehrerfort- und -weiterbildung sollte es deshalb sein, Zeit und Raum zu schaffen, um Unterricht zu analysieren, das eigene Handlungsrepertoire zu überdenken und dieses weiterzuentwickeln. In solchen Reflexionsphasen ist es am wahrscheinlichsten, dass subjektive Theorien auf wissenschaftliche Erkenntnisse treffen (vgl. von Felten 2011, 131). Indem Lehrende die Angemessenheit des eigenen Handelns hinterfragen, kann eine Begegnung und Auseinandersetzung mit der Theorie möglich werden. VON FELTEN (2011) führt aus, dass theoretisches Wissen „unentbehrlich bei der Reflexion praktischer Erfahrungen" (Herzog 2002, 185, zitiert nach von Felten 2011, 131) ist.

10.2 Dreidimensionale Typologie

10.2.1 Fremdbestimmt orientiertes Handeln versus selbstbestimmt orientiertes Handeln im Erfahrungsraum der drei Phasen der Lehrerbildung und ihrer Bezugssysteme

Zur Nachvollziehbarkeit und Überprüfung der Typenbildung werden nun in Auszügen weitere Fälle, die in den Fallanalysen noch nicht vorgestellt wurden, in folgender Reihenfolge dargestellt (s. nicht kursiv gedruckte Fälle in **Abbildung 3**: Überblick über das Gesamtsample). Diese orientiert sich entlang der Lehrerbildungsphasen.

- Interview mit Frau Lang (S, GrS)
- Interview mit Herrn Kahn (S, GrS)
- Gruppendiskussion mit den Studierenden (S, GrS)
- Interview mit Frau Hanisch (LiV, GrS)
- Interview mit Frau Seeb (LiV, GrS)
- Erste Gruppendiskussion LiV (vier LiV der GrS, eine LiV der SSH)
- Interview mit Frau Jakob (Lk, SSH)
- Interview mit Frau Müller (Lk, GrS)

Erste Phase – zwei Standbeine: universitäres Studium und Praktikumsschule

Rezeptologisch orientierte Planung und Umsetzung zwischen Fremd- und Selbstbestimmung

Bei Studierenden, welche die vorgeschriebenen Praktika absolviert und darüber hinaus keine längerfristigen Vertretungstätigkeiten übernommen haben, so wie es die Struktur der Phasen grundsätzlich vorsieht, lässt sich eine rezeptologisch orientierte Planung und Umsetzung des WeLL rekonstruieren.

Frau Lang hat das Gruppenpuzzle zum Thema „Geometrischen Formen" in einem 3. Schuljahr umgesetzt hat. Im Seminar setzte sie sich intensiv mit Texten über WeLL auseinander, hinterfragte Sachverhalte kritisch und stieß Reflexionsprozesse in der Seminargruppe an. Ebenso wie *Frau Dahl* hat *Frau Lang* während des Studiums keine Vertretungstätigkeiten übernommen.

Frau Lang (S, GrS): Rezeptologisch orientierte Planung und Umsetzung zwischen Fremd- und Selbstbestimmung

19 L:	Also ich hab mich, ich hab das Gruppenpuzzle genutzt/ und hab mich ganz genau an die
20	Anweisung von Frau Huber gehalten, die sie in ihrem Steckbrief zum Gruppenpuzzle
21	gemacht hat/, wie die drei Phasen umgesetzt werden sollen, und hab auch mich an die
22	Struktur des Sandwich-Prinzips/, also hab mir beide Strukturen nebeneinander gelegt
23	und hab die so miteinander vereint, dass wirklich alle Punkte aufgeführt sind, und
24	besonders dabei haben mir die, die Anmerkungen von der Frau Anne Huber geholfen,
25	dass sie halt zum Beispiel geschrieben hat, Zeitplanung, man soll immer zehn Minuten
26	für Fragen noch einplanen zwischen den einzelnen Phasen/. Das hab ich gemacht und
27	aus diesem Grund @hat@ die Zeitplanung dann auch im Endeffekt von den 90 Minuten
28	wirklich funktioniert./
29	Und sie hat nochmal sehr betont, dass die Gelenkstellen sehr wichtig sind, also die
30	Übergänge zwischen den einzelnen Phasen/, und da hab ich auch zum ersten Mal in
31	meinem kompletten, Unterricht, den ich je geführt hab, das erste Mal ein Klangsignal
32	benutzt, um die Schüler @(.)@ auf einen Punkt wieder zu bringen, und da war ich sehr
33	begeistert von, dass das so funktioniert hat, weil gerade bei der Gruppenarbeit, also bei
34	der Aneignungsphase, wenn man dann die Aufmerksamkeit wieder auf sich als Lehrer
35	ziehen möchte, und dafür Handzeichen oder irgendwas in den Raum rein schreien,
36	muss, das ist dann, finde ich stört eher als ein Signal, wo die Kinder dann wissen: Ok
37	jetzt in den nächsten Minuten müssen wir zum Ende, zur Ruhe kommen und\,
38	da halt die Gelenkstellen, das war so das, was mir am wichtigsten war, die Übergänge. <00:03:03>

Auch der folgende Transkriptauszug ist ein Dokument für die rezeptologisch orientierte Umsetzung des WeLL.

Frau Lang (S, GrS): Rezeptologisch orientierte Planung und Umsetzung zwischen Fremd- und Selbstbestimmung

155 L:	Ja, also als ich=s das erste Mal gehört hab, hab ich gedacht. Naja, ist ja ein bisschen
156	einfach jetzt zu sagen: Ok, wir machen einfach immer abwechselnd Plenum und
157	individuelle Arbeit und dann wird das schon, dann ist das, läuft das schon/, ich hab aber
158	wie gesagt mich versucht, bei meiner Umsetzung des Unterrichts strikt daran zu halten.

Frau Lang hat sich nicht nur mit ausgewählten Formen des WeLL, sondern auch mit dem *Sandwich-Prinzip* („abwechselnd Plenum und individuelle Arbeit") auseinandergesetzt. Sie hat die Unterrichtsstunde nach „Anweisung", nach Anleitung, nach einem *Rezept* vorbereitet, so wie es in der Literatur beschrieben wird und versucht, sich „ganz genau" daran zu halten.

Hier dokumentiert sich, wie wichtig für *Frau Lang* als Studentin eine ‚ganz genaue Anweisung' ist. Sich an eine Anweisung halten zu können, gibt Sicherheit bzw. mindert die Angst vor ungeplanten Ereignissen. Sich am schriftlichen Expertenwissen zu orientieren, bedeutet Orientierung an etwas Konzeptuellem, etwas Theoretischem und nicht Lernen am direkten Modell, an der Praxis, in der immer auch das Reagieren auf Unvorhergesehenes notwendig ist. So rückt die Zeitplanung in den Vordergrund vor die inhaltliche Planung. Die Aufmerksamkeit der Kinder sicher auf sich selbst und ihre führende Rolle zurückführen zu können, ist für *Frau Lang* von großer Bedeutung und gibt ihr Sicherheit.

Herr Kahn ist der einzige Student, der im zweiten Durchgang im Sommersemester 2011 an der Veranstaltung teilgenommen hat. Er setzte den Lehrversuch in seiner Praktikumsschule um. In seiner Unterrichtssequenz hat er das Partnerpuzzle in einem 1. Schuljahr zum Thema „Tangram" umgesetzt. *Herr Kahn* ist in seiner Praktikumsschule im Hausaufgabenbereich tätig. Längerfristige Vertretungstätigkeiten hat er bis zum Zeitpunkt des Interviews nicht übernommen.

Herr Kahn (S, GrS): Rezeptologisch orientierte Planung und Umsetzung zwischen Fremd- und Selbstbestimmung

36 I: Hm. (3) Mich würd interessieren, wie war das denn so bei Ihnen bei
37   der Anbahnung und Umsetzung\? Wenn Sie jetzt mal an Ihren Lehrversuch
38   zurück denken, wie war das so\? <00:02:44>
39 K: Also, dass ich dieses Konzept auch so umsetzen kann, wie es eigentlich
40   stattfinden soll\. Das heißt, dass ich mir im Vorfeld viele Gedanken machen
41   musste natürlich, auch was die Gelenkstellen zwischendrin angeht, dass die
42   Kinder die, Methode des Partnerpuzzles jetzt im speziellen Fall, auch wirklich
43   beherrschen, wissen, was sie machen müssen. Und dazu war ich ja auch eine
44   Woche vorher auch schon mal, dort, dass das für die Kinder nicht ganz neu war,
45   und hab das mit denen durchgeführt mit nem anderen Thema, und, ja\ ich
46   finde, wenn, ja die Durchführung halt nicht ganz beherrscht wird, dann=dann
47   kommt das Konzept auch nicht so rüber, wie es eigentlich rüberkommen
48   sollte\. Und also das war mir schon sehr wichtig. […]

Das Konzept sollte nach *Herrn Kahn* so umgesetzt werden, wie das in der Theorie vorgesehen ist, also eine Umsetzung nach Anleitung, orientiert an etwas Konzeptuellen. Die Methode steht somit im Vordergrund. Wichtig ist dem Studenten, dass die Kinder die Methode „beherrschen" und diese funktioniert (*positiver Horizont)*. Um das möglichst zu gewährleisten, hat *Herr Kahn* Denkarbeit „im Vorfeld" leisten müssen und hat darüber hinaus bereits eine Woche vorher mit derselben Lerngruppe, für die das Partnerpuzzle ganz neu war, ein Partnerpuzzle zu einem anderen Thema durchgeführt. Das vorherige Ausprobieren des Partnerpuzzles ist *Herrn Kahn* wichtig und gibt ihm Sicherheit. Hier dokumentiert sich, dass *Herrn Kahns* Handlungsorientierung davon geleitet ist, dass die Umsetzung so laufen sollte, wie in der Theorie beschrieben. Die Kinder müssen die Methode „beherrschen", was sowohl die Ebene der Disposition als auch die der Performanz umfasst. Das stellt einen hohen Anspruch dar und ist in der Kürze der Zeit kaum leistbar, was *Herrn Kahn* allerdings aufgrund seines geringen unterrichtlichen Erfahrungswissens offenbar nicht bewusst ist.

Wie kommt es zu dieser Orientierung und auf welchen gemeinsamen Erfahrungsraum lässt sich diese Orientierung zurückführen?

Beide Studierenden haben während ihres Studiums keine Vertretungstätigkeiten übernommen und können bei der Planung und Umsetzung auf kein weiteres außeruniversitär erworbenes unterrichtliches Erfahrungswissen zurückgreifen. Ihnen stehen die Erfahrungen zur Verfügung, welche sie als Lehrende in den vier vorgeschriebenen Praktika, so wie es die SPoL (2005) und die SPSO (2005) grundsätzlich vorsehen, an der Universität gemacht haben. Des Weiteren ließ sich rekonstruieren, dass *Frau Lang* und *Herr Kahn* dem Außendruck nachkommen, den Anforderungen des Seminars gerecht zu werden, dass etwas im Sinne eines vorzeigbaren Ergebnisses „rüberkommen sollte". Beide unterliegen einem Bewertungsdruck, da Planung und Reflexion der Umsetzung im Rahmen des Moduls bewertet werden. Rekonstruiert werden konnten des Weiteren theoretische Kenntnisse der Studierenden zu den Methoden des WeLL („Sandwich-Prinzip"; „Gelenkstellen") und zu kooperativen Lernen im Allgemeinen, welche sie im Studium und im Modul erworben haben und auf welche sich beide Studierende bei der Planung und Umsetzung stützen. Da *Frau Lang* und *Herr Kahn* mit der Umsetzung der Methode keine Unterrichtserfahrung gemacht haben, orientieren sie sich an den theoretischen Grundlagen, welche im Seminar vermittelt wurde. Das verleiht ihnen Sicherheit, mindert die Angst vor Ungewissheit und dem *Spontan-Regieren-Müssen* auf unvorhergesehene Ereignisse.

Bei *Frau Schmidt* überlagern sich die konjunktiven Erfahrungsräume der Lehrerbildung und die Dimension des außeruniversitär erworbenen unterrichtlichen Erfahrungswissens und seine reflexive Verarbeitung. Gleichwohl plant auch *Frau Schmidt* nach Anleitung, nach etwas Konzeptuellen, sctzt aber aufgrund ihres entwickelten Rollenverständnisses als Lehrkraft und ihres allgemeinen unterrichtlichen Erfahrungswissens ihre Planung nicht *starr* nach Anleitung um.

Gleich ist dennoch bei allen drei Studierenden eine rezeptologisch orientierte Planung. Sie haben noch keine Erfahrungen mit der Planung und Umsetzung ausgewählter strukturierter kooperativer Lehr-Lernformen (wie bspw. des Partnerpuzzles und des Gruppenpuzzles), keine Erfahrungen, dass Methoden trotz gewisser Vorgaben und Strukturen immer in Eigenleistung an die SuS angepasst bzw. auf die Kinder abgestimmt werden müssen und nicht nach Anweisung ohne Berücksichtigung der Lernvoraussetzungen der Kinder umgesetzt werden können. So greifen die Studierenden auf das zurück, was sie im Rahmen des universitären Seminars an Kenntnissen zu WeLL erworben haben. Die Orientierung an diesen Wissensbeständen und an dem schriftlichen Expertenwissen, an etwas Konzeptuellem, an Vorgaben, an die man sich halten kann, geben ihnen Sicherheit bei der Planung.

Da sich *Frau Lang* und *Herr Kahn* noch auf der Suche nach einem Rollenverständnis als Lehrkraft befinden, stellt sich die Umsetzung des Gruppenpuzzles bzw. Partnerpuzzles für die Studierenden als anspruchsvoll dar, da Planung und Umsetzung dieser

Methoden ein verändertes Rollenverständnis[203] erfordern, welches die Studierenden bisher selber noch nicht in der Praxis in der Rolle der Lehrenden erfahren konnten und mutmaßlich auch in ihrer eigenen Schulbiografie nicht bzw. nur in Ansätzen kennen gelernt haben. Erst wenn ein durch unterrichtliches Erfahrungswissen entwickeltes Rollenverständnis als Lehrkraft vorhanden ist, kann selbstbestimmt gehandelt werden.

Zweite Phase – zwei Standbeine: Studienseminar und Ausbildungsschule

Vollständige Planbarkeit von Unterricht zwischen Fremd- und Selbstbestimmung

Bei allen LiV dokumentiert sich, dass sie in ihrem professionellen Rollenverständnis trotz Umsetzung einer strukturierten kooperativen Lehr-Lernform weiterhin daran orientiert sind, dass Unterricht vollständig planbar[204] ist.

Frau Hanisch kannte ich als Teilnehmende meines Fachmoduls in Mathematik. Gemeinsam mit *Frau Ehrler* entschied sie sich, WeLL im Rahmen ihrer zweiten Examensarbeit im Mathematikunterricht umzusetzen. Ich konnte wahrnehmen, dass Frau Hanisch sich sehr viele Gedanken darüber machte, ob und wie es ihr gelingen kann, das Gruppenpuzzle im Sachrechnen umzusetzen. Das Interview wurde nach Abgabe ihrer *Schriftlichen Arbeit* am Studienseminar durchgeführt.

Frau Hanisch (LiV, GrS): Vollständige Planbarkeit von Unterricht zwischen Fremd- und Selbstbestimmung

15 H:	Das fing an bei der Organisation/, das heißt wer arbeitet mit wem, wie mach
16	ich die Methode transparent/? Das waren erst mal so die groben Punkte am
17	Anfang, als ich dann tiefer in das die Thematik eingestiegen bin war für mich
18	die große Frage, wie gestalte ich die Lernstrategien am besten/, welche
19	Lernstrategien wähle ich, wie kann ich mit den Lernstrategien die einzelnen
20	Phasen verknüpfen, (.) welche Hilfestellungen gebe ich also welche
21	Differenzierung gebe ich, (2) und dann was glaub ich für mich mit am
22	schwierigsten war, war dann die Reflexionsphasen\. Also wie gestalte ich die,
23	welche Impulse gebe ich rein, welche Fragen gebe ich rein, wie bekomme ich=s
24	hin, dass ich nicht zu sehr lenke\ <00:02:07>
25 I:	Mh/ mh/ <00:02:08>
26 H:	Also dass es nicht so lehrerzentriert ist/ <00:02:09>
27 I:	Jaa <00:02:09>

In dem Ausschnitt wird eine enorme *Denkarbeit* im Vorfeld deutlich. Es dokumentiert sich, dass die Umsetzung des WeLL zu einer thematischen Auseinandersetzung bei Frau Hanisch führt. Nicht nur organisatorisch, sondern auch fachlich stellt die Umsetzung für die LiV eine Herausforderung dar, um Selbst-Bildungsprozesse von Kindern anzuregen und nicht erneut als Lehrkraft die ‚Lenkung‘ zu übernehmen. Orientiert an der vollständigen Planbarkeit von Unterricht versucht sie, dieser Herausforderung gerecht zu werden.

---

203 S. Fußnote 173.
204 S. Gliederungspunkt 8.2.1.1 *Individuelle Orientierungen von Frau Ehrler und Frau Gerber*. Die in diesem Gliederungspunkt dargestellten Analysen verdeutlichen die Konstruktion des Aspekts der *vollständigen Planbarkeit* von Unterricht.

Die erste Gruppendiskussion mit fünf LiV fand an der Goethe Universität im Anschluss an das Seminar statt. Zu diesem Zeitpunkt hatten die LiV bereits ihre *Schriftlichen Arbeiten* abgegeben. Mit zwei der beteiligten LiV, *Frau Gerber* und *Frau Weber*, führte ich darüber hinaus ein Interview. Vier der beteiligten LiV absolvierten ihr Referendariat an einer Grundschule, *Frau Weber* an einer Schule mit Förderschwerpunk Sprachheilförderung im 6. Schuljahr.

Erste Gruppendiskussion (LiV, GrS, SSH): Vollständige Planbarkeit von Unterricht zwischen Fremd- und Selbstbestimmung

162 Nr.2f: Ähm, meine Rolle als Lehrkraft lag vor allem in der Vorbereitung. Ich muss sagen, man
163   hat es schon erwartet, als man sich mit der Methode auseinander gesetzt hat, dass der
164   Schwerpunkt in der Vorbereitung liegt. Aber es war einem nicht bewusst, wie groß die-
165   se Vorbereitung ist, wie viel Zeitaufwand auch drin stecken muss, damit die Kinder
166   auch wirklich ne Chance haben, letztlich im Unterricht sich selbständig ein Themenge-
167   biet selbstständig erarbeiten zu können. Dass man nicht immer wieder
168   einschreiten muss doch wieder etwas erklären muss. Das findet man aber wirklich erst
169   heraus, wenn man es zum ersten Mal im Unterricht explizit durchführt. Jetzt, wo
170   man es einmal gemacht hat, weiß man, was noch alles mit da dran hängt und wie
171   man das nächste Mal noch weiter vorzugehen hat. <00:17:50>
172 Nr.1f: Also, ich hab das ähnlich empfunden wie du, hab mich aber zusätzlich dazu noch ein
173   bisschen in der Rolle des\ Streitschlichters wieder gefunden, weil, was wir ja vorhin
174   auch schon sagten, dass-dass eben gewisse kooperative Fertigkeiten schon einfach
175   vorhanden sein müssen. Und obwohl ich denke, dass die Klasse an sich schon sehr gut
176   miteinander kooperiert, gab=s auch immer wieder Streit zwischen drinnen und, ähm,
177   wo ich dann einschreiten musste und gucken musste, dass eben die Kommunikation
178   dadurch nicht beeinträchtigt wird, dass eben zwei Kinder jetzt vielleicht auf der
179   sozialen Ebene einfach ein Problem miteinander haben. <00:18:40>
180 Nr.5f: Ähm, eine weitere wichtige Aufgabe lag in der Gestaltung der Gelenkstellen. Da war es
181   im Vorfeld immer wieder wichtig, sich ganz klare Arbeitsaufträge zu überlegen, damit
182   die Gruppen überhaupt in den subjektiven Phasen sich Wissen aneignen und vermitteln
183   konnten. Ähm, es gab dann auch Kleinigkeiten, an die man denken musste. Wenn ich
184   z.B. ein Partnerpuzzle machen möchte und in meiner Lerngruppe nur 11 Schüler habe,
185   ähm, wie doppel ich die, in der Aneignungsphase, doppel ich die in der Expertenphase?
186   Welche Konstellationen sind geeignet oder nicht geeignet. Ähm, da war einfach, oder
187   wie teile ich die Gruppen ein? Da war einfach ganz viel Denkarbeit im Vorfeld.
188 Nr.3f: Zu der Denkarbeit im Vorfeld. Da hatte man dann das Gefühl, jetzt habe ich schon so
189   viel bedacht, @jetzt ist genug. Jetzt hab ich alles@ Und bei der Durchführung ist dann
190   immer wieder ein Punkt gekommen, wo man dachte, ja da hättst=e du noch einmal
191   oder hier hättst=e noch mal gucken müssen und man musste doch, find ich, mehr
192   eingreifen ins Unterrichtsgeschehen als man sich das eigentlich überlegt hatte. Also, es
193   kam immer wieder, wie Nr.1 schon sagte, Stellen an denen Konflikte gelöst werden
194   mussten, Stellen an denen den Schülern noch einmal erklärt werden musste, jetzt ist
195   eure Aufgabe Experte zu werden. Was ist eigentlich hier Sache, um die es hier gerade
196   geht. Oder in dem man ihnen noch einmal Hinweise auch zur Lösung gegeben werden
197   musste. Wo einfach das selbständige Arbeiten noch nicht komplett funktioniert hat.
198 Nr.4m: Ähm, ich stimme euch da zu. Ich find auch, die Vorbereitung war ziemlich anstren-
199   gend. Mir kam=s auch ein bisschen so vor, dass es auch noch ein bisschen schwerer ist,
200   ich hab das in einer 1.Klasse durchgeführt, wenn man bedenken muss, dass die Kinder

201   eben keine Texte lesen können. Und dann ist es ziemlich schwer, irgendwie geeignete
202   Themen zu finden, die die Kinder sich selbst aneignen können, dann weitergeben kön-
203   nen. Also es ist, man brauchte da en bisschen Zeit, um da so alles richtig auszubalancie-
204   ren. Ähm, während der Einheit dann, waren natürlich die Gelenkstellen, an denen ich
205   aktiv war. Und zwischendrin, muss ich aber sagen, habe ich auch immer wieder
206   festgestellt, dass ich eigentlich schon ein bisschen Zeit für mich hatte, wo ich mal nach
207   den Kindern gucken konnte, ohne eben irgendetwas regeln zu müssen. […]

Nr. 2f greift das Thema der Vorbereitung auf. Hier zeigt sich ein ‚großer Vorbereitungs-
und Zeitaufwand' im Vorfeld, damit sich die Kinder „selbständig" Wissen aneignen
können. Die LiV sieht sich selbst in einem Erfahrungslernprozess. Eine Planung auf
theoretischer Ebene ist notwendig, allerdings muss man ihrer Meinung nach auch die
praktische Erfahrung machen, ob das, was man sich mit der Planung gedacht hat, in der
Praxis auch so *geht*. Der LiV ist also bewusst, dass zu einer kompetenten Umsetzung
nicht nur Kenntnisse von WeLL, sondern auch unterrichtliches Erfahrungswissen gehören. Der Schwerpunkt in der Vorbereitung wird von Nr.1f validiert, welche mit einem
weiteren Orientierungsgehalt anschließt. Trotz der großen Vorarbeit kann es zu Störungen des reibungslosen Funktionierens der Methode kommen. Das wird hier den SuS als
Problem zugeschrieben. Ihnen fehlen die sozialen Kompetenzen, so dass es zu Streitigkeiten kommt und die LiV „in der Rolle des Streitschlichters" eingreifen musste. Unvorhergesehene Ereignisse und das *Spontan-Reagieren-Müssen* stehen hier im *negativen
Horizont*. Nr.5f schließt sich ihren Vorrednerinnen an und bringt einen weiteren Schlüs-
selbegriff neben der „Vorbereitung" ein, die „Denkarbeit im Vorfeld". Hier dokumentiert sich, dass die Lehrkraft in ihrem professionellen Selbstverständnis daran orientiert
ist, dass Unterricht trotz Umsetzung einer kooperativen Lehr-Lernmethode vollständig
planbar ist (*positiver Horizont*). Es zeigt sich nicht nur eine intensive Vorbereitung,
vielmehr ist es nach Meinung der LiV darüber hinaus notwendig, auch „Kleinigkeiten"
im Vorfeld zu bedenken. Nr. 3f führt diese Orientierung weiter aus. Es geht nun um die
Erfahrung, dass trotz viel „Denkarbeit im Vorfeld" und „Vorbereitung" eine Unterrichtssituation nie vollständig planbar und vorhersehbar ist. Unvorhersehbare Situationen und das *Spontan-Reagieren-Müssen* stehen erneut im *negativen Horizont*. Die LiV
führt es auf eine noch nicht ausreichende Vorbereitung ihrerseits zurück, denkt, sie
müsste noch mehr „Denkarbeit im Vorfeld" leisten, damit die Methode funktioniert.
Nr.4m greift validierend auf, dass die Anstrengung der Vorbereitung auch von dem
Alter der Kinder abhängig ist. Erneut wird thematisiert, dass das Funktionieren der
Methode auch von den Kompetenzen der Kinder abhängt. Die Lehrkraft hat also nach
wie vor eine wichtige Rolle, allerdings ist sie nicht mehr die frontale Figur, die Wissen
vermittelt, sondern die die Kinder dabei unterstützt, sich selbst Wissen aneignen zu
können. Ab Zeile 105 entfaltet Nr. 4m einen *positiven Horizont*, Zeit zu haben, die
Kinder zu beobachten, wenn sie lernen und so die Kinder auch differenziert wahrnehmen zu können.

Insgesamt zeigt sich in dem parallelen Diskursmodus[205], dass die LiV bei der Umsetzung ausgewählter Formen des WeLL einen gemeinsamen Erfahrungsraum teilen und in
ihrem professionellen Selbstverständnis weiterhin daran orientiert sind, dass Unterricht
vollständig planbar ist. Unterricht, der läuft, wie vorgesehen, steht im *positiven Hori-*

---

205 S. Fußnote 183.

zont. Diese genaue Planung kann im lehrergelenkten Unterricht funktionieren, aber eben nicht bei der Anregung von Selbst-Bildungsprozessen. Eine konstruktivistische Didaktik erfordert ein anderes Professionsverständnis, welches sich dadurch auszeichnet, Irritationen als Lern- und Bildungsanlass für die Kinder zu nutzen. Wird am traditionellen Professionsverständnis festgehalten, kommt es zur Kollidierung. Das eigene professionelle Selbstverständnis stößt auf Widerstände und Irritationen (vgl. dazu auch Krummheuer 1994, 83ff.).

Wie kommt es zu dieser Orientierung und auf welchen gemeinsamen Erfahrungsraum lässt sich diese Orientierung zurückführen?

Die LiV befinden sich in einem ständigen Bewertungsdruck. Ihr Unterrichtshandeln wird kontinuierlich gemessen und bewertet. Der Unterricht muss *funktionieren*, ein Ergebnis muss vorzeigbar sein und das alles in einem Zeitrahmen zwischen 45 und 90 Minuten. So wird selbst der Umgang mit möglicherweise auftretenden Störungen im Vorfeld geplant. Das führt zur Präferierung von Methoden, die sich bisher bewährt haben und die zudem eine Kontrolle des Unterrichtsgeschehens versprechen. Damit erscheinen alternative Unterrichtskonzepte geradezu absurd. Der Ausbildungsunterricht orientiert sich häufig am Modell der Musterstunde mit überprüfbaren Lernzielen. So ist es nur verständlich, wenn LiV in den abschließenden Examenslehrproben möglichst gut diesen Vorgaben entsprechen wollen. Wenn der Maßstab für Leistung im Examen an bestimmten Unterrichtskriterien festgemacht wird, resultiert dies in einer Unterbindung von selbstbestimmten Handeln. Dies gilt umso mehr, als die Festlegung auf die Musterstunde eine technologisch-instrumentelle Sichtweise impliziert und „Rezeptkataloge die Musterstunde beherrschbar machen" (Gellert 2003b, 138) sollen. Dennoch kann auf eine Planung nicht verzichtet werden. Vielmehr muss jede einzelne Lehrkraft für sich einen Weg finden, den Aspekt des Unplanbaren zu akzeptieren und bei der Planung von Unterricht zu berücksichtigen. KRUMMHEUER & FETZER (2007) sprechen in diesem Zusammenhang von „Gestalten durch Interpretieren" (ebd., 201). Die Autoren meinen damit, dass durch genaues Beobachten von Unterrichtsalltag auf der Mikroebene „Handlungs- und Steuerungselemente" deutlich werden, welche „Möglichkeiten der gezielten Beeinflussung" (Krummheuer & Fetzer 2005, 158) eröffnen (vgl. Krummheuer 1994, 79ff.; s. dazu auch Kapitel 3.3 *Ein Modell für Veränderungsprozesse: Interpretative Unterrichtsforschung*).

Dritte Phase – ein Standbein: Arbeitsplatz Schule

Verortung des WeLL als Methoden kooperativen Lernens und selbstbestimmtes Handeln

Alle Lehrkräfte der dritten Phase verstehen unter den Formen des WeLL Methoden kooperativen Lernens. Selbstbestimmt handelnd setzen sie bspw. (zunächst) nur einzelne Elemente kooperativer Methoden um, die sie an die Kinder bzw. an ihr Konzept anpassen und mit anderen Methoden kombinieren. WeLL wird nicht als losgelöste Methode, sondern eingebettet in einen größeren Zusammenhang kooperativen Lernens, ausgerichtet an längerfristiger Unterrichtsplanung, verstanden. Damit soll an dieser Stelle keine Aussage über die Qualität des Unterrichts erfolgen bzw. bewertet werden, ob Anpassung, Modifizierung und Umsetzung von einzelnen Elementen kooperativer Methoden pädagogisch und didaktisch sinnvoll sind.

Frau *Müller* kannte ich von meiner Tätigkeit als Ausbilderin in ihrer Funktion als Mentorin. Sie hatte WeLL über ihren Referendar kennengelernt, der ebenso an einer der Gruppendiskussionen teilnahm. In einem Gespräch mit der LiV erfuhr ich, dass *Frau Müller* verschiedene Methoden des WeLL in ihrem Unterricht umsetzt. Für die Teilnahme an der phasenübergreifenden Veranstaltung konnte ich *Frau Müller* nicht gewinnen. Für ein Interview stellte sie sich gerne bereit. Das Interview fand am letzten Schultag vor Weihnachten an ihrer Schule statt. Zum Zeitpunkt des Interviews arbeitete *Frau Müller* seit ca. zwei Jahren als Lehrerin an einer Grundschule. Sie befindet sich somit noch in der sogenannten Berufseinstiegsphase.

Frau Müller (Lk, GrS): Verortung des WeLL als Methoden kooperativen Lernens und selbstbestimmtes Handeln

85 M:	Also ganz am Anfang, wenn man=s halt zum allerersten Mal durchführt und die Kinder
86	halt diese Methode noch überhaupt nicht kennen, ganz viel halt erklären, was sie genau
87	zu tun haben\, und, auch einzelne Sachen halt schon vorher mal üben\, also dass man
88	gar nicht jetzt den ganzen Ablauf von vorn bis hinten macht/, sondern dass man so was
89	wie ne Sortieraufgabe einfach so schon mal vorher mit denen gemacht hat dass die das
90	einfach wissen: Aha, so geht das, oder einfach auch mal so ne Partnerarbeit, aha, wie
91	kann man denn zusammen arbeiten das heißt nicht einfach nur ich kann das und mein
92	Partner schreibt von mir ab, sondern dass man wirklich sich austauscht und das
93	vielleicht auch seinem Partner mal erklärt, wenn er=s nicht verstanden hat. Also
94	dass man praktisch diese Einzelteile auch, ja losgelöst voneinander im Unterricht
95	schon mal umsetzt und, ja, mit den Kindern durchführt\, dass wenn man dann
96	mal alles zusammensetzt, das einfacher für die Kinder ist. <00:07:05>

Hier zeigt sich das Verständnis von *Frau Müller*, dass die Methoden des WeLL von den Kindern erlernt und geübt werden müssen. Die Umsetzung ist also ein Lernprozess, sozusagen ein längerer Weg, den *Frau Müller* selbstbestimmt („Sachen halt schon vorher mal üben"; „Einzelteile" umsetzen) mit den Kindern, an ihrem Alter und Entwicklungsstand ausgerichtet, gestaltet und auf dem sie die Kinder beobachtend, helfend und strukturierend begleitet. Des Weiteren zeigt sich, dass es ihrer Meinung nach nicht ausreicht, Wissen nur zu haben (Ebene der Disposition von Kompetenz),[206] sondern ihr ist es wichtig, dass die Kinder das Wissen auch ganz konkret einsetzen und nutzen können (Ebene der Performanz von Kompetenz). Das allerdings muss erlernt und geübt werden. Hier dokumentiert sich, dass *Frau Müller* sich durch die Struktur des WeLL nicht fremdbestimmt fühlt, sondern dass ihr Verständnis gekennzeichnet ist von einer reflexiven Beziehung zwischen konzeptuellen Vorgaben und ihrer Handlungspraxis. Sie kann diese Differenz positiv werten und weiß ihr Handlungsrepertoire zu nutzen, um die Kinder auf ihrem Weg zum autonomen Lernen zu unterstützen.

Frau Müller (Lk, GrS): Verortung des WeLL als Methoden kooperativen Lernens und selbstbestimmtes Handeln

122 M:	Also für das Einzugsgebiet hier ist halt auch zu sagen, dass man halt das
123	Sprachverständnis, der Wortschatz oft gering ist, und dass man deswegen nicht blind-
124	lings einfach was machen kann, sondern zum Beispiel in Mathematik dann auch Fach-
125	begriffe wie Addition, Subtraktion und so das vielleicht vorher schon mal mit geklärt
126	haben muss, damit man dann einfach auch in so=n Prozess, reinkommen kann dass die

---

206   S. Fußnoten 171 und 172.

127   Kinder halt dann auch wissen, wenn sie den Arbeitsauftrag lesen was sie machen sollen,
128   dass sie da auch Bescheid wissen, also das ist so der Wortschatz spielt bei uns an der
129   Schule ein ganz großer, ja, ganz große Rolle und was ich halt denke is, dass man in den
130   ersten zweiten, und zweite Klasse vielleicht auch, erst mal nur Teile davon umsetzt und
131   das vielleicht nicht gleich als komplett, also die komplette Methode umsetzt, denn die
132   Kinder müssen einfach sehr viel lernen, sie sie müssen das die sozialen Aspekte, man
133   muss lernen einem anderen zuzuhören man muss lernen zusammen zu arbeiten/, ja,
134   man muss das Lernen lernen/, auch, genau, und dann halt noch die ganzen, und oft
135   setzen die Methoden ja auch schon andere Grundlagen voraus wie zum Beispiel das
136   Leseverständnis oder auch Rechnen, dass die Kinder schon gewisse Rechenfertigkeiten
137   haben, und die müssen ja auch erst aufgebaut werden, damit dann die Methoden lang-,
138   ja, immer besser funktionieren, und darum denk ich so, dass die erste, zweite Klasse
139   dafür da is, dass die Kinder so Grundlagen mitkriegen/, auch Wortschatz natürlich, und
140   dass man dann halt vielleicht so ab der Ende zweiter Klasse Anfang dritter Klasse, dann
141   wirklich anfangen kann diese Methode auch komplett durchzuziehen, also dass es
142   zumindestens leichter ist\, und da wenn man halt vorher in der ersten zweiten Klassen
143   mit ihnen auch schon Teile davon geübt hat dann, und sie das kennen, und das dann
144   auch vielleicht für die Kinder leichter ist <00:11:07>

Das Konzept des WeLL kann nicht einfach mal so nebenbei „blindlings" umgesetzt werden. Hier dokumentiert sich, dass das Initiieren von Selbst-Bildungsprozessen eine anspruchsvolle Aufgabe ist. Nach *Frau Müller* ist es notwendig, sich auf die besondere soziale Situation und auf den Lern- und Entwicklungsstand („Sprachverständnis", „Wortschatz", ‚Klären' von ‚Fachbegriffen' „wie Addition und Subtraktion", „Leseverständnis", „gewisse Rechenfertigkeiten") der Kinder einzulassen, die Methode schrittweise anzubahnen („nicht gleich als komplett", „nur Teile") und den Kindern für das Erlernen dieser Zeit und Raum zu geben.

Frau Müller ist bewusst, dass die Methoden des WeLL trotz gewisser Vorgaben und Strukturen immer in Eigenleistung auf Grundlage von Reflexionsprozessen, theoretisches Wissen und Handlungswissen einbeziehend, an die Voraussetzungen der SuS und an die Unterrichtssituation anzupassen sind[207] und nicht nach Anweisung ohne Berücksichtigung der Lernvoraussetzungen der Kinder umgesetzt werden können. Ihrer Meinung nach müssen die Kinder das „Lernen lernen". Die Umsetzung wird trotz (noch) nicht vorhandener Kompetenzen der Kinder nicht als ungeeignet eingestuft (keine Legitimierung der Nichtumsetzung durch internale oder externale Gründe). Es zeigt sich erneut eine reflexive Beziehung von *Frau Müller* zwischen Vorgaben und dem, was in der Praxis *geht*. Die Lehrerin begreift sich als eigenständig in ihrem Handeln.

Wie kommt es zu dieser Orientierung und auf welchen gemeinsamen Erfahrungsraum lässt sich diese Orientierung zurückführen?

Die Lehrkräfte der dritten Phase sind nicht mehr einem vergleichbaren Bewertungsdruck wie Studierende und LiV ausgesetzt. Häufig übernehmen sie mit einem halben bis

---

207 Nach Bernhart & Bernhart (2007) können die Methoden des WeLL „je nach Ziel des Methodeneinsatzes (…) leicht verändert und den Umständen angepasst werden" (ebd., 9). Vgl. dazu auch Huber (2004b, 11).

vollen Stundenkontingent[208] eine Klassenführung bzw. ein oder zwei Fächer mit mehreren Stunden pro Woche in einer Lerngruppe, so dass es möglich ist, zu den SuS eine Beziehung aufzubauen. Teilweise wird an Grundschulen auch nach dem Prinzip der doppelten Klassenleitung gearbeitet, so dass Möglichkeiten bestehen, sich gegenseitig im Unterricht zu beobachten. Die Lehrkräfte verfügen im Rahmen ihres Gestaltungsspielraums[209] über die Möglichkeit, kooperative Methoden allein oder im Kollektiv mit dem Kollegium über einen längeren Zeitraum auszuprobieren, Erfahrungswissen zu sammeln und ihr Handeln aus der Distanz weitgehend ohne Druck zu reflektieren und mögliche Handlungsalternativen zu entwickeln.

10.2.2 Entwickeltes Rollenverständnis als Lehrkraft als *Destillat* unterrichtlichen Erfahrungswissens[210] und reflexiver Verarbeitung versus Suche nach einem Rollenverständnis als Lehrkraft

Entwickeltes Rollenverständnis als Lehrkraft als Destillat unterrichtlichen Erfahrungswissens und erfahrungsbasierter Reflexivität

Aus den Fallanalysen lässt sich bei *Frau Schmidt,* welche als Studentin ein Rollenverständnis als Lehrkraft entwickeln konnte, eine reflexive Beziehung zwischen konzeptuellen Vorgaben des WeLL und ihren handlungsleitenden Orientierungen bei der Umsetzung des Partnerpuzzles rekonstruieren.[211] *Frau Schmidt* sieht sich und die Kinder in einem Lernprozess, den sie auf Grundlage von Reflexionsprozessen, theoretisches Wissen und Handlungswissen einbeziehend, selbstbestimmt gestaltet. Es kommt zu einer Überlagerung der Dimension des unterrichtlichen Erfahrungswissens und reflexiver Fähigkeiten mit dem Erfahrungsraum der Lehrerbildung.

Suche nach einem (veränderten) Rollenverständnis als Lehrkraft als Destillat geringen unterrichtlichen Erfahrungswissens und kaum vorhandener Reflexivität

Frau Lang (S, GrS): Suche nach einem (veränderten) Rollenverständnis als Lehrkraft
45 L: Ja, im klassischen Unterricht ist natürlich so, die Lehrperson ist die führende Kraft/,
46   ich geb vor, was gemacht wird und die Schüler führen das aus.\ Und beim, das ist so der
47   reguläre Unterricht, und bei den WeLL-Methoden hat man halt das, man führt zwar ein
48   als Lehrer, man hat immer noch die Rolle der, der, der oder die typische Rolle der
49   Lehrperson/, aber im Verlauf des Unterrichts dann grad bei der Aneignung und auch
50   Vermittlung tritt man ja eher als Lehrkraft zurück und sollte eigentlich nur beratend zur

---

208   Die Anzahl der Stunden einer vollen Lehrerstelle ist abhängig vom jeweiligen Lehramt und von der Länge der Berufsausübung der Lehrkraft.

209   Fremd- und Selbstbestimmung gibt es auf den unterschiedlichen Ebenen des Bildungssystems, auf der Ebene der Organisation Schule, auf der Ebene der Gestaltungsautonomie der Einzelschule und auf der Ebene des Klassenraums der einzelnen Lehrkraft. In dieser konkreten Situation geht es um den Gestaltungsspielraum der Lehrkraft im Klassenraum.

210   Nicht nur die Menge an Praxiserfahrung ist von Bedeutung, sondern ebenso die Reflexion dieser Erfahrungen.

211   Deshalb verzichte ich an dieser Stelle auf die Interpretation eines weiteren Transkriptauszugs und verweise auf die Ausführungen in Kapitel 8 *Fallanalysen.*

51	Seite stehen und beobachtend, was mir sehr schwer gefallen ist, weil gerade wenn man
52	die Methode dann die ersten Male ausführt, hat man Angst: So läuft das jetzt und da
53	helfe ich lieber noch mal, aber es ist schon ne Umstellung zum normalen
54	Frontalunterricht/, das muss man sich ja auch bewusst sein als Lehrer, die veränderte
55	Rolle/.

Frau Lang ist bewusst, dass WeLL ein verändertes Rollenverständnis im Sinne der Beratung und Beobachtung der Lehrkraft erfordert und dass das Einnehmen dieser Rolle nicht einfach von selbst da ist. Durch das Einnehmen einer ‚veränderten' Rolle befürchtet die Studentin einen Kontrollverlust in dem Sinne, dass die Kinder nicht genug lernen. *Frau Lang* hat „Angst" davor, dass die SuS die Lernziele nicht erreichen könnten. Sie sieht sich selbst wie auch die Kinder in einer lernenden Rolle, in einem Erfahrungslernprozess. Eine *gelingende* Umsetzung ist also nicht eine Frage des Nicht-Wissens, sondern eher eine Frage des kompetenten Handelns. Um die neue Rolle zu erlernen, muss man erst einmal die praktische Erfahrung machen, dass und wie etwas, was man sich theoretisch denkt, praktisch umsetzbar ist. Es zeigt sich eine hohe theoretische Reflexivität von *Frau Lang* in Bezug auf die Frage, ob das, was sie sich theoretisch denkt, in der Praxis *geht.*

Frau Lang (S, GrS): Suche nach einem Rollenverständnis als Lehrkraft

168 L:	Ich find den Gedanken dabei sehr-sehr schön/, dass (1) wir haben ja diesen Text, zu der
169	neuen Psychologie des Lernens gelesen, dass jeder sein eigenes Lerntempo hat/ und
170	das ist auch so, das sieht man, hat man ja auch, weiß man von sich selber und weiß man
171	auch von jedem Unterricht, den man in der Schule oder Uni mitbekommt, dass jeder
172	auch seine eigene Methode hat/. Ich find halt diese Abwechslung sehr gut/, weil es wird
173	dann der Raum gegeben: Ok ich kann für mich arbeiten/, in meinem Tempo/, aber dann
174	halt auch die, die Kontrolle im Plenum, dass halt jeder alles hat./
175	Ich weiß nur noch nicht so ganz, wie das umgesetzt werden soll, wenn=s halt wirklich
176	Schüler gibt, die in dieser individuellen Phase nicht fertig werden\, weil sie halt noch
177	langsamer sind, als jetzt die Zeit, die ich eingeplant habe, wie das dann in der
178	Plenumsphase wieder aufgefangen werden soll\, das ist mir noch nicht so ganz, klar,
179	oder ich weiß noch nicht, wie ich das selber dann umsetzen würde.\
180	Grundsätzlich finde ich die Idee sehr-sehr gut/, weil man halt eben nicht nur diese
181	typische Frontalsicht hat, sondern die Schüler immer auch eigenständig
182	eigenverantwortlich arbeiten lässt\, aber ich bin auch der Meinung, dass die
183	Plenumsphasen ein Muss sind\, also es muss immer wieder zur Gruppe zurückgekehrt
184	werden und, die Lehrkraft sollte auch in diesen Gruppenphasen dann immer wieder als
185	Moderator und Führender dastehen.\

Das Lernen in seinem eigenen „Lerntempo" findet *Frau Lang* für die Kinder gut. Sie bezieht dies auch auf ihr eigenes Lernen, eben nicht nur auf Unterricht in der Schule, sondern auch auf Unterricht bzw. die Seminararbeit an der Universität. Somit übernehmen allein die SuS Selbstorganisation und ‚Eigenverantwortung'. Das allerdings erzeugt bei *Frau Lang* Unsicherheit und Bedenken, weil die Kinder dann möglicherweise nicht genug lernen, so dass am Ende doch „die Kontrolle im Plenum" erfolgt, in welcher die Lehrkraft als „Moderator und Führender" ‚dasteht'. Es dokumentiert sich, dass *Frau Lang* um eine Rolle ringt, in der sie die pädagogische Hauptakteurin bleibt und ihrer Verantwortung, Leistungen und Lernprozesse anzuregen und zu bewerten, gerecht wird.

Ihre handlungsleitenden Orientierungen pendeln zwischen den Horizonten *Lernen im Gleichschritt* versus *individuelles Lerntempo* und *Freiräume lassen und Verantwortung abgeben* versus *Lehrkraft als „Moderator und Führender"*.

Suche nach einem Rollenverständnis als Lehrkraft als Destillat geringen unterrichtlichen Erfahrungswissens und kaum vorhandener Reflexivität

Die Gruppendiskussion mit den Studentinnen, welche sich gerne zur Teilnahme bereit erklärten, fand im Anschluss an eine der letzten Sitzungen des Seminars statt. Als schwierig erwies sich das Finden eines gemeinsamen Termins mit den Studierenden, die einen Lehrversuch in der Schule umgesetzt hatten. Die Gruppe setzte sich letztendlich aus fünf Studentinnen mit einem durchgeführten Lehrversuch und einer Studentin, welche einen Lehrversuch einer Kommilitonin teilnehmend beobachtete, zusammen. Auch wenn die Gruppendiskussion nicht ausschließlich aus Studierenden besteht, die WeLL im Unterricht umgesetzt haben, entschloss ich mich, diese in das Sample aufzunehmen. Die teilnehmende Beobachterin nimmt mit insgesamt drei Wortbeiträgen am Gesamtdiskurs teil.

Gruppendiskussion mit den Studentinnen (S, GrS): Suche nach einem Rollenverständnis als Lehrkraft

352 Nr.1f: Also, was die Nr.5 auch vorhin gesagt hat, dass man gemerkt hat in dem Versuch, dass
353   die Kinder gern, also Lehrer mal sein wollten und auch, manchmal hatte ich das Gefühl,
354   ähm, jetzt nicht speziell bei dieser Stunde, generell bei Beobachtungsstunden, dass die
355   Schüler weniger damit Probleme haben, ein verändertes Rollenverständnis vorzufinden
356   als die Lehrkraft. Man muss sich halt bewusst sein, das ist halt auch alles Sache der
357   Technik, ähm, das man nicht immer gleich erlaubt, jeder darf aufstehen, nach vorne
358   kommen, Fragen stellen, sondern das einfach intern Fragen geklärt werden. Und das ist
359   halt manchmal so, die Lehrkraft hält dann auch daran fest, ähm, in welche Richtung sie
360   dann gehen will, muss sie ja auch irgendwo, aber ähm, irgendwo tut man das ja den
361   Kindern dann in die Hände legen, ihr seid jetzt Lehrer, aber dann wird man wieder
362   irgendwie eingeengt. Das ist dann immer so \die Diskrepanz, die man hat. <00:31:50>
363 Nr.2f: Ja grad bei mir hab ich auch vorhin gesagt, dass ich so viel intervenieren, so viel klären
364   musste. Ähm, wenn man ja vorher, wo wir immer so schön über die WeLL Methoden
365   geredet haben, ein Vorteil ist, dass der Lehrer sich immer so schön zurück ziehen kann,
366   nicht zurück ziehen, aber Beobachter sein kann, der Berater, der nicht die ganze Zeit
367   anleitet oder die ganze Zeit erklärt, oder wenn mal Hilfestellung ist, man Hilfestellung
368   gibt. Aber ich musste ja halt sehr viel machen, aber gut, ich habe nur eine Stunde jetzt
369   gemacht und die hatten das ja auch noch nie. Mich würde die andere Rolle, von der
370   immer gesprochen wird mal sehr interessieren, sprich in einer Klasse, die kooperatives
371   Lernen kennen. Also wirklich mal rausfinden, wie das wirklich ist. Wenn ich vielleicht
372   mal noch ne Beobachtung bei den LiV Leuten, wie ist das, klappt das wirklich so? Oder
373   das Verständnis ist, glaube ich, bei mir immer noch zu viel WeLL oder kooperatives
374   Lernen hab ich jetzt auch nicht gemacht. Das war auch schwer, jetzt zu sagen,
375   ich konnte jetzt eigentlich gar nicht sagen, ne, dass müsst ihr jetzt mal alleine. Ich
376   musste ja jetzt die ganze Zeit helfen. Und da fragt man sich, liegt das dann an der Auf-
377   gabenstellung, ist die falsch oder ist des, dass die Kinder das noch nicht so gewohnt sind
378   oder das Zusammenspiel, ja? <00:33:31>
379 Nr.3f: Ähm, ja also, um noch einmal auf die Rolle zurück zu kommen, es gibt ja auch eine
380   soziologische Perspektive, wie die Rolle definiert wird, zum Beispiel. Und das is glaube

381   ich gerade das Problem, dass wir halt noch das alte haben, also diese alte Schulform, di
382   die lehrerzentriert war und die Schüler eben Jahre lang versucht haben zu lernen, wie
383   funktionier ich als Schüler, um in diesem System zu fungieren. Und genauso der Lehrer
384   immer ne feste Rolle hatte. Und Schüler, je nachdem erfolgreich waren, wenn sie der
385   gewünschten Rolle des Lehrers entsprachen. Und jetzt ist gerad dieser Wechsel und das
386   ist halt das Problem. Vielleicht sind die Schüler auch nur einfach verwirrt, weil sie ein
387   fach nicht mehr wissen, was ist los. Der Lehrer ist mal total offen für Gruppenunterricht
388   und stellt sich als Beobachter zurück und auf einmal ist er wieder der Lehrerzentrierte
389   und ich muss jetzt wieder die Rolle spielen, indem ich den aufmerksamen Schüler spiele
390   le, der immer schön nickt und zuhört und ab und zu auch mal was sagt. In der Gruppen
391   arbeit habe ich aber wieder eine ganz andere Rolle. Und ich glaub, dass ist das gerade
392   das Problem, dass das noch gar nicht so richtig definiert wurde von den Schülern selbst,
393   also, dass die das selbst noch far nicht so richtig raushaben, aber ich denke auch, dass
394   z.B. WeLL Methoden in 50 Jahren oder in 20 Jahren genau dasselbe Problem haben wie
395   der lehrerzentrierte Unterricht, weil die Schüler dann wieder ihre Rolle spielen können
396   und der Unterricht wahrscheinlich nur deshalb funktioniert, weil die Lehrer die richtige
397   Rolle spielen und weil die Schüler die richtige Rolle spielen. Das is halt immer das Pro-
398   blem von Unterricht generell, also, wenn man es jetzt auf Rolle bezieht. <00:35:04>
399 Nr.4f: Also ich glaube und ich hab das auch dann auf dem Video meines eigenen Lehrver
400   such gesehen, dass ich viel zu sehr in der alten Lehrerrolle fest stecke, dieses
401   bestimmende, Frontalunterricht, ich sag, @was gemacht wird@. Ähm, ich denke, dass
402   ich da noch sehr-sehr viel an mit arbeiten muss, was ich während des Lehrversuchs
403   gesehen habe, dass es da Situationen gab, wo ich, vielleicht hätte nicht so viel
404   intervenieren müssen, sondern nur einen Anstoß hätte geben müssen, so dass die
405   Schüler selbst drauf kommen. Ich bin aber trotzdem der Meinung, dass die Rolle, die
406   ich in der Lehrkraft sehe, trotz der WeLL Methode, trotz aller Veränderungen, die auch
407   in den nächsten Jahren durch die Reformpädagogik noch kommen, trotzdem diese
408   Lehrerrolle in einer gewissen Form immer beibehalten werden muss. Gerade in der
409   Grundschule bin ich der Meinung, dass die Schüler noch angeleitet werden müssen. Sie
410   kommen ja gerade erst in die Schule. Sie müssen erst ihre Schülerrolle lernen. Natürlich
411   nicht so wie früher, dass der Lehrer alles bestimmt und was der Lehrer sagt, ist Gesetz.
412   Das fand ich dann so schlimm, als ich in der 7./8. Klasse war und die Lehrer dann
413   angefangen haben, ne-ne, Lehrer machen auch Fehler. Und früher hat man ja dann
414   eingebläut bekommen, was sie sagen, ist Gesetz, denn früher wurden ja auch manche
415   Sachen nicht erklärt, sondern okay der Lehrer weiß jetzt nicht, wie er=s dem Schüler
416   vermitteln soll, weil er dafür noch nicht den hohen Horizont hat. Und dann heißt es
417   einfach, ich sag das und dann ist das so. Und dann irgendwann, wenn man selber in der
418   Pubertät ist in der Schule, kriegt man dann gesagt, Lehrer sind auch nur Menschen,
419   kochen auch nur mit Wasser und machen auch Fehler. Und du musst immer selber
420   hinterfragen. Und in der Oberstufe kamen so Sachen, dass Lehrer wirklich teilweise
421   falsche Aussagen gemacht haben, damit man als Schüler aufmerksam wurde und auch
422   mal kritisiert und widersprochen hat. Und ich fand=s halt schlimm, dass man selber so
423   in dieser Schülerrolle gebrochen wurde. Also erst hat man dieses eine Bild vermittelt
424   bekommen und dann das andere. Und ich denke, dass von Anfang beides vermittelt
425   werden sollte. Der Lehrer ist von Anfang an derjenige, der den Ton angibt und der die
426   Richtung vorgibt und er sollte auch immer die Zügel in der Hand halten. Aber er sollte
427   auch von Anfang an den Schülern zeigen, dass er sie auch, auch wenn er sie noch in der

428   Hand hält, trotzdem locker lassen kann, so dass die Schüler sich auch selber von Anfang
429   an entfalten können und auch, also ich hab meinen Schülern selbst von Anfang an
430   schon gesagt, ups, da hab ich mich wohl im Text verschreiben, ich mach auch Fehler,
431   und dann waren sie alle gleich, ohhh, wenn man ihnen dann vermittelt, dass dann
432   durch diese Sache kommen sie dann auch weg von diesem, wenn ich ne Frage hab,
433   muss zum Lehrer gehen, weil dann der Lehrer nicht mehr die heilige Person ist, die alles
434   weiß, sondern sagt, dein Mitschüler kann das genauso gut wissen und, naja, was dann
435   wieder zurück zur WeLL Methode führt. <00:37:27>

Nr. 1f validiert die von Nr. 5f eingebrachte Proposition, dass die Kinder gerne mal Lehrer sein wollen und schließt mit einem erweiterten Orientierungsgehalt an, dass die SuS weniger Probleme mit dem neuen Rollenverständnis haben als die Lehrkraft. Das Gelingen der Methode hängt also zum einen davon ab, ob die Lehrkraft ein Stück weit Verantwortung und Kontrolle an die SuS abgibt, zum anderen, ob die Kinder ihre Potentiale entfalten können und nicht sofort bei individuellem Vorgehen von der Lehrkraft in die erwünschte „Richtung" gelenkt werden. Dabei befürchtet die Studentin allerdings einen Kontrollverlust in dem Sinne, dass die Kinder ihre eigenen Wege gehen und somit die von der Lehrkraft geplanten Ziele nicht erreichen. Diese widersprüchliche Situation führt bei der Studentin zur Ratlosigkeit. Sie weiß damit nicht umzugehen, so dass sie auf Grundlage ihrer Wissensbestände auf das zurückgreift, was ihr Sicherheit gibt, nämlich als Lehrkraft erneut die Verantwortung zu übernehmen und den Lernprozess zu kontrollieren. Nr. 2f schließt validierend an Nr. 1f an und bezieht sich auf eine konkrete Situation im Rahmen ihres Unterrichtsversuches, um ihre Argumentation zu untermauern. Es wird die Störung des reibungslosen Funktionierens der Methode thematisiert. In diesem Ausschnitt geht es um die Erfahrung der Studentin, dass eine Unterrichtssituation nie vollständig planbar und vorhersehbar ist. Unterricht, der wie in der Theorie von WeLL beschrieben verläuft, steht bei der Studentin deutlich im *positiven Horizont*. *Spontan-Reagieren-Müssen* dagegen steht im *negativen Horizont*. Dies wird hier u.a. dem situativen Kontext, den SuS und/oder der Aufgabenstellung zugeschrieben („ich habe nur eine Stunde jetzt gemacht"; „liegt das dann an der Aufgabenstellung, ist die falsch oder ist des, dass die Kinder das noch nicht so gewohnt sind oder das Zusammenspiel, ja?"). Nr. 3f schließt an die Rollendiskussion von Nr. 1f mit einer Anschlussproposition an. Sowohl die Lehrkraft als auch die SuS müssen „ihre Rolle spielen können", damit der Unterricht „funktioniert". Die Studierende definiert die Rollen aus „soziologischer Perspektive" und bezeichnet das Einnehmen der entsprechenden Rollen in den jeweiligen Systemen als ein Funktionieren im Sinne einer Technik. Wenn die SuS wissen, was von ihnen erwartet wird, können sie sich kompatibel zu der gewünschten Rolle der Lehrkraft verhalten und so „erfolgreich" in den jeweiligen Systemen fungieren. Der Wechsel von der einen in die andere Rolle führt bei den SuS allerdings zunächst zur ‚Verwirrung', „weil sie einfach nicht mehr wissen was los ist". Es geht also darum, dass bei der Umsetzung des WeLL andere Rollen eingenommen werden müssen. Diese Rollen müssen aber zunächst für die SuS „definiert" werden. Aus „soziologischer Perspektive" handelt es sich nach Meinung der Studentin um eine Rollendefinition, in der jeder am Unterricht Teilnehmende seine ‚Rolle zu spielen' hat, damit der Ansatz funktioniert. Das nicht adäquate Einnehmen der Rollen könnte also zur Irritation und zu einem Misslingen des Konzepts führen. Nr.4f führt diesen Gedanken weiter aus. Sie sieht sich selbst auf dem Weg zu einer veränderten Rolle in einem Erfahrungslernprozess. Für das

Gelingen der Methode ist es ihrer Meinung nach notwendig, dass die Lehrkraft zeitweise Verantwortung und Kontrolle abgibt, so dass die Kinder ihre Potentiale entfalten können (Konstruktion), zum anderen aber auch, dass die Lehrkraft nach wie vor die SuS anleitet (Instruktion). Das Gelingen hängt also auch von einem veränderten professionellen Rollenverständnis der Lehrkraft ab, welche sich nicht ausschließlich an einer Rolle orientiert, sondern eine Balance zwischen Instruktion und Konstruktion finden muss. Beide Rollen (die Rolle des ‚Ton- und Richtungs-Angebenden' und die Rolle desjenigen, der trotzdem „locker lassen kann") der Lehrkraft sollen den Kindern von Anfang an vermittelt werden, damit die SuS lernen, damit umzugehen und nicht völlig irritiert sind. Dabei stützt sich die Studentin auf Erfahrungen ihrer eigenen Lernbiografie als Schülerin.

In dieser Passage wird deutlich, dass die Studierenden um ihre Rolle ringen, in der sie die pädagogischen Hauptakteurinnen bleiben, dennoch ihrer Verantwortung, selbständiges Lernen anzuregen, gerecht werden und dabei den Kindern auch Verantwortung und Selbstorganisation zutrauen. Des Weiteren geht es um die Erfahrung, dass Unterricht nie vollständig planbar und vorhersehbar ist und eine Lehrperson stets damit rechnen muss, dass ihre Handlungen nicht zum Erfolg führen. Es dokumentiert sich eine Differenz zwischen dem Verhältnis der Theorie und dem, was praktisch *geht*.[212]

Auf welchen Erfahrungsraum ist das Entwickeln eines Rollenverständnisses als Lehrkraft zurückzuführen?

In der Interpretation des Interviews mit der Studentin *Frau Schmidt* lässt sich ein eher konstruktivistisch orientiertes Rollenverständnis rekonstruieren, wohingegen bei allen Studierenden mit keinen weiteren unterrichtlichen Praxiserfahrungen (über die Pflichtpraktika hinaus) die Suche nach einem Rollenverständnis als Lehrkraft herausgearbeitet werden konnte. *Frau Schmidt* hat während ihres Studiums Vertretungstätigkeiten von ca. 320 Stunden über einen Zeitraum von 2,5 Jahren übernommen. Die Anzahl der Vertretungsstunden und der Zeitraum, in welchem diese geleistet wurden, sind annähernd vergleichbar mit der Anzahl des eigenverantwortlichen Unterrichts der LiV am Ende des 2. Hauptsemesters im Referendariat. Die LiV haben bis zum Zeitpunkt der Datenerhebung ca. 12 Monate mit durchschnittlich acht bis neun Unterrichtsstunden eigenverantwortlichen Unterricht pro Woche gehalten. Das ergibt eine Anzahl von ca. 380 bis 430 Stunden Unterrichtstätigkeit neben Hospitationsstunden und angeleitetem Unterricht.[213] Wie in den Fallanalysen rekonstruiert werden konnte, haben alle LiV im Kontext Ausbildungsschule ein Rollenverständnis entwickeln können, so auch die Studentin *Frau Schmidt* im Rahmen ihrer Unterrichtstätigkeit an verschiedenen Grundschulen.

Möglicherweise spielen auch das Alter von *Frau Schmidt* und ihre berufliche Lernbiografie eine Rolle. Diesbezüglich können aus meinen Daten keine empirisch begründeten Rückschlüsse gezogen werden, da zum einen mein methodisches Vorgehen und mein Sample nicht geeignet sind und zum anderen mein Forschungsinteresse anders gelagert ist.

---

212 Nach der *Differenz-These* weisen die beiden Wissensbereiche (wissenschaftliches Wissen und Praxiswissen) unterschiedliche Muster der Entstehung, Begründung und Verwendung auf (vgl. Bohnsack 2000, 21f.). Vgl. dazu auch Neuweg (2002, 16f.).

213 Vgl. HLbG-UVO (2005).

Auch längerfristige Erfahrungen mit der Tätigkeit der Hausaufgabenhilfe, über welche Herr Kahn nach seinen Aussagen verfügt, garantieren anscheinend nicht notwendigerweise das Entwickeln eines reflektierten Rollenverständnisses als Lehrkraft. Somit kann angenommen werden, dass die Tätigkeit der Hausaufgabenhilfe zu anderen Praxiserfahrungen führen kann als das Planen und Umsetzen von Unterricht. Dazu folgt ein Ausschnitt aus dem Interview mit Herrn Kahn.

Herr Kahn (S; GrS): Suche nach einem Rollenverständnis als Lehrkraft

43 K: (…) Und ähm ja dazu war ich ähm ja auch eine
44   Woche vorher auch schon mal, dort, dass das für die Kinder nicht ganz neu war,
45   und hab das mit denen durchgeführt mit nem anderen Thema, und, ja\ ich
46   finde, wenn, ja die Durchführung halt nicht ganz beherrscht wird, dann=dann
47   kommt das Konzept auch nicht so rüber, wie es eigentlich rüberkommen
48   sollte\. Und also das war mir schon sehr wichtig. (…)
[…]²¹⁴
56 K: Zunächst mal ist es so, dass ich die Lerngruppe schon gekannt hab vorher/,
57   durch das war ne Praktikumsklasse von mir und ich bin auch an dieser Schule,
58   in der ich war, im Hausaufgabenhilfebereich tätig, aber was mir wichtig war,
59   war ja dass zum Beispiel der Unterricht aufgenommen wurde ne Woche später,
60   und ich wollte einfach, da das ja auch für, empirische Zwecke verwendet
61   werden soll, dass da auch was Verwertbares bei rauskommt\. (…)

Trotz Erfahrungen im Bereich der Hausaufgabenhilfe und persönlichen Kennens der Lerngruppe ist es *Herrn Kahn* wichtig, bereits im Vorfeld mit der Klasse eine Methode des WeLL umzusetzen. Das gibt ihm Sicherheit. Zum einen zeigt sich in diesem Auszug, dass seine Handlungsorientierungen fremdbestimmt geleitet werden (das Konzept sollte so „rüberkommen" wie vorgesehen), des Weiteren, dass die Tätigkeit der Hausaufgabenhilfe nicht vergleichbar zu sein scheint mit der Planung und Umsetzung kooperativer Lehr-Lernsituationen im Unterricht und somit nicht als Basis ausreicht, um ein Rollenverständnis als Lehrkraft entwickeln zu können.

Grundsätzlich kann nicht davon ausgegangen werden, dass das im Kontext der ersten Phase [Praktika und (forschungsbasierte) (Pflicht-)Module] gewonnene unterrichtliche Erfahrungswissen und seine reflexive Verarbeitung ohne weitere unterrichtliche Erfahrungen, welche autodidaktisch erworben wurden, zur Ausbildung eines hinreichend entwickelten Rollenverständnisses führen. Da es in der ersten Phase primär um die Entwicklung „theoretischer Reflexivität und erfahrungswissenschaftlichen Begründungswissens sowie um die Anbahnung weiterer reflexiver Wissensformen" (ZSL 2002, 198) geht, kann das auch nicht erwartet werden. Meines Erachtens ist es eine wichtige Aufgabe der Universität darüber aufzuklären, dass wissenschaftliches Wissen und praktisches Handlungswissen als differente Wissenssysteme begriffen werden (vgl. Heil & Faust-Siehl 2000, 25), um die universitäre Lehrerausbildung mit einer realistischen Zielsetzung zu betreiben. Damit hängt die zentrale rekonstruierte Erfahrung (der Studentinnen *Frau Lang* und *Frau Schmidt*) zusammen, dass die Studierenden sich in einem langfristigen Erfahrungslernprozess befinden, welcher an der Universität mit ihnen thematisiert und reflektiert werden müsste. Zu diesem Erfahrungslernprozess

---

214 In den ausgelassenen Zeilen 49-55 des Transkripts wird die Thematik seines Unterrichtsversuchs näher erläutert.

gehört eben auch das Erlernen der Rolle als Lehrkraft, welche erst mit der Entwicklung praktischen Könnens und pädagogischer Handlungsmuster erworben wird. Auch die LiV sind am Ende ihres Referendariats keine *fertigen* Lehrkräfte. Zwar ließ sich bei ihnen ein Rollenverständnis rekonstruieren, welches sich allerdings, wie die Analysen zeigten, erst einmal in verschiedenen Kontexten bewähren muss. An dieser Stelle möchte ich an die vielen verschiedenen Rollen mit ihren Anforderungen erinnern, welche die Studierenden und LiV in ihrer Ausbildung einzunehmen und zu erfüllen haben. Sie sind bspw. Lernende, Lehrende, Kolleginnen und Kollegen, Beratende, Moderierende, Streitschlichtende und Unterstützende in einer Person. Neue Rollen, so zeigen auch die Analysen, müssen erfahren, erlebt und eingeübt werden, um einen Habitus durch die Praxis erwerben zu können.

Im dem folgenden Kapitel wird deutlich, dass die Phasentypik durch den schulformbezogenen Erfahrungsraum überlagert wird.

10.2.3 Konstruktivistisch orientiertes Rollenverständnis versus instruktivistisch orientiertes Rollenverständnis im Erfahrungsraum verschiedener Schulstufen und -formen und institutionell gesetzter invarianter Rahmenbedingungen durch die Bildungsadministration

Für die Umsetzung einer kooperativen Lehr-Lernform ist es von Bedeutung, welches Rollenverständnis die Lehrkräfte entwickelt haben, ob bei ihnen die instruktivistischen bzw. konstruktivistischen Anteile überwiegen oder Instruktion und Konstruktion in einem eher ausgewogenen Verhältnis zueinander stehen und auch Gültigkeit für die Kinder haben. Wie in Kapitel 8 *Fallanalysen* und im vorherigen Kapitel 10.2.2 dargelegt wurde, befinden sich die Studierenden ohne weiteres unterrichtliches Erfahrungswissen auf dem Weg der Entwicklung ihres eigenen Rollenverständnisses als Lehrkraft bzw. auf dem Weg einer (Rollen-)Positionierung. Das hat zur Folge, dass die Studierenden ohne weiteres unterrichtliches Erfahrungswissen bei der Darstellung der nun folgenden Typik nicht einbezogen werden können. Hier kann auf *Frau Schmidt* (S) zurückgegriffen werden.

Das bedeutet, dass nun alle Lehrenden der ersten, zweiten und dritten Phase berücksichtigt werden, die auf Grundlage von Unterrichtserfahrungen über ein hinreichend entwickeltes (unterschiedlich orientiertes) Rollenverständnis als Lehrkraft verfügen. Die konjunktiven Erfahrungsräume der Lehrenden der Grundschule in den Klassenstufen 1 bis 4 und die der Lehrenden in den Klassenstufe 5 und 6 der Integrierten Gesamtschule und der Schule mit Förderschwerpunkt Sprachheilförderung führen zu zwei unterschiedlichen Modi der Ausprägung der Rolle der Lehrkraft bei der Umsetzung strukturierter kooperativer Lehr-Lernformen, dem eher *instruktivistisch orientierten Rollenverständnis* und dem mehr *konstruktivistisch orientierten Rollenverständnis*. Diese zwei Modi wiederum ließen sich einer eher *pädagogischen Orientierung* oder mehr *fachlichen Orientierung* zuordnen. Es ließ sich rekonstruieren, dass die Lehrenden mit einem vorrangig instruktivistisch orientierten Rollenverständnis eher zu einer fachlichen Orientierung im Sinne der Wissensvermittlung, diejenigen mit einem mehr konstruktivistisch orientierten Verständnis eher zu einer pädagogischen Orientierung tendieren. Letztere stellen eher die Lernprozesse der SuS in den Mittelpunkt und unterstützen sowohl die Entwicklung fachlicher als auch überfachlicher Kompetenzen. Bei den Lehrkräften der Grundschule lässt sich darüber hinaus ein *ko-konstruktivistisch orientiertes Rollenverständnis* rekonstruieren, welches sich auch in den sich anschließenden Interpretationen der Transkriptauszüge aus dem Interview mit *Frau Müller* (Lk, GrS) noch einmal herausarbeiten lässt.

Es wird deutlich, dass die Phasentypik der Lehrerbildung durch den Erfahrungsraum der Schulform und Schulstufen und ihrer Rahmenbedingungen überlagert wird. An dieser Stelle scheint es mir von Bedeutung, neben den SuS unterschiedlichen Alters auch zu bedenken, dass grundsätzlich die Studiengänge L1, L2, L5 je nach Studienstandort (wie bspw. an der Goethe Universität Frankfurt; vgl. dazu SPoL 2005) unabhängig voneinander organisiert werden und keine Schnittmengen aufweisen, so dass neben den gemeinsamen Erfahrungen in der jeweiligen Schulform möglicherweise auch gemeinsame Erfahrungen der voneinander unabhängig konzipierten Ausbildung an der Universität bei den Analysen berücksichtigt werden müssten. Dazu können allerdings auf Grundlage der Zusammensetzung meines Samples keine Aussagen getroffen werden, da in diesem ausschließlich Studierende des Lehramts L1 vertreten sind. Im Folgenden werden weitere Transkriptauszüge integriert, die ein eher konstruktivistisch orientiertes oder mehr instruktivistisch orientiertes Rollenverständnis als Lehrkraft bei der Umsetzung des WeLL bzw. strukturierter kooperativer Lehr-Lernformen aufzeigen.

Konstruktivistisch orientiertes Rollenverständnis im Erfahrungsraum der Grundschule bei der Umsetzung des Partnerpuzzles

Wie in den *Fallanalysen* in Kapitel 8.1 *Erste Phase der Lehrerbildung – Studierende* bei der Umsetzung des Partnerpuzzles herausgearbeitet werden konnte, zeigt *Frau Schmidt* (S, GrS) bei der Umsetzung des Partnerpuzzles eine eher pädagogische Orientierung und ein eher konstruktivistisch orientiertes Rollenverständnis als Lehrkraft. Im Mittelpunkt stehen für sie neben der fachlichen Wissensaneignung und der Förderung überfachlicher Kompetenzen die Lernprozesse der Kinder, die sie initiiert, unterstützt und begleitet. Es kommt zu einer Überlagerung schulformbezogener Erfahrungen mit der Dimension des unterrichtlichen Erfahrungswissens und der Dimension der Lehrerbildungsphasen.

Konstruktivistisch orientiertes Rollenverständnis im Erfahrungsraum der Grundschule bei der Umsetzung des Gruppenpuzzles

Frau Seeb (LiV, GrS) kannte ich aus dem Fachmodul Mathematik. Angeregt durch die Methoden des WeLL, welche sie selber in der Rolle als Teilnehmende im Fachmodul Mathematik erfahren hatte, entschloss sie sich, diese in ihrer Klasse auszuprobieren. *Frau Seeb* erklärte sich für ein Interview bereit, so dass wir uns nach Abgabe ihrer *Schriftlichen Arbeit* im Studienseminar trafen, um dieses zu führen. Auf eine spätere Nachfrage meinerseits erfuhr ich, dass *Frau Seeb* während ihres Studiums keine Vertretungstätigkeiten übernommen hatte. In ihrer Unterrichtsreihe setzte sie das Gruppenpuzzle zum Thema „Geometrische Körper" in einem 3. Schuljahr um. Ihr selbst gewählter Schwerpunkt war die Förderung der allgemeinen mathematischen Kompetenz des Kommunizierens.

Frau Seeb (LiV, GrS): Konstruktivistisch orientiertes Rollenverständnis

66 S: Genau\ also die Kinder die haben ne ganz andere Rolle gehabt als im
67   traditionellen Unterricht sag ich jetzt einfach mal, weil die Kinder hatten
68   Verantwortung für das eigene Lernen, und für das Lernen der anderen
69   Puzzlegruppenmitglieder einfach gehabt/. Und ja sie waren sie haben sich
70   selbst als Lehrer bezeichnet/, und standen natürlich im Mittelpunkt\, ganz klar.
71   Sie waren jetzt nicht: Wir sitzen da und nehmen auf, was uns die Lehrkraft sagt,
72   sondern sie mussten selbst etwas dafür tun, also ein aktiver Prozess einfach,
73   ja\. <00:04:35>

Frau Seeb ist nicht einzige Wissensvermittlerin, die Kinder sind aktiv beteiligt und übernehmen Verantwortung für den eigenen Lernprozess und den der anderen Kinder, damit sie selbst und andere etwas lernen. Sie unterstützt die Kinder dabei, sich „selbst" Wissen anzueignen. Das Gelingen dieser Methode hängt nach *Frau Seeb* von einem veränderten Rollenverständnis der Lehrkraft ab, die Kontrolle und Verantwortung an die Kinder abgibt und andere Aufgaben übernimmt.

Frau Seeb (LiV, GrS): Konstruktivistisch orientiertes Rollenverständnis

265 S: Motivation (.) tausend Prozent kann ich @dazu@ nur sagen, also die Kinder
266   waren wahnsinnig motiviert eben, ich hatte ihnen ganz am Anfang einen Satz
267   an die Tafel geschrieben: Du bist der Lehrer\. <00:16:40>
268 I: Aha. <00:16:41>
269 S: Und das hat die Kinder wahnsinnig motiviert zu wissen: Ok, ich bin der Lehrer,
270   ich=ich darf was beibringen und, ich glaub, ja das hat sich wirklich
271   durch die ganzen Lernphasen einfach durchgezogen.
272   Damit einher geht natürlich auch die Konzentration, die war da, durchweg
273   wirklich, also es gab keinen, der sich mit irgendwas anderem beschäftigt hat,
274   sondern, wirklich nur: Der Würfel oder mein geometrischer Körper, mit dem ich
275   mich jetzt grad beschäftige\.

Der Wert des Gruppenpuzzles legitimiert sich hier in zweierlei Hinsicht: Zum einen wird das von der Lehrkraft bzw. von den Curricula vorgegebene Thema von den Kindern bearbeitet, d.h. die Lehrkraft verliert nicht ihren Einfluss und ihre Kontrolle über an Themen orientierten Lernerfolgen der Kinder, sie gibt lediglich ihre unmittelbar führende und die Gesamtgruppe anleitende Position auf. Zum anderen entfaltet sich ein weiterer *positiver Horizont*: Selbst im Unterricht aktiv handeln können und Verantwortung für das eigene Lernen und das der Gruppe zu übernehmen, steigert nach Meinung der LiV die Motivation und die Konzentration der Kinder. Ein gelingendes Funktionieren der Methode hängt in dieser auf konkreten Erfahrungen aufruhenden Perspektive von der aktiven Rolle der SuS im Lernprozess ab.

Ko-konstruktivistisch orientiertes Rollenverständnis im Erfahrungsraum der Grundschule bei der Umsetzung der Methoden des WeLL

Frau Müller (Lk, GrS): Ko-konstruktivistisch orientiertes Rollenverständnis[215]

65 M: Also am Anfang habe ich, habe ich eingeteilt und hab auch so=n bisschen eingeteilt die
66   Kinder, wo ich wusste, die (1) kennen sich gut oder sind auch miteinander befreundet,

---

215   S. Fußnoten 181 und 190.

67   dass wenn die zusammen arbeiten dann, arbeiten die auch wirklich zusammen/. Dann
68   ganz am Anfang so grad in der ersten Klasse gab=s dann halt auch: Aah, den kenn ich
69   nicht, ich will nicht unbedingt mit dem arbeiten, oder, also da ga-, oder es gab
70   Vorbehalte und so. Aber da ham wir dann auch in Mediation und so dran gearbeitet/
71   und mittlerweile ist es besser geworden/, dass wirklich auch Jungs mit Mädchen zum
72   Beispiel zusammenarbeiten das war ganz am Anfang in der ersten Klasse schwierig und
73   mittlerweile ist das aber machbar und dementsprechend hab ich halt am Anfang immer
74   so=n bisschen eingeteilt, und hab dann, bin immer mehr hingegangen, dass dann aber
75   auch die Kinder frei wählen können\, und da hat man dann auch jetzt mittlerweile
76   merkt man also die haben auch gar kein Problem n Junge sagt auch zu nem Mädchen
77   komm wir arbeiten zusammen und andersrum, die Mädchen gehen auf Jungs zu. Also
78   das war auch so ein Prozess dann, der auch in der Klasse angebahnt werden musste.
          <00:06:00>

In diesem Ausschnitt wird eine Störung des reibungslosen Funktionierens der Methode thematisiert, welche gemeinsam mit den Kindern gelöst und nicht mit einer externen Begründung legitimiert wird. Die Lehrkraft ist also diejenige, die den Prozess der Zusammenarbeit der Kinder in Kooperation mit diesen anbahnt, anfänglich (in der ersten Klasse) verstärkt mit einwirkt, sich dann immer mehr herauszieht und die Verantwortung für den Prozess an die Kinder übergibt. Hier dokumentiert sich *Frau Müllers* Orientierung an einem eher ko-konstruktivistisch orientierten Rollenverständnis mit der Tendenz der zunehmenden Verantwortungsabgabe an die Kinder. Störungen werden von *Frau Müller* als Möglichkeit der Kompetenzentwicklung der Kinder bewertet und werden nicht dafür herangezogen, die Methoden des WeLL von vornherein als ungeeignet für eine Klasse einzustufen.

Frau Müller (Lk, GrS): Ko-konstruktivistisch orientiertes Rollenverständnis
299 M: Ja doch also es gibt dann manchmal Kinder, die halt dann vor der Aufgabe sitzen und
298   dann auch so=n bisschen so: Hhh, was mach ich jetzt? Also so=n bisschen erschrocken
299   sind und so: was, ich muss jetzt hier, was machen? Was aber mit der, also (1) was aber
300   dann mit zu- als mit Mut machen von mir aus, dann doch geklappt hat und man merkt
301   auch umso öfter man das macht, umso, besser find- können die Kinder damit umgehen.
302   Also die Erfahrung hab ich gemacht, also so die ersten zwei drei Male ist das dann doch
303   noch ein bisschen befremdlich/ und man denk so: Hh, ich muss jetzt hier was machen/,
304   aber nach ner Zeit, wenn diese Kinder sich daran gewöhnen und auch merken, dass sie,
305   das können, also wenn sie Erfolgserlebnisse haben, dann, dann sind sie auch gar nicht
306   mehr so erschrocken\, über und dann klappt=s auch bei den
307   Schwächeren\. Wobei bei den Schwächeren ich dann manchmal auch gucke, dass die
308   dann schon jemand vielleicht noch mit an der Seite haben, der ein bisschen stärker ist,
309   und der ihnen dann auch unterstützend zur Seite stehen kann\ <00:22:26>

Es zeigt sich ein gewisses Handlungsrepertoire der Lehrkraft, um die vielfältigen Anforderungen zu bewältigen. Kooperative Lehr-Lernformen bedeuten für *Frau Müller* die Umsetzung eines ko-konstruktivistisch orientierten Rollenverständnisses sowohl zwischen Lehrkraft und Kindern als auch unter *peers*. Des Weiteren versteht *Frau Müller* sich als Ermutigerin, Lernbegleiterin und Unterstützerin. Sie orientiert sich bei der Umsetzung an den Fähigkeiten, Fertigkeiten und Bedarfen der Kinder. Ein handlungsleitendes Grundprinzip für sie ist, dass nicht die Kinder an die Methode angepasst werden müssen, sondern die Methode an die Voraussetzungen der Kinder und an die Unterrichtssituation. Hier zeigt sich erneut eine reflexive Beziehung zwischen Vorgaben und Handlungspraxis. *Frau Müller* sieht sich in ihrem pädagogischen Handeln als selbstbestimmt. Im Mittelpunkt stehen für sie die Kinder und das Anbahnen und Unterstützen ihrer Lernprozesse.

Frau Müller (Lk, GrS): Ko-Konstruktivistisch orientiertes Rollenverständnis

317 M: Wenn die Kinder nicht zufrieden waren/, dann haben wir, habe ich meistens, die
318   haben ja vorher noch in einer anderen Gruppe gearbeitet, wo sie sich das Experten-
319   wissen angeeignet haben, dann hab ich dann haben wir versucht rauszukriegen, warum
320   das, warum er nichts wusste, und haben das dann praktisch nochmal besprochen,
321   und dann s in der und sind dann auch nochmal zurück in die andere Gruppe, weil dann
322   muss es ja in der Expertengruppe muss es ja dann, irgendwie Schwierigkeiten gegeben
323   haben/ und haben dann halt besprochen, was hätte in der Expertengruppe anders oder
324   bei mit dem Expertenpartner anders laufen müssen, damit auch er das Thema versteht
325   und einem anderen erklären kann\. Also da, das sind das waren dann auch so Phasen, w
326   wo man dann einfach mal kurz, unterbrochen hat den Prozess/ und dann nochmal
327   zurück ist, und nochmal drüber geredet hat, was ist wichtig\. Ja, also das ist dann, wir
328   haben generell Regeln für die Gruppen oder auch Partnerarbeit aufgestellt, was wichtig
329   ist, wie wir hören einander zu/, wir lassen uns ausreden, und (2) da sind, und wir lassen,
330   also das ist auch mit der Rückmeldung, dass jeder es verstanden haben muss, das ist
331   auch mit drin, und dann wurde halt darüber geredet: ja wie war das denn, habt ihr euch
332   denn wirklich gegenseitig zugehört/, habt ihr auch geguckt, dass es jeder verstanden
333   hat? Und da hat=s dann aber meistens gehakt, weil dann die Kinder auch zu, zu unruhig
334   geworden sind\ oder dann auch irgend, also da gab=s dann auch diese
335   Selbstüberschätzung, dass man dann dachte: man kann=s/, und als man=s dann aber
336   erklären musste konnte man es doch nicht\, ja. Wobei die Kinder sich ja eigentlich auch
337   Notizen oder Bilder malen sollen, die sie mitnehmen können, dass wenn sie=s dem
338   nächsten Kind erklären halt praktisch anhand ihrer Notizen, oder ihrer Bilder, die sie
339   gemalt haben, dann praktisch erklären können\ <00:24:50>

Hier zeigt sich ein erneut das Handlungsrepertoire von *Frau Müller*, um der anspruchsvollen Aufgabe, Selbst-Bildungsprozesse von Kindern anzuregen, gerecht werden zu können. Die starke Orientierung an einem ko-konstruktivistisch orientierten Rollenverständnis und ein flexibles Reagieren auf die Bedarfe des einzelnen Kindes werden erneut deutlich. Die Kinder stehen als Hauptakteure ihres Lernens durchgängig im Mittelpunkt. Bei Schwierigkeiten wird gemeinsam (ko-konstruktiv) im Gespräch nach Lösungsmöglichkeiten und Wegen gesucht. Störungen, Umwege, Schwierigkeiten und ihr pädagogischer Umgang mit diesen werden als Unterstützung der Kompetenzentwicklung der Kinder bewertet (pädagogische Orientierung). Regeln werden gemeinsam (ko-konstruktiv) aufgestellt. Es kommt zu keinen Legitimierungen externaler Art.

Instruktivistisch orientiertes Rollenverständnis im Erfahrungsraum der Jahrgangsstufe 6 einer Schule mit dem Förderschwerpunkt Sprachheilförderung und ihrer Rahmenbedingungen bei der Umsetzung des Partnerpuzzles

Frau Jakob (Lk, SSH) war zum Zeitpunkt des Interviews Mentorin von *Frau Weber* (LiV, SSH). Sie verfügte zum damaligen Zeitpunkt über eine ca. fünfjährige Berufserfahrung und unterrichtete zur Zeit des Interviews in einem 6. Schuljahr in einer Schule mit Förderschwerpunkt Sprachheilförderung.

Frau Jakob berichtet in dem folgenden Transkriptauszug von der Rolle der SuS bei der gemeinsamen Umsetzung des WeLL mit *Frau Weber* im Mathematikunterricht eines 6. Schuljahres. Für die Teilnahme an der phasenübergreifenden Veranstaltung konnte die Forscherin *Frau Jakob* nicht gewinnen. Für ein Interview erklärte sie sich gerne bereit. *Frau Weber* wurde damals von ihr in ihrer Rolle als Mentorin betreut.

Dem folgenden Transkriptausschnitt ist die Frage der Forscherin vorausgegangen, welche Rollen die SuS bei der Umsetzung des Partnerpuzzles eingenommen haben.

Frau Jakob (Lk, SSH, 6. Schuljahr): Instruktivistisch orientiertes Rollenverständnis

57 J:	Ja. Also am Anfang waren sie sehr zurückhaltend würde ich sagen\. Also sie wussten
58	nicht so, was auf sie zukommt und, (1) jetzt kommt die und führt schon wieder was
59	Neues ein, also so was hab ich auch gehört und: da haben wir jetzt keinen Bock drauf
60	und, aber die haben sich relativ schnell eigentlich da drauf eingelassen\. Weil sie halt
61	gemerkt haben sie können selber aktiv was tun/, und wie gesagt also man hat ja
62	immer Schüler, die sich so lehrermäßig gerne verhalten/, für die ist das halt sehr
63	positiv/, ne, weil sie halt auch den Lehrer mal spielen können/, (2) ja\
64	Aber ich denke es ist halt auch (1) nicht für alle Schüler gut\. Also es ist, es gibt halt
65	auch die Schüler, die sich dann einfach gerne was erklären lassen, sich nach hinten
66	lehnen und gar nichts mehr tun. Oder halt auch Schwierigkeiten haben, den
67	Gegenüber einfach zu verstehen. Also die Lehrer haben einfach ne andere Sprache
68	als Schüler\, also wir umreißen=s dann nochmal, erklären=s nochmal und das
69	machen die Schüler halt, oder können sie noch nicht so gut\. <00:04:39>

Zunächst wird ein *positiver Horizont* entfaltet. Selbst im Unterricht „aktiv was tun" zu können, steigert nach *Frau Jakob* die Lernmotivation der SuS. Allerdings „spielen" die SuS die Rolle der Lehrenden nur. Damit ist die Lehrerrolle der eigentlichen Lehrkraft nicht gefährdet. Die SuS sind in Wirklichkeit keine Lehrenden, sie „spielen" das „mal". *Frau Jakob* bestimmt das eigene Erfahrungswissen der SuS. Die Mit- und Selbstbestimmung der SuS wird hier gerahmt durch Entscheidungen der Lehrkraft. Sie gibt den Prozess nicht aus der Hand, sondern steuert ihn nach wie vor und führt als Gründe der Steuerung die fehlenden Kompetenzen der SuS an *(negativer Horizont)*. Kooperatives Lernen bedeutet nicht, dass *Frau Jakob* ihre Kontrolle aufgibt, sondern dass sie die Kooperation reguliert und nachbessert.

Frau Jakob (Lk, SSH, 6. Schuljahr): Instruktivistisch orientiertes Rollenverständnis

203 J:	Zum Lernzuwachs kann ich auch noch nichts sagen muss ich sagen\. Wobei ich dazu,
204	weiß nicht ob das jetzt so passt/, ich hab, wir hatten eine Schülerin, die war
205	eigentlich krank die ganze Zeit\. Ich muss das jetzt leider einschönen, auch wenn
206	das nicht so positiv ist, ich habe diese Schülerin dann raus genommen und habe ihr
207	in=ner Viertelstunde das erklärt, was die Schüler mit dem Partnerpuzzle in einer
208	Woche gemacht haben\. Und sie hat alles verstanden\. <00:12:46>
209 I:	Ja ok. <00:12:48>
210 J:	Also die zeitliche Komponente muss man vielleicht, ne/, also das fand ich sehr
211	erschreckend ne\, weil sie hatte wirklich nach ner Viertelstunde, und das ist ne
212	schwache Schülerin. Hab ich, ne allein durch meine Erklärung war sie genauso weit
213	wie alle anderen Schüler mit diesem Partnerpuzzle\. <00:13:00>

214 I: Mh/ mh/. <00:13:02>

215 J: Das heißt, wenn das Schuljahr sehr kurz ist muss man sich überlegen, ob man das

216   macht\. <00:13:05>

Hier zeigt sich der Zusammenhang zwischen einem eher instruktivistisch orientierten Rollenverständnis und einer eher fachlichen Orientierung. *Frau Jakob* betont den Wert kooperativer Lehr-Lernformen für den fachlichen Lernzuwachs. Die Chance der Förderung überfachlicher Kompetenzen spielt an dieser Stelle keine Rolle. Aus dieser Perspektive wird begründet, warum die Methoden des WeLL im Unterricht möglicherweise nicht umgesetzt werden. Kooperative Lehr-Lernformen erhalten durch diese Fokussierung eine andere ‚Rahmung‘. Nicht mehr die Lernmotivation und die Eigenaktivität der SuS stehen im Mittelpunkt, sondern der benötigte Zeitaufwand für einen definierten Lernzuwachs.

Auf welchen Erfahrungsraum bzw. auf welche Erfahrungsräume lassen sich das eher instruktivistisch orientierte Rollenverständnis und die eher fachliche Orientierung zurückführen?
Die SuS der 5. und 6. Klasse sind in einer anderen Entwicklungsphase als Grundschulkinder. Sie befinden sich zum Teil schon in der Pubertät. Das Alter der SuS erfordert somit eine andere Beziehungsgestaltung, einen anderen Habitus auf der Ebene der Beziehung. Bei *Frau Fürch* (Lk, IGS) ließ sich das Bedenken rekonstruieren, dass sie bei den SuS als Lehrkraft nicht ankommt, dass die SuS mit ihr als Person, ihrer Gestik und Mimik, ihrer Stimme nicht zurechtkommen. Um diese durchaus mögliche Problematik zu umgehen, installiert sie kooperatives Lernen als durchgängiges Unterrichtsprinzip mit einem geordneten Kontrollsystem. Des Weiteren zeigt sich sowohl bei *Frau Weber* (LiV, SSH) als auch bei *Frau Fürch* (Lk, IGS) ein gewisser Handlungsdruck hinsichtlich schulformspezifisch angeordneter Vorgaben, welche dazu beitragen, das Rollenverständnis der beiden Lehrenden besser nachvollziehen zu können.

Instruktivistisch orientiertes Rollenverständnis im Erfahrungsraum der Jahrgangsstufe 6 einer Schule mit dem Förderschwerpunkt Sprachheilförderung und der Jahrgangsstufe 5 einer Integrierten Gesamtschule und ihrer jeweiligen Rahmenbedingungen bei der Umsetzung des Partnerpuzzles bzw. kooperativen Lernens

Frau Weber (LiV, SSH, 6. Schuljahr): Fremdbestimmung durch schulformspezifisch gesetzte Vorgaben

399 W: Das kommt halt immer drauf an. Also weil die=die, jetzt kennen die Schüler die=die

400   Partnerpuzzlemethode und ich könnte da wirklich an Inhalten arbeiten\. Sobald ich

401   ne neue Methode einführe, steht halt die Methode wieder im Vordergrund und die

402   Inhalte stehen dann eben nachgeordnet\. Und ich kann das so partout jetzt nicht

403   sagen, meine Schüler sind halt wenig erfahren in Gruppenarbeit\. Also denen fällt die

404   Partnerarbeit schon schwer, auch jetzt wenn=s geübt haben, und ich würde dann

405   eher ne traditionelle Gruppenarbeit erst mal beginnen/ mit drei Schülern, und wenn

406   sich das so=n bisschen etabliert habe könnte ich mir schon vorstellen, das auf=s

407   Gruppenpuzzle auszudehnen, aber, ja das müsste halt einfach auch die Zeit zeigen

408   und, die Schüler sind ja nach diesem Schuljahr auch weg, das ist halt immer, wir

409   haben die ja nur zwei Jahre und in den zwei Jahren das aufzubauen, muss man halt

410   ein bisschen behutsam sein und das wirklich anbahnen. <00:30:08>

Frau Webers Handlungspraxis orientiert sich in dieser konkreten Situation an den Vorgaben der Schule. Sie möchte den SuS möglichst viel fachliches Wissen mitgeben, bevor diese nach dem 6. Schuljahr an die für sie zuständige Schule, Grundschule, weiterführende Schule, Förderschule mit Schwerpunkt Lernhilfe, wechseln können bzw. wieder zurückgeschult werden. Das Umsetzen einer weiteren Methode des WeLL würde für sie bedeuten, vorübergehend nicht weiter an Inhalten arbeiten zu können. Vor diesem Hintergrund lässt sich auch die rekonstruierte handlungsleitende Orientierung von *Frau Jakob* (Lk, SSH) erklären und verstehen, warum sie den Wert kooperativer Lehr-Lernformen an dem Lernzuwachs der SuS misst und daraus resultierend das eigentliche Potential dieser Formen mit den Möglichkeiten der Förderung überfachlicher Kompetenzen nicht als Chance sieht. Auch *Frau Fürch* orientiert ihre Handlungspraxis z.T. an schulformspezifisch gesetzten Vorgaben.

Frau Fürch (Lk, IGS): Fremdbestimmung durch schulformspezifisch gesetzte Vorgaben
241 F: Also (3) Ich hab jetzt zum Beispiel also auch wenn ich das a- jetzt als
242   Lehrerperson seh, irgendwann hab ich dann auch mal, ein halbes Jahr
243   Einzelarbeit eingeführt\. Also einzeln, normale=normale Tische, keine
244   Gruppentische, aus dem Grund, weil die Schüler irgendwann verkurst werden
245   und nicht mehr bei mir sind und die müssen auch andere Lernformen,
246   Methoden kennenlernen\. Und (.) ich habe viel mehr Arbeit dadurch/, ich muss
247   wirklich viel strenger sein, disziplinieren <00:15:25>
248 I: Aha <00:15:25>
249 F: Und ich merke es anhand der Arbeiten, dass da einfach die Resultate nicht
250   rauskommen, weil sie ei- viele hören dann nicht zu, tun nur so, als ob sie hören,
251   das kennt man aber auch von Erwachsenen und es ist nicht nur bei Kindern so.
          <00:15:37>

Wie bereits in den Fallanalysen rekonstruiert wurde, rahmt *Frau Fürch* kooperatives Lernen als ihre durchgehende Praxis mit starker handlungsleitender Kraft. Durch die von ihr erwähnte Vorgabe der Verkursung durchbricht sie dieses Prinzip kurzzeitig, um die SuS neben Formen kooperativen Lernens auch mit anderen Methoden vertraut zu machen. Im Fokus ihrer Handlungspraxis steht bei ihr wie auch bei *Frau Weber* (LiV, SSH) und *Frau Jakob* (Lk, SSH) eher der inhaltliche Lernzuwachs, an dem die eingesetzten Methoden gemessen werden. Hier wird der enge Zusammenhang zwischen einem eher fremdbestimmt orientierten Handeln und einem eher instruktivistisch orientierten Rollenverständnis deutlich. Bei den Lehrkräften in der Grundschule lassen sich vergleichbare fremdbestimmte Orientierungen durch schulformspezifisch auferlegte Vorgaben nicht rekonstruieren. Insgesamt werden Vorgaben der Bildungsadministration, welche für die Grundschule Gültigkeit haben, wie z.B. die Lernstandserhebungen oder die Umsetzung der Bildungsstandards, kaum bis gar nicht erwähnt. Auch eine Fremdbestimmung der Lehrenden der Grundschule in Bezug auf die Vorbereitung der Kinder auf die weiterführenden Schulen ließ sich bei den Lehrpersonen der Grundschule nicht herausarbeiten.

Zusammenfassend kann festgehalten werden, dass rekonstruierte Orientierungsrahmen auf soziogenetischer Ebene **drei Erfahrungsräumen** zugeordnet werden können:

- dem Erfahrungsraum der drei Phasen der Lehrerbildung und ihrer Bezugssysteme
- dem Erfahrungsraum des unterrichtlichen Erfahrungswissens und seiner reflexiven Verarbeitung
- dem Erfahrungsraum der unterschiedlichen Schulformen bzw. Schulstufen und institutionell gesetzter invarianter Rahmenbedingungen durch die Bildungsadministration

Dabei wurde deutlich, dass die Phasentypik der Lehrerbildung überlagert wird von der Dimension des unterrichtlichen Erfahrungswissens und seiner reflexiven Verarbeitung und von der Dimension unterschiedlicher Schulformen bzw. Schulstufen und ihren Rahmenbedingungen.

10.3 Zusammenfassung der empirischen Befunde

Vor der Diskussion der Ergebnisse werden diese zunächst nochmals zusammenfassend dargestellt.

In der Studie wurde rekonstruiert, wie Studierende, LiV und aktive Lehrkräfte strukturierte kooperative Lehr-Lernformen verstehen und diese im Mathematikunterricht der Klassenstufen 1-6 umsetzen. Es wurden Interviews mit den Beteiligten der drei Professionsgruppen und Gruppendiskussionen mit phasenspezifisch[216] zusammengesetzten Realgruppen durchgeführt.

Fallvergleichend ließen sich **drei Basistypiken**, d.h. drei grundlegende Orientierungen in allen Fällen des Samples aufzeigen:

- Unterrichtsplanung, Vorbereitung und Umsetzung
- Rollenverständnis als Lehrkraft
- Wahrnehmung von und Umgang mit Unsicherheiten, Störungen und Hindernissen

Auf Grundlage der drei Basistypiken ließ sich rekonstruieren, dass die Umgangsweisen der Lehrenden mit den strukturierten kooperativen Lehr-Lernformen abhängig sind von den **drei Orientierungsrahmen**, deren Rekonstruktion in Kapitel 8 *Fallanalysen* dargestellt wurde:

- Fremdbestimmt orientiertes Handeln versus selbstbestimmt orientiertes Handeln
- Entwickeltes Rollenverständnis als Lehrkraft versus Suche nach einem Rollenverständnis als Lehrkraft
- Konstruktivistisch orientiertes Rollenverständnis versus instruktivistisch orientiertes Rollenverständnis

Die Interpretationen führten zur Entwicklung einer **dreidimensionalen soziogenetischen Typologie** bei der Einführung und Umsetzung kooperativer Lehr-Lernmethoden im Mathematikunterricht[217]. Die Rekonstruktion der dreidimensionalen Typologie wur-

---

216 Damit sind die Professionsgruppen der drei Phasen der Lehrerbildung gemeint.

217 Der Stellenwert des Faches Mathematik wird in Kapitel 13 *Schlussfolgerungen für die Gestaltung der Lehrerbildung* in dem Unterpunkt *Bedeutung des Faches Mathematik bei der Umsetzung* dargestellt.

de in Ansätzen in Kapitel 8 *Fallanalysen* und ausführlich in Kapitel 10 *Eine Typologie von handlungsleitenden Orientierungen* dargestellt.

So lässt sich als zentrales Ergebnis aus dem empirischen Material folgende Typenbildung mit **drei Typiken** generieren:

- Entwickeltes Rollenverständnis als Lehrkraft als Destillat unterrichtlichen Erfahrungswissens und reflexiver Verarbeitung versus Suche nach einem Rollenverständnis als Lehrkraft als Destillat kaum vorhandenen unterrichtlichen Erfahrungswissens und reflexiver Verarbeitung
- Fremdbestimmt orientiertes Handeln versus selbstbestimmt orientiertes Handeln im Erfahrungsraum der drei Phasen der Lehrerbildung und ihrer Bezugssysteme
- Konstruktivistisch orientiertes Rollenverständnis versus instruktivistisch orientiertes Rollenverständnis im Erfahrungsraum unterschiedlicher Schulformen[218] bzw. Schulstufen und institutionell gesetzter invarianter Rahmenbedingungen durch die Bildungsadministration[219]

Es ließ sich zum einen herausarbeiten, dass *unterrichtliches Erfahrungswissen und seine reflexive Verarbeitung* die Entwicklung eines Rollenverständnisses als Lehrkraft bedingen. Zum anderen wurde deutlich, dass sich das selbstbestimmte Handeln und das fremdbestimmte Handeln der Lehrenden aus dem Erfahrungsraum der *drei Phasen der Lehrerbildung und ihrer Bezugssysteme* speist. Des Weiteren ließ sich rekonstruieren, dass *Schulformspezifik und invariante Rahmenbedingungen* ein eher instruktivistisch orientiertes bzw. mehr konstruktivistisch orientiertes Rollenverständnis bedingen und rekonstruierte Rollenverständnisse wiederum mit einer eher fachlichen oder mehr pädagogischen Orientierung zusammenhängen.

Die Passung von kommunikativem Wissen (Zustimmung oder Ablehnung), welches von den Beteiligten expliziert wird, und handlungsleitenden Orientierungen ist ausschlaggebend, ob die kooperativen Lehr- Lernformen in die handlungsleitenden Wissensbestände der Beteiligten integriert werden können oder nicht.[220]

---

218 Mein Sample und meine Analysen lassen eine empirisch abgesicherte Grundschultypik zu, hinsichtlich der beiden anderen Schulformen können aufgrund der wenigen Fälle keine empirisch abgesicherten schulformspezifischen Aussagen getroffen werden. Allerdings lässt sich aufgrund der Ergebnisse rekonstruieren, dass sich Unterschiede in den Handlungsorientierungen der Lehrkräfte der verschiedenen Jahrgangsstufen (Jahrgangsstufen 1-4 bzw. Jahrgangsstufen 5 und 6) zuordnen lassen. Deshalb nehme ich bezogen auf die Jahrgangsstufen eine Einteilung in den Elementarstufenbereich und in den Sekundarstufenbereich vor und verwende diese Begriffe als Synonyme für die Jahrgangsstufen 1-4 der Grundschule bzw. für die Jahrgänge 5 und 6 der Integrierten Gesamtschule und der Schule mit Förderschwerpunkt Sprachheilförderung.
      In der Schule mit Förderschwerpunkt Sprachheilförderung werden SuS der ersten bis sechsten Jahrgangsstufe unterrichtet (s. Kapitel 10.1.1 *Schulformspezifische Erfahrungsräume*).

219 Damit sind bildungspolitische Traditionen und bildungspolitische Rahmenbedingungen wie z.B. das Kriterium der Schulform, des Schulprofils und der Jahrgangsklassen gemeint.

220 S. Unterpunkt *Passungsverhältnisse* in diesem Kapitel.

Entwickeltes Rollenverständnis als Destillat unterrichtlichen Erfahrungswissens und reflexiver Verarbeitung versus Suche nach einem Rollenständnis als Destillat kaum vorhandenen Erfahrungswissens und reflexiver Verarbeitung

Es ließ sich herausarbeiten, dass Lehrende, die auf wenig bis kein unterrichtliches Erfahrungswissen zurückgreifen können und über wenig bis kaum erfahrungsbasierte Reflexivität verfügen, noch keine hinreichend entwickelte Vorstellung von ihrer Rolle als Lehrende entwickeln konnten und es ihnen als Folge dessen schwer fällt, die Rolle als Lehrkraft bei der Umsetzung auszufüllen. Theoriebasierte Reflexionsfähigkeit hingegen lässt sich bei diesen Lehrenden in unterschiedlicher Ausprägung – wie auch in der Darstellung der Rezeptionsprozesses deutlich wird – herausarbeiten. So lässt sich zeigen, dass die Lehrenden *hin- und hergerissen* sind zwischen dem Anspruch, Verantwortung und Kontrolle abzugeben und dennoch die zentralen pädagogischen Akteurinnen und Akteure zu bleiben und dies in unterschiedlicher Intensität auf theoretischer Ebene reflektieren. Vor diesem Hintergrund lässt sich nachvollziehen, warum die Lehrenden bei der Umsetzung primär mit dem Vermittlungsaspekt beschäftig sind und der Inhaltsaspekt wenig bis kaum Beachtung findet. Lehrende hingegen, die auf ein gewisses Maß an Erfahrungswissen zurückgreifen und dieses (je nach individuellen Fähigkeiten) reflexiv verarbeiten können, haben ein Verständnis ihrer Rolle als Lehrkraft entwickeln können, welche Rolle sich nun bei der Umsetzung bewähren muss. Diese Lehrenden teilen den gemeinsamen Erfahrungsraum des unterrichtlichen Erfahrungswissens. An dieser Stelle kommt es zu einer Überschneidung der Dimension des unterrichtlichen Erfahrungswissens und der Dimension der Lehrerbildungsphasen und es wird deutlich, dass erstere nicht unbedingt an die Dimension der Lehrerbildungsphasen gebunden ist.

Fremdbestimmt orientiertes Handeln versus selbstbestimmt orientiertes Handeln im Erfahrungsraum der drei Phasen der Lehrerbildung und ihrer Bezugssysteme

Ausschlaggebend für die Planung und Umsetzung ist, wie die Lehrenden mit dem Verhältnis von Vorgaben, Erwartungen und Selbstbestimmung in ihrem jeweiligen Kontext bzw. ihrer jeweiligen Situation auf der Ebene der Bildungsinstitution umgehen.

Lehrende der ersten Phase mit wenig unterrichtlichem Erfahrungswissen zeigen eine eher deduktive Beziehung zwischen Vorgaben und eigener Verantwortung und Selbstbestimmung. Sie orientieren sich bei der Planung an schriftlichem Expertenwissen, an etwas Theoretischen, Konzeptuellen, was ihnen Sicherheit gibt. Herausarbeiten ließ sich die Angst vor einem Kontrollverlust dergestalt, dass die Kinder nicht genug lernen, Lernziele nicht erreicht werden und es keine vorzeigbaren Lernergebnisse gibt. Hinsichtlich der Umsetzung ließ sich bei den Lehrenden der ersten Phase mit wenig unterrichtlichem Erfahrungswissen eine rezeptologisch orientierte Planung und Umsetzung rekonstruieren. Die Fähigkeit, unvorhergesehene Situationen während des Handelns anders zu interpretieren und darauf mit möglichen Handlungsalternativen zu reagieren, konnte lediglich bei einer Lehrenden der ersten Phase mit unterrichtlichem Erfahrungswissen rekonstruiert werden. Hier kommt es erneut zu einer Überlagerung der Phasentypik der Lehrerbildung und ihrer Bezugssysteme (Universität/Hochschule, Praktikumsschule) mit der Dimension des unterrichtlichen Erfahrungswissens und erfahrungsbasierter Reflexionsfähigkeit, so dass auch Lehrende der ersten Phase mit einem gewissen

Erfahrungswissen Situationen anders ‚rahmen' und alternative Handlungsschritte einleiten können.

Bei den Lehrenden der zweiten Phase (Studienseminar, Ausbildungsschule) ließ sich eine Orientierung an der vollständigen Planbarkeit von Unterricht rekonstruieren, welche Erfahrung sich auf die zweite Phase der Lehrerbildung mit ihrer Ausrichtung an der Verfügbarkeit des Lernens und an didaktischen Modellen, welche Planbarkeit suggerieren, zurückführen lässt. Auch bei einigen LiV lässt sich anfänglich eine eher deduktive Beziehung zwischen Vorgaben, Erwartungen und Selbstbestimmung in ihren Handlungsorientierungen rekonstruieren, welche allerdings bei der Umsetzung durch erfahrungsbasierte Reflexivität zunehmend *aufgeweicht* und relativiert wird. Es lässt sich herausarbeiten, dass ein Festhalten an dieser Orientierung bei der Umsetzung kooperativer Lehr-Lernmethoden von den Lehrenden nicht aufrecht erhalten werden kann, so dass diese herausgefordert sind, mit der Situation der Nichtplanbarkeit umzugehen. Darauf werde ich in Kapitel 11 *Darstellung und Diskussion der Ergebnisse* genauer eingehen.

Aktive Lehrkräfte der dritten Phase zeigen sich hinsichtlich der Umsetzung kooperativer Lehr-Lernformen auf Klassenebene bzw. im „Nahbereich des Klassenraumes" (Zeitler et al. 2012, 173) eigenverantwortlich und selbstbestimmt. Auf bildungspolitischer Ebene (vgl. Fend 2006, 173) der Schule allerdings lässt sich bei den Lehrkräften der Schulstufen 5 und 6 ein eher deduktives Verhältnis zwischen Vorgaben und eigenen Handlungsorientierungen[221] rekonstruieren, welches sich bei den Lehrkräften der Grundschule in dieser Intensität nicht zeigt.

Konstruktivistisch orientiertes Rollenverständnis versus instruktivistisch orientiertes Rollenverständnis im Erfahrungsraum unterschiedlicher Schulformen bzw. Schulstufen und institutionell gesetzter invarianter Rahmenbedingungen durch die Bildungsadministration

Die Lehrenden unterscheiden sich hinsichtlich der Ausprägung ihres Rollenverständnisses. Dieses steht im engen Zusammenhang mit dem schulformspezifischen Habitus und den gesetzten Rahmenvorgaben.

Alle Lehrenden der ersten Phase, welche kein hinreichendes Rollenverständnis als Lehrkraft entwickeln konnten bzw. welche sich noch auf der Suche nach einem solchen Rollenverständnis befinden, können hinsichtlich der Ausdifferenzierung dieser Basistypik *Rollenverständnis als Lehrkraft* nicht berücksichtigt werden. Da sich allerdings rekonstruieren ließ, dass die Weiterentwicklung eines Rollenverständnisses auch auf unterrichtlichem Erfahrungswissen beruht, welches berufsbiografisch unabhängig von der jeweiligen Lehrerbildungsphase erworben werden kann, finden Lehrende der ersten Phase mit unterrichtlichem Erfahrungswissen Berücksichtigung.

Bei allen Lehrenden der Grundschule lässt sich eine eher pädagogische Orientierung herausarbeiten. Die Kinder als die Hauptakteure ihrer Lernprozesse stehen im Mittelpunkt. Pädagogische Themen wie Heterogenität, Differenzierung, Individualisierung, Ausbilden sozialer und überfachlicher Kompetenzen werden bei der Unterrichtsgestal-

---

221 Damit ist das fremdbestimmte Handeln der Lehrkräfte gemeint, welches sich an bildungspolitischen Traditionen, Vorgaben und Maßnahmen im Bildungssystem (bspw. das Kriterium der Schulform, des Schulprofils oder der Jahrgangsklasse) orientiert.

tung in unterschiedlicher Intensität berücksichtigt. Die Rezeptionsprozesse zeigen auf, dass strukturierte kooperative Lehr-Lernmethoden als Möglichkeit gesehen werden, sowohl soziale Kompetenzen zu fördern als auch fachliche Ziele zu erreichen. Diese Lehrenden sehen als ihre Aufgaben das Bereitstellen von Lerngelegenheiten, das anfängliche Instruieren, das Moderieren von Lernprozessen, das Unterstützen der Kinder mittels Anschauungsmaterialien, das Einsetzen von Lernprozessinstrumenten und das Beraten und Begleiten der Kinder auf dem Weg zum selbständigen und kooperativen Arbeiten und zum Aneignen von Wissensbeständen. Bei allen Lehrenden der Grundschule ließen sich Bemühungen in unterschiedlicher Intensität bis hin zu einem ausgereiften Handlungsrepertoire im Umgang mit Störungen und unvorhergesehenen Ereignissen rekonstruieren. Bei den Grundschullehrkräften der dritten Phase und in Ansätzen bei einigen LiV zeigte sich eine Ausdifferenzierung dieser Orientierung hin zu einem ko-konstruktivistisch orientierten Rollenverständnis[222] mit einem zeitweiligen Aufbrechen der grundsätzlich (eher) asymmetrischen Beziehung zwischen Lehrkraft und Kindern. Bei den Lehrenden der Schulstufen 5 und 6 (Sekundarstufenbereich) konnte eine eher fachliche Orientierung herausgearbeitet werden. Die Wissensaneignung und der fachliche Lernzuwachs stehen bei diesen Lehrenden im Mittelpunkt. Überfachliche und soziale Kompetenzen werden als Grundlage bzw. Handwerkszeug zum Erreichen der Lernziele verstanden und vorausgesetzt. Bei Nichtvorhandensein dieser werden die Freiräume der SuS reduziert und der Anteil an Instruktion, Lenkung und Struktur erhöht. Fehlende Kompetenzen der SuS werden als Ursache von Störungen bzw. einer nicht reibungslosen Umsetzung bewertet. Die kooperativen Lehr-Lernformen werden vorrangig eingesetzt, um fachlich zu arbeiten.

Verständnis von kooperativen Lehr-Lernformen

Als allen Fällen gemeinsame Orientierung kann festgehalten werden, dass die Umsetzung kooperativer Lehr-Lernformen die Lehrenden vor eine Herausforderung stellt. Das kommt in den rekonstruierten Basistypiken zum Ausdruck. Alle Lehrenden setzen sich intensiv mit ihrem eigenen Rollenverständnis, der Planung und Umsetzung als auch mit dem Umgang von Hindernissen und Störungen auseinander (s. drei Basistypiken). Ebenso wird deutlich, dass die Beteiligten die Methoden des WeLL mit einem gewissen Anspruch an die SuS und die Lehrkraft bei der Umsetzung verbinden. Die einzelnen Formen des WeLL werden in eine nach Schwierigkeitsgrad gestaffelte Reihenfolge gebracht. Bei der Interpretation wird deutlich, dass die Lehrenden WeLL in je spezifischer Art und Weise verstehen: WeLL als Rezept, als Konzept, als Arbeitsform, als Verfahren, als Verfahrenstechnik, als Strategie, als Methoden kooperativen Lernens. Trotz der Vielfältigkeit lassen sich eindeutig zwei Orientierungen rekonstruieren. Lehrende mit einer vorrangig fachlichen Orientierung stellen den inhaltlichen Lernzuwachs in den Mittelpunkt. Die SuS eignen sich selbst Fachwissen an, lösen Aufgaben, üben vertiefend und erreichen somit die Lernziele. Lehrende, die eine eher pädagogische Orientierung zeigen, sehen in den strukturierten kooperativen Lehr-Lernformen die

---

222 Der Bildungs- und Erziehungsplan spricht von Ko-Konstruktion als pädagogischen Ansatz. Darunter wird verstanden, dass Lernen durch Zusammenarbeit stattfindet, „also von pädagogischen Bezugspersonen und Kindern gemeinsam konstruiert wird" (Hessisches Sozialministerium & Hessisches Kultusministerium 2007, 89). S. dazu auch Fußnoten 181, 190 und 215.

Möglichkeit, neben fachlichen Kompetenzen die Entwicklung sozialer, kommunikativer und personaler Kompetenzen zu fördern. Sie verstehen sich selber als Lernbegleitende der Kinder auf deren Weg zum selbständigen und kooperativen Lernen. Eine eher fachliche Orientierung lässt sich bei den Lehrenden der Schulstufen 5 und 6 (Sekundarstufenbereich) rekonstruieren. Eine eher pädagogische Orientierung mit unterschiedlicher Ausprägung kann bei allen Lehrenden der Grundschule bzw. der Schulstufen 1 bis 4 (Elementarstufenbereich) herausgearbeitet werden. Beide Orientierungen wiederum spiegeln sich in einem eher instruktivistischen bzw. konstruktivistischen Rollenverständnis wider, insofern die Lehrenden über ein hinreichend entwickeltes Rollenverständnis als Lehrkraft verfügen.

Passungsverhältnisse

Es kann festgehalten werden, dass auf der einen Seite Passungsverhältnisse rekonstruiert werden konnten, welche das explizierte Verständnis kooperativer Lehr-Lernmethoden wie bspw. ein verändertes Rollenverständnis im Sinne von Verantwortungs- und Kontrollabgabe in den impliziten handlungsleitenden Orientierungen widerspiegeln. Auf der anderen Seite wurde ein für die Umsetzung kooperativer Lehr-Lernformen verändertes Rollenverständnis bei der Umsetzung des WeLL von den Befragten als kommunikatives Wissen geäußert, welches allerdings nicht als implizite Handlungsorientierung rekonstruiert werden konnte.

Insbesondere bei den Lehrenden der ersten Phase ließ sich herausarbeiten, dass sich das explizierte Verständnis des WeLL in der praktischen Umsetzung der kooperativen Lehr-Lernmethode kaum bis nicht herausarbeiten ließ. Vielmehr ließ sich rekonstruieren, dass sich die Lehrenden der ersten Phase mit einem geringen unterrichtlichen Erfahrungswissen in ihrer Rolle als Lehrkraft noch nicht verorten können und sich im Findungsprozess ihres beruflichen Selbstverständnisses befinden. Auch ließen sich Strategien rekonstruieren, kooperative Lehr-Lernformen grundsätzlich auf einer explizierten Ebene zu befürworten, aber doch zu legitimieren, warum man diese selbst nicht umsetzt. Es wurden externe Gründe, wie z.B. fehlende Kompetenzen der SuS, ein nicht vorhandenes Zeitkontingent, der 45-Minuten Takt, der hohe Zeitaufwand, ungeeignete Themen und invariante Rahmenbedingungen als Begründungen für die Nichtumsetzung genannt. Darüber hinaus wurden aber auch interne Gründe wie falsches Zeitmanagement und vorschnelles Eingreifen der Lehrpersonen angeführt, welche nach Meinung der Lehrenden dazu führten, dass die Umsetzung des WeLL nicht funktionierte. Insbesondere die Lehrenden der ersten Phase (Elementarstufenbereich) nannten bei *Nicht-Funktionieren* der Umsetzung internale Gründe, die Lehrenden der zweiten als auch der dritten Phase der Schulstufen 5 und 6 (Sekundarstufenbereich) externale Gründe. Eine Überlagerung der Dimensionen des kaum vorhandenen unterrichtlichen Erfahrungswissens mit der Dimension der Schulform und Schulstufe wird deutlich.

Einordnung der Ergebnisse in Typologien empirischer Untersuchungen

In meiner Studie konnten zwei grundlegende Modi des Rollenverständnisses herausgearbeitet werden, ein eher instruktivistisch orientiertes und ein mehr konstruktivistisch orientiertes Rollenverständnis. Letzteres lässt sich auf Grundlage meiner Analysen noch weiter ausdifferenzieren. Ich bezeichne diesen Untertyp als ko-konstruktivistisch orientiertes Rollenverständnis. Auf diese Rollentypen werde ich in Kapitel 11 *Darstellung und Diskussion der Ergebnisse* erneut eingehen.

Die zwei empirisch rekonstruierten Grundtypen meiner Studie können auf Typologien weiterer empirischer Untersuchungen bezogen werden. Sie sind vergleichbar mit den bei Caselmann (1964), Flaake (1989) und Terhart et al. (1994) rekonstruierten Typen der fachlich-orientierten Lehrkraft und der pädagogisch-orientierten Lehrkraft bzw. mit den von Zeitler et al. (2012) herausgearbeiteten Typen der Lehrkraft mit einem eher *konstruktivistischen* bzw. *instruktivistischen Verständnis von Lehren und Lernen*. Eine Zuordnung des *Logotropen* zum männlichen Gymnasiallerher und des *Paidotropen* zum Volksschullehrer bzw. zur Volksschullehrerin wie in der Studie von Caselmann (1964) kann aufgrund meines Samples und der nicht mehr bestehenden Schulform der Volksschule[223] nicht empirisch bestätigt werden. Die bei Flaake (1989) rekonstruierte Beziehungsorientierung, welche sie den weiblichen Lehrkräften zuschreibt, und die eher sachlich-orientierte Haltung, welche sie als tendenzielle Handlungsorientierung von Männern darstellt, kann ebenso auf Grundlage meines Samples nicht bestätigt werden, da dieses nicht aus einem ausgewogenem Verhältnis von Frauen und Männern zusammengesetzt ist. Da sich allerdings beide Orientierungen bei den weiblichen Lehrkräften meines Samples herausarbeiten ließen, kann davon ausgegangen werden, dass sich seit Veröffentlichung der Ergebnisse von Flaake (1989) Ende der achtziger Jahre auf Grundlage von sozialen und gesellschaftlichen Veränderungen diese Geschlechterstereotype nicht mehr aufrecht erhalten lassen. Zu Analyseergebnissen von Terhart et al. (1994), welche diese nach Geschlecht, Alter und Schulart differenzieren, lassen sich hinsichtlich der Schularten Parallelen zu meinen Ergebnissen aufzeigen. Terhart et al. (1994) führen aus, dass alle Grundschullehrkräfte der *persönlich-erzieherisch-involvierten Orientierung* ein größeres Gewicht beimessen als Gymnasiallehrkräfte. Ersteres kann insofern bestätigt werden, da sich in meinen Analysen bei allen Lehrkräften der Grundschule mit einem entwickelten Rollenverständnis eine eher pädagogische Orientierung herausarbeiten ließ. Auch zu den Ergebnissen der empirischen Studie von Zeitler et al. (2012) lassen sich in meinen Analysen zwei Parallelen aufzeigen: zum einen der *fachlich* bzw. der *pädagogisch* orientierte Typ von Lehrkraft, zum anderen die Orientierungen der Lehrkräfte an Fremd- und Selbstbestimmung. Des Weiteren konnte ebenso wie bei Zeitler et al. (2012) rekonstruiert werden, dass fachliche und pädagogische Orientierungen an den Erfahrungsraum der Schule bzw. der Schulstufe, in den Worten ZEITLERs et al. (2012) an *die professionellen Bezugssysteme* (vgl. ebd., 190ff.), rückgebunden werden können.

Darüber hinaus konnte in der hier vorliegenden Studie, wie bereits in den Fallanalysen in Teil C dargestellt, ein ko-konstruktivistisch orientiertes Rollenverständnis bei den Grundschullehrkräften der dritten Phase und in Ansätzen bei einigen LiV rekonstruiert werden. Dieser Typus ließ sich in den in meiner Arbeit dargestellten Lehrertypologien in Kapitel *2 Entwicklungslinien der Lehrerforschung* nicht finden.

---

223 Als Volksschule wurde eine Schulform bezeichnet, in der man nach acht Schuljahren den sogenannten Volksschulabschluss erwarb. Sie wurde durch andere Schulformen abgelöst.

D Resümee

11 Darstellung und Diskussion der Ergebnisse

Die Ergebnisse der hier vorliegenden Studie werden folgendermaßen erörtert. Zunächst werde ich auf die von mir im Vorfeld entwickelten *Arbeitshypothesen* eingehen, die deutlich werden lassen, dass es zu empirischen *Überlagerungen der rekonstruierten Erfahrungsräume* kommt. Es folgt dann die *Diskussion der rekonstruierten Typiken*. Daran schließt sich die Erörterung zu *Umgang mit unvorhergesehenen Ereignissen* und zu *Veränderungen im Spiegel der Rekontextualisierungs- und Rezeptionsprozesse* an. Das Kapitel 11 wird abgeschlossen mit Ausführungen zu *Der Umgang mit kooperativen Lehr-Lernformen als Frage der professionellen Entwicklung von Lehrkräften*. Bei der Diskussion steht stets die zentrale Forschungsfrage (*Wie setzen die einzelnen Professionsgruppen der Lehrerbildung strukturierte kooperative Lehr-Lernformen in ihrem Unterricht um und welche handlungsleitenden Orientierungen lassen sich rekonstruieren?*) im Mittelpunkt, welche in Kapitel 13 zu *Schlussfolgerungen für die Gestaltung der Lehrerbildung* mündet.

Diskussion der Arbeitshypothesen[224]

Die **ersten beiden Arbeitshypothesen** lassen sich eindeutig bestätigen. Insgesamt wurde deutlich, dass die Einführung und Umsetzung strukturierter kooperativer Lehr-Lernformen bei allen Teilnehmenden zu einer intensiven Auseinandersetzung mit der eigenen Rolle als Lehrkraft, also dem eigenen professionellen Selbstverständnis führte. Es zeigte sich, dass das Anregen von Selbst-Bildungsprozessen der Kinder eine pädagogisch höchst anspruchsvolle Aufgabe ist, welche alle Lehrenden unabhängig von ihrem Status und den Lehrerbildungsphasen herausforderte und mit welcher Herausforderung sie unterschiedlich umgegangen sind.

Hinsichtlich der **dritten Arbeitshypothese** können weder ein eindeutig phasenbedingter Effekt noch eine eindeutig phasenbedingte Veränderungsbereitschaft bestätigt werden. Nachvollziehen lässt sich dies anhand des Passungsverhältnisses zwischen dem kommunikativen Wissen und den handlungsleitenden Orientierungen. Beispielsweise lässt sich die rekonstruierte Distanzierung zur Umsetzung kooperativer Lehr-Lernformen am ehesten schulformbezogen bzw. schulstufenbezogen und weniger phasenabhängig begründen. Das bedeutet im Umkehrschluss, dass Effekte und Bereitschaft in Bezug auf die Umsetzung strukturierter kooperativer Lehr-Lernformen bei den Lehrenden aller drei Phasen vorliegen und somit (weitgehend) phasenunabhängig sind.

Die **Arbeitshypothesen vier und fünf** können auf Grundlage meiner Ergebnisse eindeutig bestätigt werden. Bei den Studierenden kommen bei der Umsetzung phasenunabhängige außeruniversitäre Erfahrungsräume von berufsbiografischer Prägung zum Tragen, so dass unterschiedliche Praxiserfahrungen rekonstruiert werden konnten. Bei der Rekrutierung von Lehrkräften machte ich die Erfahrung, dass eine Schwierigkeit darin besteht, Lehrende ausfindig zu machen, die überhaupt kooperative Lehr-Lernformen regelmäßig in ihrem Unterricht umsetzen und somit aus ihrer Praxis erzäh-

---

224 S. *Arbeitshypothesen* in der *Einleitung*.

len und berichten konnten. Eine weitere Schwierigkeit bestand darin, dass durch die von den Lehrkräften übernommenen üblichen Aktionsmodi der Lehrerbildungsphasen bei der Datenerhebung die Generierung dichter Beschreibungen und narrativer Elemente erschwert wurde. Zwei Lehrerinnen waren strukturell bedingt als Mentorinnen in die Betreuung der LiV involviert, welche WeLL im Rahmen ihrer Examensarbeit durchführten. Die beiden Lehrerinnen beschrieben und beurteilten in ihrer Rolle als Mentorinnen vorrangig die Handlungspraxis ihrer zu betreuenden LiV und erzählten weniger aus ihrer eigenen Praxis. GELLERT (2007) bezeichnet diese eingenommene Sicht der Lehrkräfte als *dezentrierte Perspektive* (vgl. ebd., 45). Diese zeichnet sich nach ihm vor allem dadurch aus, dass Unterrichtsprozesse aus der Distanz analysiert, beschrieben und mittels verallgemeinerter Regeln bewertet werden. In einem kombinierten Ansatz für die Lehrerausbildung und Lehrerweiterbildung der ersten und dritten Phase machte er die Erfahrung, dass Studierende und Lehrkräfte jeweils unterschiedliche Perspektiven einnehmen. GELLERT (2007) vermutet, dass dieser Habitus möglicherweise „eine Konsequenz der Phasierung von Lehrerbildung" (ebd., 44) ist. Dabei werden nach ihm die in den Lehrerbildungsphasen üblichen Aktionsmodi übernommen, so dass sich die Lehrkräfte als dezentrierte Beobachterinnen zeigten, sobald die Studierenden unterrichteten (vgl. ebd., 44ff.). Diese Erfahrung lässt sich m.E. analog auf die Konstellation LiV und Lehrkraft übertragen. Des Weiteren scheint die Aufforderung, aus der eigenen Unterrichtspraxis zu erzählen, ein Eingriff in die Autonomie der Lehrkräfte zu sein (vgl. Gellert 2003a, 41f.).

Empirische Überlagerungen der Erfahrungsräume

Es konnte rekonstruiert werden, dass die Phasentypik der Lehrerbildung von den Dimensionen der Schulform- und Schulstufentypik und der Dimension des unterrichtlichen Erfahrungswissens überlagert wird. Die herausgearbeiteten Überschneidungen werden im Folgenden dargestellt.

Überlagerung Phasentypik – Schulform- und Schulstufentypik und ihre Rahmenbedingungen

Schulform- und Schulstufentypik und ihre Rahmenbedingungen, an welche die Lehrenden gebunden sind, haben Einfluss auf das Rollenverständnis als Lehrkraft. Es wurde deutlich, dass der schulspezifische Erfahrungsraum und seine Rahmenbedingungen die Phasentypik überlagert. Es ließ sich sowohl bei den Lehrenden der Schulstufen 5 und 6 (Sekundarstufenbereich der Integrierten Gesamtschule und der Schule mit Förderschwerpunkt Sprachheilförderung) der zweiten als auch der dritten Phase der Lehrerbildung eine eher fachliche Orientierung mit einem eher instruktivistisch orientierten Rollenverständnis herausarbeiten. Bei den Lehrenden der ersten (sofern ein Rollenverständnis als Lehrkraft hinreichend entwickelt werden konnte), zweiten und dritten Phase der Schulstufen 1-4 der Grundschule (Elementarstufenbereich) findet sich eine eher pädagogische Ausrichtung mit einem konstruktivistisch orientierten Rollenverständnis.

Überlagerung Phasentypik – Dimension des unterrichtlichen Erfahrungswissens und reflexive Verarbeitung

Darüber hinaus kann festgehalten werden, dass das im Rahmen der berufsbiografischen Entwicklung erworbene unterrichtliche Erfahrungswissen eine wichtige Rolle spielt und der durch die stufenartige Struktur der Lehrerbildungsphasen hervorgebrachte Habitus im Idealfall nur ein Durchgangsstadium zu sein scheint. Beispielsweise lässt sich in der zweiten Phase der Lehrerbildung der Typ der rezeptologisch orientierten Planung und Umsetzung nicht mehr finden, ebenso wenig wie die Orientierung an der vollständigen Planbarkeit von Unterricht in der dritten Phase nicht mehr rekonstruiert werden kann, ein Hinweis auf die berufsbiografische Entwicklung der Lehrenden, basierend auf unterrichtlichem Erfahrungswissen und reflexiver Verarbeitung. Auch ließ sich zeigen, dass das unterrichtliche Erfahrungswissen nicht unbedingt an die Dimension der Lehrerbildungsphasen rückgebunden werden kann.

Überlagerung Schulform- und Schulstufentypik und ihre Rahmenbedingungen – Dimension des unterrichtlichen Erfahrungswissens und reflexive Verarbeitung – Phasentypik

Lehrende mit einem eher geringen unterrichtlichen Erfahrungswissen legitimieren eine von der Planung abweichende Umsetzung bzw. das Nichtfunktionieren der Umsetzung mit internalen und externalen Begründungen. Diese Lehrenden können überwiegend der ersten Phase zugeordnet werden. Eine vergleichbare handlungsleitende Orientierung zeigt sich ebenso bei Lehrenden der Schulstufen 5 und 6 (Sekundarstufenbereich), welche insbesondere die fehlenden (sprachlichen) Kompetenzen der SuS als Begründung anführen. Vermutlich sind Orientierungsmuster auch auf unterschiedliche Traditionen in der Lehramtsausbildung (Phasentypik) zurückzuführen. In einer Studie von KUNTER et al. (2005) konnte aufgezeigt werden, dass sich die Unterrichtsmuster von gymnasialen und nicht-gymnasialen Lehrkräften[225] voneinander unterscheiden. Erstere verstehen sich eher als Wissensvermittler, letztere orientieren sich am Leitbild der Pädagogik (vgl. ebd., 518). Aufgrund meines sich davon unterscheidenden Samples können diese Ergebnisse zwar nicht auf meine Befunde übertragen werden, dennoch ist es m.E. von Bedeutung, diese Ergebnisse zu beachten. Nach TERHART (2000) gibt es im Grundstudium einerseits viele Gemeinsamkeiten in den verschiedenen Lehrämtern. Andererseits sind nach dem Autor auch klare Unterschiede festzuhalten, sodass bereits im Studium eine Binnendifferenzierung nach Schulformen, Schulstufen und Fächern erfolgt (vgl. ebd., 63). Liegt der Schwerpunkt in der Schule mit Förderschwerpunkt Sprachheilförderung bspw. auf der zusätzlichen Förderung des sprachlichen Bereichs, ist anzunehmen, dass im Elementarstufenbereich bzw. in der Grundschule erziehungswissenschaftliche Aspekte und im Sekundarstufenbereich möglicherweise fachliche Aspekte Schwerpunktbildungen darstellen (vgl. ZSL 2002, 191).

Die Dimension der **Berufseingangsphase** als eigener Erfahrungsraum[226] konnte in meiner Studie nicht rekonstruiert werden. Ausgehend von der psychologischen Expertise-Forschung, die acht bis zehn Jahre für die volle Entwicklung beruflicher Expertise ansetzt (vgl. Terhart 2000, 127)[227], befinden sich vier von fünf aktiven Lehrkräften meines Samples noch in dieser Phase. Zum einen ist das Sample mit der Vergleichsgruppe von einer Lehrkraft, die diese Phase bereits überschritten hat, zu klein, zum anderen kann an dieser Stelle festgehalten werden, dass sich rekonstruierte Orientierun-

---

225 Beteiligt waren Lehrkräfte folgender Schulformen: Hauptschule, Realschule, Gymnasium, Sekundarschule und Gesamtschule (vgl. Kunter et al. 2005, 513).

226 S. Kapitel 14 *Perspektiven zu weiteren Forschungen.*

227 Keuffer & Oelkers (2001, 65) gehen von den ersten drei bis fünf Jahren der Berufstätigkeit aus.

gen bei der Umsetzung kooperativer Lehr-Lernformen nicht an einen vergleichbaren Erfahrungsraum rückbinden lassen. Daher werde ich bei den Ausführungen zu Unterstützungsangeboten im Rahmen von Aus- und Fortbildung diesen Erfahrungsraum nicht gesondert berücksichtigen, sondern in den Erfahrungsraum der dritten Phase integrieren. Dennoch sollte die Berufseingangsphase aufgrund möglicher Differenzerfahrungen zwischen Berufswelt und Schulwelt und daraus resultierender vielfach unerwünschter Folgen stets im Fokus behalten werden (vgl. Terhart 2000, 127ff.).

Erfahrungswissen und reflexive Verarbeitung zur Entwicklung eines Rollenverständnisses

Die Suche der Lehrenden nach ihrer Rolle als Lehrkraft ließ sich sowohl auf impliziter als auch auf explizierter Ebene herausarbeiten. Diese Orientierung bestätigt auch ein von mir eingesetzter Selbstreflexionsbogen[228], der zu Beginn und zum Abschluss der beiden Seminarveranstaltungen von allen Teilnehmenden ausgefüllt wurde. Einige Studierende merkten an, dass sie im Rahmen des angebotenen Seminars ihr Rollenverständnis als Lehrkraft nicht (weiter-)entwickeln konnten, da sie selbst keinen Unterrichtsversuch durchgeführt hätten. Eine Studentin schrieb: „Manchmal ist es schwierig, das theoretisch Erlernte in die Praxis umzusetzen." Eine andere Studentin kommentierte, dass sie ihr eigenes Rollenverständnis als Lehrkraft noch einmal reflektiert habe. Eine weitere Studentin äußerte, dass sie sich bei der Umsetzung als Beraterin und Beobachterin gefühlt habe. Abschließend möchte ich die Aufzählung der Anmerkungen mit folgender Aussage einer Studentin: „Ich habe das Gefühl, nicht 100%ig mit WeLL umgehen zu können." Hier wird deutlich, dass theoretisches Wissen die eine Seite ist, die praktische Umsetzung und das Einleben, welche der Erfahrung und Übung bedürfen, die andere Seite. Auch die Reflexion der eigenen Person wird als bedeutsam empfunden. Vor dem Hintergrund der Rollensuche könnten diese Aussagen hilfreiche Informationen für die Gestaltung der Lehrerausbildung liefern (s. Kapitel 13 *Schlussfolgerungen für die Gestaltung der Lehrerbildung*). Aufgabe der Universität wäre es m.E., diesen Findungs- und Erfahrungslernprozess der eigenen Rolle als Lehrkraft (noch) stärker zu reflektieren und ein Bewusstsein zu schaffen, dass eine Lehrerrolle erlernt werden muss und nicht zu erwarten ist, dass diese per se vorhanden ist. So könnten falschen Ansprüchen an die Studierenden und persönlichen Fehleinschätzungen vorgebeugt und ein realistisches Bild der Lehrerrolle vermittelt werden. An dieser Stelle kommt der berufsbiografische Ansatz von TERHART (2000) zum Tragen. Eine Erstausbildung erzeugt keine fertigen Lehrkräfte, die dann ein Leben lang von einem angesammelten Vorrat zehren. Professionalisierung bedeutet das Bewusstsein für ständige Weiterentwicklung und kontinuierliches Weiterlernen im Beruf (vgl. ebd., 20).

Darüber hinaus ist es von großer Bedeutung, elementare Informationen über das berufliche Tätigkeitsfeld von Lehrkräften und seine Bedingungen zu vermitteln. Nach SCHLÖMERKEMPER (2012) können diejenigen, die den Charakter von Polarisierun-

---

228 Der Selbsteinschätzungsbogen wurde zum Beginn und zum Ende der Veranstaltung von allen Teilnehmenden ausgefüllt und ermöglichte den Lehrenden die Evaluation ihres eigenen Lernprozesses. Auf dem Bogen wurden Aspekte thematisiert wie das Rollenverständnis, verschiedene Wissens- und Kompetenzbereiche wie Handlungs-, Planungs-, Interpretations- und Dignosekompetenz sowie Aspekte zur Vernetzung der drei Phasen der Lehrerbildung.

gen verstehen und akzeptieren und ein Bewusstsein für das „Technologiedefizit" (Luhmann und Schorr 1982, 14) der Erziehung entwickelt haben, mit der daraus resultierenden Problematik für pädagogisches Handeln besser umgehen (vgl. ebd., 172). Es wurde
deutlich, dass manche Lehrpersonen noch sehr in ihrer eigenen Rolle als Schülerin bzw.
Schüler *feststecken*. Sie haben Schule bisher vorrangig aus der Perspektive der SuS
erfahren, was sowohl in den Interviews mit den Studierenden als auch in der Gruppendiskussion der Lehrenden der ersten Phase deutlich wurde. Die Perspektive der angehenden Lehrkräfte, basierend auf Erfahrungswissen des Lehrerhandelns aus der eigenen
Schulzeit mit meist impliziten Charakter, muss im Laufe des Studiums reflektiert und
überschritten werden, um dieses Wissen mit dem in der Grundausbildung vermittelten
wissenschaftlichen Wissen der ersten Phase und mit dem Berufswissen der zweiten
Phase zu verknüpfen (vgl. Herzog, 2011, 70). Ebenso wurde deutlich, dass das unterrichtliche Erfahrungswissen allein nicht ausreicht, sondern Reflexionsfähigkeit notwendig ist, um über Erfahrungen auch unter Bezug auf Theorie nachdenken zu können.
Auch das Erfahrungswissen der Praktika bedarf der Reflexivität, um an andere Wissensformen anknüpfen zu können. Daher müssen Praktika ohne universitäre Begleitung
m.E. in Frage gestellt werden. Ein Rollenverständnis kann sich nur durch Erfahrungswissen entwickeln, welches auch reflektiert wird. Um die Wichtigkeit der Reflexion zu
betonen, lässt sich erneut systemtheoretisch anknüpfen. Nach LUHMANN (1987) sind
die Fertigkeiten und Fähigkeiten der Lehrkräfte ein Resultat von Selektions- bzw. Reduktionsprozessen, um die Komplexität und Kontingenz von Unterricht zu verringern
(vgl. ebd., 49f.). Aufgabe der Lehrkraft ist es, um die Komplexität und Kontingenzen
von Unterricht zu wissen, diese wahrzunehmen, offen für andere Möglichkeiten zu sein
und diese erneut in die pädagogische Reflexion einzubeziehen (vgl. Plöger 2006, 22ff.;
von Felten 2011, 126f.). Allerdings steht der Forderung nach Reflexion als Basis für
verantwortungsvolles pädagogisches Handeln eine Praxis mit kaum vorhandenen Zeit-
und Raumressourcen für reflexive Entwicklungsprozesse gegenüber. In den häufig nur
kurzen Schulpraktika konzentrieren sich die Studierenden meist verstärkt auf die Vorbereitung des Unterrichts und auf seine Umsetzung und weniger auf seine Reflexion. Nach
VON FELTEN (2011) wird die Ausbildungsverantwortung von Praktikumsbetreuenden
oft wenig bewusst wahrgenommen. Des Weiteren scheinen Forderungen nach Reflexion
in der Praxis bisher wenig Resonanz gefunden zu haben (vgl. ebd., 136). Wittenbruch
spricht in diesem Zusammenhang von einem ‚reflexiven Defizit' (vgl. von Felten 2011,
136 im Anschluss an Wittenbruch 2007) in der Schulpraxis. Dies lässt sich durch die
empirischen Befunde meiner Studie bestätigen. In den Erzählungen und Beschreibungen
wurde deutlich, dass bei einigen Lehrenden der ersten Phase die Planung im Vorfeld
von Bedeutung ist, des Weiteren der Vermittlungsaspekt in den Handlungsorientierungen einen höheren Stellenwert einnimmt als der Inhaltsaspekt. Sowohl Reflexionsbe-
mühungen als auch eine inhaltliche Auseinandersetzung mit mathematischen Themen
finden wenig Berücksichtigung und lassen sich kaum bis gar nicht rekonstruieren. Deshalb unterstütze ich neben einem „reflexiven Praktikum"[229] (von Felten 2011, 132) auch
die Forderung TERHARTs (2002a), Fachwissen, fachdidaktisches Wissen und erziehungswissenschaftliches Wissen im Studium in einem organisierten Verhältnis zu-

---

229 Im reflexiven Praktikum wird das vergangene Geschehen für das Nachgespräch festgehal-
     ten. In ihrem selbst entwickelten Konzept integrierte von Felten (2011) die Methode des
     „auftragsbezogenen Beobachtens und des datengestützten Reflektierens" (ebd., 132).

einander aufzubauen, beides von Beginn an zusammenhängend zu studieren und das fachdidaktische Studium nicht nachzuschieben (vgl. ebd., 21).

Fremd- und Selbstbestimmung im Erfahrungsraum der Lehrerbildung und ihrer Bezugssysteme

In den Orientierungen der Lehrenden wurde deutlich, dass diese bei der Umsetzung kooperativer Lehr-Lernformen vor widersprüchlichen Anforderungen stehen und damit unterschiedlich umgehen. Die verschiedenen Ausprägungen ihrer Handlungsorientierungen können mit den Begriffspaaren Freiheit und Zwang, Selbstbestimmung und Fremdbestimmung, Autonomie und Heteronomie[230] beschrieben werden. An diese Ergebnisse der empirischen Studie lässt sich mit dem *systemtheoretischen Ansatz* (Hauptvertreter Luhmann), welcher das Problem der unverfügbaren Steuerbarkeit hochkomplexer kommunikativer Prozesse zwischen den Systemen SuS und Lehrkraft hervorhebt, anknüpfen. Vor dem Hintergrund des Problems der doppelten Kontingenz wird deutlich, dass die Lehrenden sich mit dem Problem der Nichtbestimmbarkeit von Unterrichtserfolg und der Frage der Planbarkeit von Unterricht auseinandersetzen müssen. Das genau ist die Situation, in der sich eine Lehrkraft im Unterricht befindet. Das Handeln im Unterricht wird von kontextuellen Faktoren bestimmt, die eine Anwendung von *Wenn-dann-Behauptungen* bzw. Kausalbeziehungen (vgl. Scheunpflug 2004, 69) weitgehend unmöglich machen. Die Freiheit des Lernenden zu lernen oder es bleiben zu lassen, begrenzt die Verfügungsmöglichkeiten der Lehrpersonen über den jeweiligen Unterrichtserfolg, was allerdings nicht impliziert, dass Unterricht beliebig ist und Lehrkräfte keine Verantwortung mehr für das Unterrichtsgeschehen tragen (vgl. ebd., 69).

In dieser Widersprüchlichkeit zwischen Einheit und Differenz, zwischen Offenheit und Ungewissheit stellt sich für die Lehrenden die Frage, wie Unterricht möglich ist (vgl. Scheunpflug 2004, 65). Wie unterschiedlich die Lehrenden mit dieser Widersprüchlichkeit und ihren Ängsten vor Unsicherheiten und unvorhergesehenen Situationen umgehen, wurde bereits in den Analysen deutlich. Während eine Gruppe von Lehrenden eher rezeptologisch orientiert plant und sich an schriftlichem Expertenwissen, an einem Plan, an einem Konzept orientiert (Universität als geschlossenes System der Bildung, in dem der Erwerb theoretischen Wissens ermöglicht wird), hält eine andere Gruppe von Lehrenden bei der Vorbereitung an der Planbarkeit und Verfügbarkeit des Lernens trotz Umsetzung einer kooperativen Lehr-Lernmethode fest. Orientiert an didaktischen Modellen (Studienseminar als geschlossenes System der Bildung, in dem die Planbarkeit von Unterricht vermittelt wird und seine praktische Umsetzung erlernt werden soll) als Theorie des *Lehrens* (vgl. Scheunpflug 2004, 69) gehen sie von einer *Wenn-dann-Beziehung* von Unterricht aus, fertigen differenzierte didaktische Analysen an, um im Vorfeld alle Unterrichtsalternativen, Abweichungen und mögliche Hindernisse zu antizipieren, orientiert an der Vorstellung, dass didaktische Modelle die Unverfügbarkeit des Lernens erfassen (vgl. Meyer et al. 2000, 15). Bei einer weiteren Gruppe lässt sich eine intensive Planung rekonstruieren. Die Planung dient als Grobgerüst, als Leitfaden

---

230 Helsper (1996) spricht von Antinomie und Heteronomie und meint damit das Spannungsverhältnis zwischen Lehrkraft und SuS, diese zur Mündigkeit zu erziehen und dabei gleichzeitig Mittel des Zwangs einzusetzen (vgl. ebd., 535f.). In dieser konkreten Situation der Studie wird der Widerspruch auf das pädagogische Handeln der Lehrenden in ihrem jeweiligen Kontext bezogen.

zur Orientierung und kann in eigenverantwortlicher Gestaltung verändert werden. Dabei legen die Lehrenden in der Regel keiner übergeordneten Institution Rechenschaft über ihr Unterrichtshandeln im Klassenraum ab. Im Unterschied zu den ersten beiden Phasen der Lehrerbildung verfügen Lehrpersonen in der dritten Phase, d.h. bei der aktiven Ausübung ihres Berufes in der Schule, über einen vergleichsweise großen Freiraum. Das stellt sich nach HERZOG (2011) „bei Studien zum Lehrerberuf regelmäßig als wesentliches Kriterium zur Berufszufriedenheit von Lehrpersonen" (ebd., 54) heraus. Nach LUHMANN (2002) besteht ein Zusammenhang zwischen dem hohen Autonomiegrad bei der Gestaltung der Lehrtätigkeit der dritten Phase und der Komplexität von Unterrichtssituationen. Da diese so groß ist, entzieht sie sich administrativer Kontrolle und Regulierung (vgl. ebd., 146f.).

Das Verständnis der Rolle der Lehrkraft und schulform- und schulstufenspezifische Erfahrungsräume und ihre Rahmenbedingungen

Die sich anschließende Darstellung folgt den Handlungsantinomien von Helsper:

Heteronomie versus Autonomie: Im Mittelpunkt des sogenannten strukturtheoretischen Ansatzes (Hauptvertreter Oevermann) steht der Aufbau komplexer Arbeitsbündnisse, die eine Stärkung der Autonomiepotentiale der SuS trotz Leitung von Lehrkräften zum Ziel haben. Mit der Kernfrage OEVERMANNs (1996a), ob und wie dieses widersprüchliche Arbeitsbündnis in ein professionalisiertes Arbeitsbündnis überführt werden kann (vgl. ebd., 152f.), setzen sich die Lehrenden unterschiedlich auseinander. Während Lehrende der Schulstufen 5 und 6 (Sekundarstufenbereich) trotz kooperativer Lehr-Lernmethoden in ihrem Rollenverständnis nach wie vor eher instruktivistisch orientiert sind, lässt sich bei den Lehrkräften der Schulstufen 1-4 bzw. der Grundschule ein eher konstruktivistisch orientiertes und als weitere Ausdifferenzierung ein ko-konstruktivistisch orientiertes Rollenverständnis rekonstruieren. Letztere versuchen durch ein verändertes Rollenverständnis und einer damit einhergehenden Rollenverschiebung nach dem Verständnis OEVERMANNs (1996a) Hilfe zur Selbsthilfe auf dem Grundprinzip der sokratischen Methode mittels stellvertretender Deutung im Sinne der positiven Entwicklung des Kindes (vgl. ebd., 156f.) anzubieten. Funktioniert die freiwillige Mitwirkung allerdings nicht, kommt die systematische Unterweisung mit verstärkten Instruktionen und einer Zunahme an Lenkung zum Tragen, wie es sich bei den Lehrkräften der Schulstufen 5 und 6 rekonstruieren ließ.

Einheit versus Differenz, Subsumtion versus Rekonstruktion, Distanz versus Nähe: Nach OEVERMANN (1996a) nimmt die Lehrkraft hinsichtlich ihres pädagogischen Handelns eine Vermittlerrolle zwischen kulturellen und gesellschaftlichen Ansprüchen und den Wünschen und Bedürfnissen der Lernenden ein (vgl. ebd., 70ff.; Bauer 2000a, 28). Das bedeutet, dass es Aufgabe der Lehrkräfte ist, die SuS entgegen der Tendenz zur Differenzierung auch zu vereinheitlichen („Einheit versus Differenz", „Subsumtion versus Rekonstruktion"; Helsper 1996, 531ff.). Dabei müssen Alter und Entwicklungsstand der jeweiligen Schülergruppen berücksichtigt werden. Bei den Lehrenden der Schulstufen 5 und 6 zeigten sich in den Handlungsorientierungen Tendenzen, dass nicht die SuS ihre Erfahrungen und Wünsche (mit-)artikulieren, sondern dass ausschließlich die Lehrenden das Erfahrungswissen ihrer SuS bestimmen und stellvertretend für diese entscheiden. Somit wird die Mit- und Selbstbestimmung der SuS gerahmt durch die Entscheidungen der Lehrenden. Diese geben den Prozess nicht aus der

Hand, sondern steuern diesen ihrer Meinung nach begründet zum Wohle der SuS. In dem Dilemma von alltäglichen Typisierungen und Fallverstehen („Subsumtion versus Rekonstruktion"; Helsper 1996, 531ff.) zeigen sich Tendenzen, auf subsumtive Erklärungen zurückzugreifen und die Lerngruppe zu vereinheitlichen („Einheit versus Differenz"; Helsper 1996, 533f.). Vergleichbare alltägliche Typisierungen und Vereinheitlichungstendenzen als Bewältigungsstrategien ließen sich bei den Lehrenden der Grundschule eher weniger bis kaum rekonstruieren.

Organisation versus Interaktion: Eingebunden in das Regelschulsystem, welches durch Größe, Komplexität und einen gesetzten Rahmen geprägt ist, hat die Lehrkraft sich an organisatorisch gesetzte Vorgaben wie z.B. Lernziele und Zeitstrukturen zu halten. Auf der einen Seite können die durch Reduktion von Komplexität geschaffenen zeitlichen Strukturen hilfreich sein, andererseits können sie als hinderliche Einschränkung empfunden werden.

Besonders deutlich zeigt sich der Umgang mit diesem Dilemma bei den Lehrenden der Schulstufen 5 und 6 (Sekundarstufenbereich). Organisatorische Vorgaben wie Verkursung, Übergänge in andere Schulen, behördlich geregelte Lehrziele und Zeitstrukturen und übergeordnete Regelmäßigkeiten werden als Begründungen genannt, warum bestimmte Methoden von vornherein ungeeignet für eine Schulstufe sind und führen zur Distanzierung der Umsetzung dieser. Auf der einen Seite bieten diese organisatorischen Vorgaben Entlastung, kooperatives Lernen nicht umsetzen zu können und zu müssen, auf der anderen Seite ließ sich zeigen, dass es bei den Lehrenden zu einer intensiven Auseinandersetzung mit diesen gesetzten invarianten Vorgaben (Reglementierungen) kommt. Bei den Lehrenden der Schulstufen 1-4 (Elementarstufenbereich) ließen sich vergleichbare Auseinandersetzungen mit organisatorisch gesetzten Vorgaben nicht rekonstruieren. Es konnte herausgearbeitet werden, dass diese Lehrenden Unterrichtsstunden mit Kolleginnen und Kollegen tauschten, um genügend Zeit für die Umsetzung kooperativer Lehr-Lernformen zu haben. Zeitweise wurde der Stundenplan außer Kraft gesetzt, Stunden „geschoben" oder mit der Umsetzung am nächsten Tag fortgefahren. Weder Lernstandserhebungen noch der Übergang in die weiterführenden Schulen wurden thematisiert.

Zusammenfassend kann festgehalten werden, dass die rekonstruierte Fremdbestimmung auf Ebene der Schulform durch einen bildungspolitisch gesetzten Rahmen, wie z.B. die äußere Differenzierung durch Verkursung bzw. die Bildung homogener Lerngruppen und zeitlich gesetzter schulischer Übergänge von einer Bildungsinstitution in eine andere von Bedeutung ist. Dieser weitestgehend gesetzte Rahmen ist individuell kaum veränderbar. Die Lehrenden müssen einen Weg finden, innerhalb dieser invarianten Rahmenbedingungen (vgl. Paradies & Linser 2001, 34) Arbeitsbündnisse (vgl. Oevermann 1996a, 154) zu gestalten. Diese anspruchsvolle Aufgabe lässt sich vor dem Hintergrund der empirischen Befunde meiner Studie im Elementarstufenbereich bzw. in den Schulstufen 1-4 der Grundschule (Klassenlehrerprinzip über zwei bzw. vier Jahre, die Möglichkeit der Aufhebung des 45-Minuten Taktes, das zeitweise Außer-Kraft-Setzen des Stundenplans, Absprachen unter den Kolleginnen und Kollegen) leichter gestalten als in den Schulstufen 5 und 6 des Sekundarstufenbereichs mit dem häufig noch dominierendem Fachlehrerprinzip.

Wie in Kapitel 10 *Eine Typologie von handlungsleitenden Orientierungen* aufgezeigt wurde, lässt sich das Rollenverständnis der Lehrenden auf soziogenetischer Ebene auf

Schulformen bzw. Schulstufen und ihre Rahmenbedingungen zurückführen. Zur Stüt-
zung meiner Befunde können Ergebnisse verschiedener Studien (Baumert et al. 1997;
Helmke et al. 2002, 2008 und Kunter et al. 2006; vgl. dazu Seidel 2011, 614) herangezogen werden. Videoanalysen im Mathematikunterricht der Grundschule (Elementarstufenbereich) im Rahmen des Projekts VERA[231] ergaben z.B., dass die Methode des Un-
terrichtsgesprächs über 50% der Unterrichtszeit einnimmt. Allerdings ließ sich auch
zeigen, dass 15% der Zeit in Gruppen und 12% in Einzelarbeit gearbeitet wird. Ergebnisse von Studien aus dem Sekundarstufenbereich zum Mathematikunterricht zeigten
ebenso, dass auch hier das Unterrichtsgespräch die dominierende Arbeitsform darstellt.
Allerdings erfolgen Schülerarbeitsphasen zu 90% in Form von Einzel- bzw. Stillarbeit.
Formen kooperativen Lernens werden nur zu 6% regelmäßig im Unterricht umgesetzt.
Reformorientierte Arbeitsformen sind grundsätzlich wenig verbreitet (vgl. Seidel 2011,
612ff.). Allerdings warnen Pauli et al. (2007) als auch Seidel et al. (2006) (vgl. dazu
Seidel 2011, 615) davor, auf dem Hintergrund dieser Ergebnisse vorschnell Annahmen
zu treffen, dass Aktivitäten im Rahmen von Unterrichtsgesprächen für das Lernen der
SuS eher hinderlich und solche kooperativer Art eher förderlich sind. Sie weisen nach
SEIDEL (2011) darauf hin, „dass die Qualitäten der Umsetzung verschiedener Organi-
sationsformen für Lernen entscheidend sind" (ebd., 615.). Grundsätzlich kann festgehalten werden, dass sowohl im Elementarstufenbereich als auch im Sekundarstufenbereich
das Unterrichtsgespräch im Mathematikunterricht eine dominierende Rolle spielt. Es
wird aber auch deutlich, dass die Methodenvariation abnimmt, je höher der Bildungs-
gang ist. Erneut stellt sich die Frage, ob die Unterschiedlichkeit der Unterrichtsmuster
auch im Primarstufenbereich und im Bereich der Schulen mit besonderem Förderbedarf
auf die unterschiedlichen Gepflogenheiten und Traditionen in der Lehrerausbildung der
verschiedenen Lehrämter zurückzuführen ist.

HEINZEL (2002) führt aus, dass die Sicht auf Kinder im Rahmen der neuen Kindheitsforschung bei der Gestaltung der Beziehungsebene eine wichtige Rolle spielt. Sie sieht
in der Frage des Arbeitsbündnisses die Notwendigkeit einer interdisziplinären Klärung
der Sicht auf Kinder (vgl. ebd., 549f.). KELLE (2004) verweist in diesem Zusammenhang auf die ethnographische Kinderforschung in der Schule, welche insbesondere für
die innovative Gestaltung der Lehrerbildung wichtige methodische Anregungen und
„hochschuldidaktische Ressourcen" (ebd., 85ff.) bietet. Sie geht von einem Ansatz der
Kindheitsforschung aus, welcher „Kinder als gesellschaftliche Akteure in eigenem
Recht" (ebd., 90; vgl. Kelle & Breidenstein 1996, 49) betrachtet. KELLE (2004) plädiert für einen Zusammenhang von Unterrichts- und Kinderforschung, bei der die
SuS-Perspektive auf Unterricht erforscht wird. „Ethnographische Lehrerbildung" (ebd.,
97), welche Kinderforschung und Reflexion schulischer Praxis verbindet, erfordert als
Konsequenz die Ausbildung eines „Habitus forschenden Lernens" (Keuffer & Oelkers
2001, 37) bei den Beteiligten der Lehrerbildung.

Sowohl Ergebnisse der Unterrichtsforschung als auch zum Methodenrepertoire zeigen,
dass Handeln und Interaktion im Unterricht hochgradig routiniert und nach spezifischen
Handlungsmustern (vgl. Kalthoff & Kelle 2000; Meyer & Keuffer 2000) ablaufen und
die Variationsspielräume und Mitbestimmungsmöglichkeiten der SuS nach wie vor eher
gering sind. BRÜGELMANN (2000) konnte in einer Studie nachweisen, dass sogar in

---

231 Die Abkürzung VERA steht für **Ver**gleichs**a**rbeiten.

der Grundschule, von der weitläufig angenommen wird, dass diese verstärkt Eigenständigkeit und Individualität der Kinder betont und diese als Akteure ihrer eigenen Entwicklung und ihres eigenen Lernens anerkennt, die Vorstellungen von einer Öffnung des Unterrichts diffus sind, der Anspruch auf Offenheit in der Breite nicht konsequent vertreten wird und selbst bescheidene Ansprüche an diese bei weitem nicht erfüllt werden. Nur fünf bis fünfzehn Prozent der Lehrkräfte verwirklichen eine konsequente Öffnung des Unterrichts mit einer stärkeren aktiven Beteiligung der Kinder (vgl. ebd., 136f.; Heinzel 2002, 553).

Der Umgang mit unvorhergesehenen Ereignissen

Wenn es die Freiheit des Lernenden ist, zu lernen oder es bleiben zu lassen, werden die Verfügungsmöglichkeiten der Lehrkräfte über den jeweiligen Unterrichtserfolg begrenzt. Deutlich wurde, dass die Nichtsteuerbarkeit der Unterrichtsmethode („Technologiedefizit"; Luhmann & Schorr 1982, 14), die Heterogenität der SuS und die Unüberschaubarkeit und Komplexität des Unterrichtsgeschehens die Lehrkräfte zu unterschiedlichen Umgangsformen herausforderte. LUHMANN (1987) bezeichnet dies als „Umweltkomplexität" (ebd., 50). Nach ihm entsteht ein Umgang damit durch die Entwicklung einer anderen Art von Komplexität, der „Systemkomplexität" (ebd., 50), denn nur „Komplexität kann Komplexität reduzieren" (ebd., 49). Eine Anpassung der Systemkomplexität an die höhere Umweltkomplexität entsteht über Selektionsmuster des Systems. Die eingesetzten Handlungsroutinen der Lehrenden sind solch ein Resultat von Selektionsprozessen, um die Komplexität möglicher Handlungen zu reduzieren und handlungsfähig zu bleiben. Allerdings ließ sich rekonstruieren, dass sich bewährte Handlungsroutinen bei der Umsetzung der kooperativen Lehr-Lernmethoden nicht unbedingt in jeder Situation als erfolgreich erwiesen. Ein Handlungsmuster, welches an einem Tag erfolgreich war, stellte sich an einem anderen Tag in der gleichen Lerngruppe als völlig unzureichend dar. Das führte die Lehrenden erneut in das Dilemma von Entscheidungszwang und Begründungsverpflichtung (vgl. Helsper 2002b, 69; Oevermann 1996a, 156.).

Während die einen erneut die alleinige Verantwortung übernehmen, noch mehr strukturieren und kontrollieren und den ausbleibenden Unterrichtserfolg mit fehlenden Kompetenzen der SuS begründen, planen andere Lehrende noch mehr und genauer. Eine weitere Gruppe von Lehrenden versuchte, dieser Unverfügbarkeit eine positive Wendung zu geben, indem sie die Kompetenzen der Kinder als Hauptakteure ihres Lernens stärken und das Wissen um die Unverfügbarkeit des Lernens in ihr Planungs- und Unterrichtshandeln integrieren. So beschreiben sich diese Lehrenden selbst als Lernbegleitende und Moderierende der Lernprozesse der SuS und nicht mehr als diejenigen, die Wissen unmittelbar vermitteln. Hier zeigt sich, dass diese Lehrenden in der Lage sind, die in ihren Handlungen implizit enthaltenen Entscheidungen zu rekonstruieren und explizit zu begründen. Erneut rückt die Bedeutung der Reflexivität pädagogischen Handelns in den Vordergrund. Lehrende müssen fähig und offen sein, eigenes Handeln zu rekonstruieren, reflexiv zu evaluieren und anders zu gestalten.

Zusammenfassend kann festgehalten werden, dass trotz intensiver Vorbereitung im Vorfeld, Unterrichtssituationen nie vollständig planbar und vorhersehbar sind. Dies umso weniger, wenn die Lehrkraft den Unterricht nicht frontal und instruktiv-leitend gestaltet, sondern den SuS mehr Freiraum lässt. Damit nehmen Situationen zu, in denen

Unvorhergesehenes passiert, Dinge einen anderen Verlauf nehmen als geplant und die Lehrkraft im Unterricht aktiver sein muss, als sie dies geplant hat. FLODEN & CLARK (1991) schlagen vor, statt von Unsicherheit von „Offenheit", „Aufmerksamkeit für Möglichkeiten" oder „Flexibilität" (ebd., 200) zu sprechen. Schön (1983) bezeichnet Unsicherheit sogar als vitalen Kern der Handlungspraxis in allen Professionen (vgl. Floden & Clark 1991, 200 im Anschluss an Schön 1983). KRUMMHEUER (1994) spricht in diesem Zusammenhang von der Notwendigkeit der „Improvisation" (ebd., 83, in Anlehnung an Erickson 1982) und meint damit, die *Kombination* von situations-übergreifenden Vereinbarungen und situationsspezifischen Aushandlungen" (ebd., 83). BAUER (2000a) bezeichnet die Grundhaltung im Umgang mit Störungen als „Kon-struktives Interesse an den Vorgängen" (ebd., 35). Wenn die Lehrenden erkennen, dass etwas für die Selbstentwicklung des Kindes geschieht, können sie nach BAUER (2000a) ihren Ärger in positives Interesse umwandeln (vgl. ebd., 35).

Veränderungen im Spiegel der Rekontextualisierungsprozesse und Rezeptionsprozesse

Die Rezeptionsprozesse machen deutlich, wie unterschiedlich Studierende und LiV, welche im Rahmen einer gemeinsam besuchten Veranstaltung theoretische Grundlagen zu WeLL erwerben konnten, diese auffassen und umsetzen. Einige Lehrende reagieren zunächst mit Bedenken, Unsicherheit, Zurückhaltung und Gefühlen der Überforderung, andere Teilnehmende mit Zustimmung, Bestätigung und einer erwartungsvollen Hal-tung hinsichtlich einer neuen Herausforderung. Einige verstehen WeLL als Strategie, andere als Rezept, als Arbeitsform, als Konzept, als kooperative Methode, als ein Ver-fahren, um fachliche Lernziele zu erreichen bzw. auch überfachliche Kompetenzen anzubahnen und zu fördern.

Nach LUHMANN (2002) reagieren SuS und Lehrkräfte auf Neuerungen gemäß den ihnen eigenen Strukturen. Eine Theorie über kooperatives Lehren und Lernen kann also nicht einfach in der Praxis angewandt werden, da diese damit über die eigenen System-grenzen hinaus operieren müsste. Vielmehr wird das Praxissystem Schule die Neuerun-gen nach ihren eigenen Regeln aufnehmen und es wiederum nach ihren eigenen Regeln umsetzen. Lehrende stellen also im konkreten Kontext ihrer Schule Anschlüsse an The-orien her und überlegen, was der Ansatz kooperativer Lehr-Lernformen für die eigene Praxis bedeutet, welche Impulse dieser dem eigenen Handeln verschafft und ob er ge-gebenenfalls geeignet ist, die eigenen Handlungsstrategien und -routinen zu verändern. Damit wird auf der einen Seite eine gewisse Distanz zwischen den beiden Systemen erzeugt, auf der anderen Seite kann der Reiz auch darin bestehen, dass die eine System-perspektive durch die andere bereichert wird (vgl. Moser 2011, 19). Aus diesem Blick-winkel wird die „Defizit-These", die besagt, dass wissenschaftliches Wissen der Praxis prinzipiell überlegen ist und deren „Defizite" reduzieren kann, durch die „Differenz-These" ersetzt, welche davon ausgeht, dass beide Wissensbereiche „unterschiedliche Entstehungs- , Begründungs- und Verwendungsmuster aufweisen" (Terhart 2000, 23). Rekurrierend auf Luhmann und Schorr (1988) wird die Behauptung eines Defizits ohnehin obsolet, da sich aus Gründen der Komplexität pädagogischer Situationen das Defizit gar nicht beheben lässt (vgl. Herzog 2011, 63). Die Lehrenden könnten noch so viel Denkarbeit und Planung im Vorfeld leisten und dennoch wäre eine Unterrichtssi-tuation nie vollständig planbar und vorhersehbar.

Die systemtheoretisch begründete Rede vom prinzipiell bestehenden „Technologiedefizit" kann ein vertiefendes Verständnis für die Skepsis an einem technologischen Verständnis von Unterrichtsimplementation liefern (s. Kapitel 3.1 *Diskussion von Innovationsansätzen*; s. dazu auch 3.2 *Systemische Sicht auf Innovation versus anthropologische Sicht*). Die rekonstruierte Differenzierung hinsichtlich der professionellen Handlungsorientierung von Lehrenden macht sehr deutlich, dass eine „Einheitsstrategie" zur Implementation neuer Unterrichtskonzepte nur wenig Erfolg haben kann. Statt von auf Forschungsergebnissen basierenden Lösungen in Form von Curriculum Produkten auszugehen, sollten deshalb zunächst mit den unmittelbar Betroffenen und Beteiligten der Institution Schule Ideen auf Grundlage von für die Schule empfundenen Probleme entwickelt, erprobt, verfeinert und evaluiert werden, um daraus neue Theorien zu generieren, die sich erneut in der Praxis bewähren müssen. Erneut möchte ich an dieser Stelle an die beiden in Kapitel 3.3 und Kapitel 3.4 erwähnten Modelle für Veränderungsprozesse der *Interpretativen Unterrichtsforschung* und der *Praxis- und Handlungsforschung* verweisen.

Die Rezeption von innovativen Lehr-Lernformen hängt also im starken Maße von den Lehrenden, ihren persönlichen Ressourcen, ihren Wünschen, ihrer vorausgegangenen Sozialisation und dem (Schul-)System ab, in welches die Lehrenden eingebunden sind. Deutlich wird, wie sehr Lehrerbildung bei der Entwicklung von Lehrerkompetenz neben institutionsinternen auch auf vor- und außeruniversitäre Lernprozesse bauen muss (vgl. Messner 2004, 20).

Die Autorin konnte, ähnlich wie Gellert (2003a, 41f.), aus professionsbezogener Perspektive erfahren, dass Eingriffe und Veränderungen von außen in die Unterrichtspraxis häufig von Lehrenden als Verletzung ihrer Autonomie aufgefasst werden. Eine solche Erfahrung machte die Forscherin bei der Rekrutierung von aktiven Lehrkräften der dritten Phase der Lehrerbildung. Die Nachfrage, ob die Lehrkräfte kooperatives Lernen in ihrem Unterricht praktizieren und davon berichten könnten, wurde schlimmstenfalls als Eingriff in die eigenen Autonomie bewertet und bestenfalls als Chance gesehen, eigene Erfahrungen zu reflektieren und an andere weiterzugeben. Hier lässt sich mit der anthropologischen Sicht[232] anschließen, welche auf den Anwender Bezug nimmt und davon ausgeht, dass Neuerungen und Veränderungen prinzipiell in und durch Personen und nicht durch Vorgaben und Eingriffe von außen stattfinden können. In diesem Sinne schließe ich mich GELLERT (2003b) an, der vorschlägt von Akzeptanz und nicht von Implementation einer Neuerung zu sprechen (vgl., ebd. 14).

Zusammenfassend kann festgehalten werden, dass sich in meiner Studie Konstellationen herausarbeiten ließen, welche deutlich machen, dass kooperative Lehr-Lernformen zukünftig eher nicht zur Anwendung kommen werden, da sie sich als nicht anschlussfähig an die Erfahrungsräume der Lehrenden gezeigt haben. Dies ist bei einem Teil der Lehrenden der Schulstufen 5 und 6 der Fall. Zwar werden die Methoden grundsätzlich auf der Ebene kommunikativen Wissens befürwortet, aber dennoch legitimiert, warum diese selbst nicht umgesetzt werden. Die Methoden funktionieren nur dann, wenn die SuS schon gewisse Kompetenzen mitbringen. Da das häufig nicht der Fall ist, werden

---

232 S. dazu Gliederungspunkt 3.2 *Systemische Sicht auf Innovation versus anthropologische Sicht*.

diese Methoden von vornherein als ungeeignet für eine Klassenstufe eingestuft und nicht umgesetzt.

Vor diesem Hintergrund lässt sich auch das Verständnis einer weiteren Lehrkraft der Schulstufe 5 und 6 nachvollziehen, welche kooperatives Lernen anders rahmt als alle anderen Beteiligten. Sie fasst es als ein grundlegendes Prinzip, als eine Art *Unterrichts-philosophie* auf, welche durchgängig umgesetzt und „komplett" gelebt wird. Theoretische Grundlagen und Informationen zum kooperativen Lernen sind für die Rezipientin nicht anschlussfähig, nicht integrierbar in ihre handlungsleitenden Wissensbestände, welche sie in ihrer „selbst ge- und er-lebten Alltagspraxis" (Bohnsack 2011, 129) auf Grundlage ihrer Sozialisationsgeschichte erworben hat. Kooperatives Lernen bedeutet für die Lehrkraft, Kooperation zu kontrollieren, zu regulieren und Kontrollmechanismen zu delegieren und nicht ihre alleinige Kontrolle als Lehrkraft aufzugeben. So greift die Lehrerin bei der Rezeption auf das „Interpretieren" (ebd., 130) auf rein *kognitiver Ebene* zurück und kann kooperatives Lernen nicht in ihre Wissensbestände, welche ihre Handlungspraxis leiten, integrieren.

Der Umgang mit kooperativen Lehr-Lernformen als Frage der professionellen Entwicklung von Lehrkräften

Wie können Lehrkräfte vor dem Hintergrund des Technologiedefizits mit geringer Steuerbarkeit und Ungewissheit, den Helsper'schen Antinomien und dem diffusen Arbeitsbündnis professionell handeln?

Auf Grundlage der empirischen Befunde der Studie möchte ich das rekonstruierte ko-konstruktivistisch orientierte Rollenverständnis der Lehrenden als ein Zeichen professionellen Handelns bezeichnen. Vor dem Hintergrund der strukturtheoretischen Perspektive lassen sich im Unterricht dieser Lehrenden Lernarrangements und Handlungsmöglichkeiten aufzeigen, um das überwiegend asymmetrische Verhältnis zwischen SuS und Lehrkraft zumindest zeitweise in eine symmetrische Beziehung zu überführen. Bei der Umsetzung greifen die Lehrenden auf reflexives Erfahrungswissen, pädagogisches Wissen im Umgang mit ihrer Klientel und auf fachliche und fachdidaktische Wissensbestände zurück (vgl. Neuweg 2011b, 452ff.).

Auch die theoriebasierte Reflexion darüber, ob das in der Praxis umsetzbar ist, was die Lehrenden der ersten Phase sich theoretisch denken, ist m.E. ein Zeichen von professioneller Entwicklung auf dem Weg des Novizen zum Experten von der theoriebasierten Reflexivität zur erfahrungsbasierten Reflexivität.

Fundierte fachdidaktische Wissensbestände, über welche insbesondere die Lehrenden der zweiten Phase verfügen und die sie in der Planung zu nutzen wissen, sind ebenso von Bedeutung für die Entwicklung professionellen Handelns. Auf Grundlage des *Expertisemodells*[233] (vgl. Herzog 2011, 71), welches das technokratische Modell[234] ablöst,

---

233 Dieses erkennt die zentrale Bedeutung von Erfahrungswissen sowohl für die Ausbildung als auch für das professionelle Lernen von Lehrpersonen an (vgl. Herzog 2011, 71). Somit sind weder LiV noch Studierende (fertige) professionelle Lehrkräfte, sondern kompetente Novizen.

234 Das technokratische Modell beruht auf der Annahme, dass sich Handlungskompetenz aufgrund der Anwendung wissenschaftlichen Wissens im Rahmen technologischer Theorien entwickelt (vgl. Herzog 2011, 71).

wird am empirischen Material deutlich, dass Expertise in einem längeren Prozess erworben wird, welcher mit einer wissenschaftlichen Ausbildung beginnt und dann des Erfahrungswissens bedarf, welches reflexiv verarbeitet werden muss.

Einige rekonstruierte Handlungsorientierungen knüpfen bereits implizit an die teleonomische Sichtweise an. Eine aktive Lehrerin expliziert z.B., dass man eben nicht alles kontrollieren könne und vielmehr auf die Kinder vertrauen müsse. Auch dazu konträre Orientierungen bis hin zu einem Kontrollsystem mit Unterkontrolleuren, einer gänzlich anders verstandenen Rahmung kooperativen Lernens, werden in den Befunden deutlich. Wie auch Lehrkräfte lediglich Selektionsofferten anbieten können, stellen auch Theorien nur Angebote dar, aus denen die Lehrkräfte auf Grundlage ihrer Erfahrungen, Interessen und ihres Wissens selektieren.

Ergebnisse und Diskussion der empirischen Befunde wollen nicht den Anschein erwecken, als wären Lehrende der dritten Phase an dem maximalen Grad ihrer professionellen Entwicklung angekommen. Es scheint mir in diesem Zusammenhang noch einmal wichtig zu betonen, dass es sich, wie bereits in Kapitel 7.4.5 *Anmerkungen zum phasenübergreifenden Modul, zu den Fallanalysen und zum Sample* dargelegt, als recht schwierig herausstellte, überhaupt Lehrkräfte zu rekrutieren, welche kooperative Lehr-Lernformen regelmäßig in ihrem Unterricht umsetzen. So kommt es unweigerlich dazu, dass nur die aktiven Lehrkräfte in das Sample aufgenommen wurden, die diesen Methoden positiv zugewandt sind.

12 Schwachstellen der Studie

Der Beginn der Forschungsarbeit war geprägt von meiner Unerfahrenheit, dem Wunsch, mit der Datenerhebung zu beginnen und durch das Studium methodologischer Fachliteratur. Mit Zunahme des theoretischen Wissens und nach Vorstellen einer ersten interpretierten Vorlage einer Gruppendiskussion auf einem Methodenworkshop in Magdeburg ging eine Entwicklung und eine daraus resultierende Veränderung des Verhaltens der Forscherin als Interviewerin einher, so dass hinsichtlich des Leitfadens der Interviews und der Eingangsfrage der Gruppendiskussionen Modifizierungen vorgenommen wurden, um mehr Offenheit und Erzählgenerierungen zu ermöglichen.

Bedenken hatte ich zunächst hinsichtlich des Abhängigkeitsverhältnisses zwischen Forscherin und Beforschten. Sensibilisiert für diese Problematik wurde das Material auf dieser Folie analysiert. Es stellte sich heraus, dass ein zum Teil anfängliches Befangensein der Beforschten *aufgeweicht* werden konnte und es mit Fortschreiten der Gruppendiskussionen und Interviews über weite Strecken zur Selbstläufigkeit mit erzählgenerierenden Passagen bzw. dichten Beschreibungen kam. Tendenzen einer Aufrechterhaltung von Erwartungen ließen sich nach der einen oder anderen Anfangshürde auf Verständnisebene kaum mehr rekonstruieren.

Auch die Nähe der Interviewerin zum Arbeitsfeld ist nicht unproblematisch, da eine nötige Distanz für die Rolle des Forschenden eingehalten werden sollte. So kam es zu Situationen, in denen ich von den Interviewten als sogenannter „Mitwisser" (Flick 2006, 140) gesehen wurde, so dass ich einige Male darum bitten musste, dass diese ihre Beschreibungen und Erzählungen genauer ausführen. Die Interviewten sind davon ausgegangen, dass mir die von ihnen verwendeten Konstrukte bekannt sind und keiner weiteren Präzisierung bedürfen.

Hinsichtlich der Mini-Gruppendiskussion mit den Mentorinnen der LiV ist es mir nicht gelungen, die beiden Lehrkräfte durch meine Interviewführung zum Erzählen aus ihrer eigenen Praxis anzuregen. Fast durchgängig erzählten sie aus dezentrierter Perspektive über die Umsetzung des WeLL durch die LiV und nicht von ihrer eigenen Handlungspraxis. Sie behielten die ihnen durch die Ausbildungsvorgaben zugeteilte Rolle als Mentorinnen bei, welche berät und beurteilt, die Rolle als Akteurinnen des eigenen pädagogischen Handelns wurde kaum eingenommen. Aus diesem Grunde wurde diese Mini-Gruppendiskussion nicht in das Sample aufgenommen und mit drei weiteren aktiven Lehrkräften eine Nacherhebung durchgeführt.

Kritisiert werden könnte die Zusammenstellung meines Samples. Noch aussagekräftiger wären die Befunde, wenn das Sample hinsichtlich der drei Professionsgruppen paritätisch aus Beteiligten der Lehrämter L1, L2 und L5 zusammengesetzt wäre. Da an der Goethe Universität keine lehramtsübergreifenden fachdidaktischen Veranstaltungen angeboten werden, war dieser Anspruch für mich als Leiterin des universitären Moduls nicht einlösbar. Bei der Zusammensetzung der Mathematikmodule der zweiten Phase am Standort Studienseminar ist eine Mischung der Lehrämter L1 und L5 nicht unüblich, so dass eine LiV mit dem Lehramt L5 für mein Projekt gewonnen werden konnte. Eine Mischung mit dem Lehramt L2 ist nicht vorgesehen.

Zu einem frühen Zeitpunkt in der Datenerhebung musste ich erkennen, dass es schwierig werden würde, aktive Lehrkräfte zu rekrutieren, welche die Methoden des WeLL *in Reinform* durchführen. Da es mir grundsätzlich um die Umsetzung strukturierter kooperative Lehr-Lernformen ging, die nach anfänglicher Instruktion der Lehrkraft und dem Bereitstellen flankierender Maßnahmen das Lernen in die Hand der SuS legen, welche also nicht mehr frontal und instruktiv leitend gestaltet werden, sondern den SuS mehr Freiräume lassen, nahm ich drei von fünf Lehrkräften in das Sample auf, die einzelne Elemente der Methoden des WeLL im Rahmen des kooperativen Lernens umsetzten. Somit waren alle Teilnehmenden in ihrem Kontext vor eine vergleichbare Herausforderung gestellt. Die Erkenntnis, dass aktive Lehrkräfte die Methoden des WeLL als spezielle kooperative Formen unter das kooperative Lernen subsumieren, fließt in die Fallanalysen mit ein.

Als ungeeignet erwies sich die Zuweisung von Nummern zu den einzelnen Teilnehmenden der Gruppendiskussion, welche diese vor Sprecherwechsel ankündigten. Das Nennen dieser war zunächst befremdlich, hinderte dennoch nur anfänglich die Selbstläufigkeit.

13 Schlussfolgerungen für die Gestaltung der Lehrerbildung

Professionelle Entwicklung vor dem Hintergrund rekonstruierter Typiken und Rezeptionsprozesse

Auf Grundlage der empirischen Befunde sind Ansätze einer reflektierenden Lehrerbildung aufzugreifen und umzusetzen, um somit einen Beitrag zur Veränderung von (Mathematik-)Unterricht als Weiterentwicklung professionellen Handelns zu leisten. Deshalb sehe ich einen wesentlichen Baustein der Kooperation in der Aneignung von Reflexionskompetenz und im Sich-Aneignen fachwissenschaftlich als auch sozialwissenschaftlich forschenden Lernens.

> „Eine Veränderung der Lernkultur kann dagegen erst durch die Förderung der Reflexion über Unterricht erreicht werden." (Zeitler et al. 2012, 251).

Um der Forderung nachzukommen, dass Lehrerbildung in berufsbiografischer Hinsicht eine Einheit von Aus- und Weiterbildung darstellt, wäre es wünschenswert, die drei Phasen inhaltlich, institutionell und personell so zu gestaltet, dass die Bildungsinstitutionen Angebote für Lehrkräfte aller Alterskohorten gemäß ihrer Bedürfnislagen anbieten und somit für alle Beteiligten kumulative berufsbezogene Lernprozesse ablaufen könnten. Dazu bedarf es allerdings einer stärkeren Vernetzung der einzelnen Ausbildungsabschnitte und der Fortbildung und im Optimalfall der Aufhebung der Trennung der Bereiche Lehrerausbildung und -fortbildung. Ebenso sehe ich ungenutztes Potential in der Vernetzung der verschiedenen Lehrämter, welche voneinander profitieren könnten. Eine fest institutionalisierte längerfristig angelegte Form der Kooperation dieser Art bedürfte allerdings der Veränderung von Studien- und Ausbildungsordnungen.

Ein allgemeiner Ausblick auf die Lehrerausbildung und Lehrerfortbildung erfolgte bereits in **Kapitel 6.3** *Lehrerausbildung und Lehrerfortbildung – praktische Konsequenzen*. Meine weiteren Ausführungen beziehen sich weniger auf eine Handlungs*anleitung* für die Lehrkräfte als vielmehr auf ihre professionelle Entwicklung von Handlungs*alternativen* im Rahmen der Vernetzung der einzelnen Ausbildungsabschnitte mit der Lehrerfortbildung[235] (vgl. Krummheuer & Fetzer 2005, 155). Die professionelle Entwicklung ist auf der Grundlage ihrer Zuständigkeiten und Möglichkeiten zu bestimmen.

In der **ersten Phase** geht es um die Entwicklung „theoretischer Reflexivität und erfahrungswissenschaftlichen Begründungswissens sowie um die Anbahnung weiterer reflexiver Wissensformen" (ZSL 2002, 198). Es wird deutlich, dass die erste Phase einer anderen Logik verpflichtet ist als die **zweite Phase**, in der die Entwicklung praktischen Könnens und pädagogischer Handlungsmuster im Mittelpunkt steht, und als die **dritte Phase**, die der Förderung und Begleitung selbstständigen beruflichen Lernens dient (vgl. Terhart 2000, 61f.).

Eine phasenübergreifende Kooperation und Verzahnung Studierender, LiV und aktiver Lehrkräfte ist auf Grundlage dieser Differenzbestimmung sowie entsprechend differierender Sichtweisen zu begründen. Nach FEINDT et al. (2002) könnten die beteiligten Parteien von dieser „Perspektivenverschränkung" (ebd., 183) profitieren.

Deutlich wurde, dass bei den Beteiligten **Anschlussfähigkeit** hergestellt werden muss. Ausschließlich instruktivistische Anleitung in Form der Vermittlung der Grundlagen des WeLL bleibt fruchtlos; es ändert sich nur die äußere Form, die Hülle, aber nicht das eigene Verständnis. Eine **Veränderung** kann erst durch die **Förderung der Reflexion** des eigenen pädagogischen Handelns erreicht werden. Um etwas zu verändern, um ein Ablösen von der alleinigen Kontrolle und Verantwortung des Unterrichtsgeschehens zu

---

235 Gellert (2003b) stellt die Frage, ob Mathematiklehrkräfte „in Innovationen nach Handlungs*anleitungen* suchen" oder ob sie diese „als Handlungs*alternativen* wahrnehmen sollen" (ebd., 139). Der Autor unterscheidet zwischen einer Ausbildungskonzeption, welche Handlungs*anleitungen* in den Mittelpunkt stellt, und solchen Konzeptionen, die den Lehrenden „Ansätze zur Entwicklung eigener Handlungs*alternativen* ermöglichen" (Krummheuer & Fetzer 2005, 160).

erreichen, müssen die impliziten Vorstellungen über das eigene Rollenverständnis, über Lehren und Lernen und die routinierte Handlungspraxis zum Gegenstand der Reflexion gemacht werden. Die stärkere Einbeziehung der Lehrkräfte in den Prozess legen sowohl die **systemtheoretische**, die **anthropologische Sichtweise**[236] als auch die **interaktionistisch orientierte Innovationsforschung** im Bereich des Mathematiklernens in der Grundschule (Gellert 2001, 2001a, 2001b; Krummheuer & Brandt 2001; Krummheuer & Fetzer 2005) nahe.

Zunächst wird auf der Basis der empirischen Befunde, welche ein relativ komplexes und auch noch durch Überlagerungen gekennzeichnetes **Typologiegemisch** ergeben haben, zusammengetragen, was die einzelnen Lehrenden für unterschiedliche **Bedürfnislagen** haben und welche **Stärken** sie mitbringen. Es werden dann auf Grundlage der rekonstruierten **Gemeinsamkeiten** und **Unterschiede** Überlegungen angestellt, wie diese im Sinne einer Symbiose vor dem Hintergrund der Differenzbestimmung für integrative Lehrveranstaltungsformen genutzt werden können.

Unterschiedliche Kenntnisse, Fähigkeiten, Vorverständnisse und rekonstruierte Differenzen hinsichtlich der professionellen Handlungsorientierungen der einzelnen Lehrenden in ihrem je spezifischen professionellen Kontext legen nahe, dass eine „Einheitsstrategie" zur Implementation neuer Unterrichtskonzepte nur wenig Erfolg haben wird. Deshalb ist es notwendig, verschiedene Maßnahmen für unterschiedliche Typen von Lehrkräften anzubieten, deren Potentiale und Stärken symbiotisch genutzt und deren Schwächen gemeinsam bearbeitet werden könnten. Erforderlich wären somit unterschiedliche **Angebote** mit einem **inneren Differenzierungsansatz** zur professionellen (Weiter-)Entwicklung von (angehenden) Lehrkräften im Rahmen eines (vernetzten) Ausbildungs- und Fortbildungsangebots für mindestens **drei unterschiedliche Typen** von Lehrkräften.

1) Lehrende, die über wenig bis kein berufliches Erfahrungswissen verfügen, sich an einer **rezeptologischen Planung und Anwendung** orientieren und auf der Suche nach ihrer Rolle als Lehrende sind, würden am meisten gestützt durch elementare Informationen über das berufliche Tätigkeitsfeld von Lehrkräften, durch Schaffen von Sensibilität für den prinzipiellen Charakter von antinomischen Konstellationen und für das Verstehen der widersprüchlichen Aufgaben und Anforderungen von Lehrenden, um geeignete Handlungsperspektiven zu entwickeln. Nach SCHLÖMERKEMPER (2012) können diejenigen, die die Antinomien theoretisch durchdringen und emotional verstanden haben, erfolgreicher damit umgehen (vgl. ebd., 173). Der Autor spricht in diesem Zusammenhang von der Schulung eines „antinomischen Blicks" (ebd., 172). Auch sollte darüber aufgeklärt werden, dass Alltagswissen nicht aus universitären Studien der Erziehungswissenschaften entsteht (vgl. Terhart 2000, 22), sondern dass wissenschaftliches Wissen und praktisches Handlungswissen als differente Wissenssysteme mit zwei verschiedenen Handlungslogiken zu verstehen sind. So kann die universitäre Lehrerausbildung mit einer realistischen Zielsetzung betrieben werden, die im Erwerb theoretischen Wissens und einiger Basiskompetenzen besteht, um sich dann in der Praxis professionelles Erfahrungswissen und Können aneignen zu können (vgl. Heil & Faust-Siehl

---

236 S. Fußnote 232. Die anthropologische Sicht versteht Änderung und Erneuerung nicht als Veränderungen von Organisationsstrukturen. Vielmehr finden diese prinzipiell in und durch Personens statt.

2000, 25). Darüber hinaus ist eine Betreuung und Reflexion der Praktika sicher zu stellen. Von Bedeutung ist insbesondere eine reflexive Bearbeitung der schulpraktischen Erfahrungen, um die Angemessenheit eigenen Handelns zu überdenken und dieses schrittweise weiter auszubauen. Ein Rollenverständnis kann sich nur durch Erfahrungswissen weiterentwickeln, welches auch reflektiert wird.

2) Lehrende, die an der **vollständigen Planbarkeit von Unterricht** festhalten, sollten erproben, ob ihr bisheriges Rollenverständnis bei der Umsetzung einer strukturierten kooperativen Lehr-Lernform anschlussfähig ist. Machen sie gegenteilige Erfahrungen, kommt es zu Verunsicherungen. Diese Lehrenden brauchen Unterstützung in Form von reflektierenden Angeboten, um Unterrichtssituationen in ihrer Unverfügbarkeit und ihrem „Doppelcharakter" (Schlömerkemper 2012, 173) zu durchschauen und einen Weg zu finden, wie man konstruktiv mit dieser Unsicherheit umgehen könnte. Dazu gehört auch das kritische Betrachten und Erörtern von Chancen und Grenzen didaktischer Modelle, welche lediglich „Planungsofferten" (Scheunpflug 2004, 84) bzw. Unterrichtsplanungsmodelle darstellen, und sich nicht mit ihren Realisationen der Unterrichtspraxis decken können (vgl. Meyer et al. 2000, 15).

3) Anzunehmen ist, dass Lehrkräfte, die in **eigenverantwortlicher Gestaltung** handeln, grundsätzlich keine Fort- und Weiterbildung benötigen, da es zu ihrem Selbstverständnis gehört, sich selbst fort- und weiterzubilden bzw. mit Kolleginnen und Kollegen schulintern und schulübergreifend zu koordinieren und zu kooperieren. Auf Grundlage meiner empirischen Befunde zeigt sich allerdings die Notwendigkeit, Möglichkeiten der Selbstreflexion anzubieten, die über die bestehenden subjektiven Theorien[237] hinausweisen. Für die Entwicklung eines wissenschaftlich-reflexiven Habitus bedarf es eigener Bildungsräume und Bildungszeiten, wie z.B. berufsbegleitende Maßnahmen im Studium, im Referendariat und in der Schule. Dazu gehören z.B. institutionalisierte Formen der kollegialen Fallarbeit[238] der Fallberatung und Supervision (vgl. Terhart 2000, 129f.), Fortbildungs- und Weiterbildungsmaßnahmen wie professionelle Lerngemeinschaften[239] und der Aufbau von Beratungs- und Stützsystemen in und zwischen Schulen (vgl. Terhart 2001, 71) mit entsprechender Unterrichtsentlastung. So könnten sukzessive Handlungsroutinen in Zusammenarbeit mit Kolleginnen und Kollegen hinterfragt und verändert werden.

---

237 Darunter fällt bspw. das *missverstandene Grundverständnis* kooperativen Lernens von Frau Fürch.

238 Fallbeispiele stellen eine Möglichkeit für die Ausbildung dar, reflexive Prozesse auszulösen und sichtbar zu machen, wie sich wissenschaftliches Wissen mit alltäglichen oder beruflichen Erfahrungen verbinden lässt (vgl. Herzog 2011, 71).

239 Professionelle Lerngemeinschaften zeichnen sich dadurch aus, dass diese auf Grundlage gemeinsamer Werte und Ziele im Dienste einer positiven Entwicklung von Schülerschaft und Lehrerschaft kooperieren. Die Teilnehmenden sind bereit, ihre beruflichen Erfahrungen als auch ihr Unterrichtshandeln offen zu diskutieren und in einem reflexiven Dialog zu würdigen. „Professionelle Lerngemeinschaften vermitteln also ein qualifiziertes Wir-Gefühl und Normensicherheit und bieten damit eine wichtige Grundlage für die berufliche Gesunderhaltung" (Sieland 2006, 10f.).

Aus den empirischen Befunden wurde deutlich, dass **die Lehrenden der ersten Phase** über theoretisches Grundlagenwissen hinsichtlich WeLL verfügen[240]. Sie sind in Ansätzen vertraut mit Methoden der interpretativen Unterrichtsforschung und können diese Methoden auf transkribierte Unterrichtssequenzen anwenden. Sie haben Erfahrungen mit dem Prinzip des forschenden Lernens, können technische Geräte wie Videokamera und Aufnahmegeräte bedienen und sind weitestgehend vertraut mit der Anfertigung von Transkriptionen. Dies wären gute Voraussetzungen, um in der Lehrerausbildung forschungsorientiert zu arbeiten. **Die Lehrenden der zweiten Phase** verfügen über ein abgeschlossenes Studium und über Wissensbestände zu kooperativen Lehr-Lernmethoden. Grundsätzlich haben sie gute fachdidaktische Kenntnisse und bringen ein gewisses Maß an Erfahrungswissen mit, da sie über einen längeren Zeitraum eigenverantwortlich unterrichtet und in unterschiedlicher Intensität Klassenleitungsfunktionen übernommen haben. Hinsichtlich des Anfertigens von Unterrichtsentwürfen und des Erstellens ihrer *Schriftlichen Arbeit* setzen sie sich verstärkt mit mathematischen Themen auseinander, fertigen ausführliche didaktische Analysen an und beschäftigen sich intensiv mit der Erhebung von Lernausganglagen einzelner Lerngruppen. **Die aktiven Lehrkräfte** kennen in der Regel den Berufsalltag der Lehrkraft mit seinen vielfältigen Anforderungen. Sie haben auf Grundlage von Erfahrungswissen ein Handlungsrepertoire entwickeln können. Das Beobachten gehört grundsätzlich zu einem festen Bestandteil ihres Unterrichtsalltags.

Darüber hinaus ließ sich phasenunabhängig in einigen Fällen des Samples ein gewisses Maß an **Reflexionskompetenz** in unterschiedlicher Ausprägung herausarbeiten. Nicht zu vernachlässigen ist das unterschiedliche unterrichtliche **Erfahrungswissen**, insbesondere bei den Studierenden, welches **außeruniversitär** erworben wurde und ein weiteres Potential birgt.

Nach Betrachtung der Bedürfnislagen und der für eine ertragreiche Kooperation zu nutzenden Stärken und Potentiale der Lehrenden ist es wichtig, auch **Überschneidungsfelder** und **Gemeinsamkeiten** zu benennen. Auf Grundlage der empirischen Befunde ließ sich rekonstruieren, dass sich alle Beteiligten intensiv mit der **Planbarkeit und Unsicherheit von Unterricht**, mit ihrem eigenen **Rollenverständnis**, mit **Widersprüchen** und mit **Störungen** und **unvorhergesehenen Ereignissen** auseinandergesetzt haben. BASTIAN (2007) führt eine Untersuchung an, in welcher angehende Lehrkräfte der ersten Phase als wichtigsten Inhaltsbereich das Thema „**Lehrerpersönlichkeit/Lehrerrolle**" (ebd., 123) angegeben haben. Der Themenbereich „**Umgang mit auffälligen SuS**" (ebd., 123) erhielt sowohl in der ersten als auch in der zweiten Phase fast ebenso viele Nennungen. Dadurch wird der Handlungsbedarf hinsichtlich dieser Themenbereiche noch einmal zusätzlich untermauert.

---

240 Da sich in den handlungsleitenden Orientierungen der Studierenden zeigte, dass diese sich bei der Umsetzung der Methoden des WeLL eher mit dem Vermittlungsaspekt und weniger mit den mathematischen Inhalten auseinandersetzten (s. dazu Kapitel 8.1.1.1 *Individuelle Orientierungen von Frau Dahl und Frau Schmidt*) lassen sich aus meinen empirischen Analysen kaum Informationen über ihr mathematisches Fachwissen herausarbeiten. Die schriftlichen Ausarbeitungen der Studierenden, welche diese als Leistungsnachweis anzufertigen hatten, zeigen allerdings, dass die Studierenden in unterschiedlicher Ausprägung über mathematisches Fachwissen verfügen.

Wie könnte auf Grundlage der vorgegebenen Rahmenbedingungen[241] der Lehrerbildungsphasen, der Ergebnisse der empirischen Befunde und der Diskussion dieser ein differenziertes phasenübergreifendes Angebot in der Lehrerbildung aussehen? Wie lässt sich an die unterschiedlichen Kenntnisse, Fähigkeiten, professionellen Handlungsorientierungen und Bedürfnislagen anknüpfen, wie können die ungenutzten Potentiale nutzbar gemacht werden? Wie könnten sich die unterschiedlichen Profile in ihren Stärken ergänzen und rekonstruierte gemeinsame Anliegen der Lehrenden, wie z.B. in Bezug auf den Umgang mit Unsicherheiten und Antinomien, gemeinsam bearbeitet werden?

Bevor ich als Fachdidaktikerin versuche, Möglichkeiten von integrativen Veranstaltungen und Arbeitsbeziehungen der Lehrenden untereinander auf Grundlage meiner empirischen Befunde für das **Fach Mathematik** aufzuzeigen, möchte ich auf das Verständnis der Lehrenden in Bezug auf das Fach Mathematik eingehen. Im Sinne der Anschlussfähigkeit ist darüber hinaus zu fragen, ob die Betroffenen prinzipiell an **phasenübergreifender Kooperation** (fachunabhängig) Interesse zeigen.

Die Bedeutung des Faches Mathematik bei der Umsetzung

Zunächst lässt sich auf Grundlage der empirischen Befunde festhalten, dass sich in Bezug auf Planung und Umsetzung mathematischer Themen keine gemeinsame Basistypik rekonstruieren ließ.[242] Die mathematischen Themen stellten bei einigen Lehrenden eine Externalisierung der Handlungsaufforderung zur Umsetzung dar, da diese für die Lehrpersonen in der Durchführung mit Unsicherheiten verbunden waren. Folgende Externalisierungen wurden von den Lehrenden genannt: Das Thema sei ungeeignet, da mathematische Inhalte aufeinander aufbauten. Die Thematik ließe sich nicht in zwei inhaltlich gleichwertige Hälften von vergleichbarem Umfang[243] teilen. Den Kindern würden die mathematischen Begriffe fehlen, um ihr Wissen korrekt weiter geben zu können. Die SuS wären noch nicht in der Lage, mathematisch zu argumentieren. Die Kinder könnten sich lediglich über falsche und richtige Lösungen austauschen. Daher würden sich mathematische Themen nicht anbieten. Zudem benötigten die Kinder für arithmetische Themen schon ein gewisses mathematisches Vorwissen. Insgesamt ließ sich die Tendenz herausarbeiten, strukturierte kooperative Lehr- Lernformen im Fach Mathematik eher im Bereich der Geometrie anwenden zu wollen als in der Arithmetik oder im Sachrechnen.

Hier wird deutlich, dass die Umsetzung kooperativer Lehr-Lernformen im Mathematikunterricht einen hohen Anspruch darstellt und ein anderes Verständnis von Mathematik im Sinne von „Mathematik betreiben" (Leuders 2003, 107) notwendig zu sein scheint, um das Potential dieser im Mathematikunterricht nutzen und ausschöpfen zu können.

---

241 In meinen Schlussfolgerungen zur Gestaltung von integrativen Lehrveranstaltungen geht es nicht um die Veränderung des strukturellen Rahmens der Lehrerbildung. Erörterungen dazu finden sich in Kapitel 6.1 *Zur gegenwärtigen Situation der Lehrerbildung.* Meine Intention besteht darin aufzuzeigen, welche Möglichkeiten der Vernetzung innerhalb des vorgegebenen strukturellen Rahmens bestehen.

242 In einigen Fällen ließ sich herausarbeiten, dass die Lehrenden kooperative Lehr-Lernformen bereits in den Fächern Deutsch und Sachunterricht umgesetzt haben bzw. umsetzen. Ein Teil der Lehrenden äußerte, kooperative Lehr-Lernformen (zukünftig) eher in diesen Fächern umsetzen zu wollen und weniger im Fach Mathematik.

243 Eine Teilung der Thematik in zwei oder mehrere gleichwertige Themengebiete ist für die Umsetzung des Partnerpuzzles und Gruppenpuzzles eine notwendige Voraussetzung.

Nicht mehr die Lehrkraft in der Rolle als Wissensvermittlerin von mathematischen Inhalten steht dabei im Mittelpunkt, sondern die Lernprozesse der SuS. In einem Transkriptausschnitt einer aktiven Lehrkraft zeigt sich die Bedeutung verschiedener Wissensbereiche der Lehrkraft, welche erforderlich zu sein scheinen, um dieser anspruchsvollen Aufgabe gerecht werden zu können. Neben dem fachlichen Wissen und dem Wissen über die schulischen Inhalte zeigt sich das Vorhandensein pädagogischen Wissens („Pedagogical knowledge"[244]; Helsper 2002b, 72) der Lehrkraft, welche ausgehend von einem konstruktivistischen Lernbegriff Lernen als aktiven und kumulativen Prozess (vgl. Bernhart et al. 2008, 12) versteht, auf welchen sie im Sinne des Spiralprinzips[245] im Mathematikunterricht aufbaut. An diesem konkreten Beispiel wird deutlich, wie wichtig die Fähigkeit einer Lehrperson ist, über vielfältige Wissensbereiche zu verfügen und diese im Sinne der Kompetenzentwicklung der Kinder miteinander zu verknüpfen.

Die Bedeutung von phasenübergreifender Kooperation in Form von gemeinsamen Veranstaltungen

Dieser Aspekt wurde zum Ende der Gruppendiskussionen und Interviews thematisiert. Auf Grundlage des empirischen Materials konnte bspw. rekonstruiert werden, dass nach Meinung der Studierenden die älteren aktiven Lehrkräfte grundsätzlich an aktuellen didaktischen Konzepten und Ansätzen interessiert zu sein scheinen. Kooperation und Vernetzung sei nicht eine Frage des Nicht-Wollens, sondern der nicht vorhandenen Möglichkeiten des Austausches. Nicht nur die Studierenden würden von den Lehrkräften profitieren, auch die Lehrkräfte bekämen von den Studierenden Anstöße über neue Ansätze in der „Didaktik", womit ein „Anschluss" der Lehrerinnen und Lehrer an die Bildungsstandards erleichtert würde.

Das gemeinsame Analysieren, Austauschen und Reflektieren ermögliche nach Meinung der **Studierenden** der Gruppendiskussion, ihren Unterricht aus einem neuen Blickwinkel zu betrachten. Ihres Erachtens profitiere nicht nur die Person, die Unterricht hält, sondern auch die beobachtende Person von der Analyse der durchgeführten Unterrichtsszenarien. Diese Orientierung wird von den anderen teilnehmenden Studierenden der Gruppendiskussion validiert. Hier wird deutlich, dass die Möglichkeit dieser Erfahrung im Rahmen des universitären Studiums eher selten vorhanden zu sein scheint und Bedarf und Bereitschaft nach Austausch und Kooperation im Praxisfeld Schule von Seiten der Studierenden vorhanden sind.

Bei den **LiV** zeigt sich, dass Kooperation nicht nur im theoretisch orientierten Rahmen der Universität gewünscht wird, sondern auch im Praxisfeld Schule. Es wird der Wunsch der LiV deutlich, gemeinsam mit allen drei Professionsgruppen Unterricht zu planen und umzusetzen. Insbesondere das gemeinsame Thematisieren der zwei verschiedenen Handlungslogiken in Form der Differenz zwischen Theorie und Praxis scheint für die LiV von Bedeutung zu sein. Des Weiteren wird in den Transkripten der

---

244 Mit der Einteilung der Wissensbereiche von Lehrkräften markiert Shulman (1986, 1987) den Startpunkt einer intensiven Diskussion um das Lehrerwissen (vgl. Neuweg 2011b, 454ff.).

245 Das Spiralprinzip besagt, dass ein und derselbe Gegenstand auf verschiedenen Entwicklungsstufen aufgegriffen wird. Der Lerngegenstand wird dort „mit den dem Kind zur Verfügung stehenden Mitteln bis zu einem vorläufigen Abschluss" (Lauter 1995, 24) entwickelt und später erneut aufgegriffen.

LiV deutlich, dass Kooperation und gemeinsame Vorbereitung von Unterricht Zeit benötigen und deshalb der Wunsch besteht, dass Kooperation nicht nur punktuell unter Zeitdruck stattfinden sollte, sondern über einen längeren Zeitraum mit mehreren Treffen, um überhaupt ‚Entwicklungs'-Prozesse initiieren, wahrnehmen und evaluieren zu können. Es wird die Erfahrung der LiV thematisiert, dass die „fertigen Lehrkräfte" einer Kooperation eher verschlossen gegenüber stehen. Deutlich wird das Anliegen der LiV nach Kooperation mit allen drei Professionsgruppen im Sinne von Teamarbeit auf Augenhöhe mit hinreichender Transparenz und Offenheit.

Keine der **aktiven Lehrkräfte**, die im Sample bei der Interpretation berücksichtigt wurde, hat an der phasenübergreifend konzipierten Veranstaltung teilgenommen. Das könnte möglicherweise dem Umstand geschuldet sein, dass die Nacherhebung erst nach der Durchführung der beiden durchgeführten Seminare stattfand. Ein genannter Grund der Lehrkräfte für die Nichtteilnahme an der gemeinsamen Veranstaltung war die hohe Arbeitsbelastung, ein anderer Grund, dass ihnen strukturierte kooperative Lehr-Lernformen bereits bekannt seien und mehr oder weniger umgesetzt würden. Festgehalten werden kann allerdings auch, dass sich alle rekrutierten aktiven Lehrkräfte für ein Interview bzw. für eine Mini-Gruppendiskussion bereit erklärten. Dennoch könnte es sich nach diesen Erfahrungen als schwierig erweisen, aktive Lehrkräfte für Vernetzung und Kooperation zu gewinnen, so dass sich die Frage stellt, wie ihre Bereitschaft geweckt werden kann, an einer integrativen Veranstaltung teilzunehmen, sich auf etwas Neues, Ungewisses, Herausforderndes einzulassen und sich erneut mit Theorien und dem forschenden Lernen vertraut zu machen und auseinander zu setzen.

Zusammenfassend lässt sich festhalten, dass sowohl die Lehrenden der ersten als auch der zweiten Phase an längerfristiger Kooperation und Vernetzung interessiert sind. Allerdings wird auch der Wunsch deutlich, dass Kooperation nicht einseitig, sondern in einem ausgewogenen symmetrischen Miteinander stattfinden und für alle Beteiligten einen Gewinn darstellen sollte. Da eine Zusammenlegung der Phasen eher unrealistisch erscheint (vgl. Terhart 2000, 113), muss wohlüberlegt werden, wie innerhalb der dargestellten Struktur der Lehrerbildung Kooperation und Vernetzung für alle Beteiligten gewinnbringend gelingen kann.

SCHREIBER (2012) führt in seinem Artikel in *Schulpädagogik heute* Bedingungen für das Gelingen von Konzepten zur Verzahnung aus der Perspektive der drei Professionsgruppen an (vgl. ebd., 8). Die Ausführungen machen deutlich, dass eine gelingende Umsetzung mit einem hohen Koordinationsaufwand verbunden ist, des Weiteren ohne personellen Aufwand nicht zu realisieren ist und Transparenz, Unterstützung und Achtsamkeit unabdingbar sind. Er führt weiter aus, dass die Angebote in die Arbeitszeit der LiV integriert werden sollten. Des Weiteren regt der Autor an, den Praxiseinsatz direkt mit den universitären Seminaren zu verbinden und darauf zu achten, dass die Angebote inhaltlich und organisatorisch in den schulischen Rahmen passen (vgl. ebd., 8). Vor diesem Hintergrund werde ich im Folgenden drei mögliche Konzeptionen von Kooperation erläutern.

Möglichkeiten phasenübergreifender Kooperation in der Lehreraus- und Lehrerfortbildung

Der Wert einer phasenübergreifenden Kooperation der drei Phasen der Lehrerbildung kann nicht nur auf der Ebene der sich ergänzenden Stärken und Schwächen, sondern auch auf der Ebene der aktuellen Gemeinsamkeiten und Differenzen beschrieben werden. Der Mehrwert einer längerfristigen Vernetzung müsste ein größerer sein als der betriebene Aufwand[246]. Folgende **Ziele** könnten m.E. auf Grundlage der Ergebnisse der Studie ein Anreiz für die verschiedenen Professionsgruppen sein, um sich auf integrativ konzipierte Veranstaltungen einzulassen und diese langfristig zu etablieren:

- Profitieren vom Potential der einzelnen Beteiligten mit unterschiedlicher Expertise
- Profitieren der Beteiligten durch die Zusammenarbeit, indem sie ihre Sichtweisen erweitern und Fragestellungen bzw. Lösungsansätze der anderen Akteurinnen und Akteure integrieren
- Ausgehen von einem Problem der pädagogischen Praxis, das von allen Beteiligten als bedeutsam und verändernswert beurteilt wird
- Gemeinsame Realisierung von Maßnahmen auf der Basis der Problemstellung und des konzeptionellen Rahmens (Vgl. Gräsel & Parchmann 2004, 205ff.)

BASTIAN (2007) zustimmend sind konkrete Entwicklungsaufgaben das verbindende Element, um die Beteiligten der drei Phasen in verbindliche Arbeitsbeziehungen zu bringen (vgl. ebd., 123). Eine konkrete Aufgabe könnte bspw. die (Weiter-)Entwicklung von **Reflexionsfähigkeit** sein. Eine intensive Planung zeigte sich ohnehin bei allen Teilnehmenden, reflexive Prozesse allerdings ließen sich nur in einigen Fällen rekonstruieren. Wesentlich scheint mir deshalb, den Fokus neben dem Planen auf das **Beobachten**, das **Deuten** und das **Reflektieren** zu legen, um vor diesem Hintergrund im Sinne des forschenden Lernens Gestaltungsmöglichkeiten im (Mathematik-)Unterricht zu entwickeln und ihre Umsetzung zu analysieren. Auf Grundlage der rekonstruierten Stärken, Schwächen, Unterschiede und Gemeinsamkeiten könnte ein **Themenkatalog** zusammengestellt und an das jeweilige Fach gekoppelt werden. Eine mögliche thematische Zusammenstellung für den **Mathematikunterricht** vor dem Hintergrund der empirischen Befunde könnte wie folgt aussehen:

- Der Umgang mit Widersprüchlichkeiten und Unsicherheiten im Mathematikunterricht
- Theorie und Praxis des Mathematikunterrichts – wie verträgt sich das?
- Mathematikunterricht – Vorbereitung und reflektierende Nachbereitung
- Routine versus Flexibilität – in mathematischen Prozessen handlungsfähig bleiben
- Gestaltung von Arbeitsbündnissen zwischen SuS und Lehrkraft im Mathematikunterricht
- Balance von Instruktion und Konstruktion im Mathematikunterricht
- Die Lehrkraft als Wissensvermittlerin oder Lernbegleiterin im Mathematikunterricht
- Unsicherheiten versus Aufmerksamkeit für Möglichkeiten im Mathematikunterricht
- Kooperatives Lernen im Mathematikunterricht – Szenarien erproben und auswerten

---

246 Dazu gehört nach Schreiber (2012) die Koordination der verschiedenen Phasen aufgrund der unterschiedlichen Modulstruktur, der zeitlich nicht übereinstimmenden Semester und der vorlesungs- bzw. unterrichtsfreien Zeit (vgl. ebd., 9).

- Öffnung im Mathematikunterricht und fehlende Kompetenzen der SuS – ist das nicht ein Widerspruch?
- Offene Aufgabenformate im Mathematikunterricht – so viel Unterstützung wie nötig, so wenig wie möglich

Im Sinne des forschenden Lernens könnten die genannten Themenbereiche mit den drei bereits dargestellten **Modellangeboten für Veränderungsprozesse** (Interpretative Unterrichtsforschung, Praxisforschung und Handlungsforschung; s. dazu Kapitel 3.3 und 3.4) verknüpft werden und in eine integrativ angelegte Konzeption münden.

Hinsichtlich des **Designs integrativer Veranstaltungsformen** im Rahmen von Lehreraus-[247] und -fortbildung wären folgende **Konzeptionen**[248] möglich, die ein gewisses Maß an **Verbindlichkeit** als auch Wahlmöglichkeiten in Form eines **inneren Differenzierungsansatzes** auf Grundlage der rekonstruierten Differenzierung hinsichtlich der professionellen Handlungsorientierungen der Unterrichtenden berücksichtigen sollten, um an die individuellen Profile der Lehrenden anschließen zu können:

1) Intensivierung schulpraktischer Studien mit thematischer Schwerpunktsetzung[249]
2) phasenübergreifend konzipiertes und im Studium integriertes Forschungspraktikum in Vernetzung mit der Ausbildungsveranstaltung „Mitgestaltung der Selbständigkeit von Schule"[250] der zweiten Phase der Lehrerbildung
3) phasenübergreifend konzipierte universitäre Wahlpflichtmodule (Wahlpflichtmodul für Studierende und freiwilliges (Zusatz-)Angebot für LiV und aktive Lehrkräfte)

Im Folgenden werde ich diese drei möglichen Konzeptionen **integrativer Veranstaltungsformen** näher erläutern.

Zu 1) Möglichkeit der Kooperation könnte die **Intensivierung schulpraktischer Studien**[251] **mit thematischer Schwerpunktsetzung** (s. Themenkatalog) und die Aktualisierung von Reflexionswissen in der dritten Phase der Berufspraxis sein (vgl. Bastian 2007, 125). Dazu bedarf es im Rahmen der schulpraktischen Studien einer engen Kooperation der ersten und dritten Phase, an der Studierende, aktive Lehrkräfte in ihrer Rolle als Mentorinnen und Mentoren und die Betreuenden der Schulpraktischen Stu-

---

247 Das *Kasseler Modell* (vgl. Bosse et al. 2012) stellt darüber hinaus einen interessanten Ansatz für die Studieneingangsphase dar.

248 Die genannten drei Konzeptionen sind in verschiedenen Variationen – je nach situativen Kontext und Rahmenbedingungen – in einigen Bundesländern bereits ausprobiert worden. Sie haben also lediglich Vorschlagscharakter und müssen an die jeweiligen Gegebenheiten angepasst werden (vgl. Bastian 2007, 118-131; Schreiber 2012, 2-9; zahlreiche Beiträge in: SEMINAR 1/2011: Lehrbildung in der Verantwortung zwischen Autonomie und Normierung. 17. Jg. Baltmannsweiler: Schneider Verlag Hohengehren; zahlreiche Beiträge in: SEMINAR 1/2012: Wege zur Professionalisierung. 45. Seminartag Jena. 18. Jg. Baltmannsweiler: Schneider Verlag Hohengehren; zahlreiche Beiträge in: SEMINAR 2/2012: Innovative Formen in der Lehrerbildung. 18. Jg. Baltmannsweiler: Schneider Verlag Hohengehren).

249 Zum Kooperationspraktikum als Beispiel phasenübergreifender Zusammenarbeit vgl. Knüppel (2001, 283ff.).

250 Vgl. HLbG-Durchführungsverordnung (DV) (2011).

251 Vgl. SPSO (2005).

dien[252] zu beteiligen sind. Ziel ist nicht nur die Einführung der Studierenden in schulpraktische Routinen. Vielmehr soll die Frage nach der Angemessenheit des eigenen Handelns aller am Prozess beteiligten Lehrenden zur Theorie führen und vor Beliebigkeit schützen. Theoretisches Wissen kann der Reflexion eine Orientierung geben und verantwortungsvolle Entscheidungen ermöglichen. Reibungen zwischen wissenschaftlichen und subjektiven Theorien könnten ermöglichen, dass die Lehrenden ihre Theorien erweitern oder revidieren. Auch könnten sie zur Überprüfung und Differenzierung theoretischen Wissens führen. Nicht nur die Studierenden, sondern auch die betreuenden Lehrkräfte (und LiV) würden Mathematikunterricht zeigen, um Studierende am eigenen Erfahrungswissen und Können teilhaben zu lassen und Handlungs- und Reflexionsperspektiven zu ermöglichen. Den aktiven Lehrkräften und den LiV könnte durch die Studierenden und Betreuenden der Universität ein Zugang zu neueren schulpädagogischen und fachdidaktischen Entwicklungen eröffnet werden. Die Betreuenden der Hochschule hätten die Möglichkeit, einen Zugang zu aktuellen schulischen Erfahrungen zu erhalten. Studierende erhielten die Möglichkeit, in diesem Veranstaltungsrahmen, welcher theoretisches Wissen und Praxiswissen zueinander in Beziehung bringt, ihre schulpraktischen Studien vorzubereiten (vgl. Bastian 2007, 121). So wäre es möglich, dass sowohl Studierende, Betreuende der Hochschule als auch aktive Lehrkräfte und LiV praktische Erfahrungen und Handlungsroutinen auf der Grundlage von theoretischen Wissensbeständen verarbeiten, Reflexionskompetenz erwerben bzw. ausbauen und Handlungsalternativen entwickeln. Thematisch würden Schwerpunkte gesetzt und gezielte Beobachtungsaufträge (vgl. von Felten 2011, 132) verteilt werden. Z.B. könnte vor dem thematischen Hintergrund der Balance von Instruktion und Konstruktion der Fokus auf die Partizipation der SuS und den Instruktionsanteil der Lehrkraft gelegt werden. Zur Unterstützung der Beobachtungen wären Videoaufnahmen möglich. Beobachtungen und Aufnahmen würden im Anschluss gemeinsam ausgewertet. Dazu würden sich Ansätze aus der interpretativen Unterrichtsforschung anbieten. Um solche intensiven Phasen der Nachbereitung und Reflexion als Basis für verantwortliches Handeln zu ermöglichen, bedarf es eines angemessenen Rahmens und einer Ausbildungsverantwortung der betreuenden Personen.

Zu 2) Eine Fortführung einer phasenübergreifenden Intensivierung schulpraktischer Studien könnte ein **phasenübergreifend** konzipiertes und im Studium **integriertes Forschungspraktikum** in Vernetzung mit der Ausbildungsveranstaltung „**Mitgestaltung der Selbständigkeit von Schule**" der zweiten Phase der Lehrerbildung darstellen. Studierende forschen z.B. an nachgefragten Evaluationsaufgaben (fachlicher oder allgemeinpädagogischer Art) der Schule. Die LiV führen im ‚Rahmen' ihrer Ausbildungs-

---

252 Ein erstrebenswertes Ziel wäre es, auch die zweite Phase der Lehrerbildung, d.h. die LiV mit ihrem bereits vorhandenen Erfahrungswissen und ihrem fachdidaktischen Wissen, in diesen Prozess zu integrieren. Das würde für alle Beteiligten der drei Phasen bedeuten, frühzeitig miteinander und mit der jeweiligen Schulleitung Kontakt aufzunehmen, damit diese integrativen (Unterrichts-)Prozesse bei der Planung des Stundenplans und dem Einsatz der beteiligten LiV und Lehrkräfte ermöglicht werden können. Eigene Erfahrungen aus meiner Berufstätigkeit haben gezeigt, dass diese Abstimmungsprozesse nicht leicht, aber mit einer gewissen Vorabplanung, Zieltransparenz und einer gewissen Flexibilität aller drei Professionsgruppen möglich sind und somit Kooperation über einen gemeinsam definierten Zeitraum umgesetzt werden kann.

veranstaltung ein Projekt durch, welches Möglichkeiten eröffnen soll, auf die Selbständigkeit der Schule Einfluss zu nehmen. Dies könnte bspw. im Bereich der Schulorgani-
sation, des Unterrichts, der Elternarbeit oder der Pausen- und Nachmittagsangebote
geschehen (vgl. Fellmann et al. 2010, 7). Das Forschungsvorhaben der Studierenden
und das Projekt der LiV könnten einander ergänzen. Die Inhalte müssten von den Beteiligten der ersten und zweiten Phase (Studierende und LiV) mit der jeweiligen Schulleitung, der Modulleitung des Seminars der zweiten Phase und den Praktikumsbetreuenden
der Universität abgesprochen und genehmigt werden. (vgl. ebd., 7). Studierende könnten ihre forschungsbasierten Wissensbestände einbringen und Theorie- und Praxiswissen miteinander in Verbindung bringen. Sie erfahren Schule aus einem anderen Blickwinkel als sie es etwa aus Praktika gewohnt sind und arbeiten sich in Probleme ihres
zukünftigen Berufsfeldes ein. LiV erstellen zu ihrer ausgewählten pädagogischen Fragestellung ein Grobkonzept und analysieren dieses auf Grundlage ihrer theoretischen und
praktischen Wissensbestände. Lehrkräfte leisten Unterstützung auf Grundlage ihres
Erfahrungswissens und Handlungsrepertoires und erhalten einen Einblick in den Forschungsprozess und über aktuelle Forschungsmethoden und damit die Möglichkeit einer
theoriegeleiteten Reflexion von pädagogischen Fragen, Unterrichtsprozessen, Handlungsmöglichkeiten und dergleichen. So kann gegenseitiges Lernen ermöglicht werden
(vgl. Bastian 2007, 129).

Zu 3) Eine weitere Möglichkeit für phasenübergreifende Zusammenarbeit bieten die in
der Studienordnung verankerten **Wahlpflichtmodule**[253]. Diese würden für die Studierenden ein Wahlpflichtmodul darstellen und für LiV und aktive Lehrkräfte ein freiwilliges (Zusatz-)Angebot. Diese phasenübergreifend konzipierten Module könnten ähnlich
dem in der Einleitung und in Kapitel 6.2 bereits vorgestellten Seminar *Das phasenübergreifende Projekt „IPhaMat"* gestaltet werden. Auf Grundlage der empirischen Befunde könnten bei ihrer inhaltlichen Ausgestaltung herausgearbeitete Themenschwerpunkte
berücksichtigt werden. Auf die verschiedenen Erfordernisse und Bedürfnislagen der
einzelnen Professionsgruppen kann durch die Möglichkeit gewisser Angebote und
Wahlmöglichkeiten eingegangen werden. Ebenso sollten die herausgearbeiteten Stärken
der einzelnen Phasen der Lehrerbildung zum Tragen kommen und zur professionellen
Weiterentwicklung der beteiligten Lehrenden aller drei Phasen beitragen. Trotz aller
Offenheit und Wahlmöglichkeiten muss ein organisatorischer und thematischer Rahmen
festgelegt werden, um verbindliche Arbeitsbeziehungen zu schaffen.

14 Perspektiven zu weiteren Forschungen

Auf Grundlage der Befunde meiner eigenen Studie wäre es interessant, mit den verschiedenen Lehrämtern das sich jeweils dokumentierende **Rollenverständnis** bei der
Umsetzung strukturierter kooperativer Lehr-Lernformen im Mathematikunterricht anhand der konkreten Umsetzung von Unterrichtsszenarien zu analysieren.

Von Bedeutung wäre des Weiteren, die Untersuchungen von Kunter et al. (2005) hinsichtlich der Unterschiedlichkeit der Unterrichtsmuster der verschiedenen Lehrämter im
Mathematikunterricht auch auf die Grundschule und die Schulen mit besonderem För-

---

253   Vgl. fachspezifischer Anhang zur SPoL (2005), Punkt 4 Wahlpflichtbereich. Im 3. Studien-
       jahr besteht die Möglichkeit, einen fachdidaktischen oder einen fachwissenschaftlichen
       Schwerpunkt zu wählen.

derbedarf zu erweitern, um somit den Stellenwert der möglicherweise **unterschiedlichen Traditionen der Ausbildung** auch dieser beiden Lehrämter (L1, L5) festzustellen
und mögliche lehramtsspezifische Potentiale nutzen zu können.

Auch von Interesse für weitere Studien wäre das Anschließen einer **Langzeituntersu-
chung** über die einzelnen Phasen der Lehrerbildung hinweg, um zu verschiedenen Zeitpunkten der Berufsbiografie professionelle Entwicklung im Hinblick auf die Umsetzung
lernerorientierter und schüleraktivierender Unterrichtsmethoden im (Mathematik-)
Unterricht aufzeigen zu können. Vor diesem Hintergrund habe ich im Januar 2012
exemplarisch eine weitere **(Post-)Gruppendiskussion** mit drei ehemaligen Beteiligten[254] (*Frau Lang, Frau Schmidt* und *Frau Weber*) der Veranstaltung vom Wintersemester 2010/2011 durchgeführt. Der Zeitabstand zwischen der ersten und zweiten Datenerhebung betrug 13 Monate. Lediglich bei *Frau Weber* hat in dieser Zeit ein Phasenwechsel stattgefunden, und zwar von der Phase des Referendariats zur Phase der
aktiven Berufstätigkeit als Lehrkraft. Eine intensive Auseinandersetzung mit Hürden,
Umwegen und Hindernissen konnte auch in dieser Gruppendiskussion als gemeinsame
Basistypik rekonstruiert werden. Von *Frau Schmidt* (S) und *Frau Lang* (S) wird der
Wunsch nach teilnehmender Beobachtung, Supervision, Beratung und nach Videografierung und gemeinsamer Analyse geäußert. Nach Meinung von Frau Weber allerdings
ist das Videografieren zum Zweck der Analyse von Unterricht in der Schulrealität aufgrund der hohen Arbeitsbelastung mit einer vollen Stelle als Lehrkraft kaum umsetzbar.
In dem Transkript wird deutlich, dass die Lehrerin tagsüber mit ihrer Lehrerstelle von
„28 Stunden" *voll und ganz* ausgelastet ist und Möglichkeiten dieser Art von Reflexion
von Unterricht in ihrer jetzigen Situation im ‚Rahmen' ihres schulischen Arbeitstages
nicht mehr leisten kann und sie diese damit als zusätzliche Belastung empfindet. Hier
lassen sich Anfängerprobleme rekonstruieren, welche als Zeichen auf den sogenannten
Praxisschock gewertet werden könnten. An einer anderen Stelle erzählt die aktive Lehrkraft von ihrer neuen Situation in der Schule und ihren vielfältigen neuen Aufgaben. In
ihren Beschreibungen wird deutlich, dass sie sich zunächst von komplexeren kooperativen Lehr-Lernformen distanziert und mit „Partnerarbeit" und „Kleingruppenarbeit"
beginnen möchte. Erneut zeigt sich die Orientierung von *Frau Weber*, dass WeLL erst
umgesetzt werden kann, wenn die Kinder schon entsprechende Lernkompetenzen und
sprachliche Kompetenzen mitbringen. Die Lehrkraft kann das *Nichtvorhandensein* gewisser Kompetenzen und ihren pädagogischen Umgang mit diesen in ihrer jetzigen
Situation nicht als Unterstützung der Kompetenzentwicklung der Kinder bewerten[255].

---

254   Das Sample besteht aus der examinierten Studentin *Frau Schmidt*, welche zum Zeitpunkt
       des Interviews eine Vertretungsstelle übernommen hatte, der Studentin *Frau Lang* kurz vor
       Ablegen des ersten Staatsexamens und der aktiven Lehrkraft *Frau Weber*, welche zum
       Zeitpunkt der Gruppendiskussion seit ca. sechs Monaten mit voller Stelle (28 Stunden) an
       einer Schule mit Förderschwerpunkt Sprachheilförderung in einem 3. Schuljahr arbeitete.

255   Rekurrierend auf die empirischen Befunde wäre dieser Auszug ein Hinweis darauf, dass das
       Rollenverständnis weniger von der Schulstufe als vielmehr von der Schulform abhängt. Wie
       wir von *Frau Weber* erfahren, unterrichtet sie nun nicht mehr in einem 6. Sj., sondern in ei-
       nem 3. Sj. in einer Schule mit dem Förderschwerpunkt Sprachheilförderung. Im weiteren
       Verlauf der Gruppendiskussion lassen sich eine eher fachliche Orientierung und ein eher in-
       struktivistisches Rollenverständnis von *Frau Weber* rekonstruieren. Diese Orientierungen
       kontrastieren mit den Orientierungsrahmen (pädagogische Orientierung und konstruktivisti-
       sches Rollenverständnis) der Lehrenden der Schulstufen 1-4 der Grundschule.

Die neue Lerngruppe, fehlende „Lernkompetenzen" und „sprachliche Kompetenzen" und ein fehlendes „Leseverständnis", das Hineinwachsen in die neue Rolle als Klassenlehrerin, die vielfältigen neuen Aufgaben und das große Arbeitspensum werden als externe Gründe angeführt, warum WeLL momentan als ungeeignet für ihre Klasse eingestuft und nicht umgesetzt wird. Erneut wird die schwierige Phase des Berufseinstiegs deutlich.

Diese exemplarisch ausgewählten Analysen zeigen auf, dass es wichtig ist, in der Ausbildung und im Beruf die Möglichkeit zu haben, das eigene Handlungsrepertoire mittels Selbstreflexion zu überdenken. Das kann allerdings nicht nebenbei geschehen. Vielmehr werden dazu Zeit- und Freiräume zum Ausprobieren und Austauschen benötigt, um Unterricht zu analysieren, das eigene Handeln zu überdenken, Schwierigkeiten aufzuarbeiten und das Handeln schrittweise weiter zu entwickeln. Aber nicht nur die Selbstreflexion, sondern auch die unterstützende Begleitung und Beratung bspw. in Form von längerfristig zusammenarbeitenden Praxistandems und kooperativen Kleingruppen zur Aufarbeitung von Handlungsschwierigkeiten, insbesondere in der Berufseingangsphase, sind notwendig, um ein Stehenbleiben bei reinen „Überlebensstrategien" zu verhindern und dem „Einzelkämpfertum" (Terhart 2000, 128) vorzubeugen. Der professionell Handelnde sollte die Widersprüche unterrichtlichen Handelns kennen, wissen, dass Handlungsroutinen überdacht und Praxiserfahrungen reflexiv bearbeitet werden müssen und dafür Phasen der Rechenschaftsablegung notwendig sind.

Letztendlich wäre es auf Grundlage der empirischen Befunde mit dem jetzigen Kenntnisstand und Erfahrungswissen interessant, erneut eine integrativ konzipierte Lehrveranstaltung anzubieten und im Anschluss daran zu evaluieren, ob sich die Ausrichtung an den Stärken und Schwächen, Gemeinsamkeiten und Differenzen und an den Bedürfnislagen der verschiedenen Lehrenden für die weitere professionelle Entwicklung der Lehrpersonen als sinnvoll und fruchtbar erweist.

E Literatur

Ahnen, Doris (2009): Das KMK-Projekt for.mat – eine Einführung. In: Klinger, Udo (Hrsg.): Mit Kompetenz Unterricht entwickeln. Fortbildungskonzepte und Materialien. Speyer: Bildungsverlag EINS. 7-11.

Altrichter, Herbert (2002): Aktionsforschung als Strategie zur Förderung professionellen Lernens. In: Breidenstein, Georg; Combe, Arno; Helsper, Werner & Stelmaszyk, Bernhard (Hrsg.): Forum qualitative Schulforschung 2 – Interpretative Unterrichts- und Schulbegleitforschung. Opladen: Leske + Budrich. 195-221.

Altrichter, Herbert (2000): Schulentwicklung und Professionalität. In: Bastian, Johannes; Helsper, Werner; Reh, Sabine & Schelle, Carla (Hrsg.): Professionalisierung im Lehrerberuf. Von der Kritik der Lehrerrolle zur pädagogischen Professionalität. Opladen: Leske + Budrich. 145-163.

Altrichter, Herbert & Feindt, Andreas (2011): Aktionsforschung als Konzept der Schulforschung. In: Moser, Heinz (Hrsg.): Forschung in der Lehrerbildung. Baltmannsweiler: Schneider Verlag. 149-167.

Altrichter, Herbert & Feindt, Andreas (2008): Handlungs- und Praxisforschung. In: Helsper, Werner & Böhme, Jeanette (Hrsg.): Handbuch der Schulforschung. 2. durchgesehene und erweiterte Auflage. Wiesbaden: Verlag für Sozialwissenschaften. 449-469.

Aregger, Kurt (1976): Innovation in sozialen Systemen. Ein integriertes Innovationsmodell am Beispiel der Schule. Bern und Stuttgart: Verlag Paul Haupt. 267-283.

Asbrand, Barbara & Bergmüller, Claudia (2010): Unterrichtsentwicklung und Lehrerprofessionalität. In: Bohnsack, Ralf (Hrsg.): Dokumentarische Evaluationsforschung. Theoretische Grundlagen und Beispiele aus der Praxis. Opladen: Leske + Budrich. 99-116.

Bastian, Johannes (2007): Miteinander lehren – voneinander lernen. In: Daschner, Peter & Drews, Ursula (Hrsg.): Kursbuch Referendariat. Weinheim und Basel: Beltz Verlag. 118-130.

Bastian, Johannes & Helsper, Werner (2000): Professionalisierung im Lehrberuf – Bilanzierung und Perspektiven. In: Bastian, Johannes; Helsper, Werner; Reh, Sabine & Schelle, Carla (Hrsg.): Professionalisierung im Lehrerberuf. Von der Kritik der Lehrerrolle zur pädagogischen Professionalität. Opladen: Leske + Budrich. 167-192.

Bauer, Karl-Oswald (2000a): Pädagoge – Profession oder Nebenbeschäftigung. In: Jaumann-Graumann, Olga & Köhnlein, Walter (Hrsg.): Lehrerprofessionalität – Lehrerprofessionalisierung. Bad Heilbrunn: Julius Klinkhardt Verlag. 25-44.

Bauer, Karl-Oswald (2000b): Konzepte pädagogischer Professionalität und ihre Bedeutung für die Lehrerarbeit. In: Bastian, Johannes; Helsper, Werner; Reh, Sabine & Schelle, Carla (Hrsg.): Professionalisierung im Lehrerberuf. Von der Kritik der Lehrerrolle zur pädagogischen Professionalität. Opladen: Leske + Budrich. 55-73.

Bauer, Karl-Oswald (1992): Von der mechanischen zur professionellen Organisation der Schule. In: Zeitschrift für Sozialisationsforschung und Erziehungssoziologie 12. 325-340.

Bauer, Karl-Oswald (1990): Kindern was beibringen müssen, auch wenn sie keine Lust auf Schule haben – Überblick über den Stand der Lehrerforschung. In: Rolff, Hans-Günter; Bauer, Karl-Oswald; Klemm, Klaus & Pfeiffer, Hermann (Hrsg.): Jahrbuch der Schulentwicklung. Weinheim und München: Juventa Verlag. 217-243.

Bauer, Karl-Oswald; Kopka, Andreas & Brindt, Stefan (1996): Pädagogische Professionalität und Lehrerarbeit. Eine qualitativ empirische Studie über professionelles Handeln und Bewußtsein. Weinheim und München: Juventa Verlag. 9-29, 95-187, 233-249.

Bauer, Karl-Oswald & Rolff, Hans-Günter (1978): Vorarbeiten zu einer Theorie der Schulentwicklung. In: dies. (Hrsg.): Innovation und Schulentwicklung. Weinheim: Beltz Verlag. 219-266.

Bauersfeld, Heinrich (Hrsg.) (1978): Fallstudien und Analysen zum Mathematikunterricht. Hannover: Schroedel Verlag.

Baumert, Jürgen (2007): Internationale Schulleistungsmessungen. In: Tenorth, Heinz-Elmar & Tippelt, Rudolf (Hrsg.): Lexikon Pädagogik. Weinheim und Basel: Beltz Verlag. 358-361.

Baumert, Jürgen & Kunter, Mareike (2006): Stichwort: Professionelle Kompetenz von Lehrkräften. In: Zeitschrift für Erziehungswissenschaft. H.4. 469-520.

Bernhart, Anette (2006): Methodensammlung. In: Wahl, Diethelm: Lernumgebungen erfolgreich gestalten. Vom trägen Wissen zum kompetenten Handeln. Bad Heilbrunn: Julius Klinkhardt Verlag. 277-314.

Bernhart, Anette & Bernhart, Dominik (2007): Methodentraining: Kooperatives Lernen. Ein Praxisbuch zum wechselseitigen Lehren und Lernen. Klasse 3-10. 1. Auflage. Donauwörth: Auer Verlag. 5-60.

Bernhart, Dominik; Gürtler, Leo; Wolf, Dagmar & Wahl, Diethelm (2008): Innovative Lernumgebungen und die Gestaltung von Aufgaben. Aufgabenkultur und Unterrichtsqualität: Viel Lärm um nichts?. In: Pädagogik. Heft 3. 12-15.

Bethge, Thomas & Priebe, Botho (2009): Unterrichts- und Schulentwicklung. In: Klinger, Udo (Hrsg.): Mit Kompetenz Unterricht entwickeln. Fortbildungskonzepte und Materialien. Speyer: Bildungsverlag EINS. 69-101.

Blömeke, Sigrid (2000): Zentren für Lehrerbildung. In: Bayer, Manfred; Bohnsack, Fritz; Koch-Priewe, Barbara & Wildt Johannes (Hrsg.): Lehrerin und Lehrer werden ohne Kompetenz? Professionalisierung durch eine andere Lehrerbildung. Bad Heilbrunn/Obb.: Julius Klinkhardt Verlag. 251-275.

Bohnsack, Fritz (2000): Staatliche Lehrerausbildung heute. In: Bohnsack, Fritz & Leber, Stefan (Hrsg.): Alternative Konzepte für die Lehrerbildung. Erster Band: Portraits. Bad Heilbrunn: Julius Klinkhardt Verlag. 15-45.

Bohnsack, Ralf (2011): Qualitative Bild- und Videointerpretation. 2. Auflage. Opladen & Farmington Hills: Verlag Barbara Budrich. 120-133.

Bohnsack, Ralf (2010): Gruppendiskussionsverfahren und dokumentarische Methode. In: Friebertshäuser, Barbara; Langer, Antje & Prengel, Annedore (Hrsg.): Handbuch Qualitative Forschungsmethoden in der Erziehungswissenschaft. 3. vollständig überarbeitete Auflage. Weinheim und München: Juventa Verlag. 205-218.

Bohnsack, Ralf (2008): Rekonstruktive Sozialforschung. Einführung in Methodologie und Praxis qualitativer empirischer Forschung. Opladen und Farmington Hills: Leske + Budrich.

Bohnsack, Ralf (2007): Typenbildung, Generalisierung und komparative Analyse: Grundprinzipien der dokumentarischen Methode. In: Bohnsack, Ralf; Nentwig-Gesemann, Iris & Nohl, Arnd-Michael (Hrsg.): Die dokumentarische Methode und ihre Forschungspraxis. Grundlagen qualitativer Sozialforschung. Wiesbaden: VS Verlag für Sozialwissenschaften. 225-253.

Bohnsack, Ralf (2006): Dokumentarische Methode. In: Bohnsack, Ralf; Marotzki, Winfried & Meuser, Michael (Hrsg.): Hauptbegriffe Qualitativer Sozialforschung. 2. Auflage. Opladen und Farmington Hills. Verlag Barbara Budrich. 40-44.

Bohnsack, Ralf (2004): Gruppendiskussion. In: Flick, Uwe; von Kardoff, Ernst & Steinke, Ines (Hrsg.): Qualitative Forschung. Ein Handbuch. 3. Auflage. Hamburg: Rowohlt Taschenbuch Verlag. 369-384.

Bohnsack, Ralf (1997a): Dokumentarische Methode. In: Hitzler, Ronald & Honer, Anne (Hrsg.): Sozialwissenschaftliche Hermeneutik – Eine Einführung. Opladen: Leske + Budrich. 191-213.

Bohnsack, Ralf (1997b): „Orientierungsmuster": Ein Grundbegriff qualitativer Sozialforschung. In: Schmidt, Folkers (Hrsg.): Methodische Probleme der empirischen Erziehungswissenschaft. Baltmannsweiler: Schneider-Verlag Hohengehren. 49-63.

Bohnsack, Ralf (1991): Dokumentarische Interpretation von Orientierungsmustern. Verstehen, Interpretieren, Typenbildung in wissenssoziologischer Analyse. In: Meuser, Michael: Analyse sozialer Deutungsmuster. Pfaffenweiler: Centaurus Verlag. 139-161.

Bohnsack, Ralf & Nentwig-Gesemann, Iris (2006): Typenbildung. In: Bohnsack, Ralf; Marotzki, Winfried & Meuser, Michael (Hrsg.): Hauptbegriffe Qualitativer Sozialforschung. 2. Auflage. Opladen und Farmington Hills: Verlag Barbara Budrich. 162-166.

Bohnsack, Ralf; Nentwig-Gesemann, Iris & Nohl, Arnd-Michael (2007): Einleitung. Die dokumentarische Methode und ihre Forschungspraxis. In: Bohnsack, Ralf; Nentwig-Gesemann, Iris & Nohl, Arnd-Michael (Hrsg.): Die dokumentarische Methode und ihre Forschungspraxis. Grundlagen qualitativer Sozialforschung. Wiesbaden: VS Verlag für Sozialwissenschaften. 9-29.

Bohnsack, Ralf & Nohl, Arnd-Michael (2007): Exemplarische Textinterpretation: Die Sequenzanalyse der dokumentarischen Methode. In: Bohnsack, Ralf; Nentwig-Gesemann, Iris & Nohl, Arnd-Michael (Hrsg.): Die dokumentarische Methode und ihre Forschungspraxis. Grundlagen qualitativer Sozialforschung. Wiesbaden: VS Verlag für Sozialwissenschaften. 303-309.

Bohnsack, Ralf & Przyborski, Aglaja (2006): Diskursorganisation, Gesprächsanalyse und die Methode der Gruppendiskussion. In: Bohnsack, Ralf; Przyborski, Aglaja & Schäffer, Burkhard (Hrsg.): Das Gruppendiskussionsverfahren in der Forschungspraxis. Opladen: Verlag Barbara Budrich. 219-233.

Borsch, Frank (2010): Kooperatives Lehren und Lernen im schulischen Unterricht. Stuttgart: Verlag W. Kohlhammer. 9-37, 101-111.

Borsch, Frank (2005): Der Einsatz des Gruppenpuzzles in der Grundschule. Förderung von Lernerfolg und kooperativen Fertigkeiten. Hamburg: Verlag Dr. Kovač. 9-59.

Bosse, Dorit & Dauber, Heinrich (2005): Psychosoziale Basiskompetenzen für den Lehrerberuf. In: Dauber, Heinrich & Krause-Vilmar, Dietfried (Hrsg.): Schulpraktikum vorbereiten. Bad Heilbrunn: Julius Klinkhardt Verlag. 55-83.

Bosse, Dorit; Dauber, Heinrich; Döring-Seipel, Elke & Nolle, Timo (Hrsg.) (2012): Professionelle Lehrerbildung im Spannungsfeld von Eignung, Ausbildung und beruflicher Kompetenz. Bad Heilbrunn: Julius Klinkhardt Verlag.

Bosse Dorit & Rauschenberger, Hans (2005): Praxisbegegnung als reflexives Erfahrungslernen – Schulpraktische Studien mit Lerntraining an der Reformschule Kassel. In: Dauber, Heinrich & Krause-Vilmar, Dietfried (Hrsg.): Schulpraktikum vorbereiten. Bad Heilbrunn: Julius Klinkhardt Verlag. 247-265.

Brandt, Birgit (2010): Rezeptionstheoretische Einsichten in Interaktionsprozesse beim Gruppenpuzzle im Mathematikunterricht der Grundschule In: Heinzel, Friederike & Panagiotopoulou, Argyro (Hrsg.): Qualitative Bildungsforschung im Elementar- und Primarbereich. Baltmannsweiler: Schneider Verlag Hohengehren. 29-43.

Brandt, Birgit & Krummheuer, Götz (2000): Das Prinzip der Komparation im Rahmen der Interpretativen Unterrichtsforschung in der Mathematikdidaktik. In: JMD 21. Heft 3./4. Wiesbaden: Teuber Verlag. 193-226.

Breidenstein, Georg (2002): Interpretative Unterrichtsforschung – eine Zwischenbilanz und einige Zwischenfragen. In: Breidenstein, Georg; Combe, Arno; Helsper, Werner & Stelmaszyk, Bernhard (Hrsg.): Forum qualitative Schulforschung 2 – Interpretative Unterrichts- und Schulbegleitforschung. Opladen: Leske + Budrich. 11-29.

Breidenstein, Georg; Helsper, Werner & Kötters-König, Catrin (2002): Die Lehrerbildung der Zukunft – eine Streitschrift. Opladen: Leske + Budrich. 7-11.

Bromme, Rainer (1992): Der Lehrer als Experte. Zur Psychologie des professionellen Wissens. Bern: Verlag Hans Huber. 121-138.

Brügelmann, Hans (2000): Wie verbreitet ist offener Unterricht? In: Jaumann-Graumann, Olga & Köhnlein, Walter (Hrsg.): Lehrerprofessionalität – Lehrerprofessionalisierung. Bad Heilbrunn: Klinkhardt Verlag. 133-144.

Brüning, Ludger & Saum, Tobis (2006): Erfolgreich Unterrichten durch Kooperatives Lernen. Strategien zur Schüleraktivierung. Essen: Neue Deutsche Schule. 9-59.

Bünder, Wolfgang; Klinger, Udo & Uhl-Kling, Susanne (2009): Kompetenz bei Lehrkräften und Beratern. In: Klinger, Udo (Hrsg.): Mit Kompetenz Unterricht entwickeln. Fortbildungskonzepte und Materialien. Speyer: Bildungsverlag EINS. 13-35.

Caselmann, Christian (1964): Wesensformen des Lehrers. Versuch einer Typenlehre. 3. erweiterte Auflage. Stuttgart: Ernst Klett Verlag. 35-75.

Cloetta, Bernhard; Dann, Hanns-Dietrich & Müller-Fohrbrodt, Gisela (1981): Sozialisation junger Lehrer im Beruf. „Praxisschock" drei Jahre später. In: Zeitschrift für Entwicklungspsychologie und pädagogische Psychologie 13. 251-262.

Combe, Arno (1999): Belastung, Entlastung und Professionalisierung in Schulentwicklungsprozessen. In: Combe, Arno; Helsper, Werner & Stelmaszyk, Bernhardt (Hrsg.): Forum qualitative Schulforschung 1 – Schulentwicklung – Partizipation – Biographie. Weinheim: Deutscher Studienverlag. 111-139.

Combe, Arno (1983): Alles Schöne kommt danach. Reinbek bei Hamburg: Rowohlt Verlag. 106-185.

Combe, Arno & Helsper, Werner (1996): Einleitung: Pädagogische Professionalität. Historische Hypotheken und aktuelle Entwicklungstendenzen. In: dies. (Hrsg.): Pädagogische Professionalität. Untersuchungen zum Typus pädagogischen Handelns. Frankfurt am Main: Suhrkamp Taschenbuch Verlag. 9-48.

Combe, Arno & Kolbe, Fritz-Ulrich (2008): Lehrerprofessionalität: Wissen, Können, Handeln. In: Helsper, Werner & Böhme, Jeanette (Hrsg.): Handbuch der Schulforschung. 2. durchgesehene und erweiterte Auflage. Wiesbaden: Verlag für Sozialwissenschaften. 857-875.

Damon, William (1984): Peer education: The untapped potential. Journal of Applied Developmental Psychology. 5. 331-343.

Damon, William & Phelps, Erin (1989): Critical distinctions among three approaches to peer education. International Journal of Educational Research. 13. Issue 1. 9-19.

Daschner, Peter & Drews, Ursula (Hrsg.) (2007): Kursbuch Referendariat. Weinheim und Basel: Beltz Verlag. 104-144.

Dauber, Heinrich (2012): Verortung des Kasseler Modells im professionstheoretischen Diskurs. In: Bosse, Dorit; Dauber, Heinrich; Döring-Seipel, Elke & Nolle, Timo (Hrsg.): Professionelle Lehrerbildung im Spannungsfeld von Eignung, Ausbildung und beruflicher Kompetenz. Bad Heilbrunn: Julius Klinkhardt Verlag. 145-153.

Dauber, Heinrich (2005): Der Lehrer in der Schule der Zukunft: Coach oder Pädagoge? In: Dauber, Heinrich & Krause-Vilmar, Dietfried (Hrsg.): Schulpraktikum vorbereiten. Pädagogische Perspektiven für die Lehrerbildung. 2. erweiterte Auflage. Bad Heilbrunn: Julius Klinkhardt Verlag. 23-39.

Dewe, Bernd; Ferchoff, Wilfried & Radtke, Frank-Olaf (1992a): Das „Professionswissen" von Pädagogen. Ein wissenstheoretischer Rekonstruktionsversuch. In: dies. (Hrsg.): Erziehen als Profession. Zur Logik professionellen Handelns in pädagogischen Feldern. Opladen: Leske + Budrich. 70-92.

Dewe, Bernd; Ferchoff, Wilfried & Radtke, Frank-Olaf (1992b): Auf dem Wege zu einer aufgabenzentrierten Professionstheorie pädagogischen Handelns. In: dies. (Hrsg.): Erziehen als Profession. Zur Logik professionellen Handelns in pädagogischen Feldern. Opladen: Leske + Budrich. 7-21.

Döring-Seipel, Elke (2012): Die Bedeutung von persönlichen und sozialen Ressourcen für Lehrergesundheit und Unterrichtshandeln – Implikationen für die Lehrerausbildung. In: Bosse, Dorit; Dauber, Heinrich; Döring-Seipel, Elke & Nolle, Timo (Hrsg.): Professionelle Lehrerbildung im Spannungsfeld von Eignung, Ausbildung und beruflicher Kompetenz. Bad Heilbrunn: Julius Klinkhardt Verlag. 185-195.

Eberle, Thomas (1997): Ethnomethodologische Konversationsanalyse. In: Hitzler, Ronald & Honer, Anne (Hrsg.): Sozialwissenschaftliche Hermeneutik – Eine Einführung. Opladen: Leske + Budrich. 245-279.

Feindt, Andreas; Dirks, Una & Meyer, Hilbert (2002): Team-Forschung in der Lehrer Innenbildung - Phasenübergreifende Kooperation zwischen Information und Reflexion. In: Breidenstein, Georg; Combe, Arno; Helsper, Werner & Stelmaszyk, Bernhard (Hrsg.): Forum qualitative Schulforschung 2 – Interpretative Unterrichts- und Schulbegleitforschung. Opladen: Leske + Budrich. 181-195.

Fellmann, Anne; Krummheuer, Götz & Schreiber, Christof (2010): Kooperation der drei Phasen. In: L-News. Goethe-Universität: Frankfurt: 02/10. 6-8.

Fend, Helmut (2006): Neue Theorie der Schule. Einführung in das Verstehen von Bildungssystemen. 2. durchgesehene Auflage. Wiesbaden: Verlag für Sozialwissenschaften. 174-182.

Flaake, Karin (1989): Berufliche Orientierungen von Lehrerinnen und Lehrern. Eine empirische Untersuchung. Frankfurt am Main: Campus Verlag. 207-233.

Flick, Uwe (2008): Triangulation. Eine Einführung. 2. Auflage. Wiesbaden: Verlag für Sozialwissenschaften. 7-51.

Flick, Uwe (2006): Qualitative Sozialforschung. Eine Einführung: Rowohlt Taschenbuch Verlag: Hamburg. 117-147.

Floden, Robert E. & Clark, Christopher M. (1991): Lehrerausbildung als Vorbereitung auf Unsicherheit. In: Terhart, Ewald (Hrsg.): Unterrichten als Beruf. Neue amerikanische und englische Arbeiten zur Berufskultur und Berufsbiographie von Lehrern und Lehrerinnen. Köln Wien: Böhlau Verlag. 191-211.

Friebertshäuser, Barbara & Langer, Antje (2010): Interviewformen und Interviewpraxis. In: Friebertshäuser, Barbara; Langer, Antje & Prengel, Annedore (Hrsg.): Handbuch Qualitative Forschungsmethoden in der Erziehungswissenschaft. 3. vollständig überarbeitete Auflage. Weinheim und München: Juventa Verlag. 437-455.

Fuller, Frances F. & Bown, Oliver H. (1975): Becoming a Teacher. In: Ryan, Kevin A. (Hrsg.): Teacher Education. The seventy-fourth NSSE Yearbook. Part II: Chicago. 25-52.

Gellert, Uwe (2007): Gemeinschaftliches Interpretieren mit Studierenden und Lehrern. Ein kombinierter Ansatz für die Lehreraus- und -weiterbildung. In: JMD 28. H.1. 31-48.

Gellert, Uwe (2003a): Veränderungen des fachbezogenen Lehreralltags. Theoretische Bestimmungen, methodologische Konsequenzen und ein Forschungsbeispiel. Hildesheim/Berlin: Verlag Franzbecker. 8-47.

Gellert, Uwe (2003b): Mathematikunterricht und Innovation. Hildesheim/Berlin: Verlag Franzbecker. 5-43, 134-152.

Gellert, Uwe (2000): Zum Problem der Reflexion im mathematischen Teil der Grundschullehrerausbildung. In: Jaumann-Graumann, Olga & Köhnlein, Walter (Hrsg.): Lehrerprofessionalität – Lehrerprofessionalisierung. Bad Heilbrunn: Klinkhardt Verlag. 267-274.

Gerhardt, Uta (1991): Typenbildung. In: Flick, Uwe; von Kardoff, Ernst; Keupp, Heiner; von Rosenstiel, Lutz & Wolff, Stephan (Hrsg.): Handbuch Qualitative Sozialforschung. Weinheim: Beltz Psychologie Verlags Union. 435-439.

Giesecke, Hermann (1996): Das „Ende der Erziehung". Ende oder Anfang pädagogischer Professionalisierung. In: Combe, Arno & Helsper, Werner (Hrsg.): Pädagogische Professionalität.

Untersuchungen zum Typus pädagogischen Handelns. Frankfurt am Main: Suhrkamp Taschenbuch Verlag. 391-404.

Gläser, Jochen & Laudel, Grit (2009): Experteninterviews und qualitative Inhaltsanalyse als Instrumente rekonstruierender Untersuchungen. 3. überarbeitete Auflage. Wiesbaden: Verlag für Sozialwissenschaften. 111-196.

Glaser, Barney G. & Strauss, Anselm L. (1998): Grounded Theory. Strategien qualitativer Forschung. Bern: Verlag Hans Huber. 11-85.

Gold, Andreas (2003): Lernen. In: Preiser, Siegfried (Hrsg.): Pädagogische Psychologie: Psychologische Grundlagen von Erziehung und Unterricht. Weinheim: Juventa Verlag. 99-124.

Gräsel, Cornelia & Parchmann, Ilka (2004): Implementationsforschung – oder: der steinige Weg, Unterricht zu verändern. In: Unterrichtswissenschaft 32. Jg. H.3. 196-214.

Green, Norm & Green, Kathy (2007): Kooperatives Lernen im Klassenraum und im Kollegium. Das Trainingsbuch. Seelze-Velber: Kallmeyer/Klett Verlag. 13-42, 75-87, 97-107.

Haag, Ludwig & Huber, Anne Antonia (2004): Allgemeine Hinweise zum Einsatz von Partner- und Gruppenarbeitsmethoden im Unterricht. In: Huber, Anne Antonia (Hrsg.): Kooperatives Lernen – kein Problem. Effektive Methoden der Partner- und Gruppenarbeit. Leipzig: Ernst Klett Schulbuchverlag. 16-28.

Hänsel, Dagmar (1996): Die Segregierung der Geschlechter. In: Hänsel, Dagmar & Huber, Ludwig: Lehrerbildung neu denken und gestalten. Neue Lehrerbildung und Schulentwicklung. Weinheim und Basel: Beltz Verlag. 108-140.

Heil, Stefan & Faust-Siehl, Gabriele (2000): Universitäre Lehrerausbildung und pädagogische Professionalität im Spiegel von Lehrenden. Weinheim: Deutscher Studien Verlag. 7-29.

Heckt, Dietlinde H. & Sandfuchs, Uwe (Hrsg.) (1993): Grundschule von A-Z. Braunschweig: Westermann Schulbuchverlag. 56f.

Heinen-Ludzuweit, Kerstin Sabine (2001): „Im Referendariat kann ich kein guter Lehrer sein!". Entwicklungsaufgaben von Referendaren. In: Hericks, Uwe; Keuffer, Josef; Kräft, Hans Christof & Kunze, Ingrid (Hrsg.): Bildungsgangdidaktik. Perspektiven für Fachunterricht und Lehrerbildung. Opladen. Leske + Budrich. 211-225.

Heinzel, Friederike (2002): Kindheit und Grundschule. In: Krüger, Heinz-Hermann & Grunert, Cathleen (Hrsg.): Handbuch Kindheits- und Jugendforschung. Opladen: Leske + Budrich. 541-565.

Helmke, Andreas (2009): Mit Bildungsstandards und Kompetenzen unterrichten. In: Klinger, Udo (Hrsg.): Mit Kompetenz Unterricht entwickeln. Fortbildungskonzepte und Materialien. Speyer: Bildungsverlag EINS. 35-55.

Helsper, Werner (2011): Lehrerprofessionalität – der strukturtheoretische Professionsansatz zum Lehrberuf. In: Terhart, Ewald; Bennewitz, Hedda & Rothland, Martin (Hrsg.): Handbuch der Forschung zum Lehrberuf. Münster: Waxmann Verlag. 149-171.

Helsper, Werner (2007): Eine Antwort auf Jürgen Baumerts und Mareike Kunters Kritik am strukturtheoretischen Professionsansatz. In: Zeitschrift für Erziehungswissenschaft. 10. Jg. H.4. 567-579.

Helsper, Werner (2002a): Lehrerprofessionalität als antinomische Handlungsstruktur. In: Kraul, Margret; Marotzki, Winfried & Schweppe, Cornelia (Hrsg.): Biographie und Profession. Bad Heilbrunn: Verlag Julius Klinkhardt. 64-103.

Helsper, Werner (2002b): Wissen, Können, Nicht-Wissen-Können: Wissensformen des Lehrers und Konsequenzen für die Lehrerbildung. In: Breidenstein, Georg & Kötters-König, Catrin (Hrsg.): Die Lehrerbildung der Zukunft – eine Streitschrift. Opladen: Leske + Budrich. 67-86.

Helsper, Werner (2000): Antinomien, Widerspruchsverhältnisse und Paradoxien – grundlegende Bestimmungen zum professionellen Lehrerhandeln und zur Praxis-antinomie. In: Beck, Christian; Helsper, Werner; Heuer, Bernhard; Stelmaszyk, Bernhard & Ullrich, Heiner (Hrsg.):

Fallarbeit in der universitären LehrerInnenbildung. Professionalisierung durch fallrekonstruktive Seminare? Eine Evaluation. Opladen: Leske + Budrich. 29-25.

Helsper, Werner (1996): Antinomien des Lehrerhandelns in modernisierten pädagogischen Kulturen. In: Combe, Arno & Helsper, Werner (Hrsg.): Pädagogische Professionalität. Untersuchungen zum Typus pädagogischen Handelns. Frankfurt am Main: Suhrkamp Taschenbuch Verlag. 521-569.

Helsper, Werner & Böhme, Jeanette (2008): Einleitung in das Handbuch der Schulforschung. In: Helsper, Werner & Böhme, Jeanette (Hrsg.): Handbuch der Schulforschung. 2. durchgesehene und erweiterte Auflage. Berlin: Springer Verlag. 11-35.

Helsper, Werner; Breidenstein, Georg & Kötters-König, Catrin (2002): Einleitung. In: dies. (Hrsg.): Die Lehrerbildung der Zukunft – eine Streitschrift. Opladen: Leske + Budrich. 7-17.

Helsper, Werner & Stelmaszyk, Bernhard (1999): Entwicklung und Stand qualitativer Schulforschung – eine einleitende Skizze. In: Combe, Arno; Helsper, Werner & Stelmaszyk, Bernhardt (Hrsg.): Forum qualitative Schulforschung 1 – Schulentwicklung – Partizipation – Biographie. Weinheim: Deutscher Studienverlag. 9-26.

Hepting, Roland (2008): Zeitgemäße Methodenkompetenz im Unterricht. Eine praxisnahe Einführung in neue Formen des Lehrens und Lernens. Bad Heilbrunn: Julius Klinkhardt Verlag.

Hericks, Uwe & Stelmaszyk, Bernhard (2010): Professionalisierungsprozesse während der Berufsbiographie. In: Bohl, Thorsten; Helsper, Werner; Holtappels, Heinz Günter & Schelle, Carla (Hrsg.): Handbuch Schulentwicklung. Bad Heilbrunn: Julius Klinkhardt. 231-237.

Herzog, Walter (2011): Professionalität im Beruf von Lehrerinnen und Lehrern. In: Berner, Hans & Isler, Rudolf: Lehrer-Identität, Lehrer-Rolle, Lehrer-Handeln. Professionswissen für Lehrerinnen und Lehrer. Baltmannsweiler: Schneider Verlag Hohengehren. 49-81.

Hessisches Kultusministerium (2011): Bildungsstandards und Inhaltsfelder. Das neue Kerncurriculum für Hessen. Primarstufe. Mathematik. Wiesbaden.

Hessisches Kultusministerium (2006): Elterninfo zum Schuljahr 2006/2007.

Hessisches Ministerium für Wissenschaft und Kunst (Hrsg.) (1997): Neuordnung der Lehrerausbildung. Opladen: Leske + Budrich. 17-24.

Hessisches Sozialministerium & Hessisches Kultusministerium (2007): Bildung von Anfang an. Bildungs- und Erziehungsplan für Kinder von 0 bis 10 Jahren in Hessen. Paderborn: Druck-Buch-Verlag. 88-90.

Hirsch, Gertrude (1990): Biographie und Identität des Lehrers. Weinheim und München: Juventa Verlag. 76-92, 167-171.

Horstkemper, Marianne (2000): Geschlecht und Professionalität. Lehrer und Lehrerinnen – Über die Bedeutung der Geschlechterdifferenz. In: Bastian, Johannes; Helsper, Werner; Reh, Sabine & Schelle, Carla (Hrsg.): Von der Kritik der Lehrerrolle zur pädagogischen Professionalität. Opladen: Leske + Budrich. 87-107.

Howson, Albert G.; Keitel, Christine & Kilpatrick, Jeremy (1981): Curriculum development in mathematics. Cambridge: Cambridge University Press. 79-83, 126-129.

Hoyle, Eric (1991): Professionalisierung von Lehrern: ein Paradox. In: Terhart, Ewald (Hrsg.): Unterrichten als Beruf. Neuere amerikanische und englische Arbeiten zur Berufskultur und Berufbiographie von Lehrern und Lehrerinnen. Köln, Wien: Böhlau Verlag. 135-145.

Huber, Anne Antonia (2007): Wechselseitiges Lehren und Lernen (WeLL) als spezielle Form Kooperativen Lernens. Berlin: LOGOS Verlag. 5-39, 133-145, 266-277, 311-328.

Huber, Anne, Antonia (Hrsg.) (2004): Kooperatives Lernen – kein Problem. Effektive Methoden der Partner- und Gruppenarbeit. Leipzig: Ernst Klett Schulbuchverlag.

Huber, Anne Antonia (2004a): Die Partnerpuzzlemethode. In: ders. (Hrsg.): Kooperatives Lernen – kein Problem. Effektive Methoden der Partner- und Gruppenarbeit. Leipzig: Ernst Klett Schulbuchverlag. 39-49.

Huber, Anne Antonia (2004b): Einführung. In: ders. (Hrsg.): Kooperatives Lernen – kein Problem. Effektive Methoden der Partner- und Gruppenarbeit. Leipzig: Ernst Klett Schulbuchverlag. 4-15.

Huber, Anne Antonia (2004c): Die Gruppenpulzzemethode. In: ders. (Hrsg.): Kooperatives Lernen – kein Problem. Effektive Methoden der Partner- und Gruppenarbeit. Leipzig: Ernst Klett Schulbuchverlag. 49-58.

Huber, Anne Antonia (2004d): Die Strukturierte Kontroverse. In: ders. (Hrsg.): Kooperatives Lernen – kein Problem. Effektive Methoden der Partner- und Gruppenarbeit. Leipzig: Ernst Klett Schulbuchverlag. 80-86.

Huber, Anne Antonia & Huber, Günter L. (2004): Gestaltung von Lernumgebungen. In: Huber, Anne Antonia (Hrsg.): Kooperatives Lernen – kein Problem. Effektive Methoden der Partner- und Gruppenarbeit. Leipzig: Ernst Klett Schulbuchverlag. 110-132.

Huber, Anne Antonia; Konrad, Klaus & Wahl, Diethelm (2001): Lernen durch wechselseitiges Lehren. In: Pädagogisches Handeln. 5. Jg. H.2. 33-46.

Hubermann, Michael (1991): Der berufliche Lebenszyklus von Lehrern: Ergebnisse einer empirischen Untersuchung. In: Terhart, Ewald (Hrsg.): Unterrichten als Beruf. Neue amerikanische und englische Arbeiten zur Berufskultur und Berufsbiographie von Lehrern und Lehrerinnen. Köln Wien: Böhlau Verlag. 249-267.

Institut für Qualitätssicherung (Hrsg.) (2011): Hessischer Referenzrahmen Schulqualität. Qualitätsbereiche, Qualitätsdimensionen und Qualitätskriterien. Weinheim: ABT Print und Medien GmbH.

Isler, Rudolf (2011): Verborgene Wurzeln aktueller Lehrerbilder. In: Berner, Hans & Isler, Rudolf (Hrsg.): Lehrer-Identität, Lehrer-Rolle, Lehrer-Handeln. Professionswissen für Lehrerinnen und Lehrer. Baltmannsweiler: Schneider Verlag Hohengehren. 15-49.

Jaumann-Graumann, Olga & Köhnlein, Walter (2000): Einleitung: Lehrerprofessionalität und Lehrerprofession. In: dies. (Hrsg.): Lehrerprofessionalität – Lehrerprofessionalisierung. Bad Heilbrunn: Klinkhardt Verlag. 11-23.

Johnson, David. W. & Johnson, Roger. T. (1999): Learning together and alone: Cooperative, competitive and individualistic learning. Boston, MA: Allyn and Bacon. 69-89.

Johnson, David W.; Johnson, Roger. T.; Stanne, Mary Beth & Garibaldi, Antoine (1990): Impact of group processing on achievement in cooperative groups. The Journal of Social Psychology. 130(4). 507-516.

Kalthoff, Herbert & Kelle, Helga (2000): Pragmatik schulischer Ordnung. Zur Bedeutung von Regeln im Schulalltag. In: Zeitschrift für Pädagogik. 46. Jg. 691-710.

Kelchtermans, Geert (1990): Die berufliche Entwicklung von Grundschullehrern aus einer biographischen Perspektive. In: Pädagogische Rundschau. 44. Jg. 321-333.

Kelle, Helga (2004): Zur Bedeutung der sozialwissenschaftlichen Kindheitsforschung für die Grundschullehrerbildung. In: Zeitschrift für Erziehungswissenschaft. 7. Jahrgang. H.1. 85-103.

Kelle, Helga & Breidenstein, Georg (1996): Kinder als Akteure: Ethnografische Ansätze in der Kindheitsforschung. In: Zeitschrift für Sozialisationsforschung und Erziehungssoziologie 16. H.1. 47-67.

Kelle, Udo (1997): Empirisch begründete Theoriebildung. Zur Logik und Methodologie interpretativer Sozialforschung. 2. Auflage. Weinheim: Deutscher Studien Verlag. 44-57.

Kelle, Udo & Kluge, Susann (1999): Vom Einzelfall zum Typus. Opladen: Leske + Budrich. 44-46, 75-98.

Keller-Schneider, Manuela & Hericks, Uwe (2011): Forschungen zum Berufseinstieg. Übergang von der Ausbildung in den Beruf. In: Terhart, Ewald; Bennewitz, Hedda & Rothland, Martin (Hrsg.): Handbuch der Forschung zum Lehrerberuf. Münster: Waxmann Verlag. 296-314.

Keuffer, Josef (2002): Reform der Lehrerbildung durch Professionalisierung. In: Breidenstein, Georg; Helsper, Werner & Kötters-König, Catrin (Hrsg.): Die Lehrerbildung der Zukunft – eine Streitschrift. Opladen: Leske + Budrich. 97-113.

Keuffer, Josef & Oelkers, Jürgen (Hrsg.) (2001): Reform der Lehrerbildung in Hamburg. Abschlussbericht der von der Senatorin für Schule, Jugend und Berufsbildung und der Senatorin für Wissenschaft und Forschung eingesetzten Hamburger Kommission Lehrerbildung. Weinheim und Basel: Beltz Verlag. 8-75.

Kieschke, Ulf & Scharschmidt, Uwe (2010): Belastung und Burnout. In: Bohl, Thorsten; Helsper, Werner; Holtappels, Heinz Günter & Schelle, Carla (Hrsg.): Handbuch Schulentwicklung. Bad Heilbrunn: Julius Klinkhardt Verlag. 254-258.

Knüppel, Axel (2011): Weiterentwicklung der schulpraktischen Lehrerbildung durch Kooperation der Ersten und Zweiten Phase am Beispiel der Region Nordhessen. Diss. Universität Kassel. 3-8, 283-290.

Kolbe, Fritz-Ulrich & Combe, Arno (2008): Lehrbildung. In: Helsper, Werner & Böhme, Jeanette (Hrsg.): Handbuch der Schulforschung. 2. durchgesehene und erweiterte Auflage. Wiesbaden: Verlag für Sozialwissenschaften. 877-901.

Konrad, Klaus & Bernhart, Anette (2007): Lernstrategien für Kinder. Basiswissen Grundschule Band 1. Baltmannsweiler: Schneider Verlag Hohengehren.

Konrad, Klaus & Traub, Silke (2008): Kooperatives Lernen. Theorie und Praxis in Schule, Hochschule und Erwachsenenbildung. Baltmannsweiler: Schneider Verlag Hohengehren. 26-38.

Krapp, Andreas & Weidenmann, Bernd (Hrsg.) (2001): Pädagogische Psychologie. 4. vollständig überarbeitete Auflage. Weinheim: Verlagsgruppe Beltz.

Kraul, Margret; Marotzki, Winfried & Schweppe, Cornelia (2002): Biographie und Profession. Eine Einleitung. In: dies. (Hrsg.): Biographie und Profession. Bad Heilbrunn: Julius Klinkhardt Verlag. 7-19.

Krummheuer, Götz (2007): Kooperatives Lernen im Mathematikunterricht der Grundschule. In: Rabenstein, Kerstin & Reh, Sabine (Hrsg.): Kooperatives Lernen und selbstständiges Arbeiten von Schülern. Beiträge empirisch-rekonstruktiver Unterrichtsforschung. Wiesbaden: Verlag für Sozialwissenschaften. 61-87.

Krummheuer, Götz (2004): Wie kann man Unterricht verändern? Innovation von Unterricht aus Sicht eines Ansatzes der Interpretativen Unterrichtsforschung. In: JMD 25 H.2. 112-129.

Krummheuer, Götz (2002): Eine interaktionistische Modellierung des Unterrichtsalltags – entwickelt in interpretativen Studien zum mathematischen Grundschulunterricht. In: Breidenstein, Georg; Combe, Arno; Helsper, Werner & Stelmaszyk, Bernhard (Hrsg.): Forum qualitative Schulforschung 2 – Interpretative Unterrichts- und Schulbegleitforschung. Opladen: Leske + Budrich. 41-61.

Krummheuer, Götz (1994): Der mathematische Anfangsunterricht. Anregen für ein neues Verstehen früher mathematischer Lehr-Lernprozesse. Weinheim: Deutscher Studien Verlag. 3-12, 68-101.

Krummheuer, Götz (1992): Lernen mit „Format". Elemente einer interaktionistischen Lerntheorie diskutiert an Beispielen mathematischen Unterrichts. Weinheim: Deutscher Studienverlag.

Krummheuer, Götz & Brandt, Birgit (2001): Paraphrase und Traduktion. Partizipationstheoretische Elemente einer Interaktionstheorie des Mathematiklernens in der Grundschule. Weinheim: Beltz Verlag. 7-77.

Krummheuer, Götz & Fetzer, Marei (2007): Gestalten durch Interpretieren In: Päd. Forum. H.4. Schneider Verlag Hohengehren. 201-209.

Krummheuer, Götz & Fetzer, Marei (2005): Der Alltag im Mathematikunterricht. Beobachten, Verstehen, Gestalten. München: Spektrum Akademischer Verlag.

Krummheuer, Götz & Naujok, Natascha (1999): Grundlagen und Beispiele Interpretativer Unterrichtsforschung. Opladen: Leske + Budrich. 13-27.

Kübler, Heinz-Günter (2000): Lebensgeschichtliche Erfahrungen und ihre Bedeutung für die Entwicklung der Lehrerpersönlichkeit. Eine skriptanalytische Untersuchung. Frankfurt am Main: Peter Lang. 317-323.

Kunter, Mareike; Brunner, Martin; Baumert, Jürgen; Klusmann, Uta; Krauss, Stefan; Blum, Werner; Jordan, Alexander & Neubrand, Michael (2005): Der Mathematikunterricht der PISA-Schülerinnen und -Schüler. Schulformunterschiede in der Unterrichtsqualität. In: Zeitschrift für Erziehungswissenschaft. 8/4. 502-520.

Kunze, Katharina & Stelmaszyk Bernhard (2008): Biographien und Berufskarrieren von Lehrerinnen und Lehrern. In: Helsper, Werner & Böhme, Jeanette (Hrsg.): Handbuch der Schulforschung. 2. durchgesehene und erweiterte Auflage. Wiesbaden: Verlag für Sozialwissenschaften. 821-838.

Lauter, Josef (1995): Fundament der Grundschulmathematik: Pädagogisch-didaktische Aspekte des Mathematikunterrichts in der Grundschule. 2. Auflage. Donauwörth: Auer Verlag. 23-24.

Leuders, Timo (2003): Mathematik betreiben. In: ders. (Hrsg.): Mathematik Didaktik. Praxishandbuch für die Sekundarstufe I und II. Berlin: Cornelsen Verlag Scriptor. 107.

Leschinsky, Achim (2004): Die Ausdifferenzierung und Weiterentwicklung der Schulforschung seit den 1970er Jahren. In: Helsper, Werner & Böhme, Jeanette (Hrsg.): Handbuch der Schulforschung. 2. durchgesehene und erweiterte Auflage. Wiesbaden: Verlag für Sozialwissenschaften. 71-93.

Loos, Peter & Schäffer, Bernhard. (2001): Das Gruppendiskussionsverfahren. Theoretische Grundlagen und empirische Anwendung. Opladen: Leske + Budrich. 39-74.

Luhmann, Niklas (2002): Das Erziehungssystem der Gesellschaft. Frankfurt am Main: Suhrkamp Taschenbuch Verlag. 21-28, 43-48, 97-111, 142-153.

Luhmann, Niklas (1990): Die Wissenschaft der Gesellschaft. Frankfurt am Main: Suhrkamp Taschenbuch Verlag. 76-88.

Luhmann, Niklas (1987): Soziale Systeme: Grundriss einer allgemeinen Theorie. Frankfurt am Main: Suhrkamp Taschenbuch Verlag. 15-30, 34-70, 224-286.

Luhmann, Niklas & Schorr, Karl Eberhard (1988): Reflexionsprobleme im Erziehungssystem. Frankfurt am Main: Suhrkamp Taschenbuch Verlag. 115-124.

Luhmann, Niklas (1982): Die Voraussetzung der Kausalität. In: Luhmann, Niklas & Schorr, Karl Eberhard (Hrsg.): Zwischen Technologie und Selbstreferenz. Fragen an die Pädagogik. Frankfurt am Main: Suhrkamp Taschenbuch Verlag. 41-51.

Luhmann, Niklas & Schorr, Karl Eberhard (1982): Das Technologiedefizit der Erziehung und die Pädagogik. In: dies. (Hrsg.): Zwischen Technologie und Selbstreferenz. Fragen an die Pädagogik. Frankfurt am Main: Suhrkamp Taschenbuch Verlag. 11-40.

Mannheim, Karl (1980): Strukturen des Denkens. Frankfurt am Main: Suhrkamp Taschenbuch Verlag. 71-76, 211-215, 271-279.

Mannheim, Karl (1964): Beiträge zur Theorie der Weltanschauungsinterpretation. In: Wolff, Kurt, H. (Hrsg.): Wissenssoziologie. Neuwied: Luchterhand. 91-154. (Original: 1921-1922. In: Jahrbuch für Kunstgeschichte XV.4)

Mannheim, Karl (1959): Wissenssoziologie. In: Vierkandt, Alfred (Hrsg.): Handwörterbuch der Soziologie. 659-678.

Manouchehri, Azita & Goodman, Terry (2000): Implementing mathematics reform: The challenge within. In: Educational Studies in Mathematics. 42. Printed in the Netherlands: Kluwer Academic Publisher. 1-34.

Mayer, Richard, E. (2003): Memory and information processes. In: Reynolds, William M. & Miller, Gloria E. (Hrsg.): Handbook of Psychology. Volume 7. Educational Psychology. Hoboken, NJ: Wiley. 47-57.

Mayer, Richard E. (1999): Designing instruction for constructivist learning. In: Reigeluth, Charles M. (Hrsg.): Instructional-design theories and models: A new paradigm of instructional theory. Mahwah, NJ: Erlbaum. 141-159.

Mayer, Ulrich & Stübig, Frauke (2005): Das Intensivpraktikum. Bericht über eine doppelte Verschränkung: Theorie/Praxis und Erziehungswissenschaft/Fachdidaktik. In: Dauber, Heinrich & Krause-Vilmar, Dietfried (Hrsg.): Schulpraktikum vorbereiten. Pädagogische Perspektiven für die Lehrerbildung. 2. erweiterte Auflage. Bad Heilbrunn: Julius Klinkhardt Verlag. 223-247.

Messner, Rudolf (2005): Pädagogisches Handeln angesichts der Lebenssituation junger Menschen. In: Dauber, Heinrich & Krause-Vilmar, Dietfried (Hrsg.): Schulpraktikum vorbereiten. Pädagogische Perspektiven für die Lehrerbildung. Bad Heilbrunn: Klinkhardt Verlag. 83-101.

Messner, Rudolf (2004): Leitlinien einer phasenübergreifenden Lehrerbildung. In: Seminar. Themenheft Lehrerbildung und Schule. H.4. Baltmannsweiler: Schneider Verlag Hohengehren. 9-27.

Meuser, Michael (2006a): Ethnomethodologie. In: Bohnsack, Ralf; Marotzki, Winfried & Meuser, Michael (Hrsg.): Hauptbegriffe qualitativer Sozialforschung. 2. Auflage. Opladen: Verlag Barbara Budrich. 53-55.

Meuser, Michael (2006b): Interpretatives Paradigma. In: Bohnsack, Ralf; Marotzki, Winfried & Meuser, Michael (Hrsg.): Hauptbegriffe Qualitativer Sozialforschung. 2. Auflage. Opladen und Farmington Hills. Verlag Barbara Budrich. 92-94.

Meuser, Michael & Nagel, Ulrike (2010): Experteninterviews – wissenssoziologische Voraussetzungen und methodische Durchführung. In: Friebertshäuser, Barbara; Langer, Antje & Prengel, Annedore (Hrsg.): Handbuch Qualitative Forschungsmethoden in der Erziehungswissenschaft. 3. vollständig überarbeitete Auflage. Weinheim und München: Juventa Verlag. 457-471.

Meuser, Michael & Nagel, Ulrike (2009): Experteninterview und der Wandel der Wissensproduktion. In: Bogner, Alexander; Littig, Beate & Menz, Wolfgang (Hrsg.): Experteninterviews. Theorien, Methoden, Anwendungsfelder. 3. grundlegende überarbeitete Auflage. Wiesbaden: Verlag für Sozialwissenschaften. 35-61.

Meyer, Meinert A.; Schmidt, Ralf & Keuffer, Josef (2000): Einleitung: Zugänge zur Schülermitbeteiligung über Unterrichtsforschung. In: Meyer, Meinert A. & Schmidt, Ralf (Hrsg.): Schülermitbeteiligung im Fachunterricht. Englisch, Geschichte, Physik und Chemie im Blickfeld von Lehrern, Schülern und Unterrichtsforschern. Opladen: Leske + Budrich. 11-21.

Miles, Matthew B. (1964): Educational innovation: The nature of the problem. Innovation in education. New York: Teachers. 1-18.

Moser, Heinz (2011): Das Spannungsverhältnis von Theorie und Praxis. In: Grunder, Hans-Ulrich; Kansteiner-Schänzlein, Katja & Moser, Heinz (Hrsg.): Forschung in der Lehrerbildung. Professionswissen für Lehrerinnen und Lehrer. Baltmannsweiler: Schneider Verlag Hohengehren. 15-29.

Naujok, Natascha (2010): Interpretative Unterrichtsforschung in der Grundschule. In: Heinzel, Friederike & Panagiotopoulou, Argyro (Hrsg.): Qualitative Bildungsforschung im Elementar- und Primarbereich. Baltmannsweiler: Schneider Verlag Hohengehren. 16-29.

Naujok, Natascha (2002): Formen von Schülerkooperation aus der Perspektive Interpretativer Unterrichtsforschung. In: Breidenstein, Georg; Combe, Arno; Helsper, Werner & Stelmaszyk, Bernhard (Hrsg.): Forum qualitative Schulforschung 2 – Interpretative Unterrichts- und Schulbegleitforschung. Opladen: Leske + Budrich. 61-81.

Naujok, Natascha; Brandt, Birgit & Krummheuer, Götz (2008): Interaktion im Unterricht. In: Helsper, Werner & Böhme, Jeanette (Hrsg.): Handbuch der Schulforschung. 2. durchgesehene und erweiterte Auflage. Wiesbaden: Verlag für Sozialwissenschaften. 753-777.

Nentwig-Gesemann, Iris (2010): Das Gruppendiskussionsverfahren. In: Bock, Karin & Miethe, Ingrid (Hrsg.): Handbuch Qualitative Methoden in der Sozialen Arbeit. Opladen & Farmington Hills: Verlag Barbara Budrich. 259-268.

Nentwig-Gesemann, Iris (2007): Die Typenbildung der dokumentarischen Methode: In: Bohnsack, Ralf; Nentwig-Gesemann, Iris & Nohl, Arnd-Michael (Hrsg.): Die dokumentarische Methode und ihre Forschungspraxis. Grundlagen qualitativer Sozialforschung. Wiesbaden: VS Verlag für Sozialwissenschaften. 277-303.

Nentwig-Gesemann, Iris (1999): Krippenerziehung in der DDR: Alltagspraxis und Orientierungen von Erzieherinnen im Wandel. Opladen: Leske + Budrich.

Nentwig-Gesemann, Iris & Neuß, Norbert (2011): Professionelle Haltung von Fachkräften. In: Neuß, Nobert (Hrsg.): Grundwissen Krippenpädagogik. Berlin: Cornelsen Verlag. 227-236.

Nentwig-Gesemann, Iris; Fröhlich-Gildhoff, Klaus & Pietsch, Stefanie (2011): Kompetenzentwicklung von FrühpädagogInnen in Aus- und Weiterbildung. In: Frühe Bildung. Göttingen: Hogrefe Verlag. 22-30.

Neuweg, Georg Hans (2011a): Fortbildung im Kontext eines phasenübergreifenden Gesamtkonzepts der Lehrerbildung. In: SEMINAR – Lehrerbildung und Schule 1/2011. 17. Jg. Lehrerbildung in der Verantwortung zwischen Autonomie und Normierung. Baltmannsweiler: Schneider Verlag Hohengehren. 18-32.

Neuweg, Georg Hans (2011b): Das Wissen der Wissensvermittler. In: Terhart, Ewald; Bennewitz, Hedda & Rothland, Martin (Hrsg.): Handbuch der Forschung zum Lehrerberuf. Münster: Waxmann Verlag. 451-477.

Neuweg, Georg Hans (2002): Lehrerhandeln und Lehrerbildung im Lichte des Konzepts des impliziten Wissens. In: Zeitschrift für Pädagogik 48. 10-19.

Nohl, Arnd-Michael (2008): Interview und dokumentarische Methode. Anleitungen für die Forschungspraxis. 2. überarbeitete Auflage. Wiesbaden: Verlag für Sozialwissenschaften.

Nohl, Arnd-Michael (2007): Komparative Analyse: Forschungspraxis und Methodologie dokumentarischer Interpretation. In: Bohnsack, Ralf; Nentwig-Gesemann, Iris & Nohl, Arnd-Michael (Hrsg.): Die dokumentarische Methode und ihre Forschungspraxis. Grundlagen qualitativer Sozialforschung. Wiesbaden: VS Verlag für Sozialwissenschaften. 255-277.

Nolle, Timo (2011): Psychosoziale Basiskompetenzen und Lernorientierung in der Eingangsphase des Lehramtsstudiums. Eine Untersuchung im Rahmen des Studienelements „Psychosoziale Basiskompetenzen für den Lehrerberuf" an der Universität Kassel. Diss. Universität Kassel. 3-27.

Oelkers, Jürgen (2007): Praxisbezug: Eine Formel ohne Gehalt. In: Flagmeyer, Doris & Rotermund, Manfred (Hrsg.): Mehr Praxis in der Lehrerbildung – aber wie? Möglichkeiten zur Verbesserung und Evaluation. Leipzig: Leipziger Universitätsverlag. 8-32.

Oevermann, Ulrich (1996a): Theoretische Skizze einer revidierten Theorie professionalisierten Handelns. In: Combe, Arno & Helsper, Werner (Hrsg.): Pädagogische Professionalität. Untersuchungen zum Typus pädagogischen Handelns. Frankfurt am Main: Suhrkamp Taschenbuch Verlag. 70-183.

Oevermann, Ulrich (1996b): Professionalisierungsbedürftigkeit und Professionalisiertheit pädagogischen Handelns. In: Kraul, Margret; Marotzki, Winfried & Schweppe, Cornelia (Hrsg.): Biographie und Profession. Bad Heilbrunn: Klinkhardt Verlag. 19-64.

Paradies. Liane & Linser, Hans Jürgen (2001): Differenzieren im Unterricht. Berlin: C&S. 33-40.

Pekrun, Reinhard & Schiefele, Ulrich (1996): Emotions- und motivationspsychologische Bedingungen der Lernleistung. In: Weinert, Franz E. (Hrsg.): Psychologie des Lernens und der Instruktion. Göttingen: Hogrefe Verlag für Psychologie. 153-180.

Plöger, Wilfried (2006): Was ist Kompetenz? – Eine theoretische Skizze. In: ders. (Hrsg.): Was müssen Lehrerinnen und Lehrer können? Paderborn: Schöningh. 17-59.

Prengel, Annedore (2006): Pädagogik der Vielfalt. Verschiedenheit und Gleichberechtigung in Interkultureller, Feministischer und Integrativer Pädagogik. 3. Auflage. Wiesbaden: VS Verlag. 7-18.

Prengel, Annedore; Heinzel, Friederike & Carle, Ursula (2008): Methoden der Handlungspraxis und der Evaluationsforschung. In: Helsper, Werner & Böhme, Jeanette (Hrsg.): Handbuch der Schulforschung. 2. durchgesehene und erweiterte Auflage. Wiesbaden: Verlag für Sozialwissenschaften. 181-197.

Przyborski, Aglaja (2004): Gesprächsanalyse und dokumentarische Methode. Qualitative Auswertung von Gesprächen, Gruppendiskussionen und anderen Diskursen. Wiesbaden: Verlag für Sozialwissenschaften. 47-76, 285-289.

Przyborski, Aglaja & Wohlrab-Sahr, Monika (2009): Qualitative Sozialforschung. Ein Arbeitsbuch. 2. korrigierte Auflage. Oldenbourg Verlag: München. 101-115, 138-145.

Rabe-Kleberg, Ursula (1996): Professionalität und Geschlechterverhältnis. Oder: Was ist „semi" an traditionellen Frauenberufen: In: Combe, Arno & Helsper, Werner (Hrsg.): Pädagogische Professionalität. Untersuchungen zum Typus pädagogischen Handelns. Frankfurt am Main: Suhrkamp Taschenbuch Verlag. 276-303.

Radtke, Frank-Olaf (1996): Wissen und Können. Die Rolle der Erziehungswissenschaft in der Erziehung. Opladen: Leske + Budrich. 61-89.

Radtke, Frank-Olaf (1988): Professionelles Halbwissen. Tabus über die Lehrerbildung. In: Neue Sammlung. 28. Jg. 93-108.

Rauin, Udo (2007): Im Studium weniger engagiert – Im Beruf schnell überfordert. Studierverhalten und Karrieren im Lehrerberuf – Kann man Risiken schon im Studium prognostizieren? In: Forschung Frankfurt 3/2007. 60-64.

Reinisch, Holger (2009): „Lehrerprofessionalität" als theoretischer Term - Eine begriffssystematische Analyse. In: Zlatkin-Troitschanskaia, Olga; Beck, Klaus; Sembill, Detlef; Nickolaus, Reinhold & Mulder, Regina (Hrsg.): Lehrprofessionalität. Bedingungen, Genese, Wirkungen und ihre Messung. Weinheim und Basel: Beltz Verlag. 33-45.

Reinmann-Rothmeier, Gabi & Mandl, Heinz (2001): Unterrichten und Lernumgebungen gestalten: In: Krapp, Andreas & Weidenmann, Bernd (Hrsg.): Pädagogische Psychologie. Lehrbuch. 4. vollständig überarbeitete Auflage. Weinheim: Verlagsgruppe Beltz. 601-647.

Ruepp, Wolfgang A. (2008): Biographien von Lehrpersonen und Schulentwicklung: Zusammenhänge, Wechselwirkungen und Rahmenbedingungen in Luzern, Bayern und Tirol. Saarbrücken: VDM Verlag Dr. Müller. 36-51, 119-123.

Scheunpflug, Annette (2004): Das Technologiedefizit. In: Lenzen, Dieter (Hrsg.): Irritationen des Erziehungssystems. Pädagogische Resonanzen auf Niklas Luhmann. 1. Auflage. Frankfurt am Main: Suhrkamp Taschenbuch Verlag. 64-87.

Schlömerkemper, Jörg (2012): Zwischen Zuversicht und Ungewissheit – Zur Entwicklung eines „antinomischen Blicks" in der Lehrerbildung. In: Bosse, Dorit; Dauber, Heinrich; Döring-Seipel, Elke & Nolle, Timo (Hrsg.): Professionelle Lehrerbildung im Spannungsfeld von Eignung, Ausbildung und beruflicher Kompetenz. Bad Heilbrunn: Julius Klinkhardt Verlag. 171-185.

Schlömerkemper, Jörg (2006): Die Kompetenz des antinomischen Blicks. In: Plöger, Wilfried (Hrsg.): Was müssen Lehrerinnen und Lehrer können. Beiträge zur Kompetenzorientierung in der Lehrerbildung. Paderborn: Schöningh. 281-309.

Schlömerkemper, Jörg (2004): Konferenz der Erziehungswissenschaftlerinnen und Erziehungswissenschaftler an den hessischen Hochschulen: Eckpunkte zum Kernstudium der Lehrerbildung. In: Döbrich, Peter & Frommelt, Bernd (Hrsg.): Europäisierung und Reform der Lehrerausbildung in Hessen und Rheinland Pfalz: Jahrestagung am 26. und 27. März 2003. Materialien zur Bildungsforschung. Band 9. Frankfurt am Main: Gesellschaft zur Förderung Pädagogischer Forschung. 49-61.

Schönknecht, Gudrun (1997): Innovative Lehrerinnen und Lehrer. Berufliche Entwicklung und Berufsalltag. Weinheim: Deutscher Studienverlag. 45-48, 159-174.

Schreiber, Christof (2012): Veranstaltung mit allen drei Phasen der Lehrerbildung – Konzeption und Erfahrungen. In: Schulpädagogik heute. 3. Jg. H.5. 2-9.

Schreiber, Christof (2010): Semiotische Prozess-Karten. Chatbasierte Inskriptionen in mathematischen Problemlöseprozessen. Münster: Waxmann Verlag. 46-56.

Schreiber, Christof (2008a): Phasenübergreifende Veranstaltungen in der Lehrerbildung. In: Beiträge zum Mathematikunterricht. Hildesheim: Franzbecker. 717-720.

Schreiber, Christof (2008b): e-learning in phasenübergreifenden Veranstaltungen in der Lehrerbildung für die Primarstufe. In: L-News. Johann Wolfgang Goethe-Universität. Frankfurt am Main: Nr. 288. 16-21.

Schreiber, Christof (2008c): Drei Phasen der Lehrerbildung – eine Verbindung. In: SEMINAR Lehrerbildung und Schule 1/2008. 14. Jg. Kompetenzerwerb in der Lehrerbildung. Baltmannsweiler: Schneider Verlag Hohengehren. 137-145.

Schreiber, Christof (2006): Medienkompetenz in der Lehrerbildung für die Primarstufe – Projekt Lehr@mt. In: Hinz, Renate & Pütz, Tanja (Hrsg.): Qualitätssicherung und Schulentwicklung. Baltmannsweiler: Schneider Verlag Hohengehren. 129-134.

Schründer-Lenzen, Agi (2010): Triangulation: Ein Konzept zur Qualitätssicherung von Forschung. In: Friebertshäuser, Barbara; Langer, Antje & Prengel, Annedore (Hrsg.): Handbuch Qualitative Forschungsmethoden in der Erziehungswissenschaft. 3. vollständig überarbeitete Auflage. Weinheim und München: Juventa Verlag. 149-159.

Schütze, Fritz (2000): Schwierigkeiten bei der Arbeit und Paradoxien des professionellen Handelns . Ein grundlagentheoretischer Aufriss. In: ZBBS 1. H.1. 49-96.

Schütze, Fritz (1996): Organisationszwänge und hoheitsstaatliche Rahmenbedingungen im Sozialwesen. In: Bastian, Johannes; Helsper, Werner; Reh, Sabine & Schelle, Carla (Hrsg.): Professionalisierung im Lehrerberuf. Von der Kritik der Lehrerrolle zur pädagogischen Professionalität. Opladen: Leske + Budrich. 183-276.

Seidel, Tina (2011): Lehrerhandeln im Unterricht. In: Terhart, Ewald; Bennewitz, Hedda & Rothland, Martin (Hrsg.): Handbuch der Forschung zum Lehrerberuf. Münster: Waxmann Verlag. 605-630.

Sekretariat der Ständigen Konferenz der Kultusminister der Länder in der Bundesrepublik Deutschland (Hrsg.) (2005a): Bildungsstandards im Fach Mathematik für den Primarbereich. München: Luchterhand.

Sekretariat der Ständigen Konferenz der Kultusminister der Länder in der Bundesrepublik Deutschland (Hrsg.) (2005b): Bildungsstandards im Fach Mathematik für den Mittleren Bildungsabschluss. München: Luchterhand.

Sekretariat der Ständigen Konferenz der Kultusminister der Länder in der Bundesrepublik Deutschland (Hrsg.) (2005c): Bildungsstandards im Fach Mathematik für den Hauptschulabschluss. München: Luchterhand.

Sieland, Bernhard (2006): Ungewolltes Lernen als Risiko im Hause des Lernens. Lehrpersonen brauchen Professionelle Lerngemeinschaften. In: Journal für Schulentwicklung. 10. Jg. H.3. 6-14.

Spitz, Silke: (2003). Professionalität bei Grundschullehrerinnen: Eine qualitative Studie zu ihrer Unterrichtsinteraktion und beruflichen Entwicklung. Hamburg: Verlag Dr. Kovač.

Steffens, Ulrich & Bargel, Tino (1993): Erkundungen zur Qualität von Schule. Neuwied: Luchterhand Verlag. 49-58.

Steffens, Ulrich & Messner, Rudolf (2006) (Hrsg.): PISA macht Schule – Konzeptionen und Praxisbeispiele zur neuen Aufgabenkultur. Institut für Qualitätsentwicklung. Wiesbaden: 7-15.

Steiner, Gerhard (2001): Lernen und Wissenserwerb. In: Krapp, Andreas & Weidenmann, Bernd (Hrsg.): Pädagogische Psychologie. 4. vollständig überarbeitete Auflage. Weinheim: Verlagsgruppe Beltz. 167-173.

Stelmaszyk, Bernhard (1999): Schulische Biographieforschung – eine kritische Sichtung von Studien zu LehrerInnenbiographien. In: Combe, Arno; Helsper, Werner & Stelmaszyk, Bernhardt (Hrsg.): Forum qualitative Schulforschung 1 – Schulentwicklung – Partizipation – Biographie. Weinheim: Deutscher Studienverlag. 61-87.

Stichweh, Rudolf (1996): Professionen in einer funktional differenzierten Gesellschaft. In: Combe, Arno & Helsper, Werner (Hrsg.): Pädagogische Professionalität. Untersuchungen zum Typus pädagogischen Handelns. Frankfurt am Main: Suhrkamp Taschenbuch Verlag. 49-70.

Stichweh, Rudolf (1992): Professionalisierung, Ausdifferenzierung von Funktionssystemen, Inklusion. Betrachtungen aus systemtheoretischer Sicht. In: Dewe, Bernd; Ferchoff, Wilfried & Radtke, Frank-Olaf (Hrsg.): Erziehen als Profession. Zur Logik professionellen Handelns in pädagogischen Feldern. Opladen: Leske + Budrich. 36-49.

Strübing, Jörg (2006): Theoretisches Sampling. In: Bohnsack, Ralf; Marotzki, Winfried & Meuser, Michael (Hrsg.): Hauptbegriffe Qualitativer Sozialforschung. 2. Auflage. Opladen und Farmington Hills: Verlag Barbara Budrich. 154-156.

Tenorth, Heinz-Elmar (2006): Professionalität im Lehrerberuf. Ratlosigkeit der Theorie, gelingende Praxis. In: Zeitschrift für Erziehungswissenschaft 9. 580-597.

Tenorth, Heinz-Elmar & Tippelt, Rudolf (Hrsg.) (2007): Lexikon Pädagogik. Weinheim und Basel: Beltz Verlag.

Terhart, Ewald (2013): Erziehungswissenschaft und Lehrerbildung. Münster: Waxmann Verlag. 63-89.

Terhart, Ewald (2010): Schulentwicklung und Lehrerkompetenzen. In: Bohl, Thorsten; Helsper, Werner; Holtappels, Heinz Günter & Schelle, Carla (Hrsg.): Handbuch Schulentwicklung. Bad Heilbrunn: Julius Klinkhardt Verlag. 237-241.

Terhart, Ewald (2002a): Was müssen Lehrer wissen und können? Einleitende Bemerkungen zur Tagung. In: Breidenstein, Georg; Helsper, Werner & Kötters-König, Catrin (Hrsg.): Die Lehrerbildung der Zukunft – eine Streitschrift. Opladen: Leske + Budrich. 17-25.

Terhart, Ewald (2002b): Reform der Lehrerbildung – eine endlose Geschichte. In: Micha, Hildegard & Solzbacher, Claudia (Hrsg.): Welches Wissen brauchen Lehrer? Lehrerbildung aus dem Blickwinkel der Pädagogik. Bad Heilbrunn: Julius Klinkhardt Verlag. 47-65.

Terhart, Ewald (2001): Lehrerberuf und Lehrerbildung. Forschungsbefunde, Problemanalysen, Reformkonzepte. Weinheim und Basel: Beltz Verlag.

Terhart, Ewald (Hrsg.) (2000): Perspektiven der Lehrerbildung in Deutschland. Abschlussbericht der von der Kultusministerkonferenz eingesetzten Kommission. Weinheim und Basel: Beltz Verlag.

Terhart, Ewald (1996a): Berufskultur und professionelles Handeln bei Lehrern. In: Combe, Arno & Helsper, Werner (Hrsg.): Pädagogische Professionalität. Untersuchungen zum Typus pädagogischen Handelns. Frankfurt am Main: Suhrkamp Taschenbuch Verlag. 448-472.

Terhart, Ewald (1996b): Zur Neuorientierung des Lehrens und Lernens – Kultureller Wandel als Herausforderung für die Professionalisierung des Lehrerberufs. In: Helsper Werner; Krüger,

Heinz-Hermann & Wenzel, Hartmut (Hrsg.): Schule und Gesellschaft im Umbruch. Band 1. Theoretische und internationale Perspektiven. Weinheim: Deutscher Studien Verlag. 319-333.

Terhart, Ewald (1995a): Lehrerbiographien. In: König, Eckard & Zedler, Peter (Hrsg.): Bilanz qualitativer Forschung. Band 2. Methoden. Weinheim: Deutscher Studienverlag. 225-265.

Terhart, Ewald (1995b): Lehrerprofessionalität. In: Rolff, Hans-Günter (Hrsg.): Zukunftsfelder von Schulforschung. Weinheim: Deutscher Studienverlag. 225-267.

Terhart, Ewald (1992a): Lehrerberuf und Professionalität. In: Dewe, Bernd; Ferchoff, Wilfried & Radtke, Frank-Olaf: Erziehen als Profession. Zur Logik professionellen Handelns in pädagogischen Feldern. Opladen: Leske + Budrich. 103-132.

Terhart, Ewald (1992b): Lehrerberuf und Lehrerbildung. Forschungsbefunde, Problemanalysen, Reformkonzepte. Weinheim: Beltz Verlag.

Terhart, Ewald; Bennewitz, Hedda & Rothland, Martin (Hrsg.) (2011): Handbuch der Forschung zum Lehrerberuf. Münster: Waxmann Verlag.

Terhart, Ewald; Czerwenka, Kurt; Ehrich, Karin; Jordan, Frank & Schmidt, Hans J. (1994): Berufsbiographien von Lehrern und Lehrerinnen. Frankfurt am Main: Verlag Peter Lang.

Titze, Hartmut (1993): Professionalisierung. In: Lenzen, Dieter (Hrsg.): Pädagogische Grundbegriffe. Band 2. Reinbek bei Hamburg: Rowohlt Taschenbuch Verlag. 1270-1272.

Uzerli, Ursula (2004): Der Bologna-Prozess in der Lehrerbildung. In: Döbrich, Peter & Frommelt, Bernd (Hrsg.): Europäisierung und Reform der Lehrerausbildung in Hessen und Rheinland Pfalz: Jahrestagung am 26. und 27. März 2003. Materialien zur Bildungsforschung. Band 9. Frankfurt am Main: Gesellschaft zur Förderung Pädagogischer Forschung. 1-21.

Voigt, Jörg (1984): Interaktionsmuster und Routinen im Mathematikunterricht. Theoretische Grundlagen und mikroethnographische Falluntersuchungen. Weinheim: Beltz Verlag.

Von Felten, Regula (2011): Lehrerinnen und Lehrer zwischen Routine und Reflexion. In: Berner, Hans & Isler, Rudolf (Hrsg.): Lehrer-Identität, Lehrer-Rolle, Lehrer-Handeln. Professionswissen von Lehrerinnen und Lehrern. Baltmannsweiler: Schneider Verlag Hohengehren. 125-143.

Wahl, Diethelm (2008): Vom trägen Wissen zum kompetenten Handeln in der Lehrerbildung. In: SEMINAR – Lehrerbildung und Schule 1. 14. Jg. Kompetenzerwerb in der Lehrerbildung. Baltmannsweiler: Schneider Verlag Hohengehren. 88-102.

Wahl, Diethelm (2006a): Lernumgebungen erfolgreich gestalten. Vom trägen Wissen zum kompetenten Handeln. 2. erweiterte Auflage. Bad Heilbrunn: Verlag Julius Klinkhardt.

Wahl, Diethelm (2006b): Ergebnisse der Lehr-, Lernpsychologie In: BLK-MV/Fachtagung. 8/2006.

Wahl, Diethelm (2004): Das Lerntempoduett. In: Huber, Anne Antonia (Hrsg.): Kooperatives Lernen – kein Problem. Effektive Methoden der Partner- und Gruppenarbeit. Leipzig: Ernst Klett Schulbuchverlag. 58-69.

Weidner, Margit (2003): Kooperatives Lernen im Unterricht. Das Arbeitsbuch. Seelze-Velber: Kallmeyer. 111-117.

Weitzel, Christine (2005): GrundschullehrerInnen und ihre Praxis. Empirische Studie zur Lehrerinnenarbeit und ihrer Professionalisierung. Bad Heilbrunn: Julius Klinkhardt Verlag.

Wildt, Johannes (1999): Lehrerprofessionalisierung und Schulentwicklung. In: Rösner, Ernst (Hrsg.): Schulentwicklung und Schulqualität. Dortmund: IFS-Verlag. 121-141.

Wimmer, Michael (1996): Zerfall des Allgemeinen – Wiederkehr des Singulären. Pädagogische Professionalität und der Wert des Wissens. In: Combe, Arno & Helsper, Werner (Hrsg.): Pädagogische Professionalität. Untersuchungen zum Typus pädagogischen Handelns. Frankfurt am Main: Suhrkamp Taschenbuch Verlag. 404-448.

Winter, Heinrich (1994): Mathematik entdecken. Neue Ansätze für den Unterricht in der Grundschule. 4. Auflage. Frankfurt am Main: Cornelsen Verlag Scriptor. 7-41.

Zeitler, Sigrid; Heller, Nina & Asbrand, Barbara (2012): Bildungsstandards in der Schule. Eine rekonstruktive Studie zur Implementation der Bildungsstandards. Münster: Waxmann Verlag.

Zinnecker, Jürgen (Hrsg.) (1975): Der heimliche Lehrplan. Untersuchungen zum Schulunterricht. Weinheim und Basel: Beltz Verlag.

Zlatkin-Troitschanskaia, Olga; Beck, Klaus; Sembill, Detlef; Nickolaus, Reinhold & Mulder, Regina (Hrsg.) (2009): Lehrprofessionalität. Bedingungen, Genese, Wirkungen und ihre Messung. Weinheim und Basel: Beltz Verlag. 19-27.

Zoubek, Walter (2012): Ein Berufsbild in Bewegung. Professionalität im Lehrerberuf. In: Amt für Lehrerbildung (Hrsg.): Bildung bewegt. 18/9. Fuldabrück. 24-27.

ZSL an der Martin-Luther-Universität (2002). Die Zukunft der Lehrerbildung – ein Positionspapier. In: Breidenstein, Georg; Helsper, Werner & Kötters-König, Catrin (Hrsg.): Die Lehrerbildung der Zukunft – eine Streitschrift. Opladen: Leske + Budrich. 187-202.

Zwettler-Otte, Sylvia (1981): Warum Lehrer Lehrer werden. Eine hilfreiche Verhaltensstudie für Eltern, Lehrer und Schüler. Wien: Verlag ORAC.

Gesetzestexte und Ordnungen

Fachspezifischer Anhang zur SPoL (Teil III) Studienfach Mathematik im Studiengang L1. online: URL: http://www.satzung.uni-frankfurt.de/2008/Lehramt/MathL1.pdf (Datum der Recherche: 01.01.2013 um 13:03).

HLbG (Hessisches Lehrerbildungsgesetz): Drittes Gesetz zur Qualitätssicherung in hessischen Schulen vom 29. November 2004. (GVBl I, Nr. 19).

HLbG-DV: Verordnung zur Durchführung des Hessischen Lehrerbildungsgesetzes vom 28. September 2011. (ABl 4/05, 202ff.).

HLbG-UVO: Verordnung zur Umsetzung des Hessischen Lehrerbildungsgesetzes vom 16. März 2005. (ABl 4/05).

SPoL: Studien- und Prüfungsordnung für die Lehramtsstudiengänge an der Johann Wolfgang Goethe Universität, Frankfurt am Main und der Hochschule für Musik und Darstellende Kunst, Frankfurt am Main vom 21.12. 2005.

SPSO (Praktikumsordnung): Ordnung für die schulpraktischen Studien in den Lehramtsstudiengängen an der Johann Wolfgang Goethe Universität, Frankfurt am Main vom 13. April 2005.

Studienordnung Mathematik (Fach für die Klassen 1-10) vom 04.11. 1996; veröffentlicht im Staatsanzeiger für das Land Hessen 1997, 3482.

Internetquellen

Deutsches Zentrum für Lehrerbildung Mathematik (DZLM). online: URL: http://www.dzlm.de/dzlm.html?seite=6 (Datum der Recherche: 19.10.2012 um 22:15).

Fachspezifischer Anhang zur SPoL (Teil III) Studienfach Mathematik im Studiengang L1. online: URL: http://www.satzung.uni-frankfurt.de/2008/Lehramt/MathL1.pdf (Datum der Recherche: 01.01.2013 um 13:03).

Goethe Universität Akademie für Bildungsforschung und Lehrerbildung (2012a). online: URL: http://www.abl.uni-frankfurt.de/40105980/StrukturLStudiengaenge (Datum der Recherche: 20.12.2012 um 7:23).

Goethe Universität Akademie für Bildungsforschung und Lehrerbildung (2012b). online: URL: http://www.abl.uni-frankfurt.de/40105967/SPSO.pdf 20.12. 2012-12-20 (Datum der Recherche: 20.12. 2012 um 07:28).

Goethe Universität Akademie für Bildungsforschung und Lehrerbildung (2012c). online: URL: http://www.abl.uni-frankfurt.de/40776910/fpra (Datum der Recherche: 20.12. 2012 um 07:40).

Hessisches Kultusministerium Startseite (2012a). online: URL: http://www.kultusminis-terium.hessen.de/irj/HKM_Internet?cid=70db41d6f6ddd2a0938d777769d143c9 (Datum der Recherche: 20.12.2012 um 07:47).

Hessisches Kultusministerium Startseite (2012b). online: URL: http://www.kultusminis-terium.hessen.de/irj/HKM_Internet?cid=d8c086ef42c7a697cdfe89b49cb8df06 (Datum der Recherche: 20.12.2012 um 07:49).

Hessisches Kultusministerium Startseite (2013). online: URL: http://www.kultusminis-terium.hessen.de/irj/HKM_Internet?rid=HKM_15/HKM_Internet/sub/52b/52b308d0-5024-a611-f3ef-ef91921321b2,,22222222-2222-2222-2222-222222222222.htm (Datum der Recher-che: 01.01.2013 um 12:01).

Synopse – Hessisches Beamtengesetz – Stand 3.03.2009. online: URL: http://verwaltung.hes-sen.de/irj/servlet/prt/portal/prtroot/slimp.CMReader/HMdI_15/HMdI_Internet/med/895/89540 288-d6ab-df11-4fbf-1b144e9169fc,22222222-2222-2222-2222-222222222222,true

F   Anhang

Abbildungsverzeichnis

Abkürzungen

Abb.	Abbildung
bspw.	beispielsweise
bzw.	beziehungsweise
ders.	derselbe
dies.	dieselben
f	weiblich
FöS	Förderschule
GD	Gruppendiskussion
GrS	Grundschule
GVbl	Gesetz- und Verordnungsblatt für das Land Hessen
HKM	Hessisches Kultusministerium
HLbG	Hessisches Lehrerbildungsgesetz
HLbG-DV	Verordnung zur Durchführung des Hessischen Lehrerbildungsgesetzes
HLbG-UVO	Verordnung zur Umsetzung des Hessischen Lehrerbildungsgesetzes
HSchG	Hessisches Schulgesetz
I	Interviewerin
IDMI	Institut für Didaktik der Mathematik und der Informatik
IGS	Integrierte Gesamtschule
KMK	Kultusministerkonferenz
L1	Lehramt an Grundschulen
L2	Lehramt an Haupt- und Realschulen
L3	Lehramt an Gymnasien
L5	Lehramt an Förderschulen mit einem speziellen Förderschwerpunkt
L1M-MD	Modul im Studiengang Lehramt Grundschule (L1) im Fach Mathematik (M) – Bereich Mathematikdidaktik (MD)
LiV	Lehrkraft im Vorbereitungsdienst
Lk	Lehrkraft
m	männlich
R	Reinigungspersonal
S	Studierende
S., s.	Siehe, siehe
Sj.	Schuljahr
SPoL	Studien- und Prüfungsordnung für die Lehramtsstudiengänge
SPSO	(Praktikumsordnung): Ordnung für die schulpraktischen Studien
SSH	Schule mit Förderschwerpunkt Sprachheilförderung
SuS	Schülerinnen und Schüler
SWS	Semesterwochenstunden
Tn	Teilnehmende
TnB	Teilnehmende Beobachtung
u.a.	unter anderem

Vgl., vgl.   Vergleiche, vergleiche
WeLL   Wechselseitiges Lehren und Lernen

Eingangsfragen und Leitfaden

Eingangsfrage und Leitfaden der Interviews

„Ich möchte mich jetzt gern ein wenig mit Ihnen über das kooperative Lernen unterhalten und über Ihre Erfahrungen, die Sie bei der Umsetzung mit dem kooperativen Lernen und mit Methoden des WeLL gemacht haben. Darüber hinaus würde es mich interessieren, ob es für Sie irgendetwas Besonderes am kooperativen Lernen gibt, was für Sie kooperatives Lernen bzw. *Wechselseitiges Lehren und Lernen* ist?"

Folgende thematische Schwerpunkte wurden in allen Interviews mit unterschiedlicher Gewichtung bearbeitet. Die Eingangsfrage wurde durch die Forscherin gesetzt. Je nach Gesprächsverlauf wurden dann im Verlauf des Gespräches die weiteren thematischen Schwerpunkte durch immanente oder exmanente Fragen der Interviewerin initiiert bzw. durch thematische Selbstinitiierung der Beforschten eingebracht.

- Eingangsfrage zum Verständnis von kooperativen Lehr-Lernformen bzw. von Methoden des *Wechselseitigen Lehrens und Lernens*
- Erfahrungen hinsichtlich der Planung und Umsetzung von kooperativen Lehr-Lernformen bzw. von Methoden des *Wechselseitigen Lehrens und Lernens*
- Die Rolle der Lehrkraft, die Rolle der Kinder bei der Einführung und Umsetzung kooperativer Lehr-Lernformen bzw. von Methoden des *Wechselseitigen Lehrens und Lernens*
- Chancen und Grenzen, Probleme und Störungen kooperativer Lehr-Lernformen bzw. von Methoden des *Wechselseitigen Lehrens und Lernens* im Mathematikunterricht der GrS/SSH/IGS
- Weitere Umsetzung kooperativer Lehr-Lernformen bzw. von Methoden des *Wechselseitigen Lehrens und Lernens* im Mathematikunterricht der GrS/SSH/IGS
- Erfahrungen zu phasenübergreifenden Seminaren
- Erfahrungen zur Videografierung bzw. zur teilnehmenden Beobachtung
- Weitere Gedanken zu kooperativen Lehr-Lernformen bzw. zu Methoden des *Wechselseitigen Lehrens und Lernens*

Erste Version der Eingangsfrage zur Gruppendiskussion

„Es gibt Personen, die sagen, kooperatives Lernen ist im Mathematikunterricht nicht umsetzbar, andere wiederum setzen kooperative Lehr-Lernformen im Mathematikunterricht der Grundschule und Förderschule mit Begeisterung um. Was haben Sie selber für Erfahrungen mit Methoden des *Wechselseitigen Lehrens und Lernens* gemacht?"

Veränderte Version der Eingangsfrage zur Gruppendiskussion und weitere behandelte Themen

„Ich möchte mich jetzt gern ein wenig mit Ihnen über das kooperative Lernen unterhalten und über Ihre Erfahrungen, die Sie bei der Umsetzung mit dem kooperativen Lernen und mit Methoden des WeLL gemacht haben. Darüber hinaus würde es mich interessieren, ob es für Sie irgendetwas Besonderes am kooperativen Lernen gibt, was für Sie kooperatives Lernen bzw. *Wechselseitiges Lehren und Lernen* ist?"

Weitere nach der Eingangsfrage thematisierte (teils von der Interviewerin initiierte, teils von den Beforschten selbst eingebrachte) Schwerpunkte der Gruppendiskussionen sind folgende:

- Eingangsfrage zum Verständnis von kooperativen Lehr-Lernformen bzw. von Methoden des *Wechselseitigen Lehrens und Lernens*
- Erfahrungen hinsichtlich der Planung und Umsetzung von kooperativen Lehr-Lernformen bzw. von Methoden des *Wechselseitigen Lehrens und Lernens*
- Die Rolle der Lehrkraft, die Rolle der Kinder bei der Einführung und Umsetzung kooperativer Lehr-Lernformen bzw. von Methoden des *Wechselseitigen Lehrens und Lernens*
- Chancen und Grenzen, Probleme und Störungen kooperativer Lehr-Lernformen bzw. von Methoden des *Wechselseitigen Lehrens und Lernens* im Mathematikunterricht der GrS/SSH
- Weitere Umsetzung kooperativer Lehr-Lernformen bzw. von Methoden des *Wechselseitigen Lehrens und Lernens* im Mathematikunterricht der GrS/SSH
- Erfahrungen zu phasenübergreifenden Seminaren
- Weitere Gedanken zu kooperativen Lehr-Lernformen bzw. von Methoden des *Wechselseitigen Lehrens und Lernens*

Eingangsfrage Gruppendiskussion Post

„Mich würde interessieren, ob sich bei Ihnen seit WeLL etwas an Ihrem Unterricht verändert hat? Was ist gleich, was ist anders? Was konnten Sie beobachten oder für Erfahrungen sammeln?"

Glossar und Anmerkungen

Fachbegriffe

Lehrpersonen, Lehrende:	Studierende, Lehrkräfte im Vorbereitungsdienst und aktive Lehrkräfte
Lehrkraft:	a) aktive Lehrerinnen des Samples
	b) Lehrerinnen und Lehrer im Allgemeinen
Wechselseitiges Lehren und Lernen:	strukturierte kooperative Formen des *Wechselseitigen Lehrens und Lernens* „in Reinform" (Hepting 2008, 75)
strukturierte kooperative Methoden/Lehr-Lernformen:	Formen des WeLL mit anderen Elementen des kooperativen Lernens kombiniert
professionelle Entwicklung:	Prozess, durch den die Lehrkraft „die für effektive professionelle Praxis notwendigen Kenntnisse und Fähigkeiten erwirbt oder verbessert" (Hoyle 1991, 135)
Orientierungsrahmen/Rahmenorientierung:	zentrale rekonstruierte Orientierungen, die Rahmung der Beforschten
Erfahrungsraum, (Erfahrungs-) Dimension, Sozialdimension:	Beschreibung und Erklärung der Soziogenese von Orientierungsrahmen (vgl. Nentwig-Gesemann 2007, 279; Nohl 2008, 13, 59).
Mini-Gruppendiskussion:	selbstläufiger Diskurs von zwei (Lehr-)Personen
Lehrerausbildung:	Bezeichnung für die ersten beiden Phasen des universitären Studiums und des Referendariats (vgl. Terhart 2000)
Lehrerbildung:	Bezeichnung für alle drei Phasen unter Einschluss der Lehrerfort- und -weiterbildung (vgl. ebd.)

Des Weiteren wird der Begriff der *handlungsleitenden Orientierungen* bzw. *Handlungsorientierungen* verwendet und nur vereinzelt von *Handlungspraxis* gesprochen, da sich in meinem Sample noch einige Teilnehmende in der ersten Phase der Lehrerbildung befinden, keiner Berufstätigkeit als Lehrkraft nachgehen und somit noch nicht vom Habitus einer Handlungspraxis ausgegangen werden kann. Zum anderen setzen einige Lehrende kooperative Lehr-Lernformen das erste Mal im Unterricht um, sodass höchstens von einem Zugang zu Anfängen von Handlungspraxis dieser Lehrenden gesprochen werden. Der Begriff *Handlungspraxis* wird vereinzelt zur Beschreibung der Handlungsorientierungen der Lehrkräfte verwendet.

Da *Wechselseitiges Lehren und Lernen* sowohl **individuelle** als auch **soziale** Lernprozesse in (Klein-)Gruppen umfasst, arbeite ich in meinen Analysen in Bezug auf die Umsetzung des WeLL mit den Begriffen *selbständig* und *Selbständigkeit*. Diese werden ebenso im Hinblick auf die von den beteiligten Lehrenden umgesetzten kooperativen Methoden mit dem Grundprinzip des *Think, Pair und Share*[256] verwendet.

Anonymisierungen und Bezeichnungen

Die Namen der Interviewten wurden anonymisiert. Gewählte Namen haben keinen inhaltlichen Zusammenhang mit rekonstruierten Handlungsorientierungen. Teilnehmende der Gruppendiskussionen werden durch Nummern[257] gekennzeichnet.

Geschlechterfrage

Im Rahmen der Geschlechtergerechtigkeit möge der nicht durchgängigen Verwendung von Begriffen, beide Geschlechter berücksichtigend, zugunsten der Objektivität an direkt bzw. indirekt zitierte Passagen nachgesehen werden.

Schriftgrößen und -arten und Sonderzeichen

In der *reflektierenden Interpretation* werden die von den Teilnehmenden im Original übernommenen Formulierungen in Anführungszeichen („…") gesetzt, von den Teilnehmenden übernommene Wörter, von der Autorin unter Beibehaltung des Wortstammes modifiziert, werden ebenfalls markiert (,…'), von der Autorin gewählte aussagekräftige Wörter mit Interpretationscharakter werden kursiv geschrieben.

Um den Lesenden in längeren Textpassagen ohne Zwischenüberschriften das inhaltliche Verstehen zu erleichtern, werden teilweise wichtige Schlüsselbegriffe fett geschrieben.

Transkripte

Die maskierten Namen der Beforschten sind in den Originaltranskripten mit dem jeweiligen Anfangsbuchstaben abgekürzt. Auszüge aus Transkripten werden so angegeben, wie sie im Originaltranskript erscheinen.

Zitierung

Die Namen der im Fließtext sowohl direkt als auch indirekt zitierten Autoren werden in Großbuchstaben geschrieben. Längere Zitate werden blockartig eingerückt, kürzere im Fließtext untergebracht.

---

256 Weitere Ausführungen zu Think, Pair, Share (Denken in Einzelarbeit, Austuschen in Partnerarbeit, Vorstellen in einer größeren Gruppe) vgl. Brüning & Saum (2006, 16ff.) und Green & Green (2007 130).

257 Dies könnte Anlass zur Kritik sein, da dies als Depersonifizierung aufgefasst werden könnte. Eine Alternative wäre das Verwenden von geänderten Nachnamen, die mit demselben Buchstaben beginnen wie die Namen der Beteiligten im Original.

Zur Perspektive der Autorin

Als Autorin, Forscherin und Analysandin dieser Studie spreche ich sowohl in der 1. als auch 3. Person Singular.

Verzeichnis der Namen

Interviews

Frau Dahl	D	Studentin	Grundschule
Herr Kahn	K	Student	Grundschule
Frau Lang	L	Studentin	Grundschule
Frau Schmidt	Sch	Studentin	Grundschule
Frau Ehrler	E	Lehrkraft im Vorbereitungsdienst	Grundschule
Frau Gerber	G	Lehrkraft im Vorbereitungsdienst	Grundschule
Frau Hanisch	H	Lehrkraft im Vorbereitungsdienst	Grundschule
Frau Koser	K	Lehrkraft im Vorbereitungsdienst	Grundschule
Frau Weber	W	Lehrkraft im Vorbereitungsdienst	SSH
Frau Fürch	F	aktive Lehrerin	IGS
Frau Jakob	J	aktive Lehrerin	SSH
Frau Müller	M	aktive Lehrerin	Grundschule

Gruppendiskussionen

Tn GD S	Frau Lang und vier weitere Studentinnen	Grundschule
Tn GD LiV1	Frau Gerber, Frau Weber, drei weitere LiV	Grundschule, SSH
Tn GD LiV2	Frau Ehrler, Frau Hanisch, Frau Seeb	Grundschule
Mini-GD (Lk)	Frau Marten, Frau Salzner	Grundschule
Tn GD-Post	Frau Lang (S), Frau Schmidt (S), Frau Weber (Lk)	Grundschule, SSH

Transkriptionslegende[258]

Spalte 1	Fortlaufende Zeilennummerierung
Spalte 2	Namenskürzel
/ \	Stimmhebung, Stimmsenkung
=	Verschleifung, schnelle Anschlüsse, Stottern, Zusammenziehung
@nein@	lachend gesprochen
(1), (2), (3)...	Pause in Sekundenlängen
(.)	Pause von einer Sekunde
fett	besonders betont gesprochenes Wort
(Wort)	nicht zweifelsfrei verstehbares Wort
L	Überlappung der Redebeiträge
jaaa	Dehnung
°( )°	leise gesprochen

---

258   Angelehnt an Loos & Schäffer (2001, 57) und an Krummheuer & Fetzer (2005, 189f.).

Empirische Studien zur Didaktik der Mathematik
herausgegeben von Götz Krummheuer und Aiso Heinze

Band 19

Charlotte Rechtsteiner-Merz

Flexibles Rechnen und Zahlenblickschulung

Entwicklung und Förderung von Rechenkompetenzen bei Erstklässlern, die Schwierigkeiten beim Rechnenlernen zeigen

2013, 328 Seiten, br., 39,90 €
ISBN 978-3-8309-3037-2
E-Book-Preis: 35,99 €

Studien wie TIMSS zeigen, dass noch immer viele Kinder ohne grundlegende Rechenkompetenzen die Grundschule verlassen. Daher steht folgende Frage im Zentrum dieser qualitativen Lernprozessstudie: Inwieweit schaffen Kinder, die in der ersten Klasse Schwierigkeiten beim Rechnenlernen zeigen, innerhalb des Regelunterrichts die Ablösung vom Zählen und inwiefern können sie darüber hinaus flexible Rechenkompetenzen entwickeln?

Empirische Studien zur Didaktik der Mathematik
herausgegeben von Götz Krummheuer und Aiso Heinze

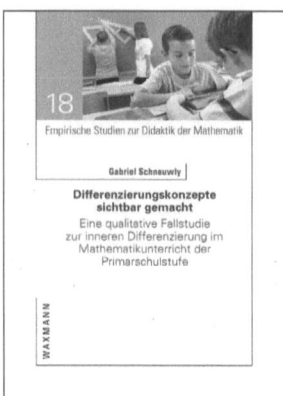

Band 18

Gabriel Schneuwly

Differenzierungskonzepte sichtbar gemacht

Eine qualitative Fallstudie zur inneren Differenzierung im Mathematikunterricht der Primarschulstufe

2014, 372 Seiten, br., 34,90 €
ISBN 978-3-8309-3034-1

Die Schule ringt um einen angemessenen Umgang mit der Heterogenität ihrer Schülerinnen und Schüler. Bezogen auf den Unterricht rückt somit ein didaktisches Prinzip wieder vermehrt in den Blickpunkt: innere Differenzierung oder Binnendifferenzierung. Diese Studie diskutiert in einer Verbindung von allgemein- und fachdidaktischer Perspektive dieses Prinzip und seine Umsetzung im Unterricht. Dabei interessiert vor allem die Perspektive von Lehrpersonen der Primarschule. In einer vergleichenden, qualitativen Fallstudie werden deren Differenzierungskonzepte für den Mathematikunterricht untersucht und auf der Grundlage des didaktischen Dreiecks visualisiert. Abschliessend wird mit Bezug auf Überlegungen von Weinert zur aktiven und proaktiven Differenzierung ein hypothetisches Modell der Kompetenzentwicklung von Lehrpersonen bezüglich innerer Differenzierung präsentiert.